教育部人文社会科学重点研究基地四川大学南亚研究所
教育部区域和国别研究培育基地四川大学南亚研究所
四川大学中国西部边疆安全与发展协同创新中心

印度民族问题研究

A / STUDY / ON / THE / PEOPLE / OF / INDIA

赵伯乐 ◆ 著

时事出版社

图书在版编目（CIP）数据

印度民族问题研究／赵伯乐著．—北京：时事出版社，2015.9
ISBN 978-7-80232-874-7

Ⅰ.①印… Ⅱ.①赵… Ⅲ.①民族问题—研究—印度 Ⅳ.①D735.162

中国版本图书馆 CIP 数据核字（2015）第 188027 号

出 版 发 行：时事出版社
地　　　　址：北京市海淀区万寿寺甲 2 号
邮　　　　编：100081
发 行 热 线：（010）88547590　88547591
读者服务部：（010）88547595
传　　　　真：（010）88547592
电 子 邮 箱：shishichubanshe@ sina.com
网　　　　址：www.shishishe.com
印　　　　刷：北京市昌平百善印刷厂

开本：787×1092　1/16　印张：25　字数：410 千字
2015 年 9 月第 1 版　2015 年 9 月第 1 次印刷
定价：108.00 元

（如有印装质量问题，请与本社发行部联系调换）

CONTENTS 目 录

绪论 / 1

上篇　印度民族概况

第一章　印度主要民族的历史渊源 / 15
  第一节　印度民族的族源考察 / 15
  第二节　构成印度民族的经济文化因素 / 22
  第三节　印度民族的形成 / 28

第二章　英印时期的印度民族问题 / 39
  第一节　近代印度民族意识的觉醒与确立 / 39
  第二节　英印统治时期的印度民族矛盾 / 53

第三章　当代印度民族的构成与分布 / 62
  第一节　国族、族群和分支：印度民族的构成框架 / 62
  第二节　主要族群及其分布 / 75
  第三节　其他族群的分布 / 99
  第四节　部落民 / 109

第四章　印度民族的社会经济文化 / 120

第一节　印度民族的社会结构 / 121
第二节　印度民族经济 / 135
第三节　印度民族文化 / 146

中篇　当代印度民族问题研究

第五章　印度的民族政策与民族工作 / 183
第一节　印度的民族理论 / 184
第二节　印度的民族管理 / 193
第三节　印度的民族政策 / 198

第六章　印度民族热点问题研究（一）/ 203
第一节　印度的教派民族主义 / 204
第二节　种姓制度的演变与印度民族 / 229

第七章　印度民族热点问题研究（二）/ 239
第一节　印度民族的多元化——以印度东北部为例 / 239
第二节　印度民族发展的不平衡——以表列群体和其他落后阶级为例 / 257
第三节　文化差异带来的族群发展差异——以宗教少数族群为例 / 275
第四节　印度的民族矛盾与冲突——以恐怖主义活动为例 / 289

第八章　印度民族问题与国际关系 / 314
第一节　印度的海外移民 / 314
第二节　印度民族问题及其与邻国的关系 / 325
第三节　印度民族问题对地区国际关系的影响 / 332

下篇 印度民族问题的启示

第九章 建设民族国家的成果与经验 / 345
  第一节 印度民族工作取得的成果 / 346
  第二节 印度民族工作任重而道远 / 365

第十章 简短的总结：印度民族问题的启示 / 374

主要参考文献 / 382

后记 / 393

| 绪　论 |

　　印度是当今世界第二大人口国家，也是一个民族成分复杂、民族文化丰富多元的国家，在很多研究者眼中，"人种博物馆"、"民族大熔炉"、"宗教博物馆"、"语言博物馆"等都被称之为印度的鲜明标志。正如印度开国总理尼赫鲁所指出的那样："印度的多样性是惊人的，这很明显，它是摆在表面上，谁都看得见的。"①　许多西方学者在研究印度时，都对这个国度的极端多样性印象深刻并花费了大量精力予以探讨。②　中国学者对印度所具有的这一基本特性给予了充分的重视，特别是研究印度历史、社会文化的学者更是如此，例如薛克翘就使用了土地神奇、风光旖旎、民情淳朴、风俗奇异、文化多样等词语来描述印度给人们留下的印象。③　尚会鹏则用"具有无比多样性和复杂性"这样的词汇来描述其文化传统。④　另一位中国学者邱永辉则把印度称为"宗教博物馆"，强调其所形成的博大、无所不包、多姿多彩的格局。⑤　这种多样性从古到今一直深刻地影响着印度的历史演进进程，而印度的民族问题又是这种多样性最典型、最集中的反映。一方面，印度的民族问题集种族、种姓、宗教、语言以及经济、社会文化等等各种因素为一身，是一个极为复杂的综合性社会事象；另一方面，它反过来又对社会的几乎每一个领域都发挥着无法轻视的作用。可以

---

①　[印] 贾瓦哈拉尔·尼赫鲁著，齐文译：《印度的发现》，世界知识出版社1956年版，第63页。
②　Robert L. Hardgrave, Jr., Stanley A. Kochanek, *India: Government and Politics in a Developing Nation*, San Diego: Harcourt College Publishers, 2000, p. 13.
③　参看薛克翘：《象步凌空：我看印度》，世界知识出版社2010年版，第7页。
④　尚会鹏：《印度文化传统研究：比较文化的视野》，北京大学出版社2004年版，第17页。
⑤　邱永辉：《印度宗教多元文化》，社会科学文献出版社2009年版，第35页。

毫不夸张地说,在印度的政治、经济和社会文化发展进程中,民族问题始终是一个带有战略性和全局性的关键问题。

从历史的角度看,南亚次大陆地处南亚、中亚、东亚和东南亚交汇处,自古以来就成为各个人种族群和文化的融汇之地,"尽管有难以逾越的隘口和浩瀚的大海阻拦着进入印度的通路,但是早自旧石器时代就有小群的原始人类流入次大陆,后来人们就一直设法来到这里"。① 这种人种大规模迁移的过程延续了数千年,其中约在公元前2000年开始的雅利安人的迁入,公元7世纪之后信仰伊斯兰教的多个民族的数次南下并建立政权,以及近代西方殖民主义的入侵和长达200年左右的统治,就是这种过程的代表性案例。在人种逐渐融合的同时,各种文化也由接触而交汇、由交汇而交融,逐渐形成集多样和一体于一身的印度文化体系。可见,人种和文化的融合成为在印度最终形成血缘关系多样、文化传统多元、生活习俗和群体心理及行为方式各异的诸多族群群体的最重要原因。此外,在长期的共处中,来自不同人种和文化传统的人们又不断地相互影响和融合,在差异延续的同时又产生许多共同点,而在印度最终摆脱殖民统治获得独立之后,上述共性得到弘扬与发展,"印度人"的观念得到越来越多的认同,统一的印度国家成为一个现实。

在研究者眼中,今天的印度社会最引人注目的依然是它那种极端多元化的特点,在民族问题上也不例外,其语言、宗教的多元性在地区之间呈现出相当明显的不同。尼赫鲁在几十年前就曾指出:"西北的帕坦人和在极南的坦密耳人(今天人们称他们为泰米尔人——引注)他们之间在外表上就少有共同之点。他们的种族世系是不相同的,虽然他们或者有共同的血统关系;他们在相貌上、身材上、饮食上、衣服上,而且当然,还有在语言上,都是不相同的。……在克什米尔,就使人想到喜马拉雅山那边的一些国家。帕坦的民间舞蹈就特别像俄国哈萨克的舞蹈。虽然有这些种种的不同,但在帕坦人和坦密尔人身上都无疑地显然具有印度的特征。"② 他还坚持认为穆斯林问题是一个印度民族内部的问题,并认为穆斯林处于被经常侵犯的状态,这种不正常的状态实质上是对印度民族融合的一种反

---

① A. L. 巴沙姆主编,闵光沛等译:《印度文化史》,商务印书馆1999年版,第9页。
② [印]贾瓦哈拉尔·尼赫鲁著,齐文译:《印度的发现》,世界知识出版社1956年版,第63页。

动，并造成这个群体成员对未来的恐惧，需要采用坚持不懈的友好来加以化解。① 但是他的这个良好愿望在印度独立过程中并没有变为现实，印巴分治时期，印度教徒与伊斯兰教徒之间仍发生了大规模的流血冲突，印度独立的领袖圣雄甘地为呼吁两大集团的团结殚精竭虑，最后壮志未酬献出了生命，却也没能阻止这种教派的流血冲突。印度独立之后，印度国内也不止一次陷入此类社会危机之中，克什米尔地区的长期动乱、20世纪70年代锡克教徒聚居地区发生的流血惨剧、印度东北部地区的长期动荡等，都是比较典型的事例。自20世纪末以来，印度教民族主义思潮的勃兴以及宗教极端主义和恐怖主义的抬头，使印度的民族问题更增添了新的复杂因素，不仅增大了国家经济快速、均衡发展的难度，而且也在很大程度上影响了社会的稳定。

尽管曾经有人坚持认为"从来没有过一个印度的存在……没有一个印度国家，也没有一个印度人民"，② 但在几千年中，各个社会群体始终共同生活在一块相对固定的土地上，这块土地很早就有了"印度"这样的称呼；始终存在着一种为广大居民所认同的同一文化，这成为外人将其看为一个整体的重要纽带，"印度是一个文明统一体（Civilizational Entity）的理念早在吠陀梵文宗教和文学经典中就已经形成并延绵久远"。③ 到了英印统治时期，印度最终完成了行政管理意义上的统一。"千百万印度儿女……万众一心，凝聚成一股强大的力量，最终击败了强大的殖民者，一个崭新的自由印度由此诞生。"④ 从此以后，印度的统一性得到彰显，人们就是在讨论印度的多样性问题时，也是在统一性的前提下进行的。

从1947年摆脱殖民统治之后，历史上的印度次大陆逐渐演变为今天的印度、巴基斯坦、孟加拉等多个国家，这就造成印度的许多民族问题并不单纯是一个国内事务，而直接涉及到与相邻国家乃至整个地区的关系。在全球化趋势推进的大背景下，世界民族问题的发展走向不可避免地影响和

---

① Sarvepalli Gopal, *Jawaharlal Nehru: A Biography*, Vol. 3, 1956–1964, Massachusetts: Harvard University Press, 1984, p. 172.
② John Strachey, *India, Its Administration and Progress*, London: Macmillan, 1988, p. 5.
③ Francine R. Frankel and Harry Harding, ed., *The India-China Relationship Rivalry and Engagement*, New Delhi: Oxford University Press 2004, p. 18.
④ 参看"普拉蒂巴·帕蒂尔总统在印度第64个独立日前夕对全国的讲话"，印度驻华大使馆：《今日印度》，总第106期，第2页。

制约着印度民族问题的发展走向。当前,印度也和许多其他国家一样,面临着来自地区极端民族主义和恐怖主义的挑战,如何有效地消除国内不同地区、不同民族族群间的发展不平衡,特别是缩小经济落后地区和落后群体与其他地区和群体的差距,成为印度政府应对挑战时必须首先面对的问题,因为这个看似比较单纯的国内事务实际上也具有极为复杂的国际背景。而更为重要的是,作为当今世界人口最多、民族问题最为复杂的国家之一,印度的民族发展状况,以及其民族问题的新特点、新问题等都直接反映出全球民族问题的现状和趋势,解决民族问题的政策和效果如何,特别是探索民族社会经济发展新途径,寻求缓解民族矛盾,缩小乃至消除不同族群群体间在发展问题上的差异和不平等的有效方法,构建民族关系的新模式等,都具有重大的理论意义和实践意义。从某种意义上甚至可以说,印度民族问题研究的重要性已远远超出这个国家的疆界。

在印度,对民族问题的研究具有良好的学术传统,早在印度独立之前,这里极为丰富的人类学和民族学事象就吸引了来自欧洲各国的学者,从19世纪开始,他们就进行过多次大规模的体质人类学调查,用以确认不同种姓和部族之间的体质特征。而就在同一时期,另一些西方学者(主要是语言学家)对次大陆语言的多样性产生了浓厚的兴趣,他们借助西方盛行的语言学科理论和方法,对印度的语言进行了分类分析,在得出印度语言的一个重要支系与欧洲语言属于同一语族这一结论的同时,也依据欧洲的模式,将其作为族群区分的重要标志,从而使印度的民族学研究达到一个新的高度。需要特别指出的是,许多印度本土学者不仅参与了多次举行的人类学调查以及从1881年开始的十年一次的人口调查,而且在民族问题的理论研究领域也取得了大量成果。总体来看,印度民族研究的成果可以分为以下几大类:

第一是建立在民族调查和专题研究基础上的民族志类专著,如T. C. 霍桑的《梅素族》、A. 普拉法伊的《那加族》、S. T. 达斯的《东喜马拉雅民族》、真纳的《奥里雅民族文化和政体》、M. 查克拉波提和D. 穆克吉的《印度部族》、F. 斯特芬的《印度土著民族》等等,这类著作数量巨大,涉及到许多类型的族群。特别值得一提的是,印度牛津出版公司的40余卷系列丛书《印度人》较为全面地介绍了印度的民族状况,不仅从总体视角描述了印度民族的概貌,而且按各邦区划分地区地对极复杂的具体状况进行了有深度的描述和分析。

第二类是将民族问题放到整个社会历史发展的大框架中加以研究，重点考察民族问题与社会发展的相互影响和作用。如 S. C. 杜博的《印度社会》、G. S. 古里的《印度种姓和种族》、R. 塔帕尔的《印度的部落、种姓和宗教》、B. D. 戈拉汉的《印度教民族主义和印度政治》、K. P. 辛格的《印度的部族发展》等。而在各种类型的印度百科全书中，关于印度民族问题与社会发展的内容都占据了重要的位置。

印度民族问题研究者们十分注重对弱势群体和少数民族的研究，这方面的著述数量巨大，如 K. M. 阿里的《印度乡村发展进程中的穆斯林》和《印度表列种姓和他们的状况》、M. 乌朋德罗的《印度的种姓与政治》、K. S. 辛格的《表列种姓》、H. S. 萨克森纳的《表列种姓和表列部落的安全保护》、S. S. 辛格和 S. 桑德拉姆的《哈利真精英的崛起：他们身份的研究》等都是这类研究成果的代表。

此外，有关印度民族政策、民族发展的研究也不在少数，但是大多为研究性论文或一些政府文件，专门性著作没有前几类著述多。

印度的民族问题研究主要受西方特别是欧洲这一学科研究理论的影响，其对民族、少数民族、民族认同、民族发展等基本概念的解读与中国学者的理解存在相当大的差异。特别是印度并没有进行全国性的民族识别的工作，因此不同民族族群的认定存在着相当大的模糊性，"一个民族"与多民族的理论之争从来就没有停止过。在表述上，人（如马拉提人、锡克人、泰米尔人等等）与族（如蒙达族、贡德族、卡西雅族等等）以及宗教或语言人群（如穆斯林、佛教徒、达罗毗荼语族等）的概念常出现混用的情况，这就使得印度之外的人们在接触这一问题时会遇到许多困惑。事实上，不少印度人也有同样的感觉。例如，在印度宪法第 29 条、第 30 条、第 350 条都使用了少数族群（民族）或其复数（Minority, Minorities）的用语，印度中央政府也专门设有少数民族事务部的机构，但是宪法本身并没有对这一概念作出明确的界定，就是在其他的政府文件中也没有相应的解释，因此无论是研究者还是学习者，在涉及这一问题时各自使用的概念和范围也不完全相同。

同时，由于印度并不存在一个在总人口中占绝对优势的所谓多数族群，甚至没有任何一个族群的人口超过总人口的 1/3，因此少数族群这一概念只是表示其在全印范围内所占的位置，而在邦或地区一级意义上，并不精确指某一族群在数量上的相对位置（例如被列为少数民族群体的穆斯林在全国人数总量上占据了第二大族群的位置，是第一大人口少数族群，但是在查谟—克什米尔地区，穆斯林就是多数族群，而被看作全印多数族群的印度教徒反而成为少数族群）。少数族群同时包含有社会发展水平、社会文化和社会地位的含义，关于这个问题，将在后面专章讨论。

这些情况就要求我们在接触印度民族问题时不得不有一些所谓的"印度视角"，即从印度实际存在的特点出发，尽可能地去了解和把握其客观真实的情况。

中国学者在进行印度问题研究时都不可避免地会涉及到其民族问题，老一辈研究印度文化的学者如季羡林、金克木、林语堂等，都对印度民族相关问题进行过相当深入的思考。例如季羡林就指出"印度人民是极其富于幻想的民族"，并对其气质特性作出过较为具体的描述；[1] 林语堂则在批评西方曾遍存在的、把印度人视为"半野蛮、半颓废"民族的偏见的同时，编辑了《印度的智慧》一书，向世界介绍这个伟大民族的文明，提出对印度这个民族需要有一个"更为正确的看法"的主张。[2] 特别需要指出的是，许多中国学者力图用清晰、准确的语言描述印度民族的状况，在北京大学陈峰君主编的《印度社会论述》一书中，林良光先生就提出印度存在11个主要民族，占总人口的82%。他们依次是印度斯坦族（兴都斯坦族）、泰卢固族、马拉地族、泰米尔族、孟加拉族、古吉拉特族、马拉雅拉姆族、卡纳达族、阿萨姆族和锡克族等，此外还有大量的部族。[3] 这是中国学者以中国的民族问题事实为比对，按照中国学术界流行的斯大林关于"共同语言、共同地域、共同经济生活以及表现于文化上的共同心理素质的人的共同体"的标准，提出的对印度民族的系统划分观点。这也成为迄今为止中国学术界对印度民族划分的基本依据和权威观点。在2003年出版的列国志丛书《印度》一书中，作者基本上延用了前面的观点，只是增加了拉贾斯坦族和比哈尔族，并部分修订了一些民族的名称（如把马拉地族改为马拉提族、锡克族改为旁遮普族、卡纳达族改为坎纳达族等），印度的主要民族数增加到13个，除此之外，还有数十个人口较少的民族

---

[1] 季羡林：《中印文化交流史》，中国社会科学出版社2008年版，第8页。
[2] 林语堂：《印度的智慧》，陕西师范大学出版社2008年版，第8—10页。
[3] 陈峰君主编：《印度社会论述》，中国社会科学出版社1991年版，第186—194页。

（民族总数有 100 多个）和 500 多个表列部落。[①] 尚劝余等编著的《印度人》一书也基本上持同一观点。印度是一个"多民族统一国家"就是在上述观点基础上形成的主流认识。

此外，林承节的《印度史》、王树英的《宗教与印度社会》、尚会鹏的《印度文化传统研究》、邱永辉的《印度宗教多元化》等著作也从不同的角度，对印度民族的相关问题进行了探讨。在大量介绍印度历史、社会政治经济发展以及印度亲历类著作中，介绍印度民族、文化的内容都占据了很大的比重。

特别值得指出的是，1988 年在云南省东南亚研究所从事研究的朱昌利、宋天佑和王士录等学者整理了一部《印度民族志》，按藏缅语族、印度语族、达罗毗荼语族、蒙达语族、孟高棉语族和泰语族的标准对 25 个生活在印度的族群进行了介绍。此书虽然只是内部印行，没有正式出版，却是一部中国学者专门介绍印度民族的著作，特别是对一些人数较少的族群进行了介绍，提供了许多翔实的材料，其重要性不容低估。2007 年，贾海涛、石沧金合著的《海外印度人与海外华人国际影响力比较研究》出版，虽然这部著作并不只是讨论印度问题，但是对海外印度人进行专题研究，无疑把印度民族研究的范围拓宽，是一个非常有意义的尝试。2009 年，吴晓黎所著《社群、组织与大众民主》一书的出版表明了印度民族研究向纵深发展的趋势，该书作者在印度喀拉拉邦进行了长达一年的田野调查，在此基础上撰写了 30 余万字的著作，对这里社会政治状况进行了翔实的记录和分析，这是一部有分量的现代民族志著作。[②]

我们之所以要特别提到这三部著作，是因为它们从各个方面反映出中国学者对印度民族问题研究的发展轨迹和趋势，即已经开始从一般性的、有时是附带性的介绍发展到专门的、有针对性和深度的研究。

近年来，为了满足人们了解印度热情的高涨，一些曾在印度工作或生活的人撰写和出版了不少记录性的印度篇章，虽然这些著述算不上严格的学术研究，但是其中很多内容涉及到民族、宗教文化，而且很多是亲身体

---

① 参看孙士海、葛维钧主编：《印度》，社会科学文献出版社 2003 年版，第 34—40 页。
② 参看吴晓黎：《社群、组织与大众民主》，北京大学出版社 2009 年版。

验和感受，直观、真实地描述出一个活生生的印度社会。①

此外，近年还有数量很多的关于印度民族研究的论文发表，其涵盖的范围更宽，中国学者从民族政策、民族划分、民主发展等不同层面对印度的状况进行了分析，特别是对"一个民族"理论、教派冲突的民族因素、表列种姓与表列部落等问题的研究十分引人注目。

印度民族问题因其丰富多彩的内涵而具有极大的吸引力，无论是对研究者还是一般的感兴趣者来说都是如此。但是，也正因为其极为丰富的内涵，这一问题的研究充满了挑战性，具有相当的难度。如前所述，中外学者已经在这一领域花费了大量心血，也取得了许多成果，但迄今为止仍然存在一些尚待解决的难点。

首先，印度民族的概貌还需要进一步厘清。到现在为止，人们对于印度究竟有多少种民族成分、各个族群以及社会群体的具体状况如何还无法给出一个较为全面和准确的描述。这里的问题并不在于统计材料的缺乏，印度十年一次的人口统计已持续百余年，其间基本没有中断，且每次统计都有包括人们社会生活状况的、较为详细的材料。但在民族划分这一基本的原则性上，其标准却模糊不清且时常变化，例如人种、种姓部落、宗教文化、语言等标准都曾经被用来作为区分不同社会群体的标准，却又很少延续使用。因此，已有的大量人口普查或民族问题专项调查材料也只能提供一个模糊的景象。

其次，不断发生的变化性使廓清印度民族状况的努力也相应变得更为复杂。独立之后，印度政府对英印时期的很多政策进行了调整，民族政策的调整幅度也非常大，从而导致新的情况不断出现，例如表列部落和表列种姓的公布是英印时期的一项政策措施，独立之后的印度在正式宣布"不可接触制"为非法并予以废除的同时，仍然沿用原有的针对表列群体的特殊政策，只是在这些群体的具体数量上进行增减。但是由于同时采用了"其他落后阶级"和"少数族群"的概念，并与先前的表列种姓或表列部落有所重叠，加之对穆斯林、基督教徒、锡克教徒、佛教徒等宗教信众群体的界定也和族群划分、表列群体界定的概念交错在一起，因而原先就已

---

① 这方面的著作很多，例如袁南生著：《感受印度》，中国社会科学出版社2007版；戈松雪、邢济萍著：《印度羊皮书》，中央广播电视大学出版社2012年版；张云：《再遇，另一个印度》，线装书局2015版，等等。

十分复杂的情况变得更加复杂,如果再把印度政府中少数族群事务部以及相关部门(如表列部落事务部等)的管辖范围纳入考察视野,我们就会发现在这一问题上的混乱状态是客观存在的。这就在某种程度上为学者观点的统一增加了难度,特别是对于习惯使用严格学术概念的中国学者来说,这个难度似乎更大。例如在印度"少数民族"的界定这一个基本问题上,就出现了不尽相同的看法,有人认为表列部落就是印度的少数民族,[①] 也有人认为少数民族还应包括表列部落之外的其他一些弱势群体。也有研究者从译名出发,对国族(民族,Nation)、族群(Ethnic Group)的概念进行了学术上的区分,认为"族群强调的是文化性、学术性,而民族强调的是政治性、法律性",在研究印度时应该注意这一点。[②]

第三,对印度民族政策的评价问题一直难以达成观点上的一致。在许多印度学者眼中,自独立以后确定的世俗、民主的立国原则也是印度民族政策的原则,加上印度数千年历史进程中形成的多元文化共存的传统,印度各族群之间保持了一种共处、共发展的局面,也就保证了国家的统一和稳定。但是也有一些印度学者(其中不少人具有弱势社会群体背景)以及国外学者对印度国内不断出现的教派冲突和社会动荡印象深刻,并以此得出印度民族政策存在很多缺陷的结论。上述这两种观点观察问题的视角不一样,评价的标准也不尽相同,但都是集中关注某一个方面,因此也不可避免地具有一定的片面性。从这一现象我们也看到,要解决这个难点具有相当的复杂性。

第四,一切民族问题的研究都应该最终归结到理论概括的高度,对于印度民族问题来说,它是一个特殊的个案,抑或是带有普遍性和共性的典型?对其历史经验的理论分析能否为其他国家和地区提供启示以及能提供什么样的启示?这些都是研究者无法回避的问题,但客观事实是,有不少研究者目前尚停留在对现象的描述和分析上,理论的探讨还有大量工作要做。

本书的写作只是众多印度研究中的同样性质的尝试,我们没有奢望去解决这一庞大题目中所包含着的方方面面的内容,只想对以下的几个问题进行一些比较集中的探讨。

---

① 贾娅玲:"印度少数民族政策及其对我国的启示",《湖北民族学院学报》2007年第2期。
② 参看张高翔:《印度印穆教派冲突研究》,云南大学2009年博士学位论文。

第一，试图确定一种印度民族的划分原则。什么是民族？民族和族群群体是由哪些要素决定的？这些已被讨论了数百年的问题从某个角度上看似乎已经被解决了，因为这方面的著述数量巨大。但是运用理论来划分界定某一个国家、某一个地区的民族基本情况时，人们却又常常手足无措——不是没有理论，而是理论体系各不相同，采取哪一种更为适合呢？印度的情况也是一样的。如果我们要以中国为参照系的话，就会发现对印度的许多现象很难作出令人信服的解释，因为它的特殊性很多，而在中国，这些现象要么根本不存在，要么并不具有典型意义。例如印度历史上盛行着的种姓制度，至今依然不容忽视；血缘为主要标志的种族是今天印度民族形成的一个源头（这与中国十分相似），不同种族在历史上曾发生过相互的融合，血缘关系的重要性减弱，但是婚姻、职业以及社会等级等作用的凸显，使得各个群体间彼此严格区割，阻碍了民族融合的进程，反而造成群体数量的增加并使之固化；语言和宗教因素与民族形成的其他因素十分紧密地交织在一起，加之地缘条件的作用，原先看来应该统一的群体（民族或族群）无法完成这个进程，反而常常呈现出相当明显的零碎性等等，以上这些都与中国的民族事象和发展进程存在明显的差异。

有鉴于此，我们试图对印度的民族划分采取综合性方式进行一个初步的划定，即充分注意印度社会的特殊性，尽可能地从印度的角度来考察这一问题，充分重视印度宪法和有关法规、印度社会传统和习俗中包含的信息，在此基础上展开分析。这将很有可能是一个既不同于中国的，也和许多印度研究者观点存在明显差异的思路。

第二，本书将对印度现代民族的形成进行专门考察。和许多别的国家一样，印度的现代民族也经历了一个逐渐形成的过程，英属殖民地时期是这个过程的一段关键时期，因为从这个时候起，今日印度（也包括巴基斯坦、孟加拉国）的版图已经基本确立，历史上曾多次出现的大规模的外来族群的迁入也已基本结束。除了印巴分治这一特殊时期之外，各个族群已经固定居住于某一地区。同时，西方近代民族理论对印度产生过巨大的影响，现代印度民族意识在这一时期逐步形成，行政管理当局也制定并实施了一系列民族政策。独立后的很多东西都是这一时期的延续和发展。例如虽然根据印度宪法规定，公民在国家版图管辖的范围内迁徙自由，但这只是个人行为，绝大多数群体居住固定的状态没有改变。因此，对这一问题的考察将主要从英印时期开始并持续到独立后的印度，以此来帮助人们把握印度民族问题的发展变化脉络，并更准确地理解印度民族问题的实质。

第三，由于对印度民族进行全景式的描述不被列为本书的主要目标，因此我们将只对某些问题进行较为集中的讨论。题目的选择依据是至今仍普遍存在的、影响着印度社会的、有可能对未来印度发展发挥重要作用的民族事象，民族的多样性、民主法治、族群间的矛盾冲突、民族宗教关系，以及相关的方面就这样被挑选出来。此外，对印度政府的民族政策评价也将予以集中分析，这是一个具有挑战性的题目，如果说民族现象具有客观特质的话，那么对民族问题的认识和处理就是政治，就是主观色彩和鲜明的人为行动。与印度的民族事象具有特殊性一样，印度的民族政策也具有很多个性，反映出鲜明的印度特点。我们试图对这些特点做一番考察并进行分析。在这个问题上，我们的基本思路是，印度的民族政策有其积极和成功的一面，基本上保证了印度国家的统一、社会的稳定和发展，但同时也存在很多教训，有些教训还是极为深刻的。这些经验和教训对包括中国在内的世界各国都具有一定的启发意义。

第四，正如前面已经提到的，印度的民族问题具有很多超越国界的含义。从严格意义上讲，民族事务应归于国内事务的范畴，如何处理本国的民族问题是一个国家不容他国干涉的主权。但在实践中，由于跨境民族的存在，以及民族文化的辐射等因素，一国的民族问题也有可能引起相关国家以及整个国际社会的关注乃至干预，这就为某一国家或地区的某些民族问题增加了抹不去的国际色彩，印度当然也不能例外。不过在关注这些超越国界的民族问题现象的同时，我们更重视印度民族关系对国际关系的影响，也就是说，印度处理民族事务的政策措施对其与邻国的关系、其他地区乃至世界都有影响，也与印度国家形象的构建、印度大国目标的实现关系密切。近年来，人们已从经济文化、宗教甚至环境等角度研究国际关系，从民族问题入手来研究国际关系的思路与上述发展是一致的。

最后，作为邻国，中国和印度在很多方面存在着相似或可比较的现象，虽然这种可比性是有限度的，但就民族而言，两国都在漫长的历史演进过程中形成了众多民众和平相处、民族与族群不断发展的局面。丰富多元的民族文化相互依存、共同繁荣是这两个伟大国家的宝贵传统，也是在这一基础上，中印文化对周边地区乃至全球作出了巨大贡献。在今天，如何保证各民族（族群）和谐相处，享有平等的发展机会和成果，特别是如何促使弱势群体加速发展等是两国都面临的课题。在实践中，两国都取得了成功的经验，也有一些教训，互相学习与借鉴这些经验和教训，将对双方未来的民族事业发展起到积极的作用。

20世纪70年代末和90年代初，中国和印度先后借经济改革推动，走上快速发展之路。进入21世纪之后，两国的持续快速发展势头不减，已经成为新兴大国崛起的代表和影响世界的重要力量。当今人们判断一个大国的发展状况时，不仅要观察其经济、军事、资源秉赋等所谓"硬实力"的指标，也十分重视其他各个方面的发展情况，人文发展水平已成为衡量一个国家综合实力的一项必不可少的指标。民族问题的主体是人，核心是人（更准确地说是由人组成的群体）的发展，特别是某些特定的群体（一般特指相对弱势的群体）在享受社会资源、发展机会和发展成果等方面的状况往往是反映某一国家或地区人文发展的关键指标，成为判断这一国家或地区整体发展水平的核心要素。中国和印度都明确将"和谐发展"作为本国的努力目标，处理好民族社会经济文化发展中的各种问题，特别是消除历史原因造成的少数族群或弱势群体的发展滞后、促进各民族平等发展等问题的效果如何，不仅关乎本国崛起大业的成败，而且常常成为国际社会赞扬或诟病的口实。从这个意义上讲，民族问题是发展中的新兴国家特别是中印这样快速发展的国家国际形象的一个重要组成部分。民族问题研究是民族发展中的一个有机组成部分，它的任务与上述的发展目标完全一致。

上篇

印度民族概况

第一章
印度主要民族的历史渊源

和世界上所有的民族一样,印度民族也有一个形成的过程。相比大多数国家和地区,印度民族的历史渊源似乎显得更加复杂多样,这里面既有人种学意义上的原因,也有更为丰富的社会文化原因。

第一节 印度民族的族源考察

印度次大陆是人类早期活动的重要地区之一,考古学家在这里发现了大量旧石器时期和新石器时期人类留下的遗址,由于缺乏确切的文字材料,人们只能以其他参照物为依据,大致推测出当时的情况。

在旧石器时期,这里的人们已会制造用于砍伐和切割的石斧,这些质地坚硬的石头被称为夸耳石,此时的印度原始人也因此被称为"夸耳人",这一名称来自他们制造石器所使用的夸耳石,他们是否就是今日印度人的直系祖先中的一支,学术界至今仍没有定论。[1] 到新石器时代,印度次大陆特别是南部印度的文化遗址分布更加广泛,从这些保留下来的一些遗址来看,这一时期的墓葬形式已呈现出比较鲜明的地区性特色,但是对于这一时期的印度居民是否就与旧石器时代的居民具有血缘上的承袭关系仍无法下定论。另有学者指出,印度最古老的民族之一是属于尼格罗人种的尼

---

[1] 参看吴俊才:《印度史》,三民书局1981年版,第33页。

格利陀人，也是今日黑非洲很多民族的祖先，但是这一支原始居民现在已经几乎从印度消失，这是否意味着他们与今天的印度民族并无血缘关系？①很显然，目前人们无法确认这块土地上最早的居民与今天的居民之间有无直接的血缘关系，但有一点是可以肯定的——那就是今天的印度民族并非源于单一的先民群体，其多元性早在远古时期印度土地上的先民诞生之时就已存在。

任何一个现代民族都是从古代民族（族群）发展而来的，而古代民族（族群）的重要构成要素之一就是其人种血缘关系。印度民族的历史考察也应该从族源开始。

从人种学的视角看，今日印度的民族分属几个大的类型。印度学者B. S. 古哈认为，尼格罗人（the Negroids）、原始澳大利亚人（the Proto-Australoids）、蒙古人（the Mongoloids）、地中海人（the Mediterraneans）、雅利安人（Ayan）、阿尔卑斯迪纳拉人（the Alpo-Dinarics）等六大类是印度最主要的族源群体。②而维基百科"南亚族群"辞条则列举出印度—雅利安人（Lndo-Aryan Peoples）、印度—伊朗人（Indo-Iranian Peoples）、达罗毗荼人（Dravidian Peoples）、澳大利亚—亚洲人（Austro-Asiatic Peoples）、藏缅人（Tibeto-Burman Peoples）、阿尔泰人（Altaic Peoples）、南岛人（Austronesian Peoples）、塞族人（Semitic Peoples）等多个类别。③还有一种说法也坚持六大类型，但与古哈的观点存在一些差异：达罗毗荼人（Dravidians）、蒙古人（Mongoloids）、尼格利陀人（Negrito）、北欧—雅利安人（Nordic-Aryans）、原始澳大利亚人（Proto-Australoids）和西部短头颅人（Western Brachycephals）。④

虽然这些说法在表面上并不统一，但是只要再深入一些，我们就会发现，其实有些名称上不太相同的人种群体是同一个群体，例如古哈所说的地中海人实际上指的是达罗毗荼人，而所谓藏缅人应该属于蒙古人种，印度—雅利安人和印度—伊朗人也同属一个大的种族。

---

① 参考陈峰君主编：《印度社会概述》，中国社会科学出版社1991年版，第181页。[美] 爱德华·麦克诺尔·伯恩斯、菲利普·李·拉尔夫，罗经国等译：《世界文明史》，商务印书馆1987年版，第139页。
② 参看孙士海、葛维钧主编：《印度》，社会科学文献出版社2003年版，第32页。
③ 参看 "South Asian ethnic groups"，http：//en.wiripedia.org/wiri/Ethnic-groups-of-South-Asia。
④ 参看 "People of India"，http：//www.webindia123.com/india/people/people.htm。

按一般的说法，尼格利陀人是西班牙语和葡萄牙语对"尼格罗"的称谓，意为身材矮小的黑人，他们是最早居住于南亚次大陆的一个群体。有学者认为他们可能是从非洲大陆迁徙而来的，因为从体质特征上看，他们与今天中部非洲的一些部落特别是俾格米人有很多相似之处，如身材比较矮小、皮肤颜色深黑、头发自然卷曲、鼻子扁平、嘴唇宽厚。在6.5万—3万年前，尼格利陀人出于对资源的寻求，从他们的发源地迁移到南亚次大陆的沿海地区以及安达曼群岛，后来一部分人又向内陆地区扩展移居。但是他们中的多数人并没有停留在南亚次大陆，而是沿着海岸线继续向南迁徙，到达今天的东南亚各国以及更远地区，并一直生活至今。由于这一原始族群成员多以狩猎和采集为生，因此在其文化中表现出对某些植物和动物的崇拜，这对后来的印度文化也产生了一些直接或间接的影响。当较他们为晚的其他人种，如原始澳大利亚人和达罗毗荼人进入印度次大陆之后，尼格利陀人的生存空间受到挤压，一部分人被迫搬迁到其他地方，也有一部分人与新来者在血缘上发生融合。根据对印度人口进行体质调查的材料显示，在今天安达曼群岛上的一些部落民与印度某些山区和森林地区的部落民身上，还保留着比较明显的尼格利陀人的特征，他们是安达曼群岛上的贾拉瓦人（Jarawas）、昂格人（Onges）、森提内勒斯人（Sentirelese）等。居住在南印度的一些山地部落，如科达尔人（Kodars）、伊鲁拉人（Ilulas）、旁尼衍人（Paniyans）和库鲁巴人（Kurumbas）也被认为属于尼格利陀人的后裔。

原始澳大利亚人也是一个古老的、以狩猎和采集为生的种群，有学者认为他们是10万—6.5万年前从非洲撒哈拉以南地区越过红海和亚丁湾迁出的人群中的一支，因此在体质特征上与尼格利陀人有一些相似之处。约瑟夫·卡姆贝尔（Joseph Campbell）在他撰写的《神的面具》一书中对原始澳大利亚人的外貌进行了描述：他们身材高度中等，体格强壮，皮肤呈黑色或深棕色，头发自然卷曲，头颅比较长，额头较低，鼻子扁平宽阔，下巴较小。在亚洲，原始澳大利亚人首先落脚于南亚次大陆，然后沿海岸南下东南亚地区，还有一些人跨海到达今天的澳大利亚以及更远的地区，成为那些地方原始部落的先民。与尼格利陀人相比，原始澳大利亚人的分布更广，社会文化发展水平也更高一些。在他们之中，万物有灵的原始崇拜十分盛行，他们创造的农业文明和语言成为今日印度文化的一个重要组成部分。达罗毗荼人进入印度之后，原始澳大利亚人与之发生了血缘上的融合，二者融合成为一支数量众多、分布广泛的印度古代居民，后由于受到雅利安人南迁浪潮的挤压，许多人避居于交通相对闭塞的山区和森林地区。与尼格利陀人已经基本上迁出南亚陆地的情况不同，这一人种群体的后裔仍然分布广泛，成为今天数量众多的部落民和少数族群群体的祖先。

关于蒙古人种群体到达印度次大陆的时间缺乏准确的记载，形成于公元前500年的印度古籍吠陀经典和史诗《摩诃婆罗多》中已经出现关于那加人等蒙古人后裔的记载，而一些生活在印度东北部的族群的传说中也称他们的祖先来自遥远的东方。虽然今天生活在印度的蒙古人种后裔的外貌特征因血缘的融合和环境的影响已经发生了一些变化，但是仍与印度的其他族群有着明显的区别。他们皮肤呈黄褐色，身材中等高度，颧骨比较突出，头发垂直，体毛稀疏，眼睛不大且眼角微微上挑。蒙古人种的后裔居住地区比较集中，主要分布在今日印度东北部和喜马拉雅山脉地区。由于自然环境与印度核心地区（印度河流域、恒河流域以及南印度地区）存在较大差异，属于蒙古人种的各个印度群体在长期的生存过程中也形成了一些明显区别于印度其他地区人们的文化，在语言、宗教和生产生活方式上具有一些鲜明的地域特点，他们生活的地区也成为印度次大陆核心地区与东南亚以及东亚大陆的文化链接地带。

达罗毗荼人是印度民族中最为重要的一支。达罗毗荼一词来自梵文词"Dravida"，按照一些研究者的说法，关于这一人种的确切记载最早出现于公元8世纪的一部古代印度的教育典籍中，这一个词的词根可能是"Drava"，原意为水或大海，表明达罗毗荼人生活在一块被水环绕的土地上，或是生活在靠近大海的地方。这与今天印度达罗毗荼人的后裔多分布于印度南部特别是沿海地区的情况颇有几分相似。英国语言学家罗伯特·廓德威尔（Robert Caldwell）在他那部写于1856年的关于达罗毗荼语或南印度语法比较的著作中首次使用了这个词。后来达罗毗荼（Draridian）一词就兼指一个人种或一个语言族系（Language Family）。

关于达罗毗荼人的起源，学术界存在不同的观点。一种观点认为，达罗毗荼人的祖先可能是尼格利陀人，或者是尼格利陀人与欧罗巴人人种混合的产物，也就是说欧罗巴人在公元前4000—前3000年大批进入南亚次大陆后，与先期居住在这里的尼格利陀人发生血缘上的融合，最终形成了达罗毗荼人。①还有学者认为,达罗毗荼人的祖先居住在地中海地区,他们是从那一地区移居到南亚次大陆来的,这些学者指出,从体质调查结果看,今天属于达罗毗荼人后裔的各个族群虽然已表现出很多血缘混杂的特征,但仍存在一些体质上的共同点:他们身材高度中等,体型较为消瘦,肤色为褐色,头颅较长,眼睛较大,鼻梁窄且较高,下巴突出。这些特点都与地中海人种,特别是小亚细亚以及爱琴海诸岛的早期居民的特征存在相似之处,有人据此甚至提出了印度河流域文明是从小亚细亚或两河流域传入的说法。②大多数学者认为,达罗毗荼人在尼格利陀人、原始澳大利亚人之后,雅利安人之前由海陆两路迁入南亚次大陆,并带来了原始农业和畜牧业。定居下来之后,他们可能创造出自己的文字,建立了最早的城市并开始了早期商业活动,并在宗教信仰上奉行自然崇拜和祖先崇拜。当稍后于他们的雅利安人由次大陆西北部迁入后,达罗毗荼人的一部分被武力征服,形成有别于"雅利安种姓"的"达萨种姓",也就是后来的首陀罗种姓,并部分与雅利安人发生血缘上的融合;另外一些人被迫向南部印度迁徙,成为今天几个南印度较大族群和数量众多小族群的祖先。

从20世纪80年代开始,许多人类学家运用遗传基因检测等新的现代手段对印度人种重新进行研究,并对印度人种外来学说提出了质疑,认为今日印度主要族群是严格意义上的原住民的后代。这方面最有代表性的例子是,2009年9月25日《印度时报》网络报发表了一篇题为"雅利安—达罗毗荼分割一个神话:研究"的文章,宣称过去印度人被人为地分化为南北两部分人种起源的传统观点已经受到冲击。文章写道,包括哈佛大学几个学院在内的研究人员对来自不同地区、语言族群和种姓人员的样本基因进行比对,那种认为雅利安人和达罗毗荼人是在原住民之后才迁移到印度的传统说法是没有依据的,参与研究的科学家唐戛拉坚(Thangarajan)指出,包括达罗毗荼语族族群在内的当代印度人只不过是"北印度祖先"(Ancestral North Indians)和"南印度祖先"(Ancestral South Indians)的一

---

① 参看陈峰君主编:《印度社会论述》,中国社会科学出版社1991年版,第181页。
② 这一说法遭到许多学者主要是印度学者的批评,今天已经很少有人认同。

支后裔而已。①

　　尽管存在一些分歧，但是在确定达罗毗荼人是一个古老的人种，其后裔构成了一个极为庞大的族群群体这一点上，学者们的意见是一致的。特别需要指出的是，许多研究者坚持认为，南亚次大陆最早的文明——印度河流域文明很有可能就是达罗毗荼人创造的，他们后来也和雅利安人有着很多血缘上的融合和文化上的融合。

　　大约从公元前2000年开始，雅利安人从印度次大陆西北部地区进入，这是印度历史上规模最大的一次人口迁徙，其结果是今日印度人口分布的基本格局以此基本确定下来，印度的几个最大的族群也在这一迁徙和融合的基础上逐渐形成。

　　"雅利安"这一称谓，从语言的角度看，指讲雅利安语（包括印欧语和印度—伊朗语）的人群；也可以从人种学的角度看，指那些原先居住于亚欧大草原，后迁移到今天的欧洲和南亚以及西亚一些地区的多个族群。在印度语言中，"雅利安"一词来源于梵文"Arva"，原意是印度北部的语言，或讲北印度语言的人。② 19世纪一些欧洲学者在研究时注意到，印度古籍中雅利安人自我描述为高贵的人，这与欧洲某些语言中的自称如出一辙，雅利安人种的概念也因此被用以区别那些"非雅利安"人种。在体质外貌上，雅利安人常常被描述为皮肤白皙、个子高大、金发碧眼、鼻梁挺拔等等。但是大量的证据表明，雅利安人其实是一种统称而并非一个严格意义上的人种，他们由许多原先的游牧部落组成，在南迁的过程中，他们中的一部分定居在今天的伊朗、阿富汗以及其他地区，也有一部分在不同的时间先后进入南亚次大陆，先是定居于西北部的印度河流域，后逐渐东移到恒河流域以及次大陆的中部乃至更远地区，并与原先居住在这里的族群产生血缘融合，最终形成后来的众多族群。今天可以被认定为雅利安人后裔的印度各族群，大多已不再保留着白皮肤和金发碧眼的特征，反而多为肤色较深、黑发黑眼睛的印度民族。事实上，印度雅利安人的这种血缘渊源是被"重新发现"的，一些语言学家通过对北部一些印度语言的研

---

　　① 参看 Puravankara, "*Aryan-Dravidian divide a myth: Study*", http://timesofindia.Indiatimes.com/news/india/Aryan-Dravidian-divide-a-myth-Study/articleshow/5053274.cms。
　　② 参看 Simpson, John Andrew&Weiner, Edmund, ed., *Oxford English Dictionary*, Oxford: Oxford University Press, 1989, "Aryan", p. 672。

究，发现其与今天广泛使用于欧洲的语言存在着词源、语法上的相通之处，都属于印欧语系，并由此倒推，印证了印度古籍中关于民族迁移的零星描绘，最后才得出他们与今日欧洲的很多居民同属雅利安人种的结论。

这些雅利安部落将其典型的游牧文化带到印度次大陆，其中包括原始宗教和社会制度，在逐渐接受农耕定居生活方式的同时，他们的原始文化也演化产生出更为成熟的语言和宗教，最早成为今日印度主题文化的重要源头——吠陀文化，而雅利安部落也因此被认为是今日许多印度族群的正源。

在印度历史上，除了上述比较大的人种迁移外，还有许多数量规模较小或只是地区性的外族内迁。就全印范围而言，从公元7世纪起，阿拉伯商人就开始踏足这块土地，8世纪初阿拉伯军队渡过印度河，随后占领了信德地区，阿拉伯移民也成规模进入这一地区。从此以后，信仰伊斯兰教的突厥人，生活在阿富汗各个族群、突厥化的蒙古人（莫卧儿帝国的建立者）等也先后在印度建立了王朝，从而为印度族群增加了新的血缘成分。而之后欧洲人到来并在此建立了长达数百年的统治，也产生了一个多达几十万人的欧洲混血群体。就局部地区而言，印度次大陆西北部因其处在外来人种迁移的主要通道上而成为人种成分最为复杂的地区，除了前面提到的几个从陆上进入印度的外来人种之外，这一地区还先后成为马其顿人、大月氏人等建立的国家的一部分，这些人种也对这一地区后来的族群的形成产生过影响。

需要特别指出的是，各种血缘集团汇聚于印度次大陆，不仅造成了"人种博物馆"的壮观景象，也使得这里的族群有了多样性的基因。1901年英印政府进行人口普查时，就曾根据各个群体体质上的差异将全部印度人划分为七个大的类别，即印度雅利安人、达罗毗荼人、蒙古利亚人、雅利安—达罗毗荼人、蒙古利亚—达罗毗荼人、西徐亚—达罗毗荼人和突厥—伊朗人。虽然这种划分方法后来很快就因不够科学严谨而被废除不用了，但其也真实地反映出，在印度真正意义上的纯粹血统并不太多，不同人种之间的交融成为一种基本现象。从这个意义上讲，血缘关系在今天印度民族构成问题上已不再是唯一的因素，甚至已不再是最重要的因素了。

第二节 构成印度民族的经济文化因素

除了血缘因素之外，在印度民族形成过程中发挥作用的还有一些其他因素，按照我们经常采用的物质、精神模式进行分析，这些因素可以对应地看作经济、文化两个大的方面。

人们在论述印度经济历史时，总会强调印度内部各个地区间自然环境的多样性和差异性，并十分关注这种多样性造成的经济方式的多元化。

在印度古籍和口传史中，人们称自己的国家为婆罗多国（Bharata-Varsha），由七个海岛的内陆相连而成；在中国的古籍中很早就有关于印度的记载，对其的称呼也有"身毒"、"天竺"等不同的名字，其中五天竺的说法十分流行。在今天，人们已不认同七岛内陆的说法，五天竺所指的地区也被看作仅是印度次大陆的一部分，即今天印度河以及恒河流域地区，但这里出现的五、七等数字却揭示了这样一个事实：从古代开始，生活在印度次大陆的人们以及到过这里的人们，都认识到印度是由自然环境具有很明显差异性的不同部分组成的。

从地形上看，印度（这里专指今日印度共和国的疆域，不包括历史上印度次大陆所涵盖的巴基斯坦和孟加拉，后同）可分为四个大的地区。北部高山地区——由大喜马拉雅山脉南侧的众多山脉、山脉间的高原和谷地构成，这里海拔落差大，植物种类随海拔高度的变化而呈现出很大的不同，即便在今天，印度北部高山地区的交通仍然很不方便。中部恒河平原地区——这一地区的面积达50多万平方公里，西邻印度河中下游平原，东接孟加拉境内的孟加拉平原，河道纵横，沃土千里，千百年来就是印度农业最为发达的地区，是今天世界上面积最大的平原之一，也是人口密度最大的地区。除此之外，印度东北部还有一块阿萨姆平原，其自然条件与恒河平原有些相似。印度南部高原一般又称作德干高原——位于恒河平原南部，以几座大山为骨干，由西而东的文迪亚山脉横亘于高原北部，历史上一直被看作南北印度交通的障碍，也因此成为南北印度的分界线。德干高原本身也被众多山脉和河流分割成若干个相对独立的小区域，在高原的东西两侧和最南端还分布着一些临海的平原。最后一个部分是沙漠地区——

主要位于拉贾斯坦邦境内，其中塔尔沙漠又称印度大沙漠，面积约20万平方公里，年降水量极少，西部不足100毫米，气温最高超过50℃，很多地方黄沙茫茫、植被稀疏，甚至是不毛之地。隔着同样荒凉的山脊，还有另外一个面积较小的沙漠。

以上的简短描述并不想从专业的角度来描述印度的自然环境，只是试图勾勒一个直观的多样性自然景象，正如一位台湾学者指出的，"它的内部地形之复杂，也使人难以想象。在它的疆域之内，有雪岭高插入云的崇山峻岭，有罕见人迹的沙漠，还有广大的平原与两岸肥沃的河流三角洲……"① 在这一复杂多样的自然环境中生活的印度人，其经济方式（包括生产方式和生活方式）也各不相同。经过漫长历史岁月的演化，各地区之间这种经济方式上的差异，逐渐固化为一种生存模式，一种广义的社会文化传统，并成为划分彼此的标准。而经济方式这种物质化的事象常常会以具有鲜明外部特征的形式（衣、食、住、行、婚、丧、节庆等等）表现出来，甚至不同的经济生活方式还会在人们的体质外貌上留下不同的烙印。这些特征一旦形成，很难在短时间内发生大的变化。因此，因不同经济方式而形成的不同族群之间的差异是十分容易辨认的。

印度自然环境的另一个不容忽视的特点是不同地区之间的相互分割。在近代交通方式建立之前，各个地区之间虽然长期存在相互交流，有的地区甚至有很活跃的商贸交流，但大规模的人员流动一般只在诸如民族迁徙或爆发跨地区战争的情况下才发生。前者如公元前2000年的雅利安人入侵，以及此后从印度河流域向恒河流域的转移；后者如几次穆斯林的进入和伊斯兰王朝的建立。在大多数时间里，某一地区的居住人群是相对稳定的，人们的交往主要发生在区域内部（包括群体成员之间或特定区域内不同群体间），区域之间的不同人群之间呈现相对封闭的状态，从而逐渐形成各自有别的、地区性的和特定群体独有的文化。

以语言、宗教和生活习俗为例就很能说明问题。印度现有22种由宪法表列的正式官方语言（不包括英语），其中使用印地语的最多（为4亿2200万），使用梵语的最少（仅为5万人，另一说1.4万人），② 此外还有数千种地方语言和方言。虽然这些语言可以被划分为几个语系，但相互之

---

① 吴俊才：《印度史》，三民书局1990年版，第31页。
② 数据引自2001年印度人口普查公布的材料，见http://www.censusindia.net。

间的差异仍然十分明显，分布的区域和人群也相对固定，从而成为不同族群间互为区别的一个最重要的标准。同时也证明了这样一个事实：既便是早期同属一个语言家族的群体，由于散布于不同的地区且长期交往不畅，也难免会发生族群层面的分衍。

与语言相比，印度宗教的种类要少得多，不算数量不详的部落宗教和信仰，具有较大影响的是印度教、伊斯兰教、基督教、锡克教、佛教、耆那教、祆教等几大宗教，其信徒占到全国总人口的99%以上，[①] 宗教也因此成为印度划分族群特别是多数族群和少数族群的一个重要因素。但是我们也注意到，相对于其他大的宗教类别而言，某一宗教信众中的认同是没有问题的，但是在同一个宗教内部，人们往往并不满足于这个最高层面的一致性，他们还要在其他层面上再度划分为不同的流派支系。例如拥有信众最多的印度教徒自认为是一个整体，但这种认同只是在与伊斯兰信徒、基督教徒、锡克教徒、佛教徒以及其他宗教信徒进行区分时才有实际意义。对于某一个具体的印度教徒而言，他常常更愿意把自己称作一个湿婆神、毗湿奴神或是别的什么神（这仅意味着数以十万计的印度教诸神中的一个）的信徒，印度教的信众也就被划分为许许多多的次群体。相比于印度教而言，这些小的支系或流派更加具体，更容易引起同一次全体内的成员的心理和感情认同。在其他宗教中，这种相同或相类似的情况也大量存在。宗教上的这种情况也与前述语言情况相互印证。

生活习俗因物质基础而产生和形成，某一地区的人们长期生活于同一状况之下，他们的衣食住行等基本生活习惯必然会反映出同质性。在印度，各个不同的族群都拥有自己独特的生活习俗，同时各种习俗也都带有鲜明的地域特色。也就是说，如果不同的族群生活在同一地区，那他们的生活习俗就有可能带着诸多共性；而如果同属一个族群的人们分处不同的地区，则他们的生活习俗就可能表现出程度不同的差异，差异的大小一般与地区条件的差异成正比。从这个意义上我们可以说，因地域环境而形成的生活习俗对于族群的意义是相对的、可变的，这就意味着某一族群的个体或群体如果因故搬迁到另一个地区，他们的生活习俗就有可能因环境的改变而发生部分改变，但其族群身份并不会轻易失去。这在很大程度上是因为仅有生活习俗这一个要素还不足以确立某个人的族群身份。

---

① 参看邱永辉：《印度宗教多元化》，社会科学文献出版社2009年版，第35—36页。

尼赫鲁在谈论印度的两个族群时就谈到了我们前面所涉及的方方面面："西北部的帕坦人和在极南的坦密耳人他们之间在外表上就少有共同之点。他们的种族世系是不相同的，虽然他们有共同的血统关系；他们在面貌上、身材上、饮食上、衣服上，而且当然还有语言上，都是不相同的。"①

谈论印度的民族问题，就不能不涉及到印度长期存在的一种社会制度——种姓制度。对于许多印度普通百姓来说，他们在确认自己的社会身份时，常常习惯于使用自己所属的种姓名称，因此我们有必要花一点笔墨来探讨一下民族与种姓的关系。在印度，种姓制度已延续了数千年，它既有血缘关系、职业继承等特征，又有个人行为规范等因素，而且与印度教等宗教紧密结合在一起，对生活在这块土地上的每一个印度人都直接发生着极为深刻的影响。

而印度最早的经典《梨俱吠陀》，就对种姓的起源作出如下解释：

希尔夏（Purusha）（注：一般译作普鲁沙，是吠陀宗教中的创世之神）有千头，有千眼，有千足。
他普及大地的每一边缘，
他充满十指宽的空间。……

当他们（指诸神）把布尔夏分割时，
他们割成多少份？
他们把他们的口叫作什么？
手臂叫作什么？
他的腿和脚又给什么名称？

他的口是婆罗门，
他的两臂作为王族，
他的腿部变成吠舍，

---

① [印]贾瓦哈拉尔·尼赫鲁著，齐文译：《印度的发现》，世界知识出版社1956年版，第63页。

从他的脚上生出首陀罗来。①

在每一个印度教徒心目中，吠陀经典的神圣性是不容怀疑的，人分几等并基本决定此生命运是造物主的安排，只能服从。在西方自然科学和社会科学学说传入之前，吠陀经典中对人间和社会组织、人际关系和人的行为规范的解释最权威，为印度教徒和其他一些宗教群体成员所尊奉。一些西方人类学家在印度进行体质调查时，特别注重不同人群之间外形上的差异，甚至把这种外形上的差异与他们的社会地位混为一谈，有的人还得出印度不同族群间的"社会地位与鼻子的宽度成反比"的结论。② 这种片面强调甚至夸大血缘或出身在社会群体问题上的作用的理论，与吠陀经典中表述的造物主身体上的不同部位产生不同的群体，并决定他们的社会地位的观点几乎如出一辙，也从某一个角度强化了印度人的种姓制观念。

与族群成员的行为规范多为代代相习，主要通过实践传承的情况不同，种姓制的许多规范不仅非常细致，而且用宗教经典、法律集成的形式固定下来，同时又从教理的高度进行了全面的论证，具有权威性、强制性以及制度化的特点，更容易被普通百姓所遵守。印度许多古代典籍（如《摩奴法典》等）中对个人的行为规范有着非常具体的规定，每个社会群体的成员在从生到死的每个生命环节中都知道自己该做什么、不该做什么。在很多关于种姓制的一般性讨论中，人们往往十分强调其对低级种姓和不可接触群体的诸多限制，事实上作为一种社会制度，种姓制度对任何一个种姓群体成员都有行为上的严格规定，对于那些高等种姓成员而言，他们所必须遵守的行为规范丝毫不比较低种姓成员的要少。相反，为了维护自己种姓地位的高贵和纯洁，他们所受的约束更多、更严格。例如《摩奴法典》中对婆罗门、刹帝利和吠舍这三个"再生种姓"一生中的梵志期、居家期、林栖期和苦行期都进行了具体的规定，其中"忍让，以德报怨，节制，正直，清净，抑制诸根，认识法论，认识最高我，求实，戒怒"被称为十德，"再生族十分注意实践这十德，按照法律听讲吠檀多，

---

① 此中译文引自糜文开：《印度三大圣典》，中国文化大学出版部1980年版，第41、42页，译文中的王族指的是第二个种姓刹帝利（Kshatriya）。

② 转引自尚会鹏：《种姓与印度社会》，北京大学出版社2001年版，第17页。

又三债（指仙债、祖债和神债——引者注）已完时，可以完全遁世"。① 很显然，这三个地位较高的种姓所要遵守的规范包括精神、道德和修身各个层面，但对最低种姓首陀罗就没有这样的要求。

在实践上，此类种姓地位越高所受的约束越多的现象更加普遍。例如在很多地方，高等种姓成员只能从本种姓或更高种姓成员手中接受水，使用本种姓或更高种姓使用过的容器盛放的水，而低种姓成员就没有这种禁忌。② 在居住、饮食甚至衣着等方面，同类的规范也很多。

值得注意的是，随着时间的推移，这些行为规范并没有简单地表现出日趋宽松的态势，虽然在近代某些内容如"萨蒂"（寡妇自焚殉夫制度）制度、跨种姓婚姻（特别是高种姓女性嫁给低种姓男子的"逆婚"）等规定，或被禁止或不再被严格遵守，但同时也有一些观念或禁忌呈发展或扩张之势。例如种姓制度中的核心观念之一"洁"与"不洁"是造成各群体相互分隔的重要依据，在很长的历史时期内，妇女往往是被忽略的，她们对"洁"与"不洁"的禁忌要明显少于或弱于男性。但是有证据显示，从20世纪50年代以来，厨房已经成为实践上述观念的重要场所，妇女成为"洁/污染"的重要主导力量，她们日常的烹饪活动直接关乎她们自己和其他进食者的种姓身份的纯洁性，关乎到对种姓规定的严格与否，因此保证食物免受污染的妇女也承担起保证种姓纯洁的重任。③

很显然，种姓制度特别是种姓规范对印度民众的影响力是其他许多因素（包括物质和精神的）很难相提并论的，对于某一个具体的家庭或个人而言，其可以在信仰何种宗教、生活在何地，甚至讲哪种语言上作出选择（或改变），但是却无法完全脱离自己所属的种姓群体，因为这个从其一出生便已决定了的社会身份在给了他社会群体归属的同时，也给了他严格的行为束缚，除非他远离自己的家乡和亲人而且终生不再返回，否则这种归属和束缚将伴随他从生到死。

因此，种姓身份在某一群体或个体的族群身份确认上的重要性是不言而喻的，在很多时候，这两者混在一起，很难分开。

---

① 引自马香雪转译：《摩奴法典》，商务印书馆1982年版，第142、143页。
② J. H. Hutton, *Caste in India*, Delhi: Oxford University Press, 1983, p. 71.
③ 参看 Leela Dube, "Caste and Women", in M. N. Srinivas, ed., *Caste, Its Twentieth Century Avatar*, New Delhi: Penguin Books India (P) Ltd, 1996, pp. 6–9.

根据历史的考察，印度种姓制是与印度的本土宗教（主要是婆罗门教——印度教）相伴相生的，作为一种社会制度，种姓制得到宗教在理论上的论证和支持；反过来，这种制度又在实践的层面为印度教制造了坚实的社会基础。直到今日，在印度教信众群体中，对种姓身份的认同仍然具有十分广泛的基础。有趣的是，无论是从婆罗门中分立出来的佛教、耆那教，还是传入印度次大陆的伊斯兰教和基督教，在一开始时都是不赞同甚至反对种姓制度的，但是在这一制度的"汪洋大海"中，这些宗教及其信众也逐渐发生变化，要么被认为是有别于印度教种姓的新种姓，要么在自己内部也分化、形成了不同数量的类似或者等同于印度教种姓的社会群体。这种情况还因信众的不断改宗而呈现出十分普遍的景象。

综上所述，印度民族的形成是多种因素共同发生作用的结果，而且物质因素和精神文化因素、社会因素交织在一起，呈现出错综复杂的局面。这种复杂性反过来又影响了印度民族的变化发展进程，使其呈现出极为复杂多样的景象。

第三节　印度民族的形成

许多研究民族问题的学者认为，民族属于一定社会发展阶段的历史范畴，其本身也有一个由萌芽到最终形成的过程，因而就有了古代民族、现代民族之分。① 如前所述，历史上印度次大陆曾发生过多次大规模的人群迁徙和融合过程，其在不断地为印度民族增加新的血缘和文化成分的同时，也使得印度民族的发展演化过程整合与分化交织在一起，曲折而复杂。与其他国家和地区的情况一样，印度由古代民族向现代民族的发展脉络，还是可以粗略地勾勒出来的，而且距现今时间越近，其情况就越加清晰。

在印度现存的古代文献吠陀经典中，瓦尔纳（Varna）一词的意思常为后人所特别重视。在古梵文中，这个词的本意是颜色，但也常引申为肤色，由于不同群体的肤色存在很大差异，所以"瓦尔纳"也会被用来划分

---

① 参看《民族百科全书》"民族"词条，中国大百科全书出版社1993年版，第240—242页。

不同的人群。后来这个词被加上前缀，成为古代印度最早用以描述部落（古代民族）的特定名词。例如在《摩奴法典》等法经中，属于"再生种姓"的婆罗门、刹帝利和吠舍就被称为高等"瓦尔纳"或"再生瓦尔纳"，而雅利安人也被冠以"高贵的"瓦尔纳之名。[1] 而与"高贵的"瓦尔纳相对应的则是"达萨"（Dasas）或"达休"（Dasyus）瓦尔纳，达萨的原意指敌人，在与瓦尔纳一词组合后，就特指黑色皮肤、个子矮小、鼻梁扁平的人群，后来更被加上了令人厌恶的、邪恶的群体的含义。在《梨俱吠陀》对雷神因陀罗（Indra）的颂歌篇章中，多处提到了对达萨或达休的惩罚，如：

> 他使这宇宙震颤，
> 他驱逐掉卑劣的大刹（达萨）之群，
> 有如赌徒捡集他赢得的赌注，
> 他攫取敌人的财富，
> 哦，人啊，他是因陀罗。（二．一二．四）

> 当许多罪孽深重的人还没有觉察到他们的危险，
> 他已把投掷的武器击杀了他们；
> 他不宽赦触怒他的大胆者，
> 他杀戮大斯尤（达休），
> 哦，人啊，他是因陀罗（二．一二．一〇）。[2]

而在献给另一个保护神火神阿耆尼（Agni）的颂歌中，也多次提到达萨和达休，并采用了轻蔑的语言：

> 惧于汝之天威，
> 黑色谬丑豕突狼奔，匿于海外，
> 而置财富于不顾，盖皆由汝之发神火耶。……

---

[1] 参看 Stanley Wolpert ed., *Encyclopedia of India*, Farmington: Thomson Gale, 2006, Vol. 1, p. 223。

[2] 见糜文开译：《印度三大圣典》，中国文化大学出版部1980年版，第4、5页。

>汝尽驱达休,夺其家室,
>
>啊,阿格尼(阿耆尼),
>
>广施光泽,以彰雅利安乎(ⅧⅢ.S)。①

值得注意的是,在吠陀经典中已经明确地出现了我(族)与他(族)区分的概念,不仅强调了外貌上(肤色、体型等)的差异、征服与被征服的敌我关系,而且涉及到文化上的诸多不同,如游牧与农耕、高贵与恶俗等等。与这种区分大的群体的观念相呼应,一些用于表达民族的用词也已出现,如"扎纳"(Jana)原指一个部落,后延伸出"扎纳达"(Janata),意思为"一个民族";一个民族居住的区域称为"扎纳帕哒"(Janapada)②等等。

此外,这一时期的文献中还提到了同属雅利安人的不同部落的名称,如在歌颂雷神因陀罗和酒神苏摩(Soma)的篇章中提到了五族(Panca-jana),后人将这五族的名称也一一列出,即普鲁(Purus)、吐尔瓦萨(Turvasas)、雅度(Yadus)、安努(Anus)和德鲁雅(Druhyas)。而史诗《摩诃婆罗多》(Mahabharata)则以发生在两个部落般度族(Pandavas)和俱卢族(Kauravas)之间的一场大战为主线。

从上述一些不太系统和完整的信息来看,我们可以得出如下结论:

首先,在这一时期,伴随着人种的迁徙,印度最初的古代民族已现雏形,由于生产方式(或称经济活动方式,表现为外来的游牧方式与本土的农耕方式)不同、语言不同、体质(如肤色、相貌等)差异,以及文化体系上的差异,这一时期印度主要的两大群体——雅利安人和非雅利安人(主要是达罗毗荼人)之间存在着族群认同上的明显不同,从而造成早期不同人群之间的相互区分。

其次,这种区分尚不包含现代民族划分的含义,因为人种的迁移尚在进行之中,后来成为印度次大陆主要经济模式的农业经济模式并未最终确

---

① 引自[德]赫尔曼·库尔克、迪特玛尔·罗特蒙特,王立新、周红江译:《印度史》,中国青年出版社 2008 年版,第 44 页。

② [德]赫尔曼·库尔克、迪特玛尔·罗特蒙特,王立新、周红江译:《印度史》,中国青年出版社 2008 年版,第 53 页。

立，而以宗教、语言以及风俗习惯为核心的印度民族文化心理体系也正处于构建过程中，因此此时的印度正处于所谓"从部落发展成民族和国家"的阶段，还带有非常浓厚的原始色彩。

最后，即便是在这一阶段，不同血缘和文化之间的融合也已经开始了，其最有代表性的例子就是，在《薄伽梵歌》（Bhagavad-gita）中，克里希那大神（Krishna）是一个有着黑色皮肤的神明，同时他又具有般度军队的首领阿朱那（Arjuna）战车驭者的身份，很显然，克里希那并不是雅利安人原来的神明，而被认为应是"土著人的英雄或神灵"。[①] 而在《摩诃婆罗多》中，般度族五兄弟共娶了黑公主德罗帕蒂（Draupadi），这更加直接地印证了不同人种之间血缘融合的过程已经开始。

在中国汉代史籍中已经有一些关于印度社会发展状况的记载，在《史记》的《大宛列传》和《西南夷列传》中，都有对"身毒"国家的描述，"身毒"就是中国史书对印度这一名称的最早音译，与古希腊历史学家在其著作《历史》中的记载是一致的。《汉书·西域传》中提到了罽宾国、乌托国、悬度国等名称，反映出当时印度正处于多国并立的状态。《后汉书·西域传》中对天竺国的描写更加具体："天竺国一名身毒，在月氏东南数千里。俗与月氏同，而卑湿暑热。其国临大水，乘象而战。其人弱于月氏，修浮图道，不杀伐，遂以成俗。……身毒有别城数百，城置长。别国数十，国置王。虽各小异，而俱以身毒为名，其时皆属月氏。"[②] 出于对文化的重视，作者特别指出："至于佛道神化，兴自身毒……班超虽列其奉浮图，不杀伐，而精文善法。"用词虽简，但也描述了这样一幅景象：印度在名义上统一于一个国名之下，但是实际上仍然处于多个"城"、"国"分立状态。之所以能够被外国人看作一个国家，就在于异中又有同，而佛教兴盛、文化繁荣、精神领域的一致性就成为此时印度的一张"世界名片"。

在同一时期的其他非汉文文献中，记载了此时来自中亚的一些部落人种的进入并与印度居民发生的血缘上的融合，其中一支被称为萨卡人（Sa-

---

[①] ［德］赫尔曼·库尔克、迪特玛尔·罗特蒙特，工立新、周红江译：《印度史》，中国青年出版社2008年版，第55页。

[②] 范晔：《后汉书·西域传》。

kas）的部落中就包括了蒙古人、突厥人的血缘成分。① 公元1世纪大月氏部落的进入与前者共同构成了一次印度民族的血缘混合过程。佛教也在这一时期乘民族融合之势再次走出南亚，最终在中国扎下根来并进而影响了周边的地区。

印度是佛教的发源地，也是周边地区佛教信众的圣土，因此汉晋时代的史书多把印度定位为浮图之国，其实这种说法并不全面，因为即便是在印度佛教最为兴盛的时期，其他宗教如传统的婆罗门教——印度教等也照样在民间广泛传播，并发挥着重要的影响，到过印度的一些中国取经僧人对此种情况就有过记录。到了唐代，中文史籍对印度的记载更加全面。如《旧唐书·卷一九八·天竺》中就写道："天竺国，即汉书之身毒国，或云婆罗门也。……云昔有婆罗门领徒千人，肄业于树下，树神降之，遂为夫妇……此后有阿育王……颇行苛政，置炮烙之刑，谓之地狱，今城中见有其迹焉。……人皆深目长鼻。致敬极者，舐足摩踵。家有奇乐倡伎。其王与大臣多服锦罽。上为螺髻于顶，馀发剪之使拳。俗皆徒跣，衣重白色，唯梵志种姓披白叠为异。死者或焚尸取灰，以为浮图；或委之中野，以施禽兽；或流之于河以饲鱼鳖。无丧纪之文。谋反者幽杀之，小犯罚钱以赎罪。不孝则断手刖足，截耳割鼻，放流边外。有文字，善天文算历之术。其人皆学《悉昙章》，云是梵天法。书于贝多树叶以纪事。"宋代史书中的有关记载也反映出相同的情况。

与官修的正史不同，从魏晋时期开始，许多中国僧人西去求法，在他们的著述中，对印度的风俗人情做了更加详细的描述。在《佛国记》中，西晋高僧法显对当时印度一些小国的国王信仰佛教，注重佛教僧人，国民遵守佛教礼仪的情况做了详细的记载。

有趣的是，法显赴印度次大陆时，正当笈多王朝由兴起走向兴旺之时，而笈多王朝被称为婆罗门教复兴的印度古典文化发展的黄金时期，法显出于对佛教的崇敬之情（事实上，在他之后前往印度取经求法者如玄奘、义净等佛教僧人也都有此倾向），对婆罗门教情况的记载比较简略，如在对摩揭陀故都城的描述中提到"有大乘婆罗门子，名罗汰私婆迷，住此城里，爽悟多智，事无不达，以清净自居"。他也是最早将印度定为正式译名的中国人："详夫天竺之称，异议纠纷。旧云身毒，或曰贤豆，今

---

① 参看吴俊才：《印度史》，三民书局1990年版，第16页。

从正音，宜云印度。印度之人，随地称国，殊方异俗，遥举总名，语其所美，谓之印度。"①

在另外一些关于印度历史的中文著作中则记载，笈多王朝时期不仅产生了迦梨陀婆（Kalidasa）这样伟大的古典梵文大师和许多不朽的古典梵文作品，而且逐渐形成了一种带有印度教风格的文化模式，并将这种模式传播到整个南亚次大陆和东南亚地区。②这种各种宗教文化并存共生的情况，从一个侧面直观地反映出当时的族群生态状况。虽然在意识形态领域曾经历过巨大的变化，佛教、耆那教等从婆罗门教中分化出来的新宗教流派一度有了很大的发展，并在统治者的支持下成为某一历史时期的主导文化，但婆罗门教（以及之后的印度教）并没有消失，而是广泛生存于民众之中。事实上，大量材料表明，即便是在佛教等宗教兴盛时期，印度的政治统治者对婆罗门教僧人和学者仍然非常尊敬，给予他们极高的礼遇，尊重宗教文化人士成为一种社会风尚。而婆罗门教——印度教呈复兴之势时，也给佛教等其他宗教文化留下了发展的空间。这种情况也发生在这一时期进入印度的外来人群身上。因此，此时印度的多样性主要表现为多种文化样式的并存和多个血缘群体的融合，并没有出现民族族群意义上的相互明确区分，就像一首描述印度港口城市浦哈尔（Puhar）社会场景的诗作中描写的一样："尽管外貌各异，他们还是作为一个社群共同生活。"③这也是对诸如法显、玄奘等僧人一方面注意到印度小国林立、各种差异文化共存，另一方面仍然称天竺或印度为其统一国名的最好旁证。

起始于公元7世纪的中世纪印度不仅标志着其历史进程发生了巨大的变化，而且对印度民族的形成起到了深远的影响。

台湾学者吴俊才在其著作中写道："七世纪中叶到十二世纪，是印度历史的转型期，由过去大致是雅利安人高居历史舞台之上，渐变为外族在北部和西部印度当权；由孔雀、笈多与戒日王朝的统一局面，变成为许多的小国；从扰攘不安局势中，各自为政、各自独立，一直到后来回教势力之大举入印，以致建立了以回教为中心的蒙厄儿（莫卧儿）大帝国。在这

---

① 玄奘：《大唐西域记》卷二。
② 参看：Hermann Kulke & Dietmar Rothermund, *A History of India*, New York: Routledge 2004, pp. 127–128。
③ M. Wheeler, Rome Beyond the Imperial Frontiers，转引自［德］赫尔曼·库尔克、迪特玛尔·罗特蒙特，王立新、周红江译：《印度史》，中国青年出版社2008年版，第12页。

将近500多年的乱局中,虽无中心力量,但它们却是同属于杂种民族,其中包括历代外来异种如希腊、突厥、月氏、塞族、波斯或匈奴人等,他们在血统上与当地印度人有了混合,在生活习惯上也渐渐印度化了,成为一个特殊的部落和阶级……"[1]

撇开小国林立、长期混乱的现象不谈,公元711年阿拉伯人军队首领穆罕默德·伊本·卡希姆开始了在信德地区的军事征伐并最终占领了这一地区。与在此之前一些零星的阿拉伯商人或旅行家涉足南亚的活动不同,这一征服战争在揭开了穆斯林成规模地迁入印度的序幕的同时,也开始了伊斯兰教在这一地区的传播。特别是1206年德里苏丹国确立了在北印度的统治后,来自西亚、伊朗、土耳其等地的大批穆斯林为印度次大陆的人种基因库增添了新的成分;不过更为重要的是,伊斯兰文化此时成为与印度教文化、佛教文化鼎足而立的另一种主流文化。

在伊斯兰教大规模进入印度之前,吠陀宗教—婆罗教—印度教这一本土文化体系也曾经受到过冲击甚至一度处于非主流地位,但取而代之的佛教、耆那教文化本身就是从婆罗门教衍化出来的,它们之间的共同点是如此之多,以至于后来的印度教徒也把释迦牟尼和大雄当作印度教诸神中的一个成员来崇拜,因此不同宗教信众之间的差异和隔阂并不像人们所想象的那样泾渭分明。

但是伊斯兰教文化体系的状况却大不相同。首先,它是一个充满活力的、正处于上升扩张阶段的、新的文化体系。得益于政教合一的体制,伊斯兰教在其诞生后不久就迅速向周边扩展,不仅很快统一了阿拉伯地区,而且把越来越多的其他族群民众纳入到同一的宗教文化和政治结构之中,这在印度也不例外。到了16世纪上半叶,信奉伊斯兰教的莫卧儿统治者建立起前所未有的统一的印度大帝国。其次,一方面伊斯兰教在宗教教义和礼仪、社会组织结构甚至信众的生活习俗上都与印度传统宗教文化存在巨大的差异,有些甚至处于对立状态。另一方面基于一些穆斯林统治者的强势地位和政策推动,大批原来的印度教信徒皈依了伊斯兰教,从而形成一个与传统的文化群体具有很大差异的另一个文化群体。原先已承袭了数千年的印度社会文化结构也随着伊斯兰教的进入遇到了真正的挑战。

---

[1] 吴俊才:《印度史》,三民书局1990年版,第89页。

在这一时期，印度次大陆上的居民还没有产生现代意义上的民族观念，在不同的宗教群体成员之间也尚未出现"我族"和"他族"的区分，倒是一些贤明的君王如阿克巴采取了一系列开明的宗教政策以弥合不同人群和宗教信徒之间的差别和矛盾，他将原先与之对抗的当地印度教王公之女娶为妻子并鼓励自己的部下也这么做，废除了对非穆斯林臣民强征的人头税（Jizya），他甚至创造了一种新的、与正统的伊斯兰教有很大区别的新型宗教"丁—伊—伊拉希"（Din-i-Illahi），① 他试图将各种宗教揉和在一起，从而创造出一种更加平和的社会文化氛围，当时的一位精神导师阿布·法兹尔（Abul Fazl）这样说道：

"啊，我的神，
在每一座庙宇里我见到人们在追随你，
在每一种语言中我听到人们在赞颂你。
多神论和伊斯兰教都由你而生，
每一种宗教都在说：
'你是唯一的，别无它物能与你相平行。'"②

在阿克巴心目中，这一新的神明并不只属于某一特定的宗教群体，而应为所有的人所信奉，消除各个不同宗教文化体系之间的差异尽管在实践上很难真正变为现实，但是他的思想中却真实地包含着一种彻底的包容的因素，阿克巴也因此成为印度历史上少有的明君。

正因为如此，虽然穆斯林统治者与印度王公之间的冲突从来没有真正平息过，一些穆斯林统治者（如莫卧儿皇帝奥朗则布等）也曾对伊斯兰教信徒推行过严苛的政策，但是从总体上看，人们并没有因信仰的不同而划分为界限分明的族群，穆斯林、印度教徒、佛教徒以及其他宗教群体之间的差异只是反映在崇拜的神明不同、宗教教义不同、某些礼仪习俗有别、在社会政治生活中扮演的角色有别上，除此之外，生活于同一地区的不同

---

① 也有学者认为这只是一种宗教观念，并不能算得上真正的宗教改革，见［印］恩·克·辛哈、阿·克·班纳吉，张若达、冯金辛等译：《印度通史》，商务印书馆1973年版，第613页。

② 引自 Pringle Kennedy, *A History of the Great Moghuls*, Delhi: Anmol Publications, 1987, p. 290。

宗教信徒讲相同的语言，从事依历史传统而延续的经济生活，与这些过去的历史相比，并没有本质上的大的变化。

但是正如前文所述，伊斯兰教毕竟是一种与传统的印度本土宗教不同的外来宗教文化体系，二者之间的差异虽然没有很快地造成族群的划分，但却为将来的民族和国家分离埋下了伏线。欧洲殖民主义者的到来，特别是英国在印度所进行的长达两个世纪的统治，加深了两大宗教文化群体（也包括社会文化群体）之间的差异，甚至将之激化为一种社会矛盾，西方近代的民族理论与之混合在一起，最后发酵为民族（族群）分离的推动力。

西方列强的东扩是在其民族国家兴起的基础上进行的，随着殖民统治的建立特别是西方式教育的推行，印度民众中的民族情感也日益高涨，通过对传统文化的批判性反思，在印度文化精英中逐渐形成"印度人"、"印度民族"与"非印度人"相区别的观念，这种观念在1857—1858年的民族大起义（亦称第一次印度独立战争）[1]中得以确立，并在之后的近百年争取独立的运动中起到了团结全社会各种力量、凝聚全体人心的巨大作用。尼赫鲁在他的自传中很生动地描述了印度人的这种痛恨英国殖民者的心态，第一次世界大战爆发之后，"全国人士虽然都高声地宣誓效忠英国，然而暗地里差不多都不同情英国。急（激）进派也好，温和派也好，听到德国的胜利，心中反而高兴。当然，印度人不是对德国抱着好感，不过是看到自己多年的仇人倒霉，心中不禁痛快而已"。[2]

在第二次世界大战期间，曾任国大党主席的钱德拉·鲍斯（Subhas Chandra Bose）与占领东南亚的日军合作，组成武装印度民族军（Indian National Army）与英军作战，直接进攻设在印度本土的英军据点，加入这支武装的人员最多时达到8.5万之众。战后英印当局以"叛国罪"对他进行审判，但印度大多数人（包括战时与英印当局合作的印度政治领袖）非但没有认同英印当局的立场，反而将鲍斯看作民族英雄，他的那句名言"给我以热血，我将予你自由"（Give me blood, and I shall give you free-

---

[1] Hermann Kulke & Dietmar Rothermund, A History of India, New York: Routledge 2004, p. 257.

[2] [印] 贾瓦哈拉尔·尼赫鲁著，毕来译：《走向自由——尼赫鲁自传》，远方书店1942年版，第45—46页。

dom）成为此时全印民族共同的心声。鲍斯关于建立与苏联相类似国家以保证民族国家重建的思想，也受到后人的肯定。[1]

这两个事例都说明，在印度国家独立的过程中，印度现代民族的观念也日益显现，这是有别于统治印度的西方殖民主义者的，生活在印度这块土地上的、为争取独立自主权力的全体人民同属于一个民族。

也就是在这一过程中，为获得平等的政治权利，全印穆斯林联盟的领导人提出了"两个民族"的理论，并最终导致印巴分治，印度、巴基斯坦这两个南亚最大的国家建立，但是民族内部各种成分多样化的状况仍然在印巴同时存在（关于这一过程和对印度民族关系的影响，后面将有专门的论述）。

印度独立后，如何把一个长期处于四分五裂状态的国家变成一个真正统一的现代国家，成为摆在以尼赫鲁为首的领导阶层面前的一个艰巨的任务。虽然坚持多年的独立运动已经在广大印度民众中产生了巨大的凝聚力，印度作为一个统一的独立国家机器已经建立，但是用现代民族、现代国家的标准看，其内部的差异性仍然非常巨大，民族国家的根基尚未夯实。

从独立之初开始，印度政治精英们就在现代民族国家的构建上，进行了许多基础性工作。他们在英国人移植到印度的国家管理制度基础之上，制定出较为完善的共和国宪法，改造并最终确立了以西方三权分立的议会民主制为蓝本的、具有浓厚印度特点的政治制度框架，并初步建立了一整套经济体系和社会文化体系。也就是在这个现代国家体系的构建过程中，印度民族的划分认定、民族政策的制定、民族传统文化的教育与传承、特殊争取及社会群体的保护与发展等工作也在同步进行。今天，虽然有许多工作尚未最后完成，但印度各个族群的确认基本完成，其分布区域基本固定，相关政策基本制定，民族工作管理机构和运作机制基本定型。

综上所述，我们可以说，现代印度民族的形成是在悠久的历史传承基础上，受当代西方民族理论和政策直接影响，在反对西方殖民统治斗争中起步，在争取国家独立的发展进程中一步步完成的。这个形成过程既受到历史的特别是自然状况和社会生活环境遗存的影响，如民族分布、民族语

---

[1] Sisir K. Bose & Sugata Bose, ed., *The Essential Writings of Netaji Subhas Chandra Bose*, Delhi: Oxford Univesity Preess, 1997, pp. 319 - 320.

言和习俗的形成等等都带有上述因素的烙印，又带有鲜明的印度社会政治精英主观努力的印迹，如民族意识的唤起、民族精神的提炼等等。后者所具有的政治及制度含义在影响和制约着当代印度民族的多种特性的同时，也使得某些标准含有人为的"制造"特点，为今后印度民族问题的复杂演变奠定了基础。

第二章
英印时期的印度民族问题

正如在前一章中所指出的那样，英印时期在印度民族形成和发展进程中具有特殊意义，无论是印度近代民族意识的觉醒和确立，还是主要族群的形成以及两大主要宗教文化族群群体印度教徒和穆斯林之间矛盾的凸显、激化，都发生在这一时期，本章将从历史考察入手，集中探讨这些问题。

第一节 近代印度民族意识的觉醒与确立

一、印度民族意识的觉醒

始于15世纪末的地理大发现，揭开了欧洲各国势力向全球扩张的序幕。在葡萄牙航海家达·伽马1498年绕过好望角首次到达印度后不久，葡萄牙、荷兰、英国、法国等欧洲国家的探险家和商人就纷纷来到印度，从事贸易与殖民活动。1600年12月31日，英国成立了东印度公司，英国王室赋予了该公司从对印度洋贸易的垄断到建立军队、宣战媾和、占有领土的种种特权。利用其贸易经营者的身份和对印度文明的恭敬外表，东印度公司赢得了当时印度亟需军事支援的莫卧儿王朝的信任与合作。但随着英人势力逐渐强大，其野心也逐步上升，终于在18世纪中期走上了征服印度领土的道路。与此同时，英国倚仗其经济实力和海上实力的强大，在欧洲列强向印度进行扩张的竞争中,也逐渐占据了上风。由英国政府进行幕后指挥,以东印度公司为前台,利用当时印度中央政权薄弱、民族与宗教分裂严重的局面,对印度各邦国实行分化离间、各个击破的策略,以军事与政治并用的手段相继征服了印度的大部分领土。被征服的领土划归东印度公司直接管辖,实际上成了英国的殖民地。1857年的印度反英民族起义平息之后,英国王室取代东印度公司对印度直接进行统治。[1]

近、现代欧洲的殖民运动不仅是一种贸易、政治、军事上的扩张,同样也是一种制度上、文化上的有组织的大规模扩张。而且,欧洲近代以来一向以文明、进步的代表自许,使得其整个殖民扩张活动蒙上了一层道德的光圈。与印度多元包容和内敛的文明不同,欧洲文明在逻辑上是一元的、普世的、向外进取扩张的,它总是力图在整个世界的空间中扩展,并在其势力范围内取得主导地位。但是与欧洲人在其他许多地方的摧毁性征服(如对美洲的印第安人、玛雅人)有所不同,英国人在用武力占领印度大片土地并强迫当地土邦主归顺的同时,对印度文化上的扩张采取的还是一种相对渐进的、温和的,而不是暴烈的、毁灭性的方式。英国对印度的统治,一方面固然造成了印度国家独立权力的丧失、民族经济的衰退、资源与财富的流失以至传统文化的削弱,但是另一方面也在客观效果上给印度带来或加强了近现代的教育,理性、人道与平等的思想观念,近代立宪的政治体系,宗教自由的精神,殖民地条件下的工业化,更为合理化、功利化与现世性的生活方式等等。印度知识分子对于英国人的统治,通常都抱着较为复杂甚至矛盾的心态。他们既为本民族的殖民地地位感到忧愤,又对英国统治所带来的近现代理性、民主和人权传统有所倾心和接纳。

在其民族学名著《想象的共同体——民族主义的起源与散布》中,美国学者本尼迪克特·安德森将民族定义为"一种想象的政治共同体——并且,它是被想象成为本质有限的,同时也享有主权的共同体"。[2] 安德森认为,18世纪末19世纪初发生在美洲殖民地的独立运动构成了第一波民族

---

[1] 参见[印]R.C.马宗达等著,张澍霖等译:《高级印度史》,商务印书馆1986年版,第729页以下。

[2] [美]本尼迪克特·安德森,吴叡人译:《想象的共同体——民族主义的起源与散布》,上海世纪出版集团、上海人民出版社2005年版,第8页。

主义。1820年以后出现于欧洲的第二波民族主义是一种群众性的语言民族主义。第三波民族主义是19世纪中叶以后在欧洲出现的"官方民族主义"。"官方民族主义"是王朝制帝国与民族的刻意融合，它试图掩盖王朝与民族的矛盾。最后一波民族主义是一战以后在亚非出现的殖民地民族主义。不过，由于印度受英国统治相对较早，其民族主义的起源并不与上述时间段的划分完全相符。按照安德森的观点，那些后起的民族主义都不可避免地是对先期的民族主义的某种模仿。据此，可以说印度本土的民族主义既有反抗西方殖民主义的基本面，同时也受到西方社会政治思想与西方民族主义的激发和推动。

因此，英国的统治在印度所激发起来的民族主义，在一开始就带有某种复杂的色彩。简要地说，当时印度的民族主义几乎总是同时交织着自我改革与自我复兴的双重因素，其中改革的方面大多源自西方启蒙思想的正面影响，而复兴的方面则基于一种天然自发的民族主义立场。不过说到底，只要印度人还不至于最终走到完全崇洋媚外和自我否定的地步，以上两个方面最终又都是可以在民族主义的旗帜下有机地统一起来的。

在近代，发印度民族主义之先声者应该就是被誉为"近代印度之父"、"新印度的先觉者"的罗姆·莫汉·罗易（Rom Mohan Roy）。

罗姆·莫汉·罗易（1772—1833年），1772年诞生于孟加拉地区，属印度教婆罗门血统。罗易对印度的社会、宗教和政治体制的诸多弊端有切身的体会，而对西方的理性主义、现世主义及其民主、自由的理念深为向往和羡慕。与此同时，他的内心更有着对印度传统文化的强烈的自尊自爱、对印度人民的天然同情，这使得他又具有了一种明确的民族主义的诉求。1828年，罗易创建了梵社，提出了废除偶像，不分教派崇拜一神的主张，"无形中消除了因信仰之不同所产生的各种隔阂，而能收团结之效；因为他力主打破偶像的观念，又无异促使人们从狭隘的思想桎梏中，获得自由与解放，而致力团结与齐求解放却是一个被压迫的民族追求自由所必需的条件"。[①] 罗易的思想与活动在近、现代印度民族主义运动的进程中具有某种首创性和奠基性的意义，后来的印度民族主义者大都受到了他的思想的感召和影响。此外，印度宗教和社会方面的变迁，以至政治、法律和教育方面的改革，在很大程度上也是在他奠定的基础上进行的。虽然罗易

---

① 参看吴俊才：《印度史》，三民书局1990年版，第259页。

身上同时兼容了后来渐趋分化的宗教改革与政治改革、民族复兴与社会进步、民族主义与西方化等等相互不同甚至对立的因素和方向，但这些表面上不同的因素却是有机地融合与统一在罗易的思想和行为之中的，其统一的核心就是他的民族主义。尽管罗易对英国的统治总的来说抱一种容忍甚至赞许的态度，但他认为英国的统治还是存在着很大缺陷的，即英国虽然在理论上宣扬民主与自由，但当其对印度实行统治时，出于一种自私的倾向，它是很难把真正的政治自由赋予印度人民的，除非印度人通过自己的呼声和斗争去争取自己的自由。

罗易思想的根本目标是想吸取西方的长处，革除印度传统中不注重现世与客观事实、不注重人的实际利益，甚至假宗教之威行社会压迫、违反人道之实的种种弊端，使印度跟上外部世界的潮流，赢得民族的进步与发展。罗易明确地认识到，要使印度政治上、社会上得到进步，就必须有宗教上的进步作为前提条件，为此他发起和组织了印度近代史上影响深远的宗教改革运动。罗易的宗教改革主要就是为印度民族的政治进步服务的，与此同时，他也通过直接在政治领域发出自己民族主义的呼声，来为本国人民争取政治自由。虽然罗易关于印度民族权利的各项要求没有完全得到统治者的接受，但他打出的正义、平等和自由的旗帜却都成了此后的印度民族主义者争取民族权利的斗争武器，他的思想和行动也初步唤起了印度人的民族意识。后来的印度民族主义者公认他是印度民族复兴的先知。

不过，罗易在印度近代历史上首先还是以理性主义的宗教改革家著称的，而且他的民族主义主要体现在天然的民族情感和自发的政治活动上，尚未构成非常明确的理论上的自觉。有关印度民族主义的更为具体和专题性的阐述，是由与之同时代的享利·维恩·狄洛吉奥（1809—1831年）表达出来的。

狄洛吉奥是与罗易同时代的印度民族主义先驱。狄洛吉奥稍晚于罗易，但去世过早。作为一个混血儿（母亲是印度人，父亲是葡萄牙人），他曾经在印度和西方社会都得不到认同而受到两方面的歧视。但他自认为印度是自己的祖国，自己是印度母亲的儿子。成年后，他曾到恒河流域一些地方游历，他血液中那异国的成分，使他对印度的土地与人民更具有一种强烈的感情。与此同时，他在理智上则秉持来自父系血统的、西方理性主义与自由民主的理念。狄洛吉奥挚热的爱国主义通过大量诗篇，激发了印度人的民族与国家意识，而他在宗教、社会与政治上的激进观点，以及对西方哲学、社会政治思想的宣传，则使这种民族主义意识走上了追求近代民族国家与民主政体的轨道。除了在课堂上传播民族主义思想、讲授西方社会政治理论外，他也创作了不少诗篇来表现自己对印度遭受外来民族统治的忧愤不平。其中一首题为《献给印度——我的祖国》的诗吟唱道：

> 啊！我的祖国，
> 在您光荣的过去，
> 尊荣的光华萦绕着您的额头，
> 您受人尊奉犹如神祇。
>
> 而今光荣何在，
> 尊荣又在哪里？
> 您的鹰翅最终被锁住，
> 此刻俯伏于尘埃之中。
> 诗人不能为您编织花环，
> 唯有诉说哀伤的经历。
>
> 啊，让我潜入时间的深谷，
> 从流逝的岁月，
> 搜回那不可见的历史的伟大的残片，
> 让我的劳动成为对您——我沦落的祖国的美好祝福。[①]

狄洛吉奥挚热的爱国情操及其冷静的理性思想，使其在担任印度学院的教师期间成为著名爱国组织"青年孟加拉派"的精神领袖。他的爱国诗篇唤起了一代印度人对自己民族历史文化的自尊，对祖国不幸现状的痛苦的同感。

由于孟加拉最早受英国统治，也属于社会经济变动最迅速的地区，故而这里的民族主义和改革的思潮都更为活跃，并率先形成了有影响的民族

[①] 参看巴莱特雷·皮尔特编：《亨利·狄洛吉奥诗文集》（英文版），牛津大学出版社1923年版，第2—3页。R.C. 马宗达著：《印度自由运动史》卷1，第324—325页也有诗的全文。

主义团体。孟加拉第一批小资产阶级民主主义者重视唤醒民族意识，强调民族斗争的精神。基于共同的民族主义目标和相近的思想倾向，从孟加拉印度学院毕业的一批具有改革思想的青年知识分子早在19世纪40年代就形成了一个松散的思想团体，后人称之为青年孟加拉派。受罗易和狄洛吉奥的双重影响，青年孟加拉派成了孟加拉第一批民族主义改良活动家。这些人最初在宗教改革上虽持激进态度，但由于看到难以实行，便改走温和的途径而参加了梵社。但他们的主要精力不是放在了宗教改革上，而是投入到了政治改革之中。他们首先成立了许多文化思想团体（如"文学社"、"求知社"等），在探索西方思想文化的同时，讨论印度的现实政治、经济问题。同时，他们创办报刊，大力宣传其政治改革主张。他们从19世纪40年代开始公开揭露、批评英国殖民当局的经济政策和政治制度，并于1843年组织了反对印度公司掠夺政策的抗议活动。他们在政治上所主要批评的，一是英国人垄断高级官职的政策，二是在英国统治下印度落后的司法制度。他们要求按罗易的主张改革司法制度，使印度人在法律面前和英国人享有同等权利。为了有效地促进印度的民族团结，主张印度人民的政治、经济权利，青年孟加拉派在1843年4月20日建立了印度第一个地方性民族主义政治组织——孟加拉英印协会。1851年10月，孟加拉英印协会又和土地所有者协会合并，在加尔各答成立了统一的政治组织英属印度协会（简称英印协会）。这样的一些民族主义组织就为后来国大党的成立奠定了基础。

与孟加拉争取民族自由与权利的运动呼应，在孟买也兴起了一种"经济民族主义"的呼声。发起这种呼声的主要是青年孟买派的成员。青年孟买派的代表性人物是达达拜·瑙罗吉（1825—1917年），此人后来成了印度国大党的奠基人之一。达达拜·瑙罗吉建立了许多民族主义的宣传团体，鼓动和促进这种社会改革。但在青年孟买派中最具特色的民族启蒙思想家还应算是罗姆·克利希那·维斯瓦纳特。维斯瓦纳特深入地揭露和分析了英国对印度的殖民剥削政策，并指出：为了把印度变成自己的商品市场，"英国人采取了不光彩的措施，英国的政策剥夺了印度制造商品的能力……在世界上没有任何国家有像印度这样残酷的剥削制度"。与其他民族主义者单方面要求政治权利的做法不同，他能够敏锐地看到：在经济利益方面，英国人总是要站在自私的立场，"期望在英国帮助下改变这种状况是痴心妄想"。他把经济发展放到了一种基础性的战略地位上去考虑，认为经济发展是一个民族政治进步的前提,而在经济方面"印度人必须自己改变自己的地位"。在民族自强的事业中,他把经济的改革和发展放在了首位,认为这"比政治方面的改变有更重要的意义",因为经济的发展能够促进民族"精神复兴",从而带动民族的"政治复兴"。他的这套主张后来就被人们称为"经济民族主义"。在偏向于关注和重视文化、政治和社会领域的印度,这种经济民族主义的理论更具有一种切实可行的价值。

值得注意的是,在英国统治面前,印度中下层民众对印度民族国家也有着共同的认同。这在1857年的印度民族大起义中有着明确的体现。

印度教徒和伊斯兰教徒打破宗教壁垒,实现了战斗中的大团结,起义的直接导火索是涂油子弹事件:印度教徒的士兵不满子弹涂上牛油,穆斯林士兵又不容忍子弹涂上猪油。这两者分别伤害了印度教徒与伊斯兰教徒的民族和宗教感情。鉴于印度历史上固有的宗教隔阂,英国殖民者曾经以为,印度教徒与伊斯兰教徒不会联合起来反对自己。但出乎他们预料的是,上述事件却同时激起了印度教徒和伊斯兰教徒的武装反抗。起义爆发后,无论是士兵还是普通群众,无论是印度教徒还是穆斯林,都能够摒弃前嫌,团结战斗。许多重要事件都表明了印度两大教派在印度民族的统一旗帜下的相互团结:最早拥立莫卧儿皇帝恢复权力的军队主要是印度教徒而非伊斯兰教徒;不但伊斯兰教封建主拥戴莫卧儿旗号,许多印度教封建主也接受这一伊斯兰政权的旗号;起义的重要首领、掌握德里军政大权的巴克特汗得到了印度教徒士兵、伊斯兰教徒士兵和群众的一致支持;德里行政会议通过的决议发出了一系列禁杀母牛、保护印度教徒利益的法令,他们的圣战口号被解释为只适用于英国人;而当德里城处境危急时,莫卧儿皇帝向印度教土邦王公呼吁共同抗英,甚至提出可以将王位让给他们。1857年的民族起义表明,在共同的民族危机面前,印度教徒与伊斯兰教徒本来是能够在一个国家的旗帜下相互认同并团结奋斗的。在英国统治时期的印度民族解放运动中,这次起义是印度两大教派群众相互信任与团结的宝贵范例。

鉴于之前印度在较大的规模上已经出现了民族主义的思潮和运动,在欧洲民族主义思想的影响下,同时在西方殖民势力的刺激下,印度也产生了有关印度民族国家的明确认同,因此我们可以将这次起义界定为印度民族起义或印度民族独立战争。实际上,印度著名的民族主义活动家维·萨瓦卡尔在1908—1909年所写的《1857年独立战争》一书中,就首次把这次起义称为第一次印度独立战争,指出它是印度全民族共同进行的革命战争,并高度评价其在印度民族发展史上的作用。

随着印度民族资产阶级的产生,印度各民族开始向近代民族转化,资产阶级民族主义意识有了进一步增长。虽然印度各民族向近代民族转化的过程受到了殖民统治的压抑和阻挠,虽然印度近代民族的形成与民族资产阶级取得经济、政治统治地位的过程与欧洲并不完全一致——它的国内市场不是印度商品市场,印度资产阶级在政治上也处于无权地位,但是西方现成已有的民族观念和民族理论,加之印度民族所共同面临的不幸遭遇,促使印度人在政治、经济、文化各方面都构建起自己的民族主义意识形态。到了19世纪70年代,印度知识分子大多已把自己的国家看成一个民族整体。他们感到需要一个统一的组织来集中全国力量,以便有效地进行争取民族自由的斗争。正是资产阶级民族主义意识的发展为建立全印统一的组织提供了思想基础。最早主张建立统一组织的是苏·班纳吉和他领导的印度协会。他于1882年5月27日提出需要召开由全国各民族组织参加的国民会议,以使全印在共同的政治要求下团结起来。他的呼声很快得到广泛的响应。在以休姆为代表的英国激进自由派的协作和促进下,代表全印的印度国民联盟成立大会于1885年12月28日在孟买召开,旋即改名为印度国民大会,这就是印度国大党的诞生。

国大党首届主席伍·彭纳吉在大会致词中说,国大党的中心使命是以民族团结的感情代替种姓、宗教信仰和地方势力的分裂因素,以便使整个印度民族得到进步与发展。这一原则的确立就使国大党有可能成为广泛容纳各宗教、各社会阶层的民族主义政治组织。可以说,国大党的成立就标志着印度民族的一种近代化意义上的新生,这对印度民族的发展具有重大意义。此后,国大党成了传播和培育资产阶级民族主义的中心。恰如当时马德拉斯的著名活动家维腊加瓦·恰里阿尔所说:"我们现在开始认识到,尽管在语言、社会习俗上存在着差别,但我们具有了各种因素,使我们真正形成为一个民族。"而另一位活动家 G. 阿叶尔也说:"从今以后,我们能够用比以往任何时候都更确定的口吻谈论统一的印度民族,表达民族意见,反映民族期望。"[①]

[①] 布·马丁:《1885年的新印度》(英文版),第298页。转引自林承节:《印度史》,人民出版社2004年版,第298页。

在此前的印度民族主义运动中，有着两条相互分立但又经常不得不联系在一起的路线：这就是内部的自我批判与自我改革的路线和对外的争取民族自主的路线。至少在民族主义运动的早期阶段，后一条路线必须以前一条路线为条件：在先进而强大的西方文明面前，印度人要赢得平等，就不仅要摒弃自我戕害的宗教陋习，而且要在根本上转变自己过于玄虚与消极的宗教精神和生活方式，一方面有选择地继承印度宗教传统中博大、仁爱和崇高的一面，另一方面学习和接受西方的科学理性、人道主义与自由民主精神，以此来唤起印度人过于萎顿的精神，使之重获民族的自尊、自信与自立。在近代西方自由民主精神的感召下，当这一工作已取得一定成果，当印度的知识分子不但很快清理了自己民族的传统，而且广泛接受了西方近代的理性主义与人文主义时，争取民族的自主与平等又成了他们最为紧迫的任务。现在，在国大党成立之后一直到印度独立为止，可以说上述第一条路线就一直让位于第二条路线，国大党把主要的精力都投入到争取民族自治与民族独立的斗争之中，而不是主要从事改革宗教传统的思想与社会运动。

邦·恰特尔吉利用文学作品来鼓动民族主义，甚至隐晦地宣传民族起义。他的一系列小说《姆丽娜里妮》分别描写了印度历代人民反对侵略者的斗争，其中最有名的是《欢乐的寺院》，书中以从前的穆斯林统治者来影射当时的英国殖民者，而书中的一首题为《向祖国致敬》的诗歌则把祖国和女神视为一体，热烈鼓吹坚决斗争思想。小说以迦里女神作为印度的象征，以此来揭示印度所遭遇的不幸："迦里是苦难印度的象征。她是黑色的，因为国家遭受了极大的不幸。她是赤裸的，因为印度被剥夺了所有的财富。她头戴的花环由人的骷髅编成，因为整个国家变成了坟墓。"书中指出，当印度教徒手执武器去驱逐侵略者、拯救自己的祖国时，将会得到神的护佑。

至少在19世纪80年代上半期以前，印度的穆斯林方面也从正面积极地表达了他们关于印度民族认同的思想，其中最为重要的是赛义德·艾哈迈德汗要求民族团结的主张。他首先呼吁伊斯兰教内的各教派在真主和穆罕默德的旗帜下团结起来，不论其有什么具体的教义，"只要相信神和先知穆罕默德，就是我们的兄弟，就应该用神赋予我们的爱爱他"。与此同时，他更加倡导印度各宗教、各民族之间的大团结。他说："印度教徒、穆斯林只是宗教称呼。换言之，所有住在这个国家的印度教徒、穆斯林甚至基督教教徒构成了一个民族。""印度教徒兄弟和穆斯林共同呼吸印度的空气,共饮恒河和朱木纳河圣水,共享印度土地上出产的粮食……印度教徒和穆斯林实际上属于一个民族。"① 因此,"我们应当同心协力一致行动,如果联合就能相互支持,如果彼此反对就会共同灭亡"。他的充满热忱的民族主义表达在当时的印度教徒和穆斯林中赢得了广泛而真诚的响应。

二、印度民族主义的自我确证

在当时的印度,政治、经济领域的民族主义固然势力也很强大并且非常重要,但是最能体现印度民族的自我认同和自我表达的还是文化领域的民族主义。一方面,殖民者对印度宗教和文化的压制、批评刺激了印度民族文化的危机感和认同感;另一方面,殖民者中的人文知识分子对印度传统文化的研究、传播以至美化和赞扬,又激起了印度知识分子对于民族文化传统的自信心和自豪感。可以说,印度民族主义由此才获得了自身固有的动力和资源,并进一步迅速地成长壮大起来。如果说,此前的印度民族主义主要都是诉诸某种情感立场和感性的表达,那么此后的印度教民族主义则在这个基础上进一步上升到更为理性的理解和表达,并通过更为切实的社会政治纲领使这种民族主义得到具体的确证和落实。这样的一种理性表达和自我确证是由印度的"宗教民族主义"实现的,而它的最后完成者则是被誉为"现代印度之父"的提拉克。

19世纪80年代以后,印度教改革运动又出现了一种新的趋向。这就是利用宗教为民族斗争服务,与之相伴随的则是印度近代颇具声势的民族文化复兴思潮。在英国殖民统治的条件下,主要随着西方近代的启蒙思想、理性主义、人本主义、功利主义与世俗主义观念传入印度,19世纪印度教一场广泛持久的自我批判和自我革新爆发了,这就是著名的印度近代宗教改革运动。最初发起宗教改革的是印度近代两大宗教社团——"梵社"和"圣社"。在当时殖民社会的处境下,梵社和圣社的改革同时有着学习与吸收西方文化和促进民族自强、增进民族利益的双重取向,这使得其改革呈现出一种复杂的面貌。梵社和圣社的改革主要是由先进的知识分子发起的一场精神运动与社会运动,它的直接动因是西方近代理性主义与

---

① 转引自林承节:《印度史》,人民出版社2004年版,第302页。

人本主义思想的感召与启发,尚没有社会经济、政治等领域的变革作为它的基础与后盾,而在现实社会中,宗教传统仍比较牢固地支配着广大民众的生活。改革固然合乎当时印度的需要,但在当时贫困、弱小、殖民地的印度,至少同样需要的还有对印度古老传统的自信,以及民族自豪感和民族凝聚力的提高。在这样的情况下,一般单纯的改革就难以直接而又全面地影响广大群众,而过于激进的改革甚至还容易脱离群众。如何在保持民族文化传统和进行改革之间找到一条合适的中道,成了摆在印度改革者面前的一个现实课题。19 世纪末,在梵社和圣社的影响渐趋缩小之后,原来的宗教改革者很快就走向了上述两个方面之间的平衡。

在 19 世纪后半期最有影响的宗教改革中,出色地体现了在复兴传统文化与实行改革之间的一种平衡的,首先是孟加拉的罗摩克里希那所发起的改革运动。罗摩克里希那以印度教原有的神学为基础,又引进各改革派的思想,构成了一个折衷的印度教新学说。他既以吠檀多思想为权威,也承认其他所有宗教典籍的价值;他既主张一神论,也承认多神论,把众神看作唯一神的不同名称;他把印度教所有派别排列在一个等级序列中,作为对唯一之神的崇拜的不同途径与形式;进而,他承认各种教义和宗教仪式,它们作为亲证唯一神的各个阶段上的不同方式都有其相应的价值,但却有高低之分:他认为偶像崇拜、祭祀等属低级阶段,精神、心灵的崇拜则属高级阶段。而在人的行为准则方面,罗摩克里希那则主要吸取了宗教改革派的观点,认为宗教信仰的重要目标之一是提高人的精神品格,而社会服务活动也构成了人的精神训练的一部分。宗教的使命是推进人类实现"普遍的爱",不管是哪个教派的教徒,都要以"为人类服务"、"为社会服务"作为最高职责。很明显,罗摩克里希那把偶像崇拜、宗教仪式降低为信仰的初级阶段,把印度教多神归结为一神,是在维护旧传统的表面下,继承和肯定了前期改革思想的成果,但同时又使各种宗教思想与势力兼容并蓄,适应了环境的需要。此后的印度教改革运动就开始脱离了梵社和圣社的取道于西方理性主义的激进改革路线,而沿着罗摩克里希那等人所开辟的"宗教民族主义"路线进行。后来罗摩克里希那的门徒与继承者维韦卡南达(Swami Vivekananda,辨喜)创立罗摩克里希那传道会,其在 19 世纪末和 20 世纪初的印度全国范围内成为宗教改革和社会公益服务方面的一支最重要的力量。

在 1905—1908 年争取民族权利的革命高潮中,同样带有神秘主义色彩的印度教思想家奥罗宾多·高士又提出了"精神民族主义",其核心内容是利用传统宗教精神来造就印度政治复兴的条件。他用宗教论证说,自由是人的本质和神赋的人权,而民族运动是由"不可战胜的、全能全智的、不朽的、不可抗拒的"神指导的,终将获得胜利。

在罗摩克里希那、高士等人的宗教改革思想与活动中,实际上已显示出一种民族文化复兴主义的精神,即合理地运用传统宗教信仰中具有现实意义与生命力的东西,来为社会改革与民族改良事业服务。而随着早在19世纪40年代就已出现的民族改良运动和资产阶级政治运动的日趋发展,宗教改革运动作为社会革新运动的意义开始相对下降。尽管在罗摩克里希那、维韦卡南达之后,宗教改革的余波仍在20世纪头20年里发生着影响,但作为在全印范围内占据着社会主要舞台的宗教改革,其已基本上结束了它的历史使命,而让位于新的社会现实需要下的新的社会运动。上述这些宗教改革家所具有的民族主义倾向,很快过渡和发展到后来的民族主义改良运动。民族改良运动将关注的重心更加转向了民族复兴事业方面,并且他们所关注的领域已从宗教转向社会政治方面了。人们把罗摩克里希那、高士等所开启并主要由后来的提拉克和圣雄甘地等人所发展的这种宗教倾向称之为"宗教民族主义",它的根本旨趣就是以本国宗教传统来唤醒人民的民族意识,培养积极奋发的民族精神与素质,并以传统宗教文化为思想武器,鼓动和组织人民进行争取民族权利的斗争。

在后来的反对英国殖民统治的民族解放斗争中,B.G. 提拉克(Bal Gangadhar Tilak, 1856—1920年)成为民族主义运动激进派的领袖,由他提出的"印度自治"的政治目标是指引两代印度人反英斗争的一面旗帜。与民族运动中的改革派有所区别的是,提拉克不是诉诸宗教与社会改革来争取民族的利益,而恰好是通过复兴印度传统宗教与文化来召唤和组织民众投入民族解放运动。作为印度近代民族文化复兴思潮的最初典范,提拉克大力标举印度宗教传统中行动主义的一面,试图通过对祖国、家乡和印度教伟大历史的展示,来为印度的民族复兴输入宗教的自信、热忱与活力,唤起印度人民的英雄主义精神。他的思想与活动在很大程度上构成了与梵社和圣社的改革相对的另一个强调复兴甚至复古的极端,而与比他稍后的圣雄甘地的立场更为一致。

在近、现代的印度,宗教在社会政治中的作用越来越强有力地表现了出来,有的时候甚至比过去有增无减。近代以来印度民族自治与独立运动的一大特色，就是利用传统的宗教信仰来唤起民族的凝聚力和赢得人民群众的支持与拥护。进入18世纪以后直到20世纪中叶，由于遭到英国的统治，这一时期的印度历史主要就是一部反对和摆脱英国殖民者压迫与剥削的历史。在这时也和在以前的历史中一样，绝大多数印度人的情感和思维模式还是被宗教观念灌注着。因此，近代和现代的印度资产阶级革命家们在发动民族运动时，往往都要借重宗教的力量。

国大党成立后，民族运动中的温和派醉心于议会参政斗争，民族派的提拉克为恢复人民的民族自尊心，引导他们参加民族解放运动，开始大力地诉诸于印度的宗教传统。提拉克认为，宗教是民族历史的依托，"是使人民互相接近和同情的重要手段"。提拉克用《薄伽梵歌》论证民族派政治纲领的合理性，用对印度教经典新的积极的释义来号召群众，并利用庆祝宗教节日对群众进行民族主义和爱国主义教育，使民族主义派得以广泛接触群众，初步发动起民族运动中的人民大军。而提拉克基于宗教信仰前提的社会政治理论，则为印度后来的民族运动奠定了重要的思想基础，由于他的这一贡献，紧接其后的民族主义政治运动领袖甘地尊称他为"现代印度之父"。

在印度民族独立意识的确立过程中，提拉克提出的"司瓦拉吉"（Swaraj，意即民族自治）使印度民族特有的"达摩"（意即使命）思想具有一种划时代的重要性。正是这一提法，使得印度的民族意识得到一种哲学意义上的自我确认。

司瓦拉吉（自主）一词最早出现于《梨俱吠陀》中。在此后的印度哲学中，司瓦拉吉一直都是一个非常重要的概念。在印度正统思想看来，梵是一切存在物的本源和归宿，世界的演化、人类的活动与历史以及国家的存在最终都是为了走向与梵的原始合一，而要达到这种合一就需要经由与神的相互冥合。按照印度哲学的说法，由于不同的事物、不同的人与梵以及与神的距离各不相同，因而世界上包括个人、社会和国家在内的万事万物都各有其本身的"达摩"（即"法"或"正法"，也就是特质、天命或使命），故此每个人都应该和只能按照自己特有的命运和本分去为人行事。而每一个具体的国家、社会和个人要遵循自己的"达摩"，就必须有一个基本的前提条件，那就是获得其自身的司瓦拉吉（自主）。失去了司瓦拉吉，人们就不能自由地选择符合自身正法的行动，也就谈不上达到与神的冥合。这样一来，提拉克就把印度正统的宗教哲学思想与民族主义的政治行动纲领完整地结合了起来。他说,"司瓦拉吉是我们的达摩","我说,享有自治是我们的权利。但这是一个历史的和欧洲人的提法。我再进一步说,它是我们的达摩。你不能把自治和我们分开,就像你不能把热与火分开一样"。把作为现实政治斗争纲领的司瓦拉吉和印度教哲学体系中的司瓦拉吉(自主)等同起来,看作一回事,这就等于把印度哲学体系变成了司瓦拉吉政治纲领的理论根据,给这个纲领涂上了宗教色彩。"除非司瓦拉吉实现了,印度是不能繁荣的。对我们的存在来说,它是不可少的。"

提拉克的社会政治理论也是建立在民族宗教的基础上的。为了把印度民族运动与印度教传统直接结合起来,提拉克继承了至少自印度大史诗《摩诃婆罗多》以来的历史神话。按照这种历史神话,提拉克把雅利安的文明推远了好几个世纪,把英国统治以前的时代描写为一个神光朗照的、统一的黄金时代:"我们拥有一个宗教和知识的传统,这个传统并不等于而是超越了我们所拥有的其他的传统。如果我们失去了这个传统,那么我们就将失去使我们能与人民在一起的任何联系。"提拉克认为,印度的社会生活和政治统一就是依靠宗教信仰这种"有机的结合力量"而得以维持的,据此"政治是不能离开宗教的",任何政治行动最终都是为了实现民族的"达摩罗阇"(法治,Dharmarājya)——亦即神法或宗教法则的统治。所谓爱国主义、民族自治等等都是宗教的达摩(即神圣的宗教职责)。[①]

提拉克很早就开始研究《薄伽梵歌》,认为它是吠陀经典的结晶,其中蕴涵了东西方一切哲学的根本原则。他关于《薄伽梵歌》的研究论著《薄伽梵歌的奥秘》是在曼德勒狱中写成,于1915年出版的。但是这本书中的思想他早就形成了。至少早在1895年,他就用自己对这部典籍的新解释来号召群众了。

以往《薄伽梵歌》的解释者都回避克里希那主张行动、主张为正义而战的教导,而只是去寻觅这部典籍中宣扬的消极遁世思想。与此相反,提拉克强调的正是克里希那的上述教导,他指出贯穿《薄伽梵歌》的基本精神就是强调行动(即有为)、不妥协的行动。在《薄伽梵歌的奥秘》一书中,他说:"我和所有注释者不同,我认为薄伽梵歌教导要在这个世界上行动。""我认为,如果人寻求和神冥合,他也必须和他生活在其间的世界冥合,并为它工作。为现世服务,也即为神服务,是解脱的真正道路。这

[①] 提拉克,B. S. Sukthanka 英译:《薄伽梵歌的奥秘》跋,浦那,1935年初版,第713页。

种解脱能够通过留在尘世上而不是遁世达到。"他还说,"积极行动应该成为我们行动的准则",而行动的目的是为"最大多数人的最大利益服务"。这种说法是和吠檀多唯心主义一元论代表商羯罗的解释完全不同的。

提拉克在日常宣传中正是拿这个积极行动(有为)的思想来号召群众的。他指出,在殖民统治面前无所作为就是背弃自己的达摩,就是怯懦行为,这是神所不齿的。他说:"谁也不能期望神保护那些袖手而立、让别人替自己代劳的人。神不能帮助无所作为者。你必须做一切适合于你做的事,然后才能指望神的护佑。"不仅仅是一般地号召行动,提拉克在他的早期活动中还用《薄伽梵歌》中克里希那的教导来宣传人民有权进行武装斗争的思想。

提拉克的宗教哲学是直接为印度民族主义的政治行为正名的。他诉诸宗教的目的是要把印度的民族独立运动和自己的民族传统联系起来,激发印度人民的国家认同和民族自豪感。诚如他自己所常常宣称的:一个人没有对自己宗教的自豪感,怎么能有民族自豪感呢!提拉克的思想极大地影响了紧随其后的圣雄甘地,而后者也直接地利用了传统宗教的力量来鼓动和引导印度的民族主义运动,通过独特的非暴力运动成功地赢得了印度的民族独立与解放。

第二节 英印统治时期的印度民族矛盾

一、英印政府的有关政策与印度民族、宗教冲突的兴起

宗教信仰既可以是民族、国家内部强大的团结与凝聚力量,但常常又是不同民族、不同教派之间分歧与冲突的导因。任何信仰都具有某种走向彻底与终极的特性,这使得它在逻辑上就难以真正完全地容忍与之相悖的其他信仰方式。而宗教信仰的分歧一旦与政治、经济的利害关系结合起来,就常常可能产生比单纯的政治或经济冲突更为严重的纷争。面对来自西方的英国这一全新的"外族",发轫之初的印度民族意识一开始基本上是以作为单一民族的"印度民族"为导向的。而在后来国大党的有意识的引导之下,更是把政治上统一的印度民族当成印度民族运动的基本政治原

则。然而，基于印度内部本来具有的各种差异尤其是宗教上的差异，印度民族的自我认同也就相应地出现了内在的分化。不过，仅就近代印度的印度教徒与伊斯兰教徒之间的冲突而言，固然也存在着信仰分殊的原因，但是除此以外，我们还必须看到，两者之间矛盾的恶性激化更有着当时的英国殖民统治者着眼于印度内部的民族和宗教差异并加以利用和挑动的动因。

在近代以前，印度历史上的教派主义和教派冲突本来都不是特别严重，在大多数情况下，各教派信徒基本上都能做到和睦相处或至少相互容忍。就印度最大的两种宗教印度教和伊斯兰教而言，它们在历史上也大都能够做到和平共处。在印度村社里，印度教徒常参加伊斯兰教的节日，穆斯林一般也与印度教徒一起庆祝灯节、洒红节等。就连伊斯兰教徒的圣经《古兰经》，也多是在印度教徒开办的印刷厂里印制的。在很大程度上，政治上教派主义的发展和教派冲突的大规模发生，是近代以后的殖民主义政治策略的副产品。

早在1857年印度民族起义结束后，英国人就在一份军方的文件中承认，他们的立场是尽力维护现存的宗教和民族分裂，而不是努力使之融洽相处。1859年孟买总督爱尔芬斯顿在一份备忘录中宣称："分而治之是古罗马的座右铭，也应当是我们的座右铭。"[①] 英国人在很早的时候就已观察到伊斯兰教徒与印度教徒之间的分歧，并图谋在政治上分而治之，采取"借力打力"的策略加以利用。由于穆斯林是往昔大半个印度的统治者，与印度教徒相比，在一开始他们对取代了其权利的英国统治者更为不满，对于西方教育和西方文化，他们也不像罗姆·莫汉·罗易等领导的印度教社团那样热衷，他们所偏爱的仍然是古代宗教与文化经典的研究。最初，看到穆斯林对自己的反感，英国人更多地去争取印度教徒的拥护，但随着后来印度教徒民族自主与独立意识的觉醒，他们又转而去接近和利用穆斯林，图谋借助穆斯林的离心力去抵消印度教徒的民族主义势力。继印度教宗教改革运动之后，1836年第一个穆斯林启蒙团体成立，1877年赛义德·艾哈迈德汗创建的阿里加学院成了穆斯林启蒙运动的中心。穆斯林启蒙运动的特点，一方面在于对穆斯林传统中的陋习加以改革，在穆斯林中宣传西方的科学文化；另一方面在于诉诸英国殖民政府的帮助，以与印度教徒

---

① ［印］拉其普特：《穆斯林联盟的昨天与今天》（英文版），1948年，拉合尔，第13页。

争取更有利的地位。从英国本身的利益出发，英国殖民者对此亦欣然接受并加以利用。

就在那时，印度教的改革派组织"圣社"在进行印度教教义宣传的同时，还开展了吸引其他宗教的信徒皈依印度教的所谓"净化运动"。该运动所显示的扩张性引起了包括穆斯林和锡克在内的其他教派与圣社之间的尖锐对立，并刺激了这些宗教的教派意识的发展。因此，在19世纪的印度教宗教复兴运动中，穆斯林组织与圣社组织发生了激烈的冲突。

在1905年孟加拉与印度分治后，印度的民族主义运动一时高涨起来。在1906年的国大党年会上，民族主义者第一次提出了司瓦拉吉的政治口号。此后几年中，印度的民族自治运动激荡不已。正是在此运动的压力下，英国殖民政府为了分散印度人民的力量，采取了一种明显的分而治之的政策：在如选举这样的重大事项上，实行照顾甚至偏袒所谓"少数人团体"（主要为穆斯林）的办法。而穆斯林方面对此也积极响应，并提出要按"他们社团的政治重要性及其对帝国所尽的义务来衡量其地位"。实际上，这是当时的副王明托勋爵"用来争取穆斯林，使他们反对国大党的一种手段"。[①] 这一政策不但在很大程度上把当时6000万以上的穆斯林从反抗英国统治的自治运动中拉了出来，而且造成了印度教与伊斯兰教教派间的不和。以照顾少数派利益为名，英国殖民者有意在各宗教教派之间进行挑拨。正是从此时开始，原本仅仅是在一国之内存在的基本上正常的教派区别与矛盾朝着越来越恶化的方向发展，直至扩大和激化成了紧张、尖锐的教派对立与冲突。

二、印度两大教派的冲突与印度民族的分裂

在此之后，印度教的两个教派组织——"印度教大斋会"和"国民志愿服务团"分别于1915年和1925年相继建立，它们的共同目标都在于保护印度教的民族、宗教和文化，促进原来的印度教徒改宗者重新皈依印度教，在政治上代表和维护印度教徒的利益，并力图在南亚建立一个印度教统治的国家。与"穆斯林国家"理论针锋相对，印度教大斋会的首领

---

① 参见［印］R. C. 马宗达等著，张澍霖等译：《高级印度史》，商务印书馆1986年版，第1055页。

V. D. 萨瓦卡尔（V. D. Savarkar）和国民志愿服务团的首领 M. S. 戈尔瓦卡尔（Madhava Sadahiva Golwalkar）也相继提出了"印度教国家"的理论。除了歌颂印度教的生命信仰、奉献精神和神圣理想外，他们的"印度教国家"理论也具有明显的教派性质。他们认为，由于宗教的、种族的、文化的和历史的亲缘关系，印度教徒构成了一个国家。因为印度教徒热爱印度，把印度看作自己的母亲和祖国，只有他们才是印度这个国家的标准的居民。与之相区别，印度的穆斯林则不属于印度这个国家，因为他们的心灵并不忠实于印度，而"心灵的忠实才是检验民族性的普遍标准"。为了复兴印度教，重建统一的印度教国家，戈尔瓦卡尔提倡一种对于印度的"国家虔信"。他提出今天的印度教社会就是一位活着的神，为印度教社会服务也就是为神服务。因此他要求印度教徒把自己的生命奉献给被奉为"祖国母亲"的印度教国家，对她要有绝对的虔诚，并甘于做她的驯服工具。[①]

早在20世纪之初，穆斯林教派主义就认为国大党只代表印度教徒的利益，为与之相持衡，于1906年建立了全印穆斯林联盟。该组织把维护穆斯林的利益作为根本宗旨，具有较为突出的教派性质。至少从20世纪20年代以后，印度穆斯林哲学家伊克巴尔、近代穆斯林启蒙运动先驱赛义德·艾哈迈德汗以及巴基斯坦开国领袖真纳等就共同提出并阐发了"两个民族"的理论，而这个理论具有一种可谓不得不然的来龙去脉。

长达500年以上，次大陆的穆斯林曾经是这里的统治势力。但是，在英国统治印度的两个世纪里，政治的、经济的和文化的格局发生了根本的变化。当西方式工业化经济、西方式有利于精英的教育制度突然涌现的时候，当官方语言骤然变动以及英国语言作为法令与交流媒介强制使用时，穆斯林感到在他们从前的家园竟成了"局外人"。而至关重要的东西却是两项关键的变化：首先是西欧的有关宗教与政治分离的观念之流行以及世俗主义、资本主义、社会主义与民族国家等意识形态的不断增长；其次是半民主的机构与程序的发展，凭借这样的机构与程序，权力重心开始向多数人群体倾斜。可以说，前者是与传统穆斯林的宗教—政治统一模式格格不入的，而后者又构成了维持前者的一种政治机制。虽然穆斯林最初认为，在一种广泛的印度教徒—穆斯林相互谅解与共同反对外来统治的斗争

[①] 参见朱明忠："宗教冲突是影响南亚安全的重要因素"，《当代亚太》2002年第2期。

这一框架内，他们应该可以保持自己别具一格的观念文化上的认同和政治上的认同，但是经过了 35 年（1906—1940 年）的磨合之后，他们感到这是不可能的。在此情势之下，以伊克巴尔为代表的印度穆斯林代言者认为，在一种以混合性的领土民族主义为基础的、决定权将由多数人所把持的政治体制内，他们不可能维持并增进自己的身份认同。而摆在印度穆斯林面前的难题，并不只是寻求一种脱离殖民枷锁的自由。他们还想确保，伊斯兰社会也能够根据他们自己的价值体系和社会政治理想来自由地决定自己的事务。这就是穆斯林的政治领袖在阐发那个被称为"两个民族理论"的主张时所置身于其中的境遇。

两个民族理论在根本上与近代西方政治思想的基本假设相左，这就是基于领土与地理之上的民族主义。这种民族主义把宗教的、民族的、语言的以及其他的身份尽收囊中，结果就产生了关于国家的大一统的见解，而这种见解就构成了世俗的民主模式的一部分。虽然两个民族理论承认，以上所述的民族国家可以是政治的一种模式，但同时它也认定，这并不是唯一有效的模式，其他可供选择的模式也应该是同等有效的。与那种为次大陆上的印度教徒多数所接受的世俗主义原则相对，穆斯林相信，他们的宗教阐明了一种关于社会与国家的不同的见解——此一见解的世界观基础就植根于他们有关唯一神的信念，植根于有关人类的对于神圣启示之需要（这种启示就构成了人们的个人生活和社会生活的行为指导、价值与规范）的信念。"两个"所表示的是这一实情：有两种主要的政治潮流，其一基于信仰、宗教和神圣的纽带，其二则诉诸一种全然世俗的、来自尘世的见解，而与宗教和天启价值无关。

只是由于信仰和宗教在穆斯林社会与民族中占据着中心的地位，印度穆斯林据此获得特别的民族自信，同时也为其寻求一种与西方世俗的和民主的民族国家有所不同的政治天命提供了动力。1930 年，时任穆斯林联盟主席的穆斯林哲学家伊克巴尔第一个提出了在印度另外建立"穆斯林国家"的观念。[①] 而穆罕默德·阿里·真纳在其 1940 年的主席演讲中则宣示了这一新的观念所要采取的那种实践方式。

伊克巴尔指出："伊斯兰教的宗教观念是与其所创制的社会秩序有机

---

① 拉提夫·阿马德·什尔瓦尼编辑：《伊克巴尔演讲、著作和谈话集》，拉合尔，巴基斯坦伊克巴尔学院，2005 年第五版，第 3—29 页。

相关的。要拒绝其中的一个方面,最终也意味着要拒绝其中的另一方面。"因此,"有关每一个族群都有权按照自己的路线去自由发展的原则,并不是由某种狭隘的教派主义情绪所激发出来的。在教派主义与教派主义之间还有着不同。……要在像印度这样的国家构建一种和谐的整体,那种高级形态的教派主义就是不可或缺的。印度是一个诸多人类族群的大陆,这些族群分属不同的种族,说着不同的语言,拥有不同的宗教。他们的行为完全不是由一种共通的种族意识所决定的。甚至连印度教徒也未能形成一个同化的族群。在未曾认识到共同的族群这一事实的情况下,欧洲式民主的原则就不能应用于印度。这样一来,穆斯林的在印度之内创建一个穆斯林印度的要求就完全得到了合理的说明。

我乐意看到,旁遮普、西北边疆省、信德和巴鲁哈斯坦合并为一个国家。在我看来,在不列颠王国之内或在没有不列颠王国的情况下的独立政府,一个稳固的西北印度的穆斯林政府的建立,将会是至少西北印度的穆斯林的最终命运"。[①]

这些思想就构成了穆斯林分离运动的重要的构件。上述观念进一步在1940年5月23日由拉合尔的穆斯林同盟通过的决议中得到发展,而最后还在1946年于德里召开的穆斯林同盟立法委员大会的决议上得到阐发。

虽然关于巴基斯坦的远景起初被人们认为是不切实际的梦想,但随着穆斯林联盟与国大党的关系日趋恶化,它却成了穆斯林领导集团的多数人所接受并为之奋斗的目标。而如果说伊克巴尔的上述观念主要为穆斯林民族分离运动提示了一种宗教的根据的话,那么为这场运动作出了现实的政治考量的则是赛义德·艾哈迈德汗。

尽管在印度的印度教徒与伊斯兰教徒双方矛盾完全激化之前,由于尚存在共同的民族利益以及国际上伊斯兰世界与英国的冲突等因素,穆斯林联盟与国大党之间一度也出现过友好而有效的合作,但当国内的民族主义运动陷入低潮、国际上的民族宗教冲突趋于平息时,印度教徒与穆斯林间的关系很快就发生了极大的逆转。1923年以后,印度社会中频频发生教派冲突,导致教派意识在政治生活中越来越敏感,几乎达到烈焰干柴的地步,常常表现为本属一般的政见分歧也很容易转变成积怨甚深的教派之

[①] 拉提夫·阿马德·什尔瓦尼编辑:《伊克巴尔演讲、著作和谈话集》,拉合尔,巴基斯坦伊克巴尔学院,2005年第五版,第8页以下。

争。正当此时，近代穆斯林启蒙运动的著名人物赛义德·艾哈迈德汗成了穆斯林的领袖。一开始，他本来还是一位热忱的爱国主义者和民族团结分子。他主张印度的印度教徒和穆斯林组成一个国家。他说："印度教徒兄弟和穆斯林共同呼吸印度的空气，共饮恒河和朱木纳河圣水……印度教徒和穆斯林实际上属于一个民族。"[①] 他指出，印度教徒和穆斯林是印度的两只眼睛，他们应当在心灵上合而为一并采取一致行动，反之就将会同归于尽。但是到了后来，部分由于英国人的挑动，赛义德·艾哈迈德汗的态度发生了很大的改变。英国人在许多公开场合发表言论，说国大党把印度分裂成了两个敌对营垒，国大党只代表印度教徒的利益。一位直接担任穆斯林神学中心"阿里加学院"院长的英国人伯克，则竭力使赛义德·艾哈迈德汗相信，与以国大党为首的民族主义者同道对穆斯林不利，相反支持殖民当局才合乎他们的利益。可以说，上述影响挑动和促进了他自己本来已有端倪的教派主义立场和思想。从19世纪80年代以后，他就经常发表言论，认为国大党所追求实现的民主政府对穆斯林的利益是很不利的。他表示，穆斯林只占印度人口的1/4，在国大党所期望的民主制度下，印度教徒将完全压倒伊斯兰教徒。这种想法也为多数穆斯林领袖所共有，并一直影响着他们的意见和行动。

对多数人统治的担心，最早由赛义德·艾哈迈德汗公开表达出来，1898年其去世后，经过后继者的广泛宣传，这一想法在穆斯林政策演进的诸阶段中都发挥着重要作用，由此激起他们要求指定的议会议员人选，要求有利定额的分区选举，最后要求成立巴基斯坦。

1937年，由于国大党不同意与其党纲不合的穆斯林联盟共同在各省组成联合政府，本来一直支持国大党、拥护民族团结的穆盟领袖真纳先生也改变了态度，公开宣传穆斯林在国大党政府下不能指望获得公平对待。后来，真纳进一步认为，在将来印度的民主政治中，无论采取保护少数派还是分区选举的方式，都不能避免国大党在中央的统治，不能避免穆斯林的权利受损。这样的一种民族情绪，导致他终于在1940年提出了关于印度教徒和穆斯林已成为两个不同的民族，穆斯林民族必须有一个单独的独立国家的政见。真纳的上述思想，获得了当时印度穆斯林相当广泛的响应。尽

[①] 塔拉·昌德：《印度自由运动史》（英文版），1974年，新德里，第357—358页，转引自林承节：《印度史》，人民出版社2004年版，第302页。

管以甘地和尼赫鲁为代表的国大党人作出了极大的努力,试图维持独立在望的未来印度的民族统一,但出于对多数人统治的恐惧,当大多数印度人在迎接独立到来时,许多印度的穆斯林却以暴力的方式发泄出了他们的恐慌与不满。最后印度教徒与伊斯兰教徒之间丧失起码理性和容忍的相互大规模仇杀,竟使得穆斯林在巴基斯坦的独立分治,成了让当时的印度避免遭受更可怕伤害的一条迫不得已的出路。

三、穆斯林民族认同与其宗教认同的关联

如果不做深入的考察,人们非常容易认为,始于20世纪30年代的穆斯林分离运动只是一场单纯的民族主义运动,只不过其中融进了一些反对殖民统治的因素。但以上的考察可以表明,实际情形远非如此简单。可以说,穆斯林分离运动既不是一般意义上的民族主义独立运动,也多半不是源于对往日权威与荣华的怀念。就其最为内在而深沉的根源而言,它同时也是一场追求宗教的政治理想的精神运动。关于这一点,西方学者韦尔弗雷德·坎特威尔·史密斯在他的《现代历史上的伊斯兰教》中有过精辟的见解:"运动越是贯穿于人民群众之中,民族主义的推动力就越来越变成宗教性的。甚至在那些运动的领导人及其形式和观念上已经具有了或多或少西方式民族主义色彩的地方,就其内在意义而言,运动的实质和运动参与者的情感依然还是伊斯兰教的。[①]……没有哪里的穆斯林人民形成了这样的一种民族情绪——这种情绪意味着对一种僭越了伊斯兰教规约的社会献上忠诚并为之操心尽力。……在过去的历史上,只有伊斯兰教向它的人民提供了这种类型的行为训导、灵机与活力。[②]……能解释这场运动最初所唤起的那种欣喜和献身的忠诚的,就是伊斯兰教的国家概念。……从意识形态上来说,那追求着一个国度的并不是一种领土上、经济上或语言上的共同体,更严格地说,甚至也不是一种民族的共同体,而是一种宗教的共同体。就'源头'而言,那种在印度建立一个伊斯兰教国家的运动,并不是国家去追求伊斯兰教品格的过程,而是伊斯兰教去追求一个国家的过程。"[③] 至于

[①] Smith, W. C., *Islam in Modern History*, Princeton, 1957, p. 75.
[②] Ibid., p. 77.
[③] Ibid., p. 214.

运动中所提出的两个民族理论的对错问题,在这里我们似乎也不能简单地加以论断。但我们起码可以指出的是:我们这里所讨论的案例至少为一般民族理论提供了一个特例,使我们能看到,对于民族认同而言,宗教上的认同有可能起到一种什么样的作用。虽然我们不可以只执一端,认为印度的穆斯林原本就是有别于印度教徒的另一个民族,但我们通过印度 20 世纪中叶的实情可以看到的是:在宗教上的认同分歧的作用之下,原本属于同一民族之内的不同群体也有着演变成不同民族或族群的趋势。

第三章
当代印度民族的构成与分布

中国政治学研究者王惠岩在为《民族政治学导论》一书所做的序言中写过这样一段文字:"人类在发展的过程中形成民族以后,民族问题就一直纠缠人类的历史,困扰着人类自身。"[1] 他所说的"困扰"不仅仅指各种民族事象错综复杂,民族矛盾、冲突此起彼伏,始终伴随着人类的各种活动过程;民族利益相互纠结,成为社会动荡的重要起因等等;而且包括作为一个学术研究对象,"民族"这一范畴本身就以其多样性和复杂性成为不同背景、不同学派的学人之间争论的热点,在一些基本问题上至今也未能达成共识。

印度可算是当今世界民族和民族文化多样性的一个典型样本,在印度民族研究中,各种分歧一直存在,在许多基本的、重要的问题上也存在不同的看法,本章所涉及到的民族构成和民族分布也不能例外。

第一节 国族、族群和分支:印度民族的构成框架

正如前文所叙述的,印度现代民族是在西方民族理论影响下,通过反对西方殖民统治,在建立独立的民族国家的进程中逐渐形成的,因此西方的民族理论对印度民族问题有一定的解释力。但是印度自身的很多社会现

---

[1] 周平:《民族政治学导论》,中国社会科学出版社2001年版,第1页。

象又绝对是"非西方"的,具有东方的或者说是印度独有的特点,西方的民族理论在很多时候又无法清楚地解释这些民族现象,特别是在分析印度的民族现象时更是如此。

西方学者在界定民族时都十分强调政治(国家)因素和文化因素这两个维度,特别是在民族国家这个问题上,政治要素占据了主导的位置,一直以来德国学者黑格尔所创造的"民族是由国家造成的"这一观点的影响都很大。[1] 关于这一点,英国学者埃里·凯杜里说得更加直白:"民族主义将人类自然地分成不同的民族,这些民族是而且必须是政治组织的严格单位。……除非每个民族都有自己的国家,享有独立的地位,否则人类不会获得任何美好的处境。"[2] 依据这种观点,近代英国的建立使不列颠民族诞生,近代法国的建立也催生了法兰西民族……所以绝大多数的西方国家都可以套用这个模式来解释本国的民族构成。

与上述观点不完全相同的是,美国学者海斯认为,民族的存在不必非有政治的统一不可,即不必非要建立自己的主权国家,民族是由说同一种语言或几种方言、珍惜共同的历史传统的人群组成的,或自以为是一个明显的文化社会。[3] 德国社会学家马克斯·韦伯也认为,某种群体由于体质类型、文化的相似,或者又有迁移中的共同记忆,从而对他们共同的世系抱有一种主观的信念,而这种信念对于非亲属社区关系的延续非常重要,这个群体就被称为族群。[4] 中国学者周平也对文化的作用予以特殊的重视:"在人类发展的不同阶段以及不同的社会条件下,将人们结成一个民族或区分为不同民族的因素具有相当大的差异性……历史发展到现代,在构成或划分民族里扮演重要角色的却是人们所特有的共同文化。"[5] 不过后一种观点在国族和族群这两个不同层面上的概念似乎常常混用,也就给引用这种观点的研究者带来一些纠结。

具体考察印度的事实,我们会发现现代印度民族确实是在民主国家构

---

[1] 引自王辑思:"民族与民族主义",《欧洲》1993年第5期,第16页。
[2] [英]埃里·凯杜里,张明明译:《民族主义》,中央编译出版社2000年版,第7—8页。
[3] 转引自孟德馨:《中国民族主义的理论与实践》,海峡学术出版社2002年版,第42—43页。
[4] Marx Weder, "The Ethnic Group", in Parsons and Shilo Etal, ed., *Theories of Society*, Vol. 1, Gleerol Illinois: The Free Press, 1961, p. 306.
[5] 周平:《民族政治学导论》,中国社会科学出版社2001年版,第4页。

建过程中最终形成的,这在前面已有系统论述。这里需要再次指出的是,印度现代民族的形成与从异族(主要指英国殖民主义)统治下获取自主权的政治斗争直接相关,正如印度学者欧默姆指出的那样,统一的印度民族原先是不存在的,古代的印度人也没有必要考虑这一问题,但英国的殖民统治迫使人们形成了"印度民族"的概念。[①] 而且在实现独立之后,印度民族也以国家为重要载体,在强化认同、增强凝聚力等方面不断前进。从某种意义上可以说,印度的民族意识是和统一的国家意识同步成长的。

但从另一方面看,印度多元化的传统文化并没有因国家在行政上的统一而消除差异、趋于同一,各社会群体仍然保留了在宗教、语言、习俗乃至群体心理等方面原有的态势,这在很大程度上就使得全体印度人民不会最终成为一个只具有单一文化样式的单一民族,而是继续保持史已有之的众多群体并存共生的局面,从而在层次上呈现出多元性结构。

谈到印度民族的构成,主要包括两个含义:一是纵向的,即印度民族可划分为"国族"(Nation)、"族群"(Ethnic Group)、"族群分支"等几个层次;[②] 二是横向的,在国族之下存在数量众多的群体,在这一层面上,政治上的区别已不明显,文化占据了关键性的位置,与同层面的另一族群相比,每一个族群都应该具备相应的几个要素,尽管彼此间的要素可能会存在一些不同,但基本上是可以比较、区分的。

印度宪法开宗明义就写道:

> 我等印度人民,已庄严地决定建立印度为主权的民主共和国,并为一切公民确保:
> 社会、经济与政治之正义;
> 思想、表达、信仰与礼拜之自由;
> 地位与机会之平等;并在一切印度人民间促成;
> 足以保证个人尊严与国家统一之友爱;
> 受于一九四九年十一月二十六日我等之制宪会议中,通过、制定

[①] T. K. Oommem, "Conceptualizing Nation and Nationality in South Asia", in S. L. Sharma and T. K. Oommem, ed., *Nation and National Identity in South Asia*, New Delhi: Orient Longman, 2000, p. I.

[②] 最后一个族群分支还可以再下分为更多的亚分支乃至次亚分支。

并给与我等自身以本宪法。①

这段话本是对印度宪法制度基础的说明，但同时也透露出这样一个重要信息，即全体印度人民的意愿是宪法制定乃至印度国家能够生存、发展的基石。

在接下来的条款中，宪法对印度公民的资格做了非常具体的规定并详细列举了每一个印度公民所能够享受到的权利，即平等权（国家不得根据宗教、人种、世袭阶级、性别、出生地或其中任何一项之理由，对任何公民有所歧视）、自由权、反剥削权、宗教自由权、文化教育权、财产权和宪法救济权。② 在之后长达60余年的历史中，虽然印度宪法曾有过多次修正，但上述基本原则没有发生任何改变。

这些宪法条文明确地表达出这样一个原则，即印度国家的主体是印度人民，无论印度人民的组成成分在细节上情况如何复杂，但是他们的身份和权利是没有区别的。在印度国家教育研究和培养委员会为全印编著的教材中，在涉及民族国家（Nation-States）建构时提出了必须解决的问题：理解我们是谁，确认身份和感情归属等等。③ 这充分表明印度官方对民族和国家认同的高度重视。从这一认知基础出发，印度宪法开宗明义地为印度人民确定了最基本的身份确定标准，即生活在印度国土上的公民，而且进一步通过保障他们平等权利的方式，对每一个公民的身份予以法律地位的确认。

中国学者王东明认为，"国族"是指由一国领土上全体公民所共同组成的、分享着同样的政治认同感的人们共同体，它不应被狭隘地理解成主权国家的主体民族，而应该是该国全体民族在相互依赖和共生共长基础上的总体表现。④ 在绝大多数印度官方文件中，印度人民（Indian People 或 the People of India）被赋予了这种居住于一块共有的国土之上、享有共同的政治认同感、受到同一宪法保护的（至少名义上是这样）人们共同体的

---

① 郭登镛等译：《印度宪法》，世界知识出版社1951年版，序言。
② 具体条文见上引《印度宪法》，第4—14页。
③ 参看 National Council of Educational Research and Training, *Social Science, India and the Contemporary World* – II, 2007, p. 53.
④ 王东明："关于'民族'与'族群'概念之争的综述"，徐杰舜主编：《族群与族群文化》，黑龙江人民出版社2006年版，第97页。

含义。这与王东明的观点基本上是相同的。

中国学者林良光在分析印度民族问题时指出："印度究竟是不是单一民族国家，各民族间关系如何，向来就有三种不同的意见和看法，各持一方，莫衷一是。一种是印度官方的观点，认为印度全体居民在长期历史发展和反殖民主义斗争中已经融合成为一个统一的民族，他们之间只有种族、宗教信仰和语言的差异，没有明显的民族界限和区别。持这种观点的人否认各民族独特历史和文化的存在，对敏感的民族问题讳莫如深，对愈演愈烈的民族纠纷和冲突一概斥之为'地方主义'作祟。第二种是大多数外国学者和一部分印度学者的看法，认为印度无论是独立之前还是独立之后都存在为数众多的民族，存在民族差别和矛盾，存在民族压迫。第三种人持中间立场，认为印度虽然存在民族差别，但强调各民族的均衡发展，因而不存在民族压迫和剥削问题。"[①] 我们在这里之所以引用这么长的引文，是为了尽量避免出现断章取义之嫌。在中国学界研究印度民族问题时，上述这段引文曾多次被引用，特别是在分析印度民族政策时候，这一观点被用来证明存在某些失误的原因。大多数中国学者认为印度和中国一样，是一个"多民族统一的国家"。

我们理解这段话实际上包含两层意思，一是印度是否是一个单一民族国家？二是印度是否存在民族差异和民族压迫？

关于第一个问题，虽然读者可以领会出作者并不完全同意印度官方观点，但从国内外学术界的研究状况看，这一问题上存在着不同的三种观点却是不争的事实。实际上关于第二个问题也存在不同看法。但从逻辑上看，多民族国家就必然存在差异和不同是可以成立的，但是否必然存在剥削和压迫却是值得商榷的。反之，单一民族国家是否就完全不存在内部的差异，就是否不会发生不同人群之间的压迫和剥削，也不是一个绝对的是、否就能回答的问题。

事实上，与其争论称呼或理论上的是非，不如先客观地考察一下印度官方的观点到底是什么含义以及这种观点产生的原因和背景。

如前所述，印度的民族观是在与殖民主义的斗争中逐步形成的，但是国家独立的实现过程却伴随着印度次大陆最为惨烈的民族大仇杀、大分裂，原本世代和平相处的居民被迫以宗教信仰划线，分裂为两个国家的居

---

① 参见陈峰君主编：《印度社会论述》，中国社会科学出版社1991年版，第185—186页。

民。造成这种状况的原因除了殖民当局分而治之政策的推行之外，两个民族理论也发生了直接的影响。独立后的印度领导人对此忧心忡忡，他们是不愿意也不可能让类似的事件再次发生的。例如尼赫鲁在印度独立之初就多次强调，他们所建立的印度就是要保证每一个印度人不会因为自己的信仰而受到安全的威胁。① 就是曾经以坚持印度教民族主义强硬立场而著称的印度人民党成员 N. 莫迪（Narendra Modi，曾任古杰拉特邦首席部长，现任印度总理）也盛赞圣雄甘地的最伟大的贡献就是使印度争取自由的斗争成为"一场群众运动，每一个人都感到他能够在这场争取自由的斗争中用自己的方式作出自己的贡献"。他认为甘地所主张的原则在今天仍然是适用的。② 印度总统在庆祝印度第 64 个独立日的讲话中将和平、和谐、非暴力、真理、人类尊严和怜悯之心等作为维系"我们的民族、我们的社会乃至我们每个个体的生存"的价值体系的重要组成部分。③ 很显然，印度民族（更多的时候印度政治家所采用的是印度人民、同胞这样的称谓）是一个整体已成为政治家们的一种共识，它将所有拥有印度公民身份的人都囊括在内，甚至生活在海外的印度侨民也不列外，这与中华民族、美利坚民族、法兰西民族等是同一个概念。

事实上，许多印度学者也坚持这一观点。拉宾德拉纳特·泰戈尔在 1921 年致友人的一封信中提出一种"不同凡响"的主张，诺贝尔经济学奖获得者，也是泰戈尔的同乡人阿马蒂亚·森解释道："这一主张有两种不同的含义。第一，内向而言，它反对将印度视为由互为不相干彼此疏离的多种文化与宗教、种姓、阶层、性别或地域明显不同的社群组成的一个混合体这样一种观念……"阿马蒂亚·森本人并不完全同意"我们必须拥有一个单一的——或至少一种主要的和主导的——身份的臆断"的观点，但他同时也指出，"关于印度身份的兼容并包的观点，不仅不依从或偏袒印度教徒的身份，也不会是诸如印度教徒、穆斯林、锡克教徒、基督教徒、耆那教徒、琐罗亚斯德教徒等印度的不同宗教社群的一种组合。印度身份无需通过其他群体身份以一种联邦性方式予以调和"。在另外一次演讲中

---

① 参看 Sarvepalli Gopal, *Jawaharlal Nehru: A Biography*, New Delhi: Oxford University Press, 1989, p. 182。

② 见 Namita Bhandare, ed., *Imagine the India That Can Be*, New Delhi: HT Media Ltd, 2008, p. 48。

③ 印度驻华使馆编：《今日印度》2010 年第 8 期，总第 106 期，第 26 页。

他用赞赏的口气指出了印度的一个特点："印度采纳对多元文化的宽容态度，往往主要呈现为把不同的人的群体当作社会的真正成员接受下来，使之有尊奉自己的信仰和自己的风俗（可能与别人的风俗大相径庭）的权利。"① 在印度生活多年的英国记者爱德华·卢斯写道："它（指印度——引者注）保留了两种相互竞争的、完全对立的民族思想，其一主要是由国大党在领导人民进行独立斗争时形成的，强调建立一个多样性、世俗、复合的印度（与伊斯兰教的巴基斯坦相对应）；其二是以印度教民族主义运动为代表的，奋力争取一个排外的、印度教的印度。直到最近20年内，第二种主张才对第一种主张构成了强有力的挑战。"② 很显然，无论这些学者的背景是什么，他们都在注意印度多元化的同时强调同一，也就是所有印度人民或者说印度民族所具有的包容、兼容的特征。一位生活在印度多年的欧洲人这样描述道："印度有一种其他国家所没有的精髓，它会告诉你林林总总的生命背后，有种叫作'统一体'（Unity）的精神现实。"③

正是这种"统一体"将全体印度人民凝聚在一起，形成"印度人"这个统一的"国族"。事实上，印度人国族的身份并不难确认，只要是拥有印度公民权的人都是它的一个合法成员。而从广义上讲，那些祖先居住于印度、本人生活在海外、已取得其他国家的国籍，但仍然保留着印度文化传统的某些要素（如讲印度的某一种语言，信仰印度的某一个宗教甚至遵循印度式的生活习惯等等）的人也可以被纳入到印度民族的范围之中。印度的这种基本立场也被国际上的学术机构所认同，Indian（s）成为对印度民族（国族）的一种通行的称谓。④

在印度国族之下的是第二层次，即数量众多、相互之间存在许多差异的族群，至于印度现今到底有多少个族群，学术界至今仍然没有一个大家公认的定论，《列国志·印度》一书的作者认为印度"全国有100多个民族。此外，还有500多个表列部落"。⑤ 维京百科"印度人"词条中族群

---

① ［印］阿马蒂亚·森，刘建译：《惯于争鸣的印度人》，上海三联书店2005年版，第26、267页。
② ［英］爱德华·卢斯，张淑芳译：《不顾诸神：现代印度的奇怪崛起》，中信出版社2007年版，第114—115页。
③ 同上书，第3页。
④ 参看 India Demographics Profile 2010，http：//www.indexmundi.com/ indian demographics. Profile. Html。
⑤ 孙士海、葛维钧主编：《印度》，社会科学文献出版社2003年版，第34页。

(Ethnic Groups)下所列举的数量则有 198 个,不过后者所包含的群体五花八门,既有如孟加拉人、马拉提人、旁遮普人这样人数超千万,为人们所熟知的族群;也有人数很少,分属不同层次的群体,如巴格迪(Bagdi)是一个种姓(Caste),毗耶特(Biate)是一个部落(Tribe),邦特(Bunt)是一个群体(Community),巴格梨(Bagyi)则是一个氏族或大家族(Clan)等等,划分的标准并不统一。正如词条的作者所说,就连印度全国人口普查也无法理清印度有多少族群。[1]

我们认为,与前面所讨论的印度国族不同,印度的族群集中体现出其多样性的特点。在印度,人们很难仅依靠某种单一的或通用的标准来进行族群的划分,通常的情况是,每个具体的族群都应该具备几个公认的标准中的一个或几个,但相互之间的划分标准并不一定完全一致。

这些公认的族群划分标准是:

1. 族群成员使用一种语言,这种语言或者是一个包含若干方言的语言家族,或者就只是一种与其他语言不相通的方言。

2. 族群成员共同认定他们都是同一个祖先的后裔。

3. 族群成员信仰同一种宗教。但是实际上以某一种宗教来划定某一族群的方法并不通用,因为对于很多人数巨大的族群来说,其成员极少只是某一种宗教的信徒。就整个印度而言,锡克人基本上符合这一标准,但学术界不少人并不认同他们是一个独立的族群而将其看作旁遮普人中的一支。部落的情况更加复杂,有的部落依然保留古老的宗教信仰,有的则已经改宗,成为印度教或其他宗教的信众。就是在同一个部落里,也会有部分成员信仰延续下来的原始宗教,另外一些成员则皈依了印度教或其他宗教。

4. 族群成员相对集中居住于某一个或几个地区。

5. 族群成员保留着相对独特的社会文化习俗。

在以上几个条件中,语言和地域往往起到决定性作用,就那些人口超过千万人的大的族群而言,以语言或聚居地而得名的占了绝大多数。就那些人口少的小族群而言,虽然他们的名称不一定与其语言或聚居地一致,但这两个条件仍然是将他们与其他族群区分开来的关键,至少是必要

---

[1] Kumar, Jayant, Census of India, 2001, http://www.en.wikipedia.org/wiki/Demographics-of-India.

条件。

　　印度各族群不仅在划分标准上比较复杂，而且各族群的情况也千差万异，呈现出多元化的景象。有的族群人口众多，分布区域十分广阔；有的族群则人数有限，且聚居于十分狭小的地区。其文化样式更是丰富多彩。但总体上看有两种大的类型：一是下面还可以再划分为各种分支的较大的族群，如泰卢固人、拉贾斯坦人等等；二是常常被人们称为部落民的较小的族群，当然一些部落也有数十万甚至上百万人口，下面亦有不同的分支。但多数部落民人口较少，居住比较集中。相比之下，属于后一个类型的族群数量十分巨大，有数百个之多，且至今无法作出精确的统计。

　　在印度，不但族群大小类型有别，而且各族群的发育程度也不尽相同，有的族群具有悠久的历史，有的则形成较晚或很晚才被识别，有的族群甚至直到现在尚处于形成的过程之中。例如总数达数亿之众的、以印地语为通行语言的巨大群体究竟是不是一个独立的族群，这个族群的名称是什么仍旧无法确定（有人称他们为印度斯坦人，但有更多的人并不认同，关于这一问题，将在后面用专文讨论），这样的例子在印度并不是特例，因此我们只能将这样的群体称之为正在形成中的族群。

　　与发育程度的情况相似，印度各族群之间的发展水平也存在很大的差异，就是一个族群内部成员之间也存在明显的不同，从而产生了诸如表列种姓、表列部落、落后阶级、少数民族以及社会群体等等与之相关的民族现象，这既是印度民族问题研究的难点，也成为印度国家发展中最大的挑战之一。我们看到，在族群之下是数量更加巨大的支系。根据1985年启动的、在全印范围内开展的印度人类学调查项目（ASI）研究人员的统计，可以被认定的群体数量有4635个之多。[1] 印度官方和研究人员认为可以清楚命名的群体至少在2000个以上。除了一部分可归于族群层次外，大部分为族群之下的支系。

　　造成同一族群中存在不同支系的原因十分复杂，主要有以下几个方面：

---

[1] 参看 K. S. 辛格为此项目系列成果《印度人》而撰写的说明，K. S. Singh, *The Sheduled Castes*, New Delhi: Oxford Uniuersity Press, 1993, p. XI.

一、血缘关系的多元性

由于历史上存在多个人种、血缘群体的融合,而且在古代发生过人群的频繁迁徙,所以很多族群特别是人口众多的族群往往包含了多元的血缘祖先,著名印度学研究者巴拉姆指出:"原始澳大利亚人、古地中海人和高加索人,是印度居民中最具代表性的三种,几乎所有的中亚西亚种姓都曾进入印度。"除此之外,突厥人、蒙古人、波斯人、阿拉伯人、非洲人以及欧洲人也在不同的时期定居于这一地区并留下数量不等的后裔。[①] 在一些血缘关系上没有完全融为一体的大族群内部就会因此而存在不同的分支。如前文提到的印度斯坦人就被认为是雅利安人和达罗毗荼人这两大古代血缘群体的后裔,而且下面可以再分为数量不等的分支。[②] 再如生活在印度东北部的那加人,其主体无疑是从东亚和东南亚迁徙来的蒙古人种后裔,但学者们普遍赞同他们的文化乃至血缘中也有明显的中亚部落和马来人的成分。[③] 因此从外部体质特征上看,那加人内部的不同亚群体成员的外貌包括身高、肤色、头发等都存在明显差异,这个有400百万人口的族群也因此被划分为西部、中部和东部三个大的群体,下面再细分为若干个各有名称的分支。类似的情况在很多族群中都普遍存在。

二、语言的多元性

许多印度学者喜欢使用族群或语群(Linguistic Group)这样的词来称呼族群及其分支。[④] 许多大的族群成员就是以语言作为其主要的认定标志之一。但是印度的语言种类数量之巨大世所罕见,根据2001年人口普查的数据,印度百万人以上使用的语言就达29种,详见表3—1:

[①] 参看 A. L. 巴沙姆主编,闵光沛等译:《印度文化史》,商务印书馆1999年版,第10页。
[②] 参看孙士海、葛维钧主编:《印度》,社会科学文献出版社2003年版,第34页。
[③] Macfarlane, Alan, "The Nagas, An Introduction", 2009.
[④] 参看 T. K. Oommen, "Conceptualizing Nation and Nationality in South Asia", in S. L. Sharma and T. K. Oommen, ed., Nation and National Identity in South Asia, New Delhi: Orient Longman, 2000, p. 15。

表3—1 印度主要语言使用群体统计

序号	语言名称	使用人数	占全国人口比例（%）
1	印地语（及方言）Hindi	422048942	41.03
2	孟加拉语 Bengali	83369769	8.11
3	泰卢固语 Telugu	74002856	7.19
4	马拉提语 Marathi	71936849	6.99
5	泰米尔语 Tamil	60793814	5.91
6	乌尔都语 Urdu	51536111	5.01
7	古吉拉特语 Gujarati	46091617	4.48
8	坎纳达语 Kannada	37924011	3.69
9	马拉雅兰语 Malayalam	33066392	3.21
10	奥里亚语 Oriya	33066392	3.21
11	旁遮普语 Punjabi	29102477	2.83
12	阿萨姆语 Assamese	13168484	1.28
13	麦提利语 Maithili	12179122	1.18
14	毗利语 Bhili/Bhilodi	9582957	0.93
15	珊塔利语 Santali	6469600	0.63
16	克什米尔语 Kashmiri	5527698	0.54
17	尼泊尔语 Nepali	2871749	0.28
18	贡迪语 Gondi	2713790	0.26
19	信德语 Sindhi	2535485	0.25
20	贡根语 Konkani	2489015	0.24
21	多格尔语 Dogri	2282589	0.22
22	坎德什语 Khandeshi	2075258	0.20
23	库鲁克语 Kurukh	1751489	0.17
24	图鲁语 Tulu	1722768	0.17
25	曼尼普尔/梅泰语 Manipuri/Meitei	1466705	0.14
26	波多语 Bodo	1350478	0.13
27	卡斯语 Khasi	1128575	0.112
28	蒙达语 Mundari	1061352	0.105
29	豪语 Ho	1042724	0.103

资料来源：Census of India, 2001, http://www.censusindia.net。

需要特别指出的是，印度的总人口是在不断增长的，2011年印度人口普查的全国人口总数为1210193422人，较2001年人口普查数1028737436人增加181455986人，十年共增加17.64%。但是印度官方公布的数据只是一个总体概数，不是按照语言、宗教等要素分别统计的具体数据，因此这里还是以2001年的数据为据，后面的相关阐述如果没有特别的说明，也以2001年的数据为据。据相关调查资料，印度登记的各种语言有1652种，[1] 其中千人以上使用的语言就有700种以上，这些种类数量众多的语言把印度人划分为数量众多的群体，就是同属一个族群的人，也常因语言（包括方言）的差异而分衍为各个分支。例如比哈尔语就包括波吉普尔话、马伽迪话和马伊提理话和安吉卡话等四种大的方言，相应使用这些方言的人们也因此被划分为不同的支系，一些只有语言没有文字的语种就更容易出现方言且各种方言之间的沟通也更具难度，因此其分支也就更表现得五花八门。

三、宗教的多元化

如前所述，宗教的差异在族群划分上的实际意义有限，但在族群内部的分支划分时却发挥了重大的作用。许多人口众多的族群中包含了多种宗教的信众，在与其他族群成员比较时，这些信仰不同的人们的共性多于差异性，所以被认定为同一个族群的成员。但是在日常生活中，不同宗教信众之间的精神生活却存在着无法掩饰的不同。有时这种不同还同语言和社会结构等交织在一起，如在印地语流传地区，很多穆斯林坚持使用乌尔都语，这就使得一个族群内部不同宗教信众演化成多个分支。

20世纪90年代印度人民党执政时期，印度教民族主义力量一度抬头并得到发展，这在一定程度上使各宗教、特别是印度两个最大的宗教印度教和伊斯兰教信众之间的矛盾加剧，从而导致各种由"准群体"（Quasi Group）转化为"显群体"（Manifest Group）的进程变得更加不可逆转。[2]

---

[1] *Mother Tongues of India*, Census of India, 1961.

[2] 关于这两种群体的定义和转换，参看贾春增《外国社会学史》（中国人民大学出版社2000年版）中对社会学家达伦多夫的评述。

四、种姓制度的影响

种姓制度所造成的最大社会后果之一就是将印度人分层化、分离化,在民族问题上也不例外。特别是在每个个人的群体认同上,种姓身份认同所起的作用是不能忽视的。在农村(当今印度还有70%左右的人口生活在农村),特别是在传统文化习俗保留得相对完整的人群中,这种作用表现得尤为明显。根据统计,最终由四大种姓衍化而成的亚种姓[在印度的语言中,称为阇提(jati)]的总数量已超过2000个,例如仅在印度东北部,由婆罗门种姓分衍而来的阇提就至少有18个(孟加拉婆罗门Bengali Brahmins、达迪婆罗门Dadhich Brahmins、伽乌尔婆罗门Gaur Brahmins、枸乌达·萨拉斯瓦特婆罗门Gouda Saraswat Brahmins、坎亚库瑜婆罗门Kanyakubja Brahmins、克什米尔潘迪特Kashmiri Pandits、坎德瓦尔婆罗门Khandelwal Brahmins、克达瓦Khedaval、克塔婆罗门Kota Brahmins、库林婆罗门Kulin Brahmins、马伊提里婆罗门Maithili Brahmins、摩雅尔婆罗门Mohyal Brahmins、拉加普尔·萨拉斯瓦特婆罗门Rajapur Saraswat Brahmins、珊纳德亚婆罗门Sanadhya Brahmins、萨拉斯瓦特婆罗门Saraswat Brahmins、萨尔瑜帕倰婆罗门Saryupareen Brahmins、斯利玛里婆罗门Shrimali Brahmins以及乌特卡拉婆罗门Utkala Brahmins)。我们虽不能用这个亚种姓数量去对应族群分支的数量,但却可以由种姓分衍的状况看到印度社会结构的复杂性。事实上,族群分支的复杂性几乎可以与之相比。

上述这些影响因素或者综合发生作用,或者以一个为主发生作用,从而造成印度族群分支众多、层层叠加的局面。

对于每个具体的个人而言,第一层面即国族身份的认同是法律赋予的,只要具有了公民的身份,便有了印度人的身份,不会产生什么歧义。最低一个层次即某一族群分支的身份认同是社会特别是他所处的周围社会环境赋予的,在一般情况下,他与讲同样的语言、信仰同样的宗教、遵循同样的风俗习惯的人生活在一起,彼此间认同,也与其他分支的成员相区别,不大会发生族群分支层面身份认同上的混乱。倒是第二个层面即族群身份的认同要复杂一些,特别是对那些虽在理论上归属于同一族群但却有着不同的宗教信仰、不同的种姓身份甚至使用不同的方言的人群来说,"异"常常比"同"更直观。因此在一般情况下,当他们身处海外或是与外国人交往时，"印度人"就成了他们的共同认同点，不会去计较自己属于哪一个族群或族群支系；而与本国人相处时，印度人更喜欢用自己所属的族群支系的名称来自称，这样做简单明了。

需要补充的是，虽然前述的这种国族、族群、族群支系的结构是一个客观存在，但是对这种结构的认识尚存在一些分歧。这主要是因为"国族"的概念具有鲜明的政治色彩，正如一些中国学者所指出的，国族"代表了一个崭新的文化综合，超越种族的分歧，由国民个人来选择国际和国家的认同"。[①] 印度的国族观是随着独立国家的形成而逐步形成的，但是迄今为止，统一的国族观即学者所定义的"一种统一文化多样性的方式"[②]一直未能真正确立起来。相反在20世纪末，印度教民族主义在某些政治党派的支持下片面强调印度教的正统性和主导性，使得尼赫鲁等印度开国者倡导的世俗性原则受到冲击（关于印度教民族主义的著述非常多，除了多次再版的《印度教主义》一书被当作这一思潮的宣言之外，大卫·鲁登主编的《印度的印度教化》一书也可以帮助人们简明地了解这种社会政治主张），[③] 从某种意义上可以说，印度国族的构建并没有最后完成。而印度政府出于避免国家重新分裂的考虑，对族群的认同认定采取了非常谨慎的态度，极少从官方的角度去讨论族群的问题，更没有像一些国家（如中国）一样通过大规模的社会调查对族群作出明确的界定，而只是对某些特定群体如表列种姓、表列部落等进行公布，这种政策上的模糊性（关于印度政府的民族政策，后面有专章进行分析），也必然导致人们认识上的模糊化。只有经过长期历史演变而自然形成的族群分支才真正得到其成员的认同。这也算得上是一种印度特色吧。

第二节 主要族群及其分布

印度族群的确切数目至今仍无法确定，由于篇幅的限制，本书并不准

[①] 张永红、刘德一："试论族群认同和国族认同"，《广西民族学院学报》2005年第1期。
[②] 参看 Chris Barkar, 罗世宏译：《文化研究——理论与实践》，五南图书出版公司2004年版，第236页。
[③] 参看 V. D. Savarkar, *Hindutva*, New Delhi: Hindi Sahitya Sadan, 2003; David Ludden, ed., *Making India Hindu*, New Delhi: Oxford University Press, 2007。

备将所有的族群都列举出来，更无法将数目更加巨大的族群分支一一列举。在这一节里，我们将对十余个大的族群进行介绍。这些族群都具有人数众多、文化特点鲜明、分布区域面积宽广的特点，而且他们的称谓也都约定俗成，没有歧义，所以我们将这些族群定义为印度的主要族群，与后面列举的规模稍小、发展水平参差不齐的其他族群、少数族群以及部落民区别开来。此节最后列举的是人数最多却最难界定的印度斯坦人。

为了与印度国族（Indian）加以区别，也为了表明族群是处于第二层次的群体，我们在称谓上统一采用"人"而不是"民族"，以此和英文中的 Ethnic Group 和 Nation 这样的区分相对应，尽管这种对应并不很严谨。

一、比哈尔人（Bihari People）

比哈尔人因其发源地和主要聚居地在印度比哈尔邦而得名。比哈尔语（Bihari）是这个族群成员的主要语言，下分几个方言支系：马伽迪话（Magadhi）、波吉普尔话（Bhojpuri）、马伊提里话（Maithili）、安吉卡话（Angika）以及数量众多小的方言。其中马伊提里话是印度最为古老和拥有丰富的文学遗产的语言之一，现在有1279万人讲这一语言。在历史上，比哈尔语曾被错误地认为是印地语的一支方言，现在它已被宪法规定为国家正式官方语言之一。此外，一部分比哈尔人也讲印地语、乌尔都语等其他语言。

从血缘上看，比哈尔人由印度雅利安人、伊朗人和先于他们就生活在这一地区的蒙达人混合而成。在一些古籍记载中，我们可以看到早在雅利安人迁徙进印度次大陆之前，在比哈尔地区就已存在相当发达的古代文明，在众多传说中的古代统治者中，一位别名为马哈巴里（Mahabali）的国王特别有名，他的王后为他生了五个儿子，其中一个是安伽王（King Anga），成为今日比哈尔地区最早的统治者，也被广泛认为是后来比哈尔人的重要祖先之一。在雅利安人进入这一地区后，比哈尔地区被称为摩揭陀（Magadha），这里也是在公元前3世纪兴起的强大的孔雀王朝最重要的发源地之一。在之后的岁月里，佛教、耆那教、伊斯兰教以及西方宗教都把这一地区作为重要的传播地区，也为比哈尔人这个族群添加了不同的血缘成分。在今天，比哈尔人中的大多数人为印度教徒，其中婆罗门、拉其普特、库尔米（Kurmi）、布米哈尔（Bhumihar）、雅达瓦（Yadavas）、班尼雅（Banias）、克伊梨（Koiris）和卡雅斯塔（Kayastha）等种姓群体最具有代表性。① 此外，在比哈尔还有数量众多的穆斯林和基督教信徒，也有佛教、耆那教和其他宗教信众。

比哈尔是一个以农牧业为主的地区，因此生活在这一地区的比哈尔人也以农民为主。

根据统计，全球的比哈尔人总数已超过8200万，其中绝大多数人居住于印度比哈尔邦、西孟加拉邦、马哈拉施特拉邦以及北印度各地，约占印度总人口的8%。除此之外，在巴基斯坦、孟加拉国、毛里求斯、斐济、特里尼达—多巴哥、尼泊尔等南亚国家和印度洋国家也有比哈尔人分布，在英国和美国亦有少数比哈尔人移民。

二、古吉拉特人（Gujarati People）

古吉拉特人的称呼来自其聚居地和语言。古吉拉特邦位于印度西部，是今天古吉拉特人最主要的聚居地，同时这一地区又是古吉拉特人的发源地。公元前2000年，雅利安人从西北部进入南亚次大陆，征服了原先生活于这一地区的毗尔人（Bhils），二者之间逐渐有了血缘上的融合，后又与廓里（Kolis）人融合。按照古吉拉特人自己的传说，他们最早自称为古尔伽尔（Gurjars），从伊朗高原跨越旁遮普地区后，在古吉拉特地区定居下来。根据人类学家的调查，今天的古吉拉特人的祖先是以欧亚大陆的雅利安人为主体形成的，他们与今天生活在西亚的主体民族有着很紧密的联系，这与古吉拉特人的传说基本上一致。古吉拉特语也是在雅利安人原有语言的基础上融合了一些方言后最终定形的。从古代开始，古吉拉特人的足迹就遍布很多地区，甚至次大陆以外地区的人们也对其有所了解，中国古代史书中记载的"瞿折罗"、"胡荼辣"指的就是古吉拉特人。

根据统计，现在的古吉拉特人有5000余万，其中生活在古吉拉特邦的超过4600万，在印度北部和西北部各邦也有分布，其总人口占全印人口的约5%。此外，在南亚、非洲、东南亚等国也有古吉拉特人聚居。欧洲的英国，北美的美国、加拿大也有为数不少的古吉拉特人居住（美国有60

---

① "The People", Wed India 123, http：//wed india123.com/bihar/people/people.htm. 2007 - 02 - 16.

万,有一项调查指出49%的印裔美国人具有古吉拉特血统)。①

大多数古吉拉特人信仰印度教,还有一些人分别是伊斯兰教、耆那教、琐罗西斯德教以及基督教的信众。特别需要指出的是,近代印度历史上的许多名人都是古吉拉特人,圣雄甘地和出生于信德的巴基斯坦建国之父真纳就是这个群体的代表。

今天生活在印度的古吉拉特人从事农业和工商业,印度工商金融业的一些成功人士也出生于这个族群。

三、马拉提人（Marathi People）

马拉提人也被称为马拉塔人或马哈拉施特拉人（Maharashtrians）,他们的祖先是雅利安人,在史诗时代（也称后期吠陀时期）马哈拉施特拉地区被称为丹达卡兰亚斯（Dandakaranyas）,意为"惩罚的森林",印度传说中最伟大的英雄罗摩就曾生活在这里。在雅利安人到达马哈拉施特拉地区之前,这里可能就已有土著居民居住。孔雀王朝兴起后,阿育王将自己的统治区域扩大到马哈拉施特拉地区,到公元前230年左右,这里兴起了一个以普纳为中心的王朝,今天的马拉提人随着这个被称为萨塔瓦哈那（Satavahanas）王朝的兴盛而形成,其血缘关系以印度雅利安人为主体,也融入了达罗毗荼人甚至希腊人的血统。马拉提语也大致形成于这一时期。

中国唐代高僧玄奘在《大唐西域记》中这样描述他所知道的马拉提人:"其形伟大,其性傲逸,有恩必报,有怨必复,人或凌辱,殉命以仇,窘急投分,忘身以济。"马拉提人的这种性格在历史上曾有过多次表现,最有代表性的当属17世纪中叶,当莫卧儿帝国在南亚次大陆快速扩张时,马拉提王公西瓦吉·马哈拉杰（Shivaji Maharaj）率众击败莫卧儿大军,建立了马拉塔王国。在他的继任者手中,马拉塔王国基本上保持了独立,并一度十分强大。在英国殖民主义军队侵占印度的过程中,马拉提人进行了坚决的抵抗,给英军以巨大的打击,这一地区直到19世纪初才最终被征服。在1905—1908年爆发的印度民族革命运动中,位于马拉塔地区的孟买成为中心之一,许多马拉提人成为这场革命的主力,身为马拉提人的提拉

---

① Raymond Brady Williams, *Williams on South Asian Religions and Immigration*, Ashgate Publishing Ltd, 2004, p. 207.

克也成为马拉提革命者乃至全印民族革命运动的杰出代表。

马拉提人的总数约为9000万人，占全印人口总数的9%左右。其中大部分人信仰印度教，多数人将克里希那作为自己崇拜的神明，同时湿婆崇拜也很普遍，历史上发生过的巴克蒂改革在马拉提印度教信众中有很大的影响，在婆罗门种姓、马里（Mali）种姓、昆毗（Kunbi）种姓等大的群体中，巴克蒂圣人们受到广泛的崇拜。

马拉提人中的第二大宗教人群是穆斯林，绝大多数属于苏菲派，很多古老的传统习俗一直保留至今，对苏菲派先知陵墓的朝拜是马拉提穆斯林最重要的宗教活动之一。

在马拉提人聚居的马哈拉施特拉地区，信仰基督教的人口占全体人口的2%左右。另外还有少部分佛教、耆那教信众生活在这一地区。

在马拉提人中，种姓制度保留得比较完整。马拉提婆罗门分为六个较大的亚种姓——萨拉斯瓦特（Saraswat）、德沙斯塔（Deshastha）、契特帕万（Chitpavan）、德吠鲁克（Devrukhe）、卡阿德（Karhade）和达伊瓦登亚（Daivadnya），占总人口的4%左右，其虽然人数不多，但在马拉提的历史文化发展历史中曾作出巨大的贡献，许多马拉提的文学、艺术名人都出自这些种姓群体。

据记载，属于刹帝利种姓的马拉提亚种姓也有很多，其中库林（Kulin）种姓王公曾在历史上建立起兴盛的马拉提人国家。

不过在马拉提人中数量最多、影响最大的当属第三种姓——吠舍，其中从事农业的亚种姓昆毗最有代表性，他们不仅承担了主要的经济活动，而且在政治生活中也十分活跃。据考证，马拉提民族英雄希瓦杰就出生于昆毗马拉提种姓，另外一种广为人们所接受的说法则坚持认为希瓦杰出身于刹帝利种姓。

马拉提人中的另一个人数众多的群体属于表列种姓，在今天被泛称为达利特（Dalits），这其实并不是一个统一的种姓群体，下面可以再分为许多亚群体，各个群体也有特指的名称，主要有玛哈尔（Mahar）、恰巴尔（Chambhar）和芒（Mang）等，他们从事其他种姓不愿做的工作，社会地位十分低下。这些处于社会底层的人们曾多次为改变自己的命运而进行抗争，其中造成很大社会影响的事件就是，1956年在"印度宪法之父"安倍德卡尔（Ambedkar. B. R.）的带领下，马哈拉施特拉邦50万表列种姓民众集体皈依佛教，以抗议印度教传统社会对表列种姓的歧视。

几乎所有的马拉提人（包括信仰印度教之外其他宗教的群体）都以马拉提语（Marathi）作为自己的语言，这是印欧语系的一个南印度语支，马拉提书面语言以天城体字母为基础。

马拉提人主要分布在马哈拉施特拉邦，但在周边的卡尔那塔克邦、安得拉邦、古吉拉特邦、果阿等地区也都有分布。

在毛里求斯，马拉提人的移民后裔占了相当的人口比例，19世纪30年代大量来自南印度的移民在毛里求斯的甘蔗种植园工作，其中就包括数量众多的马拉提人，这些人以及后裔定居于此，只与故乡保持着文化上的联系。

在英国也有马拉提人移民，在伦敦甚至有马拉提人的集中聚居区。另外在美国、澳大利亚也有一定数量的马拉提人。1948年以色列建国后，原先生活在印度的部分信仰犹太教的马拉提人也迁移过去并获得了以色列国籍。

四、泰米尔人（Tamil People）

泰米尔人主要生活在印度东南部的泰米尔纳都地区，泰米尔纳都（Tamil Nadu）意为"泰米尔人的土地"。泰米尔人同时也是斯里兰卡最大的少数族群，是一个讲泰米尔语的族群。

泰米尔人是南印度最古老的族群群体之一，学者们一般认为他们是达罗毗荼人的一支，后也融入了部分雅利安人的血缘关系。从外表上看，泰米尔人与北印度的族群成员存在一些明显的差异，例如身材相对矮小、肤色较黑、鼻子扁平等。现在可以考证的泰米尔人的历史至少可追溯到公元前数千年，在泰米尔纳都的一些考古发现揭示出早在公元前1500年，"这一地区就已经存在与今日泰米尔文化有直接联系的文化遗存。在公元前3世纪，泰米尔人建立起本地王朝，其中比较有代表性的有哲罗（Chera）、注辇（Chola）、潘地亚（Pandhyas）王朝等"。[1] 这一时期的泰米尔文化也十分兴盛，特别是农业和航海业达到了很高的水平。到了公元14世纪，泰米尔地区成为南印度的强大帝国维查耶纳加尔王朝的统治地区。稍晚一些时期，中国明朝郑和下西洋的船队曾到过这一地区。英属印度时期，泰米

---

[1] K. A. N. Sastri, *A History of South India*, pp. 49–51.

尔属于马德拉斯省管辖，与印度其他地区的政治文化联系更加密切。印度独立后，泰米尔纳都成为共和国的一个邦，泰米尔人也成为印度民族群体中的一个重要成员。

与印度其他地区特别是北印度的各族群相比，泰米尔人的文化具有鲜明的地区特色。首先，泰米尔语属于达罗毗荼语系，与北印度的印度—雅利安语系分属不同语系，就是与其他南印度语言相比，泰米尔语也较少受梵语的影响，是很古老的南印度语言，其文字也至少有2000多年的历史。除泰米尔语之外，这一地区还存在大量的地区方言，其中一些方言中保留了古泰米尔语的成分。其次，泰米尔建筑和艺术具有浓郁的南印度风格，特别是坦焦尔绘画和寺庙建筑、青铜雕塑以及地方性音乐舞蹈在印度传统文化中独树一帜，颇具代表性。

泰米尔人中有88%的人口信仰印度教，是印度教传统保留得比较完整的中心地区之一，巴克蒂派的影响很大，大多数泰米尔印度教徒崇拜湿婆神之子穆鲁甘（Murugan），此外古代的母亲神阿姆曼（Amman）崇拜也十分普遍。在很多泰米尔人居住的村寨还有自己的保护神受到供奉，有些保护神并没有具体的形象，只是根据传说在古战场遗址上竖起一块石头来代表，人们就对着这块石头膜拜。与很多其他地区的印度教徒相比，泰米尔人印度教徒严守戒律是出了名的，很多出生于高种姓的信徒是严格的素食主义者，一些印度教的传统节日和宗教庆典仪式也在这里得到很好的保留。

泰米尔人中的第二大宗教信众群体是穆斯林，占这一地区总人口的6%。根据记载，随着12世纪苏丹赛义德·伊布拉希姆·萨希德到达南印度，伊斯兰教在泰米尔人中很快得到传播并一直延续至今。今天，他们中的大多数人讲泰米尔语，但有不到40%的泰米尔穆斯林仍然在使用乌尔都语。[①] 泰米尔穆斯林多数为逊尼派或苏菲派。

第三大宗教信众群体是基督教徒，约占总人口的5.5%，其中绝大多数信仰罗马天主教。传说基督教随着西方殖民者东来而进入泰米尔地区，首位传教士是圣·托马斯（St. Thomas）。此外，还有少部分泰米尔人信仰耆那教。

---

① Danesh Jain, "Sociolinguistics of Indo-Aryan langnages", in George Cardona, Danesh Jain, *The Indo-Aryan Languages*, London: Routledge, 2003, p. 57.

今日全球泰米尔人总人数约为 6000 万,其中约 80% 生活在印度的泰米尔纳都邦,此外在卡尔那塔克邦、马哈拉施特拉邦、安得拉邦、喀拉拉邦等地区也有分布。生活在斯里兰卡的泰米尔人总数约为 380 万人,东南亚以及印度洋周边一些国家和地区也有泰米尔人分布。

五、泰卢固人(Telugu People)

泰卢固人也是南印度人数最为众多的主要族群之一。从血缘关系上看,其主要属于达罗毗荼人种,在历史的演进过程中也融入了雅利安人乃至蒙古人的血缘因子。中国唐代高僧玄奘用这样的语言描述他所见到的泰卢固人,"人貌黧黑,性猛烈,好学艺"。与许多印度族群因聚居地名称而得名的情况不太一样,今天的泰卢固人主要居住于安得拉邦,虽然也有人将他们的祖先称为安得拉人,但"安得拉"并没有成为这一族群今天的正式称谓。泰卢固人得名于其语言泰卢固语,这是一种受梵语影响很大的、属于达罗毗荼语系的南印度语言,其中包含大量从古代梵语吸收而来的词汇,其字母也由天城体演化而成。泰卢固语是今日印度第三大语言,就人数而言,讲这一语言的人群数量仅次于印地语和孟加拉语人群。此外,泰卢固语还成为刚刚独立后印度按语言划邦运动的起源,正是由于讲这一语言的人士不惜牺牲生命不懈奋争,要求泰卢固语具有正式的官方语言的地位,现今印度行政版图的划定才最终确认。

泰卢固人的历史十分久远,早在公元初年就有文献记载了他们的情况,当时他们被称为瓦杜固(Vadugu)、瓦达固(Vadagu)或瓦杜迦尔(Vadugar)等,意为"北方人"。据研究,泰卢固人的祖先曾经历过长达几个世纪的游牧生活,居无定所,有人据此推断这些部落可能属于雅利安人。大约在公元前 700 年,一些泰卢固人先民部落在亚穆纳河边定居并建立起萨尔瓦王国(Salva Kingdom)。后来他们翻过文迪亚山脉到达印度东南部并与当地居民混合,今日的海德拉巴德就是当时的中心聚居区之一。从公元前 3 世纪起,泰卢固人建立起延续 500 余年的安度罗王国,这一王国在梵文史诗中被多次描述过,其名称源于一个叫作安得拉的雅利安部落。之后这一地区又出现过多个王朝,其中最为著名的就是阿育王时期的羯陵伽王国(Kalingas,位于今天的安得拉邦北部和奥里萨邦的一部分地区)。

在反对英国殖民扩张的过程中，泰卢固人曾参加过由当地王公领导的武装斗争，在马拉塔战争和迈索尔战争中都起到过举足轻重的作用，但是后来未能避免遭受殖民统治的命运，直到1947年才与全体印度人民一道最终获得独立，之后建立了泰卢固人聚居的安得拉邦。

据2001年全印人口普查数据显示，全印泰卢固人口为7500万，主要居住于安得拉邦，同时周边各邦有分布，东南亚的马来西亚和北美地区也有泰卢固人居住。

历史上许多泰卢固人信仰佛教和耆那教，今天大多数泰卢固人是印度教徒，另外也有部分人信仰伊斯兰教和基督教。其主要经济活动为农业和渔业。

六、旁遮普人（Punjabi People）［锡克人（Sikhs）］

旁遮普人因居住于旁遮普地区讲旁遮普语而得名，是今日印度北部和西北部重要的跨境民族之一。据统计，2005年旁遮普人总数约为8000万，是南亚第三大语言族群，排名世界第11位。其中有约2910万人居住于印度，[①] 约占印度总人口的3%，主要分布于印度旁遮普邦、哈里亚纳邦以及周边地区。

今日旁遮普地区曾是印度河流域文明的核心地区的一部分，后来雅利安人、波斯人、希腊人（马其顿人）以及来自中亚、阿拉伯地区和阿富汗的许多民族都到过这一地区并建立了自己的统治。不过从血缘上看，今日的旁遮普人应属于印度—雅利安人的后裔，他们在进入这一地区的过程中与塞种人、希腊人和蒙古人等产生过血缘融合，与大多数印度其他族群不同的是，旁遮普人肤色比较白皙、身材高大。

由于这一地区是多种族、多文化的交汇地，因此印度教、佛教、琐罗亚斯德教等都对生活在这里的人们产生过一定的影响。公元8世纪末，由穆罕默德·本·卡希姆（Muhammad Bin Qasim）率领的阿拉伯军队进入这一地区，伊斯兰教逐渐成为这一地区的主要宗教，大量的旁遮普人皈依了伊斯兰教。在莫卧儿帝国时期，伊斯兰教依然保持着优势地位。

15世纪初，一个新的宗教——锡克教在旁遮普地区诞生，经过艰难的

---

① Census of india, 2001, http://www.censusindia.net.

发展建立起锡克教王朝，与莫卧儿王朝分庭抗礼。在英国殖民主义扩张时期，锡克教徒进行了英勇的抗争，在爆发于1857年的印度民族大起义中，锡克人和旁遮普穆斯林都积极参与其中。

1947年的印巴分治导致旁遮普人被分开，信仰伊斯兰教的旁遮普人被划归巴基斯坦，成为今日巴基斯坦的主体民族之一（占巴总人口的60%左右），而信仰锡克教和印度教的旁遮普人则划归印度，成为印度的一个族群。

在印度的旁遮普人又可被分为两个宗教群体，即锡克教群体和印度教群体。锡克教旁遮普人是一个非常特殊的族群，这是今日印度唯一一个严格以宗教为标准划定的族群，有的中国学者就直接称他们为锡克人或锡克族，[1] 其人口占印度人口总数的1.8%左右。据印度2001年人口普查统计，印度境内的锡克教人口为1921万人。[2] 事实上，将信仰锡克教的人群称为锡克人这一说法有一定道理，因为按照印度宪法的规定，宗教也是正式划分少数族群的一个标准。

与印度教和伊斯兰教相比，锡克教信众占少数，而且在文化、民众心理上都有一些独特之处。锡克一词来源于印度梵语，意为"信徒学生"，其创始人是那纳克（Nanak），宗教首领称为古鲁（Guru，意为导师）。锡克教徒被定义为"那些信仰一神、古鲁，尊奉古鲁的教诲和遗训并不与其他宗教合流的人"。他们所信奉的唯一神明是埃克—昂卡尔（Ik Onkar），锡克教的信条是真理、平等、自由、正义和法（戒律，Karma）。锡克教徒有着非常鲜明的外部标志，即男子包头、留须留发、佩短剑、戴铁环、着短装。男子都叫辛格，女子都叫考尔（Kaur）。这一切都与其他宗教群体形成鲜明的对比，一个锡克人在人群中很容易被识别出来。锡克人在艰苦的历程中形成了吃苦耐劳、尚武的性格，有很多人参军从警，也有一些人到国外从事各种职业。

印度旁遮普人的另一个重要群体是印度教徒，约占印度总人口的1%。此外也有一些印度旁遮普人信仰伊斯兰教、基督教、耆那教和佛教。

在印度旁遮普人中，贾特种姓（Jatt）是最大的亚种姓群体，占全部人口的20%左右，主要从事农业生产，另外两个大的亚种姓是钱马尔

---

[1] 见陈峰君主编：《印度社会述论》，中国社会科学出版社1991年版，第189—190页。
[2] Census of India, http://www.censusindia.gov.in, 或见 http://www.censusindia.net。

(Chamars，占人口总数的 12%）和楚拉（Churas，占人口总数的 10%）。另外一些亚种姓如阿若拉（Arora）、班尼亚（Bania）等则世代经商。

除了聚居于南亚地区，旁遮普人还广泛分布于欧、亚、北美各地，在加拿大，旁遮普语是仅次于英、法、汉语的第四大语言。

七、拉贾斯坦人（Rajasthani People）

与其他大多数印度族群一样，拉贾斯坦人因其语言（拉贾斯坦语）和聚居地（拉贾斯坦邦）而得名。

拉贾斯坦人属于印度—雅利安人的后裔，一般认为，尽管今天拉贾斯坦邦所处地区曾是印度河流域文明覆盖的地区，但拉贾斯坦人似乎与这一古老文明的创造者没有直接的血缘联系，公元前建立起来的西克沙特拉帕斯（Western Kshatrapas）王国被看作拉贾斯坦族群形成的主要标志，这一王国当时统治的地区包括今天印度的古吉拉特邦、马哈拉施特拉邦、拉贾斯坦邦和信德南部地区，后来拉贾斯坦人活动的区域逐渐扩大，最后形成今日的分布格局。

拉贾斯坦语是这一族群最重要的维系纽带，这一语言是印欧语系北印度语族中的一支，和印地语等其他北印度语有一些共同之处，其文字用天成字母来拼写。

在历史上，拉贾斯坦人又有"马尔瓦里"（Marwari）之称，意为"骑着马跋涉"，这从某种程度上表明其游牧民族的渊源。虽然今天大多数拉贾斯坦人已以农业为主业，但是仍有一些群体以游猎为生，如生活在这里的梵·保瑞雅（Van Baoria）种姓群体就没有定居下来，[1] 依然保留着许多游牧生活的习俗。

在谈论拉贾斯坦人时，有一个称呼常常被混淆在一起——拉其普特（Raiput）。确实，在拉贾斯坦人中有一部分人属于拉其普特，但二者的概念并不一样，前者指的是一个族群，而后者更多的时候是专指一个种姓，大多数拉贾斯坦人与拉其普特就不沾边。在印度语言中，拉其普特一词的

---

[1] K. S. Singh, B. K. Lavanta, D. K. Sanmanta, S. K. Manda, *People of India, Raiasthan*, New Delhi: Anthropological Survey of India, 1998, p. 19.

意思是"国王之子",① 一般专指"王族",是刹帝利种姓的一个分支。拉其普特在印度历史上曾产生过一定影响,这一种姓在印度西北部建立起王国并以善战而著称,被誉为"印度最优秀的武士"。同时,拉其普特也因自己的艺术创造而在印度文化中独树一帜。不过常年的征战也使这一种姓受到很大损伤,加之大多数拉其普特人都为自己的血统而自豪,很少与其他种姓通婚,最终其只成为一个人数有限的亚种姓。

除了拉其普特外,拉贾斯坦人中还有许多其他的亚种姓群体,其中比较大的有属于婆罗门的施里玛利种姓(Shrimalis)、普施卡纳种姓(Pushkarnas)等。古尔贾尔(Gurjars)则属于刹帝利种姓,在历史上被称为王或"保护者"的贾特(Jat 或 Jatt)种姓的历史十分古老,② 现在主要从事农业、手工业和商业。

大多数拉贾斯坦人信仰印度教,属于毗湿奴派,女神杜尔迦和她的化身在这一地区的人们中间也受到广泛的崇拜。与印度的其他地区相比,古代吠陀文化的一些传统与对太阳的崇拜较多地保留下来。在拉贾斯坦人中的第二大宗教是伊斯兰教,属于逊尼派,梅欧(Meo)、弥拉西(Mirasi)、曼迦尼亚(Manganiar)等是主要的穆斯林种姓集团,与此同时,在这些群体成员中还保留着一些当地居民的风俗习惯。耆那教、基督教、佛教以及一些原始宗教在拉贾斯坦人中都拥有一定数量的信众。

拉贾斯坦人口数量在 5600 万人,主要分布在拉贾斯坦邦及周边地区。

八、奥里亚人(Oriya People)

奥里亚人又称奥里萨人,之所以有两种称呼,一方面是因为他们的语言是奥里亚语,这一种语言属于与孟加拉语、阿萨姆语十分接近的印—欧语系中的东印度语支,其文字采用天成体字母,也与孟加拉文很相似;另一方面,这一族群主要聚居于今天印度的奥里萨邦,地名也常常反映在对族群的称呼中。

奥里亚人的历史至少可追溯到公元前 6 世纪,作为印度雅利安人的后裔,这一族群在历史上曾有过多种称呼,如奥迪亚(Odiya)、奥德罗

---

① Stanley Wolpert, ed., *Encyclopedia of India*, Farmington: Thomson 2006, Vol. 3, p. 380.
② R. C. Majumdar, *Ancient India*, New Delhi: Motilal Banarsidass Publication, 1994, p. 263.

(Odra)、乌特卡里亚（Utkaliya）等。不过由于奥里萨地区最早的居民是达罗毗荼人，所以两者在血缘上也有了一些融合。早在古典梵文文献中就已经有了关于这一族群的记载。有学者认为，印度历史上一度十分强大的羯陵伽王国就是由奥里亚人的先民创建的，奥里亚先民的一个称呼就是羯陵麕（Kalingi），在这之前还建立过"奥德罗人的国家"，后被孔雀王朝所征服。约在11世纪末，这一地区兴起一个印度教王国，直到16世纪莫卧儿帝国才最终把统治范围覆盖到这里。在经历了百年英国殖民主义直接统治之后，奥里萨成为独立后印度的一个邦。

在历史上，奥里亚人的先民崇拜太阳神，这一地区至今还存在一些印度最古老的太阳神庙宇。今日的奥里亚人多为印度教徒，属于毗湿奴派，湿婆神、母亲女神、太阳神以及印度教的其他神明也受到祭祀崇拜。此外，基督教和一些部落原始信仰也有传播。

奥里亚人多从事农业生产，稻谷种植是传统的生产行业，也有部分生活在海边的种姓集团从事农业活动，同时手工业比较发达。

在一些人眼中，奥里亚人的社会分层似乎不那么明显，因为不少出生婆罗门种姓的人也从事较低种姓的职业。其实这种看法不完全准确，由于在奥里萨农业是最重要的生产行业，所以包括婆罗门等很多种姓群体都是农民，这在其他地区也很常见。但是婆罗门种姓成员绝对不能从事某些被认为"不洁"工作的种姓规范，在这里也被严格遵守。更为重要的是，奥里亚人中的婆罗门（如乌特伽尔等）享有受人尊敬的地位，印度教宗教人士也由婆罗门担当。婆罗门仍是社会中等级最高的群体。

奥里亚人总人口为2720万人，除了主要聚居于奥里萨邦之外，还有部分居住在相邻的安得拉等各邦。

九、马拉雅拉姆人（Malayalam People）

马拉雅拉姆人是南部印度的主要族群之一，与泰卢固人一样，马拉雅拉姆这一称呼并非来自地名，这一族群主要聚居于喀拉拉邦，他们所谓的语言是属于达罗毗荼语族的南印度语言，与泰米尔语同源，其文字体也与北部印度文字有明显的差异，但受到梵文很大的影响，今天使用的马拉雅拉姆文中有80%的词汇直接或间接来自梵文。① 马拉雅拉姆语是印度宪法列举的22种官方语言之一，这一族群也因语言而得名。

马拉雅拉姆人最早生活在今日印度泰米尔纳都邦和喀拉拉邦，其祖先为达罗毗荼人，雅利安人到达这一地区后，与之发生了血缘上的融合，从而形成这一族群。根据考古发掘，早在公元前3000年时，这一地区就已经建立了海上贸易商站，与两河流域南部地区的一些城邦开展商业往来。公元前3世纪，阿育王征服了这一地区并立碑以铭，也成为对这一地区最早的文字描述依据。公元前1世纪，马拉雅拉姆人的祖先建立起克拉王朝（Chera Dynasty），并与希腊、罗马和阿拉伯商人开展贸易，这个王朝的疆域包括今天印度泰米尔纳都邦在内的南印度广大地区（也有很多学者认为克拉王朝是由泰米尔人先民建立的，因为这时马拉雅拉姆语尚未形成，古泰米尔语是这个王朝使用的语言，后来才分衍出现泰米尔语和马拉雅拉姆语）。后来这里又先后建立了一些小的王朝。从15世纪开始，葡萄牙、荷兰以及英国殖民者先后到达这一地区，在抵抗英国殖民主义扩张的过程中，马拉雅拉姆人居住的地区成为反英战争的重要战场，直到1795年才最终被划入马德拉斯省的辖区。到了1947年，喀拉拉与全印度其他地区一起获得独立。1956年按照语言划邦的原则，喀拉拉成为马拉雅拉姆人的家园。

马拉雅拉姆人总数为3575万人左右，其中有3306万人居住在印度，3080万人住在喀拉拉邦，占全邦总人口的96.7%，泰米尔等喀拉拉周边地区也有分布。移居海外的马拉雅拉姆人超过180万，主要分布在中东各国，另外在美国、英国和加拿大也有分布。

相比于其他族群，马拉雅拉姆人宗教信仰的状况更具多样性，由于该地区很早就与其他国家和地区开展经济和人员交往，近代又成为西方国家最早涉足的地区，因此除了大多数人信仰印度教以外，这里也是伊斯兰教、犹太教、基督教最早传入的地区，至今仍有很多上述宗教的信众。

十、阿萨姆人（Assamese People）

在当今印度十余个人口超过千万的较大族群中，对阿萨姆人的界定是

---

① *Malayalam Literary Survey*, Vol. 15, Kerala Sahitya Arradani, 1993, p. 76.

比较困难的。虽然适用于其他族群认同的一般标准也可以作为今日阿萨姆人划分的标准，但是有一个特别的情况使得印度其他地区的族群划分标准难以不变地照搬到这里。与其他地区不同，直到20世纪70年代初，现今印度东北部的行政区划才基本定型，在这之前印度东北地区的六个邦（不包括被印度非法强占的中国藏南地区）中的大部分地区同属阿萨姆（省）。也就是说，20世纪70年代之前的阿萨姆与今日的阿萨姆在区域覆盖上有很大不同——从面积上看，原先的阿萨姆省为17万多平方公里，而1972年之后，阿萨姆邦的面积仅剩7800多平方公里，为之前的约46%。因此，如果以聚居地区来划分族群的话，印度东北部各个族群的正式划定时间就只能从30多年前算起；如果从语言划分标准看，今天生活在阿萨姆邦的居民中不仅有人讲阿萨姆语，而且还有一部分人以孟加拉语为自己的语言。而如果把时间前推到20世纪70年代以前，这一地区的语言种类就更多了。

2000年4月10日，在阿萨姆有关委员会公布的一份文献中称："所有在1951年登记为阿萨姆公民以及他们的后裔者皆可被认定为阿萨姆人。"[1] 但是这一界定显然不符合实际，因为今日生活在阿萨姆邦以外的居民（如那加人、曼尼普尔人、米佐人、梅加拉亚人、特里普拉人等）虽然历史上曾同属阿萨姆省管辖，1951年也都被登记为公民，但在文件公布之时的2000年，他们无论如何也不能被归为同一个族群。为使阿萨姆人具有"宪法的、立法的和文化的"认定和保护，阿萨姆邦政府在2007年3月组成了一个专门委员会对族群划分等问题进行研究。[2] 今天，印度政府使用"生活在阿萨姆地区的讲阿萨姆语的印—欧族群"来定义阿萨姆群体。

尽管存在上述争论，但作为一个在1994年就已拥有2400万人口的族群，阿萨姆人的历史文化和社会发展状况还是可以大致勾勒出来的。

从血缘关系上考察，今日阿萨姆人具有蒙古人、达罗毗荼人和雅利安人的混合特征。虽然很多阿萨姆人自称阿霍姆人（Ahom），但是阿霍姆语言中也包含着印欧语言的要素，印度大史诗《摩诃婆罗多》中将这一地区称为普拉笈瑜沙（Pragjyosha），在一些印度文献中也记载着在公元1世纪这里兴起过迦摩缕婆国（Kamarupa），以后又有一些地区性王朝相继兴起，这距离来自东亚的阿霍姆人进入这一地区并建立阿霍姆王国（始于1228

---

[1] "AASU flays Barman, Prafulla Mahanta", *The Assam Tribune*, April 1, 2007.
[2] "Move to Define Assamese People", *The Assam Tribune*, March 31, 2007.

年）要早上数百年。可见，今日阿霍姆人的祖先绝不仅仅是来自缅甸的阿霍姆人。

不可否认，阿霍姆人是今日阿萨姆人的诸先民中的最重要的一支，因为从外貌上看，阿萨姆人（也包括其他一些印度东北部的族群）具有较为明显的蒙古人种特征，皮肤呈黄色，身材不高，头发黑直，鼻梁较为扁平但鼻翼又不像达罗毗荼人那样宽。从语言上看，阿萨姆语属于印欧语系印度语族，与孟加拉语相似，其文字也采用天城体字母。但受藏缅语的影响也很明显。

与印度的许多地区相比，阿萨姆人中的种姓间差异不十分明显，这是因为绝大多数阿萨姆人从事同样的农业和畜牧业生产，各群体的经济状况比较相似。印度教是他们的第一大宗教，属湿婆派，占总人口的65%左右，女神杜尔迦、湿婆和克里希那神受到崇拜。另外，也有一些人信仰伊斯兰教（30%）、基督教（3.7%）和传统原始宗教。

除了阿萨姆邦外，周边一些地区也有这一族群的人员分布。

十一、孟加拉人（Bengali people）

孟加拉人是印度最古老的族群之一，是南亚最古老的族群之一，同时也是南亚地区人口最多的一个族群。

包括印度西孟加拉邦和孟加拉国在内的南亚孟加拉地区是次大陆最早有人居住的地区，距今4000多年以前生活在这里的达罗毗荼人是孟加拉人重要的祖先之一。有学者认为孟加拉一词可能来自一支讲达罗毗荼语的部落的名称，[1] 也有学者认为孟加拉这一称谓来自古代王国的名称，孟加拉这一称呼最早出现在古代梵文经典中。[2] 许多人类学家认为，今日孟加拉人的主要血缘关系还可以追溯到雅利安人迁入南亚次大陆的某些部落，因此也可以将他们看作印欧人种的后裔，同时与达罗毗荼人、蒙古人等有了血缘上的融合。孟加拉人肤色较深，身材中等，面部具有明显的雅利安的

---

[1] James Heitzman, Robert L. Worden, ed., "Early History, 1000 B.C.—1202 A.D.", http//memory.log.gov/frd/cs/bdtoc.html.

[2] "Bengal", in Stanley Wolpert, ed., Encyclopedia of India, Farmington: Homson Gale, 2006, Vol. 1, p. 130.

特征，唐玄奘在其《大唐西域记》中是这样描述他们的："人性刚烈，形卑色黑，好学勤励，邪正兼信。"

根据印度古籍记载，公元前 1000 年雅利安人就建立起了古代国家，其中最有名的是鸯伽（Anga），以及后来十分强大的摩揭陀（Magadha）等。佛教兴起后，孟加拉地区成为这一文化的重要传播地区，同时也是孔雀王朝最为富饶的地区。在中古时期，孟加拉地区先后出现了许多印度教王国；从 12 世纪起，伊斯兰教进入这一地区，许多居民因而成为穆斯林。这种印度教与伊斯兰教并存共处的局面在莫卧儿王朝时期一直延续下来。1757 年是孟加拉历史发展中一个重要的转折点，英国东印度公司的军队在普拉西战役中打败了孟加拉王公的武装，开始了在南亚的直接殖民扩张和统治的进程，加尔各答成为英印统治的中心。也就是从这一时期开始，生活在孟加拉的一批杰出人士也担当起唤醒全印度人民的民族意识，摆脱英殖民统治的责任。罗姆·莫汉·罗易、拉宾德拉纳特·泰戈尔、钱德拉·鲍斯等就是这个群体的优秀代表，他们也成为孟加拉人以及全体印度人心目中的民族英雄。1947 年印巴分治时，孟加拉被一分为二，划归印度的成为西孟加拉邦，而另一部分则成为巴基斯坦的东部（东巴）。1972 年东巴独立，建起孟加拉国，但是在民族构成上这两个地区的主体居民同属一个族群，孟加拉人也和旁遮普人一样，成为印度最重要的跨境族群之一。

因宗教在孟加拉地区分割中起到了关键作用，与印巴分治一致，孟加拉人中的印度教徒绝大多数居住于印度的西孟加拉邦，而穆斯林则大多居住在孟加拉国，但杂居的情况依然存在。在印度孟加拉人中，印度教徒占到 70%，是绝对的多数。伊斯兰教信众占总人口的 23%，同时还有部分耆那教信徒和基督教徒。孟加拉印度教徒对杜尔迦女神的崇拜十分盛行，每年都要举行特别的仪式进行祭祀。在印度教徒中，种姓制度的社会体系和行为传统保留至今。

与其他的族群相比，孟加拉人对印度历史文化作出的突出贡献主要表现在两个方面。一是政治上涌现出一个争取印度独立的领导人群体，特别是罗姆·莫汉·罗易和钱德拉·鲍斯。生于 1772 年的罗易被盛赞为"近代印度民族精神之父"，他在主张印度传统宗教改革、推广社会进步、树立民众的"自由"思想和争取民族自决权等方面都有大量的论述，并且创立了梵社，使之成为传播民族思想、培养社会改革人才的重要组织，其影响十分深远。鲍斯是国大党争取印度独立的激进派代表，他出任过国大党全国委员会主席，但并不完全赞同党内主流派奉行的非暴力不合作政策。在第二次世界大战中，他在东南亚的印度战俘中招募组织了一支武装力量，这支"印度国民军"与驻印英军在英帕尔进行了小规模的战斗。虽然战后英印当局试图以"叛国罪"对鲍斯进行审判，但是全印人民却一致将他看作民族英雄，他领导的武装斗争也被看作激励全印人民反对殖民统治和争取民族独立斗争的壮举。

孟加拉人对印度的另一个贡献是文学，作为一种古老的文字，孟加拉文学在历史上曾产生过很多有影响的作品，特别是在英印时期，孟加拉成为印度本土文学的中心之一，孟加拉文学也成为印度文学的一个代表。而在众多的孟加拉文学家中，拉宾德拉纳特·泰戈尔更是最杰出的代表，他用孟加拉语创作了大量诗歌和小说，而一部优美抒情的《吉檀迦利》使他荣膺1913年诺贝尔文学奖，这也是印度文学作品所荣获的世界最高的奖项。此外，孟加拉人中还涌现出其他许多杰出的学者和艺术家，包括诺贝尔经济学奖获得者阿玛蒂亚·森等。

现在南亚孟加拉人总数已超过两亿，其中在印度境内也超过8000万，主要居住于西孟加拉邦，其周边地区和首都新德里也有部分分布。孟加拉人在农村主要从事种植业，居住于海边的以打渔为生。城市中的孟加拉人务工经商的都有，也有部分从事教育和艺术活动。

十二、印度斯坦人（Hindustani People）——一个正在整合中的族群

在一些中文出版物中，印度斯坦人（族）被描述为第一大族群，例如《列国志·印度》一书中就写道"印度斯坦族人口约为3亿，占印度人口总数的30%，系印度人数最多的民族"。该书同时又写道："他们大体可以分为雅利安人和达罗毗荼人两大类……印度斯坦族是一个总的称谓。上述各色人等的存在，保留了远古部落生活的信息，说明印度斯坦民族的融合还没有达到高度统一的程度。"① 应该说，这些文字反映的是一个真实的情况，即占全印人口近1/3的人口尚无法完全运用其他族群通用的标准进行准确的划分和界定。

正如本节一开始就指出的那样，印度的族群划分有几个标准——语

---

① 孙士海、葛维钧主编：《印度》，社会科学文献出版社2003年版，第34、35页。

言、血缘、宗教和主要聚居地区等,特别是语言、宗教和聚居地往往直接与这一族群的名称和内部认同相联系。但是如果我们考察一下印度人口最多的北方邦、首都德里以及中央邦和哈里亚纳邦等地,就会发现这样一种现象:如果以语言论,这些地区并无印地族(这里的绝大多数人都讲印地语);以地区论,也没有相应的北方人、中央人、哈里亚纳人等;以宗教论,就更难以给他们起名,因为这里的人们虽然大多数信仰印度教,但也有很多人信仰伊斯兰教、耆那教、基督教、佛教等;就是以血缘关系论,雅利安人后裔、达罗毗荼人后裔以及雅利安—达罗毗荼混血后裔都有存在。这种混合、多样乃至杂乱的现象着实令人难以下结论。

从印度斯坦(Hindustan)这一称谓上看,其含义也不尽统一。根据研究,印度斯坦在古代是一个地名名称,波斯人在进入印度河流域地区之后,根据梵文 Sindhu 或 Sindu 的发音,将这一地区称为 Hindhu,后转化为 Hindu,这其实与希腊语中的 Indus 以及印度人自称的 Bharata-Varsha 具有同样的或相似的含义,都源自印度河。到了中世纪,印度斯坦 Hindustan 或 Hindusthan 被周围地区的人们广泛用来作为对印度次大陆的称谓。不过在一些严谨的学者眼中,印度斯坦不应包括整个印度次大陆,而只能专指今日巴基斯坦一部分和印度文迪亚山脉以北的广大地区,亦即喜马拉雅山脉与文迪亚山脉之间的地区。[①] 尼赫鲁在其《印度的发现》一书中有一段长长的关于这一称谓的文字,"正确的形容词'印度的'(Indian)应该是'Hindi',这是从印度斯坦的缩写字'Hind'演变而来的。'Hind'还常用来代替印度。……'Hind'与宗教无关,一个伊斯兰教徒或一个基督教徒的印度人与一个信仰印度教的印度人一样的都是'Hind'。美国人将所有的印度人都称为'Hind'并不太错,如果他们用'Hind'这词就完全正确了。……今天'Hindustani'这词用来代替'印度的'(Indian)之用,它当然是从'Hindustan'演变而来的。但是这个词一口气说出来未免太长,而且它没有像'Hind'所包含的那些历史的和文化的联系。若把古代印度文化的时代指为'Hindustani'时代,那就必然会显得奇怪了"。[②] 尼赫鲁的观点很明确,Hindustani 一词是从印度斯坦这一地名称谓延伸而来的,

---

[①] http://wikibin.org/articles/hindustani-people.html.

[②] [印] 贾瓦哈拉尔·尼赫鲁著,齐文译:《印度的发现》,世界知识出版社1956年版,第83—84页。

但并不能覆盖印度的悠久历史，在词义上与印度的 Indian 几乎一致，所以可以用来泛指全体印度人。与尼赫鲁的观点基本上一致，印度绝大多数学者特别是民族学、人类学等专业领域的学者并不认为印度斯坦人是一个与诸如孟加拉人、泰米尔人等相类似的族群。在已经出版的学术专著或发表的学术论文中，几乎找不到 Hindustani 或 Hindustani People 这样一个专用名称。笔者在与许多印度社会科学学者的交流中发现，他们大多否定有一个名为印度斯坦人的族群存在。按照一般的说法，印度斯坦（hindustan）是一个地名，专指被称为 hindu 的地区，主要包括西起旁遮普的五河流域或东至恒河入海口的整个印度河—恒河平原。① 而印度斯坦尼（Hindustani）一词则被定义为一种流行于这一地区的语言，也是今日印度、巴基斯坦这两个最大的南亚国家中都在使用的一种重要语言，一些西方学者认为相比 Hindustani，印地—乌尔都语（Hindi-Urdu）这一称谓更为普遍。② 这种语言的起源可追溯到德里地区的方言，后来从波斯语、阿拉伯语和梵语中吸收了大量的词汇。而作为一种文字，印度斯坦语（Hindustani）可以被清楚地划分为两个分支——印地语和乌尔都语。前者采用天城体字母，受古梵文影响极大；而后者采用阿拉伯字母书写，保留了明显的波斯文、土耳其文和阿拉伯文的影响。但是这两支语言在语法上差异不大，很多字汇可以通用。这两种语言本为一家，在印巴分治之前并无明显的界线，在印度次大陆被人们广泛使用，甚至到今天许多印度人仍然可以同时使用或理解这两种语言。但 1947 年因宗教信仰不同而引发的分治使得乌尔都语成为分离建国的巴基斯坦的官方语言，其在印度的地位曾一度受到挤压，被一些极端的印度教徒排斥，后来虽被列为正式的官方语言中的一种，但如今主要的使用人群多为伊斯兰教信众，影响力已大不如分治以前。

然而如果我们以划分族群的各主要基本要素来进行考量的话，印度斯坦人（族）这一概念似乎又是可以成立的。如前所述，划分族群的基本要素包括语言、宗教、地域和血缘传统等，那么人们所讲的印度斯坦人是否具备了这些要素呢？

从语言上看，尽管存在一些分歧，但印地语—乌尔都语拥有共性（共

---

① http://www.britannica.com/EBchecked/topic/266465/Hindustan.
② "*About Hindi-Urdu*"，North Carolina State University，http：//sasw.Chass.ncsu.edu./fl/faculty/taj/hindi/abturdu.htm.

同的起源、相同的语法和大量相同的词汇等）确实无人质疑。既然在印度很多族群名称的确认就源自他们所说的语言，那么讲印地—乌尔都语（也可以称印度斯坦语）的群体也就可以以自己的语言来确定族群的名称。

从宗教上看，印度的其他大多数族群事实上都是由多种宗教信仰群体共同组成的。像锡克人这样由单一宗教信徒组成的族群反而只是个特例（事实上有不少学者更喜欢使用旁遮普人这样的划分方法，因为这样更容易与其他族群的确认标准一致）。因此，以宗教来划分族群的标准往往在进行少数民族或弱势群体认定时才更有意义（关于这一点将在以后讨论）。因此，因宗教信仰存在不同就将人们划割为不同的族群的观点似乎不那么令人信服。

从地域上看，以印度斯坦语为主要语言的群体所居住的地区实际上还是比较清楚的，只不过由于这一群体的数量极为巨大，远远超过了其他语言族群，加之也没有可能按语言来设立一个印度斯坦邦，因此才有了这一庞大语言群体分布在几个邦（地区）的情况发生，但这并不能成为不存在一个有共同语言和名称的族群的理由。

最后一个要素的情况要更复杂一些。虽然大多数其他族群都存在祖先血缘关系的融合，但或是以一个血缘集团为主，或是主要由雅利安—达罗毗荼这两个最大的古代血缘集团的融合为主线，追溯起来比较清楚。而对于生活在印度斯坦广大地区（这里主要指北方邦、拉贾斯坦邦、德里地区哈里亚纳邦以及喜马偕尔邦、拉贾斯坦邦和比哈尔邦的一部分）的人们来说，虽然也可以说其主要由雅利安和达罗毗荼这两大血缘集团融合而成，但实际上其血缘构成成分要复杂得多。由于在长达数千年的时期多个王朝都以这一地区为统治中心，因此阿拉伯人、波斯人、阿富汗人、突厥人都将自己的血缘传统带到这一地区，并在定居下来之后的漫长时间里不断繁衍壮大，这就使得即便是操同一种语言，或信仰同一宗教的人群之间也存在差异明显的多个支系，以及在大的族群群体之下存在数量众多的亚群体和次亚群体。

鉴于其他语言或地域的名称可以作为某一族群的称谓，因此印度斯坦人可以被定义为以印度斯坦语为族群的群体，主要聚居于印度北部，包括北方邦、中央邦、德里地区、哈里亚纳邦、拉贾斯坦邦、喜马偕尔邦、比哈尔邦一部分，以及周边地区的族群，这是印度人数最多、分布最广的族群。据2001年人口统计显示，其总数超过了三亿。这一族群中的80%以上人口信仰印度教，印地语是他们的主要语言。第二大人口群体是穆斯林，虽然他们也使用印地语，但是很多人使用乌尔都语，特别是在宗教活动、文化教育活动中保留了乌尔都语。此外，印度斯坦人中还有数量不等的基督教、耆那教、佛教以及其他宗教的信众。

与其他的族群相比，印度斯坦人具有一些特殊之处。

首先，这一族群具有多重多元性。如前所述，作为族群标志之一的印度斯坦语并不是一个单一的语言，而是由两个非常重要的语言支系——印地语和乌尔都语共同组成的。这两支语言的共同特点很多，特别是在日常听说交流中没有太大的障碍，但是在书写上却明显不同，而且几百年中分别产生了彼此存在差异的两个文学流派——印地语文学和乌尔都语文学。印巴分治之后，政治因素的介入使乌尔都语蒙上了"异国（异族）语言"的阴影，一些印度教民族主义强硬派甚至提出限制、取消乌尔都语的议案。因此在某一时期内，乌尔都语非但未起到凝聚全体印度斯坦人成员的族群认同的作用，相反成为制造隔阂和矛盾的一个重要导火索。20世纪50年代中期，在曾经有着近百种乌尔都文出版物的德里地区，这一语言已经被迅速边缘化甚至面临消失的危险。而在其他很多地区，乌尔都语正蜕变为一种只在少数人群中运用的"少数民族语言"。对这一现象忧心忡忡的尼赫鲁将这种现象看作各群体间无法平等相处和相互合作共存的大问题。[①]现在虽然乌尔都语已经获得宪法规定的正式官方语言的地位，但在强势的印地语面前，其衰落式微的趋势并没有得到扭转。在这方面，中央政府的政策导向和宝莱坞电影的流行起到了推波助澜的作用。

自印度独立之后，印度中央政府就一直努力优先推广印地语，并计划其最终成为全体印度人的国语，包括乌尔都语在内的其他语言则很难享受与印地语完全平等的发展机会。列于官方语言中的其他各种语言可以依托其所流行地的民众得以保留和传承（如孟加拉语之于西孟加拉邦、泰米尔语之于泰米尔纳都邦等等），因此可以被称为地方性官方语言。但乌尔都语并不具备相同的条件，其居民分散于各地，印度不存在一个以讲这种语言的人群为主体的邦或特别区。专门以这种语言进行教学和使用这一语言的出版社在数量上不多且呈减少趋势，日常使用这一语言的人群，在与其

---

① Sarvepalli Gopal, *Jawahrlal Nehru*, Massachusetts: Harvard University Press, 1984, Vol. 3, p. 29.

他人交往时往往需要使用别的语言（主要是印地语），因此其生存和发展空间都显得比较狭小。但另一方面乌尔都语又不会消失，除了已获得法律地位之外，现在印度仍有一个群体（主要是穆斯林）在坚持学习和使用这一语言，尽管在全印度范围内，穆斯林只占人口的少数，但绝对数量仍然十分巨大。历史上遗留下来的大量乌尔都语文献也吸引着许多不把乌尔都语看作自己族群语言的人。这就使得乌尔都语处于一种与印地语并存但却很难融合或有大的扩充和发展的状态。

宝莱坞电影在全印度风行的同时也使印度斯坦语为越来越多的印度人特别是年轻人所接受，不过从严格意义上讲，宝莱坞所传播的印度斯坦语（也叫 Hindustani）与被列为官方语言的印地语和乌尔都语并不完全相同，这种语言在词汇上混合了印地语和乌尔都语的语汇，书写上则是基于两种语言的共同之处。① 在印度官方文件中，也从未出现过印度斯坦语这种说法。正因为这样，宝莱坞式的语言在非印地语流行地区（甚至还可以包括印度周边国家如孟加拉、尼泊尔等）更容易被接受，喜爱宝莱坞电影的人们在艺术欣赏的过程中熟悉、接受了这一语言。

需要指出的是，许多印度人特别是印地语流行地区的印度人并不认同印度斯坦语是由印地语和乌尔都语双语共同组成的这一事实，而更强调其与印地语的联系，有不少印度的年轻人特别是以印地语为母语的年轻人也据此认为印度斯坦族是一个族群。这种趋势也正契合了印度中央政府将印地语变为全印语言的目标。这一目标能否最终实现暂且不论，宝莱坞电影的盛行却在很多印度人中造成了这样的认识：印度斯坦语就是印地语，进而印度斯坦人就是印度人。② 很显然，这种观念虽然不准确，但是已经产生一定的影响。

与印度斯坦人语言上的多样性相同，这一族群的成员还存在另一个认同上的困境，那就是祖先的认定。有中国学者写道："他们（指印度斯坦人）大体可以分为雅利安人和达罗毗荼人两大类。前者主要包括阿里尔人、查特人、洛蒂人、马利人、卡狄贡比人、拉其普特人、查米达尔人

---

① ［美］拉斐奇·多萨尼，张美霞、薛露然译：《印度来了》，东方出版社2009年版，第9页。
② 笔者在印度期间曾数次就这一问题向一些刚从大学毕业的、家住印度北方的年轻人进行询问，他们都肯定地回答，印度斯坦语就是印地语。

等。达罗毗荼人的后裔有众多分支，如邦多人、科尔巴人、白伽人、莫拉特人、恰布阿人、沙哈利埃人和高尔人等……上述各色人等的存在，保留了远古部落生活的信息。"① 其实，被看作印度斯坦人的血缘关系并不只上述两大支，例如有些信仰伊斯兰教的人们就坚持认为他们的祖先来自阿拉伯、阿富汗或土耳其。这种血缘关系混杂多样、相互间区别分明的现象，在印度其他族群中也有存在，但没有如此突出，更为重要的是，由于人口绝对数量巨大，各个支系之间的互相认同也存在更大的难度，祖先认同的分歧只是表现之一而已。

印度斯坦人另一个独特之处是其与其他一些族群间的界限并不清晰，因为分布范围特别广，加之以印地语为主要标志的文化一直呈向各个方向渗透和扩张之势，所以印度斯坦人与其他族群混居乃至融合的情况十分普遍，尤其是在一些聚居着地域性族群的地区更加明显。例如拉贾斯坦邦是拉贾斯坦人聚居地，但印度斯坦人也大量聚居在这里，对于拉其普特这个支系族体，他人有时很难把他们划归哪一个族群。在比哈尔邦，许多人同时讲比哈尔语和印地语，他人也容易对他们的族群认同产生混乱。在很多中心城市，由于印地语的影响迅速扩大，成为人们的首选语言，上述各族群之间原先分明的界限也被一点点打破。

因此，关于印度斯坦族的很多基本问题至今仍存在很多分歧。我们认为可以将其称为一个形成过程尚未最终完成的族群，它历史悠久，血缘关系多样，分布地域超过其他任何一个印度的族群，而且由于中央政府的政策支持，印度斯坦人也存在着成为印度主体民族的可能性，当然最后的结果会怎样，还要得到历史的印证。

在将要结束对印度主要族群的描述之前，还有一个现象需要特别指出，在族群这一层次下面，还有数量更为浩大的支系，与族群层面上的相互区分比较，支系之间的区分更为复杂。仅就称谓而言，不同族群下的支系使用同一名称的现象非常常见，这些名称或是源于种姓，或是与宗教流派相关，或是带有语言（方言）的含义，人们只依据名称很难判定这些支系属于哪一个族群。我们认为，这种不同族群特别是族群支系之间的相异与相同状况的存在本身，恰好反映出印度民族多元同一这一基本特征。

---

① 孙士海、葛维钧主编：《印度》，社会科学文献出版社2003年版，第34—35页。

第三节 其他族群的分布

以上十余个印度主要族群不仅占到了总人口的大多数，而且其分布的地区也几乎覆盖了印度全境。但是上述族群并不能代表印度所有的族群，因为在这十余个大的族群之外，还有数量更为众多的较小一些的族群。在这些族群中，有一些的人口也达数百万，而人数最少的如安达曼人只有几百个；有的族群拥有悠久的历史，有的是近几十年才最终被确定的；与主要族群相比，较小族群分布的区域更广，文化样式也更为丰富。为了与主要族群有所区别，我们将他们称为印度的其他族群。

一般来讲，印度的其他族群具有以下一些特点：首先，这些族群中的绝大多数是地区性的，仅仅集中居住于某一特定地区，他们的语言大多尚未成为法定的官方用语，其文化也具有鲜明的地方特点，因此有人将他们称为地方性族群，以有别于前面所列举的全国性主要族群。第二，从发展水平上看，这些族群中的多数尚处于相对落后的状况，其中有一些被列入表列群体的范围，居住的地区也大多为边疆地区、山区、森林茂密的地区。第三，这些族群的文化呈现出更加明显的多元性。与大多数大的族群以印度教徒占据多数或信仰伊斯兰教为主的情况不同，这些族群或是保留自己传统的宗教信仰，或是接受外来宗教如基督教，就是一些接受印度教的群体也是晚近时期的皈依者。他们之间的生活习俗、心理倾向也各不相同。

当然，以上这些特点也不是一成不变的，随着印度社会经济大发展，这些族群的交往在加深，其传统文化也在逐渐发生演化。

鉴于这些族群的数量更多、情况更复杂，本节只是选取一些有一定代表性的族群加以介绍，同时尽量避免涉及表列部落，因为后面会有专章来讨论表列群体。

一、克什米尔人（Kashmiri People）

克什米尔人因主要聚居地和使用的语言的名称而得名。从族源上考察，克什米尔人属于印度雅利安人的后裔。印度古籍中记载，毗湿奴神的凡世化身帕拉舒拉姆创造了拉滕·森王（Raja Ratten Sen）的五个儿子以及他们的后代，其中的一支衍化为今天的克什米尔人；还有人认为萨拉斯瓦特婆罗门（Saraswat）就是今天克什米尔人的祖先；另外，史诗《摩诃婆罗多》中也曾提到克什米尔人的历史，但是克什米尔人的最早发源地究竟是在哪里，至今仍缺乏令人信服的证据，学界的说法也不完全统一。不过有一点是可以肯定的，今日克什米尔人的文化深受印度吠陀文化、希腊文化和古波斯文化的共同影响。早期克什米尔人多为印度教和佛教的信徒，印度最为著名的家族、开国总理贾瓦哈拉尔·尼赫鲁的家乡就在克什米尔，他自然地成为克什米尔人的一个杰出代表。

从14世纪开始，伊斯兰教在这一地区的传播日趋扩展。1323年，棱卡纳（Rincana）成为第一位治理克什米尔地区的伊斯兰国王，但在相当长的时间里，伊斯兰教徒和传统的印度教徒平安相处，都受到统治者的保护，有许多已经皈依伊斯兰教的居民，仍然保留着很多印度教的传统，已成为穆斯林的布特人（Butts）至今还坚持着许多源于印度教的礼仪习俗。[1]

1800年，克什米尔地区遭受大旱，许多当地居民被迫搬迁到其他地区（如农业比较发达的旁遮普地区），直到灾害天气结束后，一部分人才重返故居，但是也有一部分克什米尔人就在旁遮普等地定居下来。

印巴分治时，克什米尔地区一分为二，虽然当时的土邦主哈里·辛格在经过一段时间的摇摆不定后选择并入印度，但占人口多数的穆斯林却并不同意这一决定，而在分治过程中不同教派信众之间的流血冲突也使这一地区的动荡加剧。第一次印巴战争导致克什米尔地区被人为地划分为印控和巴控两个部分，生活在这里的克什米尔人以及其他族群也被分开，成为跨境族群。

根据统计，生活在印度控制地区的克什米尔人（包括一些其他部落）约有560万人，[2] 其中穆斯林人口占了大多数，是印度仅有的两个穆斯林占人口多数的地区，属逊尼派。除此之外，也有一部分克什米尔人信仰印度教和锡克教。

---

[1] H. A. Rose, *A Glossary of the Tribes and Castes of the Punjab and North-West Frontier Province*, New Delhi: Nirmal Pulishers and Distributors, 1997, Vol. II, p. 98.

[2] Census of India, 2001, http://www.censusindia.net.

这一地区使用最为广泛的是克什米尔语,也被称为达迪克语(Dardic)。这是一个有着悠久历史的语族,属于印—欧语系中印度—雅利安语中的一支,达迪克语还包括流行于阿富汗东部、巴基斯坦北部以及印度西北部的其他一些语支,而在克什米尔语中,还有一些小小的方言如婆古利语(Poguli)、拉巴尼语(Rambani)、克什瓦尼语(Kishtwari)等。在印度的查谟—克什米尔地区,有约550万人讲这种语言,从使用人数上看,其是印度22个较大语言之一。此外英语、印地语和乌尔都语也有传播。由于巴基斯坦也有数量巨大的克什米尔人,因此印度克什米尔人的文化与邻国的文化有十分密切的联系,同属一个类型。但是由于克什米尔地区的自然环境与其他地区存在明显差异,这一地区的克什米尔人与旁遮普等地的同一族群成员在文化特别是生活习俗上也不尽相同。所以生活在不同地区的克什米尔人之间的经济生活和风俗习惯存在不尽相同之处并不是件奇怪的事情。

二、信德人(Sindhi People)

和克什米尔人一样,信德人也是印度最有代表性的跨境族群之一,也因印巴分治而被分隔在印度和巴基斯坦两国。今天生活在巴基斯坦的信德人大多为穆斯林,而在印度境内的信德人则大多为印度教徒。

根据记载,信德地区的最早居民并不是今日居民的直接祖先,在漫长的历史岁月中,作为印度次大陆的西北通道,信德地区是雅利安人、中亚人和这一地区的其他人种、西亚的阿拉伯人进入的必经之地,因此信德人的血缘关系也就变得较为复杂,一般认为他们属于印欧人种,也与来自中亚的一些部落有血缘上的融合,与旁遮普人、俾路支人有一定的亲缘关系。从外表看,信德人肤色较浅、身材高大、鼻梁挺拔。

伊斯兰教兴起后,很快传播到印度次大陆的信德地区,公元8世纪初信德被纳入阿拉伯帝国的版图,并成为通往印度次大陆的"阿拉伯之门"(后来也被称为通往印度的"伊斯兰门"),这里居民中的大多数也因此皈依了伊斯兰教。印巴分治时,信德大部分地区划归巴基斯坦,这里也成为受迫害的、原先生活在印度其他地区的穆斯林民众的重要流亡地之一。与此同时,原先生活在这里的许多印度教徒也被迫背井离乡迁往印度,成为今天的印度信德人。

由于很早就受到伊斯兰教的影响，所以信德人中的穆斯林的传统文化习俗和一般印度教徒的具有比较明显的差异。例如在取名字时，信德穆斯林的习惯就与阿拉伯人比较相似，而信德印度教教徒则喜欢在姓氏名字后面加上"-ani"的后缀，意为（血统），而前段的名字则取自祖先，二者加在一起来表明自己的家族血缘关系。印度人民党的领导人阿德瓦尼就是信德人，他的名字就反映出这个特点。不过无论属于什么宗教，有多大的差异，信德语却都是识别信德人的共同标准。

在今天，印度信德人的分布比较分散，在全国的许多地区都有他们的身影，如古吉拉特邦、马哈拉施特拉邦、拉贾斯坦邦、马德亚邦等，人口总数约在250万人。

三、那加人（Naga People）

那加人是印度东北部的一个重要族群，在印度学术界有人认为他们被归于部落民的行列，不过1961年印度政府建立那加兰邦之后，那加人成为这个邦的主体族群，部落民的界定似乎就不太准确了。

从血缘关系上看，那加人属蒙古人种。但从体质外貌看，那加人各个支系之间除了都有蒙古人种的某些共同特征，如鼻子较为扁平、肤色偏黄或黑黄、颧骨较高等外，同时又呈现出一些差异，如有的支系成员的头发就明显卷曲，不像一般蒙古人那样平直，各支系的身高也有很大不同。这表明那加人在历史上可能与其他人种成员发生过血缘上的交融。

关于那加人称谓的解释有各种不同的说法，流传比较广泛的一种是那加一词源于"那格"，意为蛇，这可能是那加人居住的地区多蛇的原因所致。另一种说法认为那加这一称谓源于"那格纳"（Nagena），意为住在山区的居民。这种说法在一定程度上反映出他们的生活环境，因为直到今天多数那加人仍然聚居于高山之上，而很多那加人的传说中也提到他们不习惯炎热的天气。不过那加人这一名称多用于其他族群特别是生活在平原的人们对于他们的称呼，那加人却很少这样自称，在多数情况下，他们都依据自己所属的支系来自称。

在印度早期文献如吠陀文献和史诗《摩诃婆罗多》中就已经提及居住

于印度东北部的蒙古人部落,但是否就是那加人的祖先尚无法确认。① 根据那加人的传说,他们的祖先曾经经历过一个由东方向西方迁徙的过程,有学者认为这个东方很可能是今日中国西南部的滇藏地区。还有一些传说称那加人与曼尼普尔人同属一个祖先,后两兄弟在迁徙过程中各自带领自己的家庭分别定居在不同的地方,最后繁衍为不同的族群。

13 世纪,今日印度东北部的广大地区处于来自缅甸的阿霍姆王朝的统治之下,那加人与之发生直接的联系,同时也保留了自己文化的独立性。到 19 世纪英国殖民当局对阿萨姆实施管理后,那加人的情况逐渐被外人所知晓,他们的生活也因此发生了改变。其中最为重要的就是,随着西方人的到来,天主教传入这一地区,虽然原始信仰仍然保留许多影响,但天主教逐渐取而代之,成为那加人最重要的一种精神文化体系。

也就是在英印统治时期,那加人就开始了争取民族自决自治的行动,1918 年一个名为"那加俱乐部"的组织成立,其宗旨就是运用现代的自然科学与社会科学知识和理念对本地居民进行启蒙,以增强人们对本族群的心理认同,其中也有人提出了政治上实现独立自治的主张。

印度独立后,一度沿袭英印时期的行政建制,在印度东北部设置阿萨姆邦,节制包括那加人聚居的地区,这导致那加人以及东北部其他一些族群中要求自治的呼声进一步高涨,那加人建立起自己的政治组织,提出激进的主张。1951 年,"那加民族委员会"(NNC)甚至要求脱离印度,并为此发动了武装斗争。

1960 年,由各种力量参加的"那加人民会议"(The Naga Peorle's Convention)与印度中央政府签订了 16 点协议,根据这一协议,那加地方政治组织放弃武力活动,印度中央政府同意在按语言划邦和尊重那加人意愿的基础上,将那加山区和敦尚边区合并,单独建立那加兰邦。② 1963 年,那加兰邦正式建立。从此以后,虽然这一地区出现过动荡,但那加人终于有了一块属于自己的家园,那加族群聚居区也基本上固定下来。

---

① 参看 Suresh Kant Sharma & Usha Sharma, *Discovery of North-east India*, New Delhi: Mittal Publication, 2005。

② 参看 Ashikho Daili Mao, *Nagas: Problems and Politics*, New Delli: Ashish Publishing House, 1992, pp. 60 – 61。关于 16 点协议参看 *The 16 – Point Agreement arrived at between the Government of India and the Naga People's Convention*, http://satp.org/satporg/countries/India/states/nagaland/documents/papers/nagaland-16 Pointmen.htm。

那加人是一个跨境族群，根据统计目前人口总数为 400 万，主要聚居于印度东北部的那加兰邦、曼尼普尔邦及周边部分地区，另外在缅甸和孟加拉国也有分布。

那加人又可分为两个支系，按照印度的标准这些支系大多被称为部落，且多被列为表列部落，其数目多达 30 个以上，其中人口较多的有阿沃（Ao）、安伽米（Angami）、安诺（Anal）、昌（Chang）、罗陀（Lotha）、恰克桑（Chakhesang）、克雅纽甘（Khiamniugan）、桑塔姆（Sangtam）、伊姆昌格（Yimchunger）等。①

那加人的语言为那加语（Nagamese），属于汉藏语系藏缅语族，历史上无文字，在天主教传入后采用罗马文字拼写。下面又可再分为许多方言，几乎每个支系都有自己的方言，所以其方言数量多达 30 余种，根据地区分布又可划为五个方言集团〔即北部方言、中部方言、西部方言以及坦库尔方言（Tangkhul Naga）和泽良戎方言（Zeliangron Naga）〕。

在西方宗教传入之前，那加人中保留着比较完整的原始信仰，盛行自然崇拜和祖先崇拜，祭司在社会生活中发挥着重要的作用，其职位可以继承，享有很高的社会地位。天主教传入后，许多那加人皈依天主教，现在信徒已占到那加人总数的 95% 左右。

在外界人看来，那加人长期处于原始落后的状况，20 世纪前半叶考察这里的西方人甚至称他们为"猎头部落"，在村寨间械斗中将敌方男子杀死的人常被看作本村的英雄。②"摩戎"（Morung）制度也一度十分盛行，根据这一制度，未婚男女到了一定年龄就得离开父母，分别集中住在专门建盖的大房子内，在那里他们将了解和学习本族群的历史文化传统，接受各种生产生活和社交的技能训练，只有经过这个过程，他们才算是获得了社会认可的身份。这些传统在今天已经基本上消失，但直率、勤学、诚实、忠诚仍然在那加人性格中得到体现。

四、米佐人（Mizo People）

米佐人曾被称为卢赛伊人（Lushai），这主要是因为后者是米佐人中人

---

① 参看 Department of Planning & Coordination Government of Nagaland, *Nagaland State Human Development Report*, New Delhi：New Concept Information System Pvt. Ltd, 2004, p. 19。

② 参看 A. C. Bowers, *Under Headhunters' Eyes*, Philadelphia：Judson Press, 1929, p. 195。

数最多的一个支系，而且在历史上这个支系的成员长期处于族群的上层。

米佐人属于蒙古人种，在外貌上与生活在缅甸北部的一些山区居民比较接近。从称谓上看，米佐意为"山地人"或"高原人"，其祖先从缅甸钦族居住的地区迁徙而来。根据传说，他们的祖先很可能曾生活于中国西南部，后因自然条件变化等原因先搬迁到上缅甸，然后再迁徙到今日分布的区域并定居下来。

根据一个古老的传说，米佐人最早生活的地方叫秦伦（Chhinlung），是一个巨大的山洞，他们的祖先从那里迁出，但后来神明关闭了山洞的大门，他们也就无法再回去了。

长期以来，外界并不认同米佐人为一个族群，就是在其内部也一直缺乏牢固的内聚力，这大概与米佐人分支众多，而且迁移至此的时间有先有后，之后又长期分散居住于山区各个相互分割的区域，各个支系之间交流不多等原因有关。直到英国统治印度的后期，这种情况才有所改变。为反对当局的控制和干涉，米佐人曾长期与英军作战，1892年爆发了整个地区的起义，最后被英军镇压，这里直接被英印当局管理。1946年，米佐人中一部分接受了现代思想的人士组建了米佐全民联盟（Mizo Common Peoples' Union，MCPU），米佐人的族群共同意识得以逐渐强化。

印度独立后，米佐人聚居的卢塞伊山区（Lushai Hill）与阿萨姆一起并入印度版图，成为受阿萨姆邦节制的地区。到1972年，在米佐人的强烈要求下，米佐拉姆（Mizoram）从阿萨姆分裂出来，成为中央直辖区，1987年2月正式成为印度的一个邦。

和前面提到的那加人一样，米佐人也由数量众多的支系组成，学界习惯上用部落（Tribe）来称呼这些支系，因此也有人不认为米佐人是一个族群，而仅为一个部落集团（Tribe Group）。从现象上看，米佐人的情况十分复杂。首先其支系众多，除了最大的卢赛伊人之外，还有霍玛尔（Hmar）、拉尔特（Ralte）、帕伊特（Paite）、拉克尔（Lakher）、玛拉（Mara）、库基（Kuki）、恰克玛（Chakma）、帕维（Pawi）等许多分支，其中大多数都归于表列部落的行列。这些居住于不同区域的群体都有自己的方言，虽然被划归同一个米佐语族，而且被定义为属于藏缅语族的、以卢赛伊方言为基础的族群语言，1975年印度政府还公布了"米佐拉姆官方语言法案"，试图以此来推进各种方言的融合，但是实际上米佐人族群中的各种方言依然广泛使用，如拉伊佐方言（Laizo）、佐米方言（Zomi）、佐屯方言（Zotung）等等，而且许多方言之间并不能顺利地进行交流。

在历史上米佐人有自己的原始宗教，自然神灵受到崇拜，其中帕提阎神（Pathian）具有祖先神、保护神和惩罚神的多重身份，很受尊奉。随着其他文化特别是西方文化的传入，米佐人的宗教信仰有了很大的改变，现在有86%以上的米佐人信仰罗马天主教，另外也有部分佛教、印度教和伊斯兰教的信徒。①

米佐人的总数在100万人左右，主要聚居于印度米佐拉姆邦，另外在缅甸和孟加拉国也有分布。

五、曼尼普尔人（Manipuri People）[梅泰人（Meitei People）]

从严格意义上讲，曼尼普尔人这一称谓不够严谨，因为如果以聚居地区命名，印度曼尼普尔邦最重要的族群有三个，即梅泰人、那加人和库基人（Kuki），② 在全邦约230万人口中（2001年人口普查数据），梅泰人占70%。但是曼尼普尔邦的官方语言又是以梅泰语（Meiteilon）为基础的曼尼普尔语（Manipuri），所以人们往往将这两个称谓混用。为了避免定义上的混淆，下面将只使用梅泰人这一称谓。

在梅泰人中，有人认为他们是印度人和西方人混血的后代，与印度东北部的其他族群特别是山区的那加人不是出于同一个种族。但是学者一般不赞同这种说法，而认为梅泰人应该是印度—蒙古血缘部落的后裔，其中也包含了部分雅利安人的血统。从体质外貌上看，梅泰人更接近于蒙古人种和东北部的族群成员，与印度恒河流域以及南方地区的其他族群的人们具有一些明显的差异。

根据传说，梅泰人的祖先很早就生活在曼尼普尔河谷地区，与周围山区的各部落有着较为密切的联系并接受了部分山区部落的文化习俗。随着梅泰先民部落的强大，一些原先独立生存的部落也接受了他们的影响和称谓，成为梅泰人的新成分。在中古时期，梅泰人建立的王朝不断向周边地区扩张，甚至一度将自己的势力范围拓展到缅甸北部地区。但到18世纪中

---

① 参看 T. Raatan, Encyclopaedia of North-East India, Delhi: Kalpaz Publications, 2004, p. 223.

② 实际上，库基人是米佐人的一个大的支系。

期，在几经拉锯战之后，梅泰人居住地曼尼普尔地区反而受到缅甸军队的多次侵占。这就导致曼尼普尔地区文化与缅甸文化的相互交融，有人据此推断梅泰人的称呼在词源上有可能与缅甸语中的掸有关，进而认为梅泰人与泰族有联系。当然这些推断因缺乏依据而很少得到认同，但上述联系却是一个事实。

梅泰人的语言属藏缅语族，与缅甸的钦语有较近的联系。根据印度宪法，这一语言的正式名称为曼尼普尔语，是正式的地方性官方语言，虽然在一些地方仍保留着古老的、被称为梅泰—玛耶克（Meitei-Mayek）的拼写方法，但今天正式的曼尼普尔文字采用孟加拉字母拼写，并已成为曼尼普尔邦居民交流的通用语言。在实际运用中，梅泰语还包含了除卢赛语以外的各种方言，梅泰人也被划分为不同的支系，包括英帕尔谷地的梅泰人、巴孟人（Bamon）以及梅泰—潘甘人（Meitei-Pangans）等。

梅泰人与生活在曼尼普尔邦的那加等山地族群不同，不属于表列部落，在其社会组织中种姓制度仍发挥着很大的影响。在各个种姓中，梅泰刹帝利种姓（他们自称宁头阁，Ningthouja）处于社会各个阶层的最高端，下面又分衍出七个亚种姓：宁头阁、安贡（Angom）、卢旺（Luwang）、库曼（Khuman）、卡巴—恩甘巴（Khaba-Nganba）、曼岗（Mangang）和摩依朗（Moirang）。这些种姓的成员都佩戴圣带，除了鱼之外不食任何肉类，还拒绝食用婆罗门和本种姓成员以外任何人烹调的食物。梅泰婆罗门（也称巴孟，由孟加拉移民与本地梅泰人混血而成）在人数上要比梅泰刹帝利少，但两者社会地位处在同一个等级上，这一等级中常见的一个姓是辛格，但并不是锡克教徒。

历史上梅泰人曾经有自己的传统宗教，不过从15世纪起印度教逐渐传入这一地区并在18世纪后成为最重要的宗教，属于新毗湿奴派。根据2001年人口普查统计，印度教徒占曼尼普尔总人口的46%，基督教徒占34.1%，穆斯林占16.1%。[①] 由于上述数据中包括生活在曼尼普尔邦的其他族群成员，所以印度教信徒在梅泰人中的比例要远高于前列的46%，例如在梅泰人聚居的英帕尔西区，这个比例就高达74.48%，英帕尔东区也达60.87%。梅泰人中第三大宗教人群是基督教徒，英印时期有相当数量的梅泰人皈依了这一宗教。梅泰穆斯林自称"梅泰—庞噶"（Meitei Pan-

---

① India Census 2001, http://www.censusindia.net/religiondata/2001/india, Census Data.

gal），在比例上远低于两个宗教的信众。

根据统计，梅泰人口总数为165万人，除了大部分生活在印度曼尼普尔邦而成为这里的主体民族外，其在印度的阿萨姆邦、特里普拉邦、缅甸以及孟加拉国也有分布，是印度东北部地区一个典型的跨境民族。

六、特里普拉人（Tripuri People）

从严格意义上讲，特里普拉人尚不能被称为一个统一的族群，而是由数个相互间具有比较密切联系的群体组成的族群集团，印度学界一般称他们为部落集团，不过特里普拉语〔一般称为科克波洛克语（Kokborok）〕为一些部落通用，并成为邦的官方用语，所以也有人因此以居住地和语言的因素为由把他们称为特里普拉人。

从族源上考察，特里普拉人属于蒙古人种，与藏缅民族有着血缘上的渊源。根据特里普拉人的传说，学者推断他们的远祖可能曾生活在中国西部地区，大约在隋唐兴起之前向南和向西迁移。虽然在笈多王朝时期的印度文献中就已明确出现关于特里普拉部落的记载，但是也有研究者认为他们到达今日特里普拉的时间要早得多，因为在公元初年的一些梵文佛典中提到过"秦邦"（Cinas）和"克伊拉塔"（Kiratas）人，一些学者由此推断可能就是特里普拉人的祖先。以统治者家族德巴尔玛斯（Debbarmas）得名的最早的特里普拉王朝已存在了2000多年。

当伊斯兰教传入次大陆东部地区以后，特里普拉部落曾与之发生激烈的武装对抗，直到17世纪初才最终在名义上臣服莫卧儿王朝。英国在印度建立殖民统治之后，特里普拉地区拥有一定的自治权，成为诸多土邦中的一个，于1947年印度独立后加入联邦。1956年印度中央政府设立特里普拉中央直辖区，1972年正式建邦。

在诸个支系（部落）中，提普拉（Tipra）是最大的一支，还有另外一个称谓"德巴尔玛"（Debbarma），也是历史上特里普拉族群著名王族的名称。其人口占全部人口的55%左右。另一个大的支系是瑞昂（Reang），也被称为布鲁（Bru），在总人口中约占16%。此外还有贾玛提亚（Jamatia）、卡伊朋（Kaipeng）、哈拉姆（Halam）、科洛伊（Koloi）、诺阿提亚（Noatia）等多个较小的支系。由于社会经济发展水平较低，因此很多支系都被列入表列部落之中。

特里普拉人的语言为特里普拉语，属于藏缅语系，但是也分为不同的方言，如提普拉人讲科克波洛克语，瑞昂人讲布鲁方言，哈拉姆人讲哈拉姆方言等。①

特里普拉人中的大多数人信仰印度教，约占总人口的90%，湿婆神受到广泛的崇拜，此外还有部分人信仰伊斯兰教和基督教、佛教。在山区，一些原始宗教依然有一定影响。

根据统计，特里普拉人口有95万，除主要聚居在特里普拉邦之外，在孟加拉国也有分布。

与上一节末提到的情况一样，这些族群之下都有着数量更多的支系，各个支系之间的差异状况亦十分复杂。

第四节　部落民

在前面列举的各个族群，其名称都与其所居住的地域有关，且大多数都可以被看作现代族群。除此之外，印度还存在许多部落民，他们的名称多与其居住地区名称关系不大，分布的地区更加狭小，社会发展水平也更加落后，因此一般并不被称作族群而被称为部落民。在一个相当长的时间里，有不少部落民由于与外界隔绝，其生存状况很少为人们所知，就是至今仍存在一些外界知之不多的群体，而且各个部落之间的差异也非常大。根据印度政府公布的数据，现存的部落有上千个，我们在后面只能选择几个比较知名的部落加以介绍。

这里需要补充说明的是，在前面列举的一些族群中（例如印度东北部的特里普拉人、曼尼普尔人、米佐人等等），都存在许多支系，这些支系也被赋予部落的称呼，有些还被列入表列部落的名单之中。考虑到这种实际情况，我们将下面列举的群体也通称为人，② 以表明这些部落属于族群层面的社会群体组织，以和前面列举的族群支系区分开来。

---

① Government of Ttipura, *Tripura Human Development Report 2001*, http://tripura.nic.in/hdr/tripura%20hdr.pdf.

② 在印度官方和研究性文件中，绝大多数部落民的英文称呼并没有people这样的后缀。

一、蒙达人（Munda）

在印度数量众多的部落民中，蒙达人是较为人所熟知的一支。这不仅因为蒙达人口早在20世纪60年代初就超过百万，现在已经达到200多万人，广泛分布于比哈尔、西孟加拉、阿萨姆、奥里萨、贾坎德等多个邦；而且因为蒙达人具有的悠久历史，对这支族群状况的研究早在19世纪下半叶就开始了，其代表性成果是16卷的《蒙达百科全书》，在20世纪70—80年代，其他有关研究成果也非常多。[①]

根据考察，蒙达一词来自梵文，原意为"头人"、"酋长"。他们也被称为霍洛·霍恩（Horo-hon）或穆拉（Mura）。

蒙达部落是印度最为古老的部落群体之一，最早居住于印度西北部，后迁徙到比哈尔的乔坦那格普尔高原（Chotanagpur Platean），但是关于他们所属的人种血缘关系尚存在一些学术上的分歧，比较通常的看法是蒙达人可归入地中海—澳大利亚人的混血群体，但是也有人根据他们的体型特点认为或有达罗毗荼人的血缘。早在19世纪90年代，著名人类学家瑞斯雷（Risley）就提出蒙达人由13个部落组成，但现在学者一般主张这种细分方式很难描绘出他们的真实状况，而更倾向于将蒙达人分为两个大的分支，即廓姆帕特蒙达人（Kompat Munda）与坎伽尔蒙达人（Khangar Munda）或帕塔尔蒙达人（Pattar Munda），现在也有人称他们为玛傈蒙达（Mahli Munda）。另外，生活在塔玛尔地区的蒙达部落也常常被称为塔玛里亚蒙达人（Tamaria Munda）。事实上，由于分布地域比较广，蒙达部落受到自然条件、相邻其他族群文化的许多影响，各个支系之间出现了一些差异，从而形成了数量众多的分支，也都有了各不相同的自称和他称。这些称谓或源自于某个家族祖先如曼克伊（Manki，意为头人）等等；或是某种动物如巴笈尔（Bagear，意为老虎）、恰毗尔（Champia，意为一种鸟）等等；或者某种植物如阿姆巴（Amba，意为芒果）、桑伽（Sanga，意为甜薯）等等；甚至是某种食品如恰利（Chali，意为一种米汤）、蒙里（Munri，意为炒饭）等等，还有一些自然现象、生活方式也常常被用来作为支

[①] 参看 J. B. Hoffman (ed), *Encyclopaedia Mundarica*, Delhi: Gian Publishing House, 1990。

系群体名称，总数多达数百。①

但是从一般意义上讲，蒙达人的共性仍然十分鲜明。首先是语言，绝大多数蒙达人使用蒙达语，其属于南亚语系中的一支，与桑塔尔语等其他部落语言有较密切的联系，同时受到印地语的影响，下面也可以划分为不同区域性方言。其次，蒙达人的宗教带有浓厚的原始信仰色彩，相信万物有灵，在各种生产、重要的生活活动前都要对相关的自然祖灵进行祭拜，而在众多的神明中，力量与能源之神辛·邦伽（Sing Bonga）受到最高的崇敬。此外，祖先神明也是祭奠的重要对象，很多蒙达人的家里都专设一个房间用于祭祀祖先。为死者举行的立碑仪式也要全村人参加，因为这标志着死者将成为祖先中的一员。

除了原始宗教之外，蒙达部落中的一部分人特别是上层人士很早就接受了印度教，在殖民统治时期，基督教也有了一部分蒙达人信徒。但原始宗教的影响仍然保留了许多。近几次人口普查的结果揭示，蒙达人信仰印度教的人口比重在下降，不少人又回归到原始信仰的行列。②

由于蒙达部落大多居住在山区和森林地带，其经济发展水平和社会发展仍然处于较为落后的状态。印度政府将其列入表列部落的名单，不过随着时间的推移，他们的情况也发生了很大的变化，许多早先研究者记录的情况在今天只有在一些偏僻的地区方能找到。倒是某些近现代的人物和事件更被人们所重视。例如在争取印度独立的运动中，一位名叫比尔萨（Birsa）的蒙达人就广受尊敬，他在印度早期独立运动中非常活跃，年仅25岁就被捕入狱，后死于狱中，他也被蒙达百姓看作自己的神。

除了分布在印度境内，在相邻的孟加拉国也有少量蒙达人居住。

二、奥兰人（Orans）

奥兰人也被称为奥拉昂（Oraons），他们也称自己为库鲁克（Kurukh），这一称呼可能来自历史上一位名叫卡拉克（Karakh）的英雄酋长，也有人认为这个名称来自他们的语言——库鲁克方言。

---

① 参看 K. S. Singh, *The Scheduled Tribes*, New Delhi: Oxford University Press, 1994, pp. 851 – 854。

② 参看1971年、1981年、1991年印度人口普查统计数据。

奥兰人早期居住在恒河上游的罗塔斯伽尔（Rohtasgarh）地区，后来移居到比哈尔邦的克霍坦纳伽普尔（Chhotanagpur），并将这里视为自己的家乡。从血缘上看，奥兰人属于达罗毗荼人，他们身材不高、头型长圆、鼻梁扁宽，但由于血缘融合的原因，他们中的不同支系成员之间也存在一些体质上的差异。

奥兰人的语言是库鲁克语，属于达罗毗荼语系，与另一支山地部落帕哈里语（Pahari）较为接近，使用那伽尔字母（Nagari）拼写的文字。也有很多奥兰人讲印地语以及其他种类的语言，不过自20世纪80年代以来，越来越多的奥兰人选择自己本民族的语言为母语。

奥兰人多生活在山区特别是森林地区，历史上长期从事农业和林业活动。随着时代的变迁，奥兰人的传统职业大为衰落，他们中越来越多的人到企业和城市从事新的职业（如企业工人、三轮车夫等），也有部分人成为季节性农民，在收获时节去做临时工。同时，在阿萨姆、西孟加拉邦的茶叶种植区，有大量的茶农为奥兰人。他们原有的传统村社制度只在山区得到保留。

奥兰人有自己的传统宗教，相信灵魂的存在，在社会生活中宗教祭祀占据了中心的位置，除了族群中最重大的对达莫神（Dharmes）的祭祀活动外，各个村寨都有自己的祭祀仪式。祭司在宗教活动中起着重要的作用，他们不仅主持各种公共的宗教礼仪，而且具有驱赶妖魔、医治疾患的能力。在今天，印度教已成为奥兰人中最重要的宗教，信仰印度教的占总人口的约60%。随着基督教的传播，有约25%的奥兰人皈依了基督教，但是他们仍保留了很多本族群传统宗教的习惯。有少数人（约0.05%）成为穆斯林、锡克教徒或佛教徒。不过近年来出现传统宗教习俗复苏的迹象。

在奥兰人内部也存在着因职业、婚姻等因素而形成的不同群体，种姓制度的某种规定（如上层种姓成员不能接受某些社会下层成员的食物和水，禁止某些下层人参加社交仪式，不能埋在公共墓地等）得到严格的遵循。此外，奥兰人也有多达数十个分支，如埃卡（Ekka）、库瑜尔（Kuyur）、布拉（Bura）等等。

在印度的部落民中，奥兰人的传统社会变迁现象十分突出，他们受到现代社会的影响很大，被称为一个"处在巨大进步中的部落民"，很多奥兰人离开原居住地，搬迁到城市（如首都新德里、金融中心孟买以及加尔各答和其他地方），显示出很强的现代适应性。

根据统计，全印度讲库鲁克语的人口总数约为 120 万人，主要分布于比哈尔邦、北方邦、西孟加拉邦、奥里萨邦以及相连地区。

三、贡德人（Gonds）

贡德人是印度诸部落族群中人数比较庞大的一支。关于族称的来源有多种说法，其中比较流行的有两种：一是这个称谓来源于他们早期的聚居地贡德瓦纳（Gondwana），从中世纪起他们就因这里的地名而得名，在这一地区贡德人建立起邦国并向周边地区扩展；另一种说法是，这一称谓在泰卢固语中为"贡达"，是印度教徒和穆斯林对山民的称呼。

根据一些传说，贡德人原是一个农业部落，后经过不断迁徙而到达印度中部地区。在这里，他们建立起数个王国，时而相互独立，时而联系紧密，其疆域覆盖了今日的马哈拉施特拉、安德拉和中央邦的一些地区。在 16—18 世纪，贡德人建立的王国十分强盛，之后在马拉提人的不断挤压下，他们逐渐退往山区并在那里定居。贡德人也因此称自己为山地人或科伊人（Koi）或科伊杜尔人（Koitur）。

贡德语（Goudi）属于达罗毗荼语系，与泰卢固语关系密切，同时也受到其他语言的影响。贡德语又可分为各种方言，如玛里亚语（Maria）、拉里亚语（Laria）等。不过很多贡德人也同时讲他们所在地区的通行语言，如印地语、马拉提语、泰固卢语等。

贡德人有自己的传统宗教，他们崇拜各种自然现象，认为万物都由不同的神明主宰，地神、雨神和虎神受到特别的尊敬。他们将女神帕瓦蒂（Parvati）奉为自己的祖先。传说中讲道，贡德人在早期活动中受到了其他神明的种种庇护和帮助，因此他们也称自己为神的后代，保留下来许多祖先祭祀的习惯。由于起源神话存在差异，贡德人也被划分为四个大的群体（Saga），每一个群体也都有自己的祖先神，分别是四神纳尔汶（Nalven）、五神赛汶（Saiven）、六神萨尔汶（Sarven）和七神耶尔汶（Yelven），各个分支群体下面又再分为各个小的分支（Pari）。原则上婚姻关系被限制在大的群体之内，但是各个小的分支之间没有限制。

贡德人文化受地域因素的影响也十分明显，各地的贡德人都有自己的称谓，相互之间也表现出一些差异。例如生活在中央邦阿布吉马尔山区的贡德人就称为阿不吉马里亚人（Abujmaria），而生活在马哈拉施特拉邦贾尔乞洛里地区的贡德人尽管与阿不吉马里亚人同出一个祖先，却自称巴达玛里亚（Badamaria），而他们下面的小分支的差异就更大了。

在历史上，贡德人主要从事农业生产，如今大部分人仍然继承了这一职业，但是在其内部有些人世代从事专门的行业并逐渐形成固定的群体，如铁匠阿戛里亚（Agaria）、牧羊人阿亥尔（Ahir）、吟诗歌者帕尔丹（Pardhan）等。随着一部分人迁往城市，他们中也出现了工人和其他职业从事者，特别是得益于教育状况的改善，贡德人的职业选择也日趋多样化。

生活在印度境内的贡德人有400万，其主要聚居区在中央邦，另外在奥里萨邦、安得拉邦、马哈拉施特拉邦和昌迪加尔地区也有分布。在印度境外的贡德人也在500万左右，因而说他们是南亚人数较多的部落民并不为过。

四、毗尔人（Bhil）

毗尔部落人口总数约为750万人，在印度个部落民中名列前茅。毗尔一词来自于比尔（Bil）或吠尔（Vil），意为弓，因此毗尔人也有射手之称。根据传说和史书记载，许多毗尔部落成员因精通射技而成为国王的弓箭手，负责保护王族家庭的安全或上战场逞威。在印度历史上，毗尔部落曾经出现过几位声名远扬的英雄，如毗姆·辛格（Bhim Singh）、比乌达（Bhiudar）等。

早在公元前6世纪的梵文文献中就出现了对毗尔人的记载，同时在关于拉其普特人的记载中也常提到他们。这都说明毗尔部落是印度本土最为古老的居民之一。从19世纪起，人类学家对毗尔人进行了大量调查和研究，指出历史上的毗尔人曾有过十分辉煌的时期，在拉贾斯坦、古吉拉特和中央邦都建立起毗尔人为王的王国，其也曾与其他族群发生过密切联系。

从体质特点上看，毗尔人身材不高，头颅为圆形，鼻尖微显勾，应该具有雅利安人和达罗毗荼人的混合血缘。

毗尔人讲毗利语（Bhili），这是印度—雅利安语系中的一支方言，但受到达罗毗荼语的影响，也包含一些达罗毗荼语的词汇。毗利语自身也有多种分支，相互之间存在着一些差异。与此同时，由于与其他族群交往很多，许多毗尔人也使用诸如印地语、拉贾斯坦语、马拉提语、古吉拉特语等，甚至有的只把本族群语言作为第二种语言来使用。

毗尔人主要信仰印度教，但是仍然保持着一些传统的信仰习俗，近些年来一种流传于19世纪的巴嘎特（Bhagat）信仰在部分毗尔人中复兴。在社会组织方面，印度教教规和种姓制度的影响也十分明显。

毗尔人分布很广，主要聚居在古吉拉特、拉贾斯坦、中央邦、马哈拉斯特拉邦，在特里普拉邦也有一些毗尔人从事茶叶种植等工作。另外，在孟加拉国也有少量毗尔人居住。

四、尕迪人（Gaddis）

尕迪人聚居于印度北部的喜马偕尔邦，他们的称谓来自一个本地的词尕德兰（Gaderan），意为"山道"，也有人称他们为"喜马拉雅的吉普赛人"。关于尕迪人的祖先只有一些传说，早期他们居住于印度中部地区，后因不堪环境和生活的艰辛，逐渐移居到今天的喜马偕尔恰巴地区（Chamba）并定居下来。

尕迪人的社会结构与印度主体族群十分相似，被划分为四个大的群体，即婆罗门、拉其普特、工匠和下层群体。婆罗门群体在公元9世纪时主要从事宗教活动，后逐渐衍化出数量不少的亚群体，如阿特里（Atri）、巴尔德瓦吉（Bhardwaj）、高塔姆（Gautam）、贾达格尼（Jamdagni）等等。所从事的职业也大为扩展，在纺织、雕刻等行业都有这一群体的成员。拉其普特尕迪人早先居住于印度西北部，属于王族，但是迁到喜马偕尔之后，他们失去原有的地位而成为土地所有者。[①] 这一种姓内部也发生分化，地位高的称自己为拉其普特、卡特里（Khatri），地位低的自称拉提（Rathi）等，下面再分衍为更小的群体，如恰卡尔（Chakar）、丁兰（Dinran）、戈克努（Gohknu）等等。拉其普特尕迪人大多为农民。而名为拉纳（Rana）的群体原先为武士出身，因此他们常强调与其他群体的不同以保持自己的尊严。无论是婆罗门还是拉其普特，都遵循比较严格的族内婚规定，在日常生活中也有较多规范。至于另外两个大的群体也都有自己的

[①] 参看 K. P. Bahadur, *Caste, Tribes & Culture of India*, New Delhi: Ess Ess Publications, 1978, Vol. IV。

规范。

很显然，尕迪人的这种制度与印度传统的种姓制度有着直接的承袭关系。对于每个尕迪人来说，他们最重视的往往并不是尕迪尔而是自己所属的小群体。

尕迪人的文化被称为混合式文化，他们的语言是尕迪阿利语（Gadiali），由其母语和喜马恰里（Himachali）方言混合而成，属于印度—雅利安语族中的一个小的支系，同时也有自己的书写文字，使用那伽尔字母拼写。但是在不同的群体之间，他们的语言还存在一些小的差异。大多数尕迪人信仰印度教，这已经有上千年的历史，今天印度教徒人口占总人口的99%左右。但是也有一小部分人为穆斯林，他们的改宗可以追溯到莫卧儿帝国的奥朗则布时期。不过对于尕迪部落的成员来说，在胸部围上一条长长的带子朵拉（Dora）是身份认同的标志。这也是本部落传统与印度教圣带习俗的结合。

由于生活在山区，牧羊和毛织成为尕迪人最为重要的生产活动之一。在总数约为8万人的尕迪人中，90%以上居住于农村，但近年也有越来越多的人成为工人。

五、卡西人（Khazis）

卡西人自称他们是"七个棚屋"的人，亦自称黎·卢姆（Ri Lum）。根据传说，他们的祖先有七个家族，依次繁衍出后来的卡西人，还有一种说法是他们的祖先是神灵派往人间的七个酋长。关于他们的最早居住地也有不同的说法：一是说他们住在印度西北部，以游牧为生，后受气候变化的影响而迁徙到印度东北部地区；另一种说法更被普遍接受，卡西人的祖先早先生活在缅甸以及中国的西南部，曾在平原上以稻作为生，后从缅甸北移，到达梅加拉亚的山区定居。

卡西人身材不高，前额较宽，脸方，鼻子也较为扁宽，肤色呈黄色，眼球为黑色，有着较为典型的蒙古人种的特点。

卡西人的语言是卡西语（Khasi），这是一种十分古老的语言，至今还有大量口头文学作品流传。卡西语属于孟高棉语族，在印度是一支十分特别的语言，但是分散在山区的卡西人中存在多支区域性方言，在发音和用词上都存在着差异，人们也常常根据方言来确定自己的身份认同。卡西语没有自己的文字，1842 年西方传教士将罗马字母引入作为卡西文拼写字母，但是并没有被广泛接受。卡西人与其他族群交流时常常使用印地语、阿萨姆语等。

卡西人的分支很多，比较大的有沃尔部落（Wars）、克因利亚部落（Khynriams）、普纳尔部落（Pnars）、波伊部落（Bhois）等。他们不仅聚居于不同地点，讲不同的方言，而且在社会结构上也存在一些差异。不过绝大多数卡西人都将自己的祖先追溯到女性那里，同时保留着浓厚的母系氏族制度的习惯，如财产按母系继承、家中大事由祖母决断等。正是这一点成为卡西人与其他族群部落最明显的分界线。在每个大的支系下面，又可划分为更小的家族，形成一个个经济、社会、宗教、文化的单位，家族在社会生活中发挥着巨大的作用。

卡西人有自己的原始宗教，他们相信一切自然现象都是由神主宰的，各种自然神都受到崇拜，其中山神、森林神、河神被放在最重要的位置上，此外祖先神如女创造神等也是最受尊敬的。卡西人很重视对各种神明的祭祀活动，认为向神明贡献可以带来平安和丰收，一直到近代还保留着人祭的风俗，每个小的支系或家族都有自己的神明。西方传教士在 19 世纪把基督教带入这一地区，越来越多的卡西人成为基督徒。到了 20 世纪 60 年代，有 50% 以上的卡西人皈依了这一外来宗教，且逐年增加。此外还有少数人成为印度教、伊斯兰教以及耆那教的信徒。但是在这些人中，卡西人传统宗教信仰的遗存依然不少。

卡西人总人口为 60 余万，他们除了聚居于梅加拉亚邦之外，在米佐拉姆、提里普拉、西孟加拉邦以及泰米尔纳都和印度洋的一些岛屿上也有分布。

六、秦楚人（Chenchu）

秦楚部落人口只有三万左右，是一个居住于安得拉邦境内中央山脉中的土著人部落，秦楚人也被称为秦沃尔人（Chenchwar），这一称谓可能来自"彻杜"（Chettu）一词，意为生活在树下，另一种解释则是有吃鼠习俗的人。

秦楚人属于原始澳大利亚人种，身材中等，头型长窄，鼻梁短平。①

秦楚人部落层面下分为数个支系群体，动植物名称常被用于支系群体的命名，如古拉姆（Gurram，意为马）、梅卡拉（Mekala，意为山羊）、曼拉（Manla，意为树）、托达（Tota，意为花园）等。下面又分为更多个亚支系。

秦楚部落成员的语言属于达罗毗荼语系中泰卢固语的一支方言，使用的字母也与泰卢固文相同，但是在发音和表达习惯上保持了很多原始色彩。

秦楚人有自己的原始信仰，对最多的神明进行祭祀是他们宗教活动的主要内容，大神埃施瓦拉（Eshwara）代表着丰饶多产，受到格外的尊崇。另一种神称为梅萨玛（Maisamma），是一位女神。有趣的是，秦楚人的许多神明都是以印度教的神为原型的，因此他们常常自我认同为印度教徒，政府当局也把他们统计入印度教徒群体中。

由于生活于山林之中，秦楚人并不以农业为主业，采集和狩猎在经济生活中占据着十分重要的地位，一些产自森林的产品（如块根、水果、花叶、蜂蜜等）都是秦楚人的食物，靠出售部分这些产品，他们还可以换取少量其他生产生活用品。他们的生活习俗中也保留了较多的传统色彩，例如恋爱阶段年轻人可以自由选择意中人，但必须经过双方老人的同意才能正式举行被称为佩礼（Pelli）的婚姻。

除了安得拉邦外，在卡纳塔克邦和奥里萨邦也有零星秦楚人分布。

七、霍玛尔人（Hmar）

霍玛尔人也被称为姆哈尔人（Mhar）或马尔人（Mar），而霍玛尔一词的原意是"北方"。据此有人推论他们是从北方迁移到现在的聚居地的。但是也有人认为信仑并不是霍玛尔人真正的故乡，因为他们也可能是从别的地方搬到信仑，后又迁徙到现居地的。

霍玛尔人具有较为典型的蒙古人种的体质特点，身材中等，十分健壮，肤色较黑，眼睛棕黑色，毛发较重，他们的性格也比较彪悍，生活习

---

① 参看 B. S. Guha, Anthropological work in the Hyderabad State, in Khan, Gulam Ahmed, Report: Census of India, 1931, Hyderabad-Deccan: Government Central Press, 1933, pp. 277 – 279。

惯上喜食肉，与很多信仰印度教的族群存在明显的差异。

霍玛尔人有自己的语言霍玛尔语，其属于藏缅语系中的一支，但是多数霍玛尔人也使用阿萨姆语作为交流的工具，文字也多采用阿萨姆文，后者属于印度—雅利安语族。近些年来，印地语的使用范围呈明显扩大的趋势。

和其他许多部落民一样，霍玛尔人也分为许多支系以及亚支系。据统计，大的支系有20余个，它们都有自己的名称，如考逢（Khawbung）、仑萄（Lungtau）、雷梨（Leiri）、佐特（Zote）等等。亚支系之间可以通婚，但大支系之间的成员通婚却被禁止。

霍玛尔人原先有自己的宗教信仰，仍保留着某些祭祀礼仪，一些村寨中还有一些被称为提穆努（Thiemnu）的祭司。但是从总体上讲，传统宗教已经式微，印度教徒特别是基督教在霍玛尔人中发展得很快，近年来后者的信众已超出总人口的一半，因此有人称他们为"基督教部落"。

霍玛尔人长期以农业为主，经济较为落后，然而也发生着缓慢却深刻的变化。

霍玛尔人总人口接近四万，除主要聚居于阿萨姆邦以外，在相邻的印度东北部各邦（如米佐拉姆、曼尼普尔和梅加拉亚邦）也有分布。

印度的部落民数量虽然占总人口的比重不大，但是部落群体数量却占到了全印度族群总数的大部分。许多对印度民族问题感兴趣的学者特别是外国研究者都十分重视对这些群体的研究，认为这些族群中保留了相当多的印度原始文化的遗迹，是印度民族发展历史的活教材。

第四章
印度民族的社会经济文化

在上一章中，我们对印度民族的种类及分布状况进行了一个粗线条的梳理，但那仅仅是印度民族问题的表象部分，如果想要对这一问题有更深程度的了解，就必须去触及它们社会经济文化层面的发展状况。

正如在前面多次提到的一样，印度是一个极具多样性的国家，被形容为一个"融多元文化、地区、人种、宗教集团于一体的马赛克社会（Mosaic Society）"。[①] 人们很难用某种统一的模式来描述它的民族特点。但是我们又不能完全绕开这一领域，否则印度民族问题研究就只能建立在空中楼阁之上。在本章中将对揭示印度民族基本状况的社会、经济、文化各个方面进行较为具体的描述，具体思路是，先对各民族或主体民族都具有共性的现象做一个介绍，然后选取一些有别于这些共性的，但带有典型意义的现象作为补充。这样做的目的是尽可能反映出印度民族的全貌，但风险就在于印度的民族事象实在是太丰富了，任何人都无法穷尽它们，遗漏甚至是重大的遗漏难以避免。另外，材料取舍的范围和尺度也缺乏一个统一明晰的标准。

因此，本章所包含的内容不可避免地会招致不同的看法甚至争议，我们也希望这只是对印度民族社会经济文化研究的一个初步尝试，更多更深入的工作将会继续下去。

---

① Robert L. Hardgrave, Jr, Stanley A. Kochanek, *India: Government and Politics in a Developing Nation*, Orlando: Harcourt Brace & Company, 2000, p. 4.

第一节　印度民族的社会结构

印度民族的社会结构涉及到许多概念，除了国家、民族等无歧义的概念外，还有族群（Ethnic Group）、社群（Community）、群体或集团（Group or Unity）、社会（Society）等，在一些研究者眼中，上述某些概念又被细分为不同的亚群体，如原生社群（Primordial Communities）、宗教社群（Religious Communities）、公民社群（Civil Communities）等。这些概念既有一种纵向的关系，如由宏观层面向微观层面排列的社会—民族—社群—家族—家庭等；也有横向的关系，如某一层面上的相互平级的社会组织，或不同时代间名称相同但内容已发生了很大变化的某些组织，如种姓制度的各种变化形式。前一类纵向组织结构虽然具备多个层次，但内在关系比较清楚，总体呈现出由上而下的数量递增状态，即一个上一级组织结构包括数个至数百数千个下一级组织，在这个结构的最顶端只有一个组织单位。但是在横向结构之间的情况就异常复杂，不仅相互间区分的标准极为繁杂，而且不同群体之间存在着太多的交织，也就是所谓的"边界的模糊"，从而常使人们在描述各种社会结构组织时陷入不知所措的境地。[①] 有鉴于此，本书不再尝试将各种结构的表现形式做全面的描绘，而是从影响因素入手，重点分析几种带有典型意义的现象，一起对这一问题有一个整体但却粗略的了解。

在长达数千年的历史岁月中，印度既有强盛帝国一统天下的"盛世"，亦有小国林立、各自为政的"乱世"，特别是由于有相当数量的政权是由外来民族建立的，所以社会结构的建立和维系也受到多种因素的影响。

首先，诞生于印度本土的种姓制度成为历史上印度社会结构体制的一个基础，这一制度的一个基本特征就是将社会分层并使其固定化，而维系分层社会的最有效途径就是社会职业的分工和继承、婚姻禁忌与行为规范。从大的职业分工看，婆罗门、刹帝利、吠舍和首陀罗分别从事宗教文化、军事政权、社会生产和服务等不同行业，从而也就具有了精神统领、

---

① 参看 N. B. Dirks, *Castes of Mind: Colonialism and the Making of Modern India*, Princeton: Princeton University Press, 2001, pp. 43–60。

世俗政权管理、经济生产、服从管理和向其他阶层提供服务的社会结构性功能。虽然在实际生活中,由于人口的增加和融合、生产行业的增加、社会动荡等原因,各个种姓成员所从事的职业已发生许多交叉,但种姓制度所规定的那种高低有别、界限分明的社会结构体制却依然牢固。[1] 这种状况今天在大多数印度族群特别是信仰印度教的民众中广泛存在。那些出生于婆罗门种姓的成员,尽管他们实际从事的职业已经涵盖了包括服务业在内的各个领域,但是他们所拥有的"制度性的权威"并没有从根本上动摇。[2] 其中比较典型的例子就是,处于社会上层的种姓成员常常对那些普遍受人尊重的、收入高的职业具有优先的选择权,例如在法官这一职业集团中,出生婆罗门的人员比例高达78%,而在总人口中,他们的比例还不到10%。[3] 在医生、高层管理人员中,这种现象也十分普遍。

体现在婚姻中的禁忌反映出印度社会结构的僵固性,早在法典时代,对婚姻的各种规定就非常严格,严重违反这些规定者就可能被逐出原来种姓,成为受到歧视的下贱的"堕姓人"。在今天,虽然这种婚姻上的限制已大大放宽,特别是在现代化发展程度较高的中心城市和一些高科技行业,不同种姓成员之间通婚的情况已不少见,但种姓内成员通婚的观念并没有彻底失去意义,特别是在广大农村,这一规矩尚不能被彻底突破,媒体上就时有报道违反这一规定的人受到迫害的案件。从社会结构的角度看,婚姻禁忌最重要的功能就是,避免因不同等级的社会群体成员混杂而导致的原有秩序的崩溃。所以尽管这种规定已显出许多弊端,如男女性别比失调、女性受歧视等,[4] 但其在维系传统社会结构这一点上,至今仍然发挥着不可忽视的作用。

种姓制行为规范最需注意之处是其差异性和针对性,在印度并不存在一种人人都必须遵守的、统一的和普遍的种姓行为规范。事实上,每个种姓集团都有着自己的规矩,而且各个群体之间的规矩并不通用。例如一般

---

[1] G. S. Ghurye, *Caste and Race in India*, Bombay: Popular Prakashan, 1979, pp. 2-3.

[2] 参看 Lemercinier, Genevieve, *Religion and Ideology in Kerala*, Translated by Yolanda Rendel, New Delhi: D. K. Agencies Ltd, 1984。

[3] Gospel for India, "*Facts about Dalits*", http://www.gfa.org/gfa/dalit-facts, Feburary 7, 2007.

[4] 参看 D. N. Majumdar, T. N. Madan, *An Introduction to Social Anthropology*, Delhi: Mayor Paperbacks, 1995, pp. 73-74.

印度教徒的饮食都有严格规定,特别是高等级的种姓成员常常以素食为主,但是有些低种姓的成员就不必严格遵守,例如某些被划归到"不可接触"的底层群体或边远山区的一些部落民就将肉食作为自己最重要的食物之一,由于这一巨大的差异,他们也因此被看作不洁的群体。① 行为规范的社会功能是在微观层面对人们进行约束,以保证分层社会结构不至于因人为的活动无序而受到冲击。尼赫鲁在《印度的发现》一书中引用的一段话就印证了这一点:"在印度的人们保持着种姓制度条件之下,印度终归是印度;但是从他们与这个制度脱离关系的那一天起,印度就不复存在了。那个光荣的半岛就将要沦落成为盎格鲁撒克逊帝国的凄惨的'伦敦东区'了"。② 很显然,印度种姓制度在印度民族社会结构的形成和维系中扮演了重要的角色。

其次,印度历史的演进过程中也形成了独特的社会管理机制。在印度历史上第一个统一的王朝孔雀帝国建立之后,国王的辅臣考底利耶(Kantiliya)写下了关于印度古代政治社会制度的著作《政事论》(Arthashastra),对印度社会的政治体制进行了描绘:国王是国家权力的最高执掌者,《政事论》就明确写道:"国家就是国王。"国王是助他管理国家的大臣和各级官吏的绝对支配者。作为回报,国王向他们发放薪俸。在阿育王统治时期,巨大的版图被划分为五个部分,中心地区由皇帝直接管理,其余地区相当于行省,由皇帝任命总督进行管理,这些总督多为皇族成员,或直接是王子。行省的下面再设县,由皇帝任命的官员任行政长官。但是,古代印度的专制制度并不意味着国王对全国的直接管理,正如马克思指出的:"国家就是最高的地主,主权就是在全国范围内集中的土地所有权。"③国王的权威主要体现在执掌军队和官吏的任命权,从税收中获取经济利益,而对于社会最基层的管理,他是不会也无力去做的。尼赫鲁在讨论印度的社会组织时写道:"这种组织是以三个概念为根据的,自治的农村公社、种姓与大家庭制度。在所有这三者中,只有集体算是重要的,个人则

---

① 参看 Untouchable 词条,*The New Encyclopaedia Britannica*, Macropaedia, Reference and Index, 15 th Edition, 1980。

② [印] 贾瓦哈拉尔·尼赫鲁著,齐文译:《印度的发现》,世界知识出版社 1956 年版,第 315 页。

③ 马克思:《资本论》第三卷中文版,人民出版社 1975 年版,第 891 页。

占次要地位。"① 他的这一表述精准地揭示出印度社会组织中的一个关键,即便是在高度专制时期,印度的基层也享有高度的自治权利,而代表这种自治权的组织就是潘查雅特(Panchayat)。

潘查雅特一词源于古梵文,原意是五位被选出来的受尊敬的智慧长老组成的议事会,也称五老(Panch)会(Yat)。根据印度古籍记载,早在距今3000多年前的梨俱吠陀时代,一种称为萨巴(Sabhas)的村社自治组织就已存在,潘查雅特就是在其基础上演化而成的。潘查雅特由村民推选产生,具有分配土地、征收税赋、裁判矛盾等权力,在与上一级管理机构交涉时则扮演村社代表的角色。在一些地方还设有两级(即几个小的潘查雅特之上再建一个大的潘查雅特)。潘查雅特的权力很大,因为几乎村社中所有的事务都由其来进行管理。但是潘查雅特又不是一个严格意义上的民主代议机构,它只不过是按照政府法令、种姓制的规范以及本地区的习惯法来行使管理权而已。即便是在国家处于分裂状态,国家和地方政权软弱之时,潘查雅特的功能也不会变化。研究者指出,虽然经由选举产生,但潘查雅特的主持人(又称长老)这个席位常常会世袭传位,而且村中的高等级种姓成员往往更容易成为潘查雅特的成员。可见,这种制度和种姓制度有着十分紧密的联系。

在伊斯兰统治者入主印度后,特别是莫卧儿帝国时期,由于封建主的出现,这种村社自治制度受到削弱但并没有消失。英国殖民统治当局在将自己的政治制度移植到印度的同时,也加强了对村社基层的管理,从而使传统的潘查雅特制度显现出某种衰微之势。② 为增加财政收入,防范印度人民的反抗,殖民当局在基层设置治安管理员,村长由政府直接任命,但是传统的力量仍然非常顽强,直到独立英国人也没能完全改造这种古老的制度,潘查雅特仍然在基层管理中扮演着重要的角色。

印度独立之后,在经过一个审慎的讨论过程之后,印度政府宣布自1959年起实施新的潘查雅特制度(Pachayati Raj),这是一个与传统的村社自治制度有很大不同的基层管理制度,由三级组织构成,即村级(Village)、社区级(Block)和地区级(District),分别称为村潘查雅特(Vil-

---

① J. Nehru, *The Discovery of India*, Delhi: Oxford University Press, 1985, pp. 247 – 248.
② George Mathew, ed., *Status of Panchayati Raj in the States and Union Territories of India*, Dehli: Concept for Institute of Social Sciences, 2000.

lage Panchayat，也称 Gram Panchayat）、潘查雅特委员会（Panchayat Samiti）和区自治委员会（Zila Panchayat），[1] 其职责也由宪法和相关法律作出相应的规定。[2] 但是潘查雅特制度仍然保留了民主选举和地方自治这些古老的传统，成为印度社会结构中最基础的一个环节，印度政治家和学者在盛赞其民主性的同时也称其为印度民族发展过程中的"一个革命性的步骤"。[3]

之所以用如此长的篇幅来叙述潘查雅特制度，无非是要说明这样一个事实，在印度的历史上和今天，自治制度一直存在于社会基层，这种制度在印度民众生活中所起的作用不容低估，也成为印度民族结构中的一个重要决定因素。随着城市化的进程，潘查雅特这种村社制度的影响范围逐步缩小，但就整个印度社会而言，仍然占据着主导的地位。

第三，伊斯兰统治与西方殖民统治也给印度民族社会结构打上了外来因素的烙印。对于前者来说，他们依靠军事征服建立起政治统治，因此比较注重政权的稳固，而政教合一的模式在一定程度上能够保证最高当局的意志通过强力一直通达社会的基层，但是这种方式在打破某种原有的种姓分割的同时（这一点可以从许多原印度教的下层群体皈依伊斯兰教略见一斑），却又造成两大宗教群体间的差异与分割。虽然也曾有某些伊斯兰君王（如莫卧儿时期的阿克巴大帝）试图通过一些改革如推崇"信仰上帝"观念，并创造新的宽容宗教教派以调和各宗教之间的矛盾等，但伊斯兰宗教军事帝国的基本架构并没有改变。[4] 这就最终造成印度民族社会结构中宗教文化因素影响的提升。

对于西方殖民者来说，他们在印度的统治造成的影响是全面的，马克思在指出"不列颠人给印度斯坦带来的灾难，与印度斯坦过去的一切灾难比较起来，毫无疑问在本质上属于另一种，在程度上不只要深重多少倍"的同时，也认为"在亚洲造成了一场最大的、老实说也是亚洲历史以来仅

---

[1] 参看 1955 data：Panchayats System India，http：//www.indiachild.com/panchayats-system-india.htm。

[2] 参看 Mahoj Roi, ed., *The State of Panchayats: A Participatory Pespective*, New Delhi: Smscriti, 2001, p. 7。

[3] Bhargava, B. S., *Panchayati Raj System and Political Parties*，转引自尚会鹏著：《种姓与印度教社会》，北京大学出版社 2001 年版，第 132 页。

[4] 参看 Pringle Kennedy, *History of the Great Moghuls*, Delhi: Anmot Publications, 1987, pp. 285 – 292。

有的一次社会革命"。① 特别是在社会的基层，英国当局打碎至少是部分打碎了已延续几千年的村社制度，将国家的行政管理一直延伸到社会结构最小的细胞层面，反过来也就使印度社会中的每一个具体成员的国家意识和民族意识明显加强。有研究者指出，随着欧洲商品、西方教育、科技和社会制度以及西方宗教（主要是基督教）的进入，一部分印度人开始对历史和传统社会进行深刻的反思，从而导致了一场社会—宗教变革的发生，②被誉为印度民族复兴的先知罗姆·莫汉·罗易就通过主张一神（the Unity of God）的宗教改革来淡化各种宗教间的差异和矛盾，在思想观念上提出印度民族统一的设想，并进而对传统印度社会中的一些陋习，包括被宗教认定为神圣的规范发起挑战。③ 在他之后的许多政治家也都在罗易的基础上继续发展。尼赫鲁在总结各种思潮时说："统一必须是思想和情感上的统一，有同属一家、共御外辱的精神。我确信印度存在着那基本的统一。"④ 而英国人在印度实现的全境内的行政统一，也为民族的统一提供了某种先决的条件。同时，英国统治时期尚存在500多个土邦，其领土面积占印度总面积的约1/4，每个土邦都拥有相当的自治权。更值得关注的是，英印当局一直在推行"分而治之"的政策，不仅在两个最大的宗教群体印度教徒与穆斯林之间激化矛盾，而且也用政治权利为诱饵，造成不同政治阶层之间的不合。例如1932年8月，英国首相麦克唐纳以之前印度举行的第二次圆桌会议没有就社会弱势群体选举权达成协议为由，裁定将为贱民阶级单独设立选举区，甘地认为这将导致印度的分裂，在狱中宣布绝食并以死抗争。最终贱民领袖安倍德卡尔从民族大局出发，也放弃了这一单独设区的要求，而与甘地商定用保留席位的方式加以替代，英国首相这一裁定被认为是"分而治之"政策的"支点"，⑤ 其最终流产的命运也从一个侧面体现出印度"基本的统一"是客观存在的。

---

① 马克思："不列颠在印度的统治"，《马克思恩格斯全集》，人民出版社1961年版，第144、147页。

② 参看 Jagannath Patnaik, *British Rule in India*, New Delhi: S. Chand & Company Ltd, 1980, pp. 178 – 179。

③ 参看 Staley Wolpert, ed., *Encyclopedia of India*, Farmington: Thomson Gale, 2006, Vol. 3, pp. 414 – 415。

④ J. Nehru, *The Discovery of India*, Delhi: Oxford University Press, 1985, p. 526。

⑤ 参看［德］赫尔曼·库尔克、迪特玛尔·罗特蒙特，王立新、周红江译：《印度史》，中国青年出版社2008年版，第354—355页。

从宏观上看，伊斯兰统治者和英国殖民者对大的族群的形成提供了某些必要的社会条件（如地域的统一、认同的客观环境等），但同时也造成了一些新的社会分裂甚至破碎化的条件。

最后一个影响因素是印度独立后的行政体制构建政策和举措。

独立后的印度实行的是仿照西方政治制度又结合印度传统礼制而成的联邦制行政架构。由于采用的是以制宪改革为主的非暴力方式获得独立，因此印度政治家们能够在不打碎原有政治制度基础的前提下设计和建设新的国家管理体制，在民主选举、三权分立的同时，中央政府与地方政府之间实行权利的分享。印度宪法对各级政府的职权范围作出了十分详细的规定，中央政府在执掌包括宪法制度和修正、国防、外交、金融税收以及高层官员的任免大权之外，同时又赋予各邦等地方政府相当大的自治权，这样做既可以维护国家的稳定和统一，又可以充分照顾到印度各地区、各社会群体之间的多元化现实。例如在英印时期印度就存在着多达560个以上的土邦，不仅与政府直接管理的省一级建制存在很大的差异，各土邦之间在社会结构、发展水平和文化传统各个方面也各不相同。在解决土邦原先实施的王朝体制向民主共和体制转变的过程中，印度中央政府一方面采用强力手段将这些土邦整合入全国统一的行政体制中，在全国实行单一的联邦中央—邦（中央直辖区）—再到基层的行政设置；另一方面也对王公实现必要的照顾，如发放年金、保留一些特权等，同时在一段时间里给予原王公一些政治上的权利。[1] 在基层，潘查雅特制度不仅保留下来，而且更加完善，从而使多元化的社会结构有了一个能与之适应的基层乡（村）镇机构。针对各地社会文化多元性的实际，印度政府也采取了一些具体的措施，其中最有代表性的措施就是按语言建邦。印度不仅存在种类繁多的语言，而且没有一种语言是大多数居民接受和使用的共同语言。因此，像尼赫鲁这样的政治家一方面强调要强化印地语的地位，使之成为真正意义上的国家（民族）通用语言，另一方面也主张要"不存偏见地"对待各区域性语言的发展。[2] 经过多次争论，自1956年起，印度实际上正式实施了按

---

[1] 参看林承节：《印度独立后的政治经济社会发展史》，昆仑出版社2003年版，第79—81页。

[2] Sarvepalli Gopal, *Jawaharlal Nehru: A Biography*, Vol. 3, Massachusetts: Harvard University Press, 1984, p. 23.

语言建邦的政策，作为同步措施，印度宪法也专门列表将大的地区性语言规定为官方语言，而对于更大数量的地区性方言，也颁布多项法规予以保护。这一政策的实施使得印度各族群的语言得以保留和发展，也使之免受族群被同化的厄运，消除了这些族群特别是弱势群体心理上的担忧。

另外，出于扶持弱势群体的目的，印度政府对一些特定的群体实施保留制度，关于这一点将在后文专门讨论。

从总体上看，印度现行的管理体制在各族群的划分、生存与发展中都起到了直接的作用，给印度民族社会结构的样式打上了明显的烙印。在以上多种因素的共同作用下，印度民族的社会结构呈现出一种较为复杂的情形，即国族一体化之下的族群及其分支多元化二重结构。越到下面的分支，其差异性越大，结构上的多样性越明显。

A. 万耐克（Achin Vanaik）认为，"印度在政治意义上是一个民族国家（始于1947年8月15日），在文化意义上也可以被看作一个形成中的民族国家（a nation-in-the-making）"。① 而一些研究印度民族问题的中国学者则认为，印度政府和政治家在印度民族问题上"坚持印度只有一个单一的'印度民族'的政策，甚至连最低限度的多民族（Multi-ethnic）特性都不承认，使这一本来非常明朗的问题复杂化。"② 在不同的研究者眼中，印度政府所坚持的都是一种单一民族的立场，这显然是抓住了问题的关键。

单一印度民族的立场，在印度宪法、政府法规和政治家的讲话中都得到过明确的表达。尼赫鲁写道："在我们的古代文学中，'Hindu'（现在指印度教徒或印度教）这个词根本就没有出现过。有人告诉我说，印度书籍中第一次提到这个词是在公元8世纪的一本密咒的著作里面，在那里这个词指的是一个民族，并不意味着某一种宗教的皈依者。"③ 不过独立以后，Hindu这个词并没有被用作印度民族的称呼，而被用来专指印度教徒。另一个词印度人（Indian）成为全体印度民族的统一称呼。通观整部印度宪

---

① Achin Vanaik, "Is There a Nationality Question in India?" *Economic and Political Weekly*, October 29, 1988, Vol. 23, No. 44.

② 参看贾海涛："印度的民族划分和民族构成探源"，《西南民族大学学报（人文社会科学版）》2005年第6期。

③ [印]贾瓦哈拉尔·尼赫鲁著，齐文译：《印度的发现》，世界知识出版社1956年版，第80页。

法，表述全体印度公民的称谓只有 the People of India，[①] 虽然在宪法中也有"少数族群"、"表列种姓"、"表列部落"等称谓，但都只是对某一特定群体的指称，宪法附表中也出现了诸如马拉提、孟加拉、泰米尔等多个名称，但那也只是专指语言，与民族称谓不是一回事，因此当人们（包括外国人或印度本国人）进行他称或自称时，只有一种称谓可以应用于每一个成员。很显然这一称谓与"公民"在含义上完全一样，这也符合现代民族主义者的一条政治原则"政治和民族的单元应当是一致的"。[②] 同时也与民族认定过程中自我界定（Self-defined）标准相符。[③] 对于每一个印度人来说，他可以在与其他印度人区别时使用某一具体的群体名称（如种姓的、宗教的、族群支系的等等），但当他与其他国家的或民族的成员相区别时，就只能使用"印度人"这一称谓。例如在族群的层面上，生活在西孟邦的人可以自认为是孟加拉人而与比哈尔人、阿萨姆人……加以区别；可是当他遇上来自孟加拉国的公民时，尽管在语言上相通，甚至宗教、生活习俗上也会比较接近，但却不能再用孟加拉人来自我认定，而只能采用印度人这个唯一的自我界定标准。也就是说，印度人这一称谓从结构上看，是单一的，即具有宪法规定的合法性、全国普遍使用的广泛性、成员认同的不可替代性和印度国家的独有性。在这一点上，尼赫鲁的一段论述是非常精彩的："一个印度的基督教徒无论到什么地方都被看作印度人。一个印度的伊斯兰教徒在土耳其、阿拉伯或伊朗或其他伊斯兰教最有势力的地方，也被看作一个印度人。"[④] 从社会管理的角度看，在印度国内，只要具有印度人这一身份，任何人都是社会平等的一分子（至少在法律上是这样的），从中央直到最基层的管理部门都承认这一点。反之，每一个具有印度人身份的个体，无论身在任何一地，都得服从法律与各级政府的约束和管理。需要特别指出的是，印度民族的这种单一性结构并不是自然形成的，波赫

[①] 印度宪法的第一句话就是 We, the People of India, hasing solemnly resolved to constitute India into a Sovereign Socialst Secular Democratic Republic……见印度宪法英文版。

[②] ［英］厄内斯特·盖尔纳，韩红译：《民主与民族主义》，中央编译出版社2002年版，第1—2页。

[③] 关于自我界定标准，参看 Walker Connor, "A Nation is a Nation, is a State, is an Ethnic group, is a…" in John Hutchinson and Anthony D. Smith, ed., *Nationalism*, New York: Oxford University Press, 1994. pp. 37.

[④] ［印］贾瓦哈拉尔·尼赫鲁著，齐文译：《印度的发现》，世界知识出版社1956年版，第65页。

哈默尔指出："历史告诉我们，在（英国殖民统治建立）之前，对于印度次大陆的人们和国家来说，从来没有同属于一个政治体的感觉。无论是像印度民族这种政治实体的形成，还是他们共同归属于统一政治体的觉悟和意识，都要归功于英国人。"① 事实上，他只说对了一小半，英国人只起到唤醒印度人民族意识的作用，真正的民族建构任务，是印度人自己在民族独立运动中不断努力，最后在独立国家建立之后才形成的，这与西方学者所主张的"民族总是意味着某种程度的政治自治"这一观点相契合。② 在印度，各社会群体之间不是没有差别的，在印度争取国家独立的进程中，"当基于种姓、阶级、宗教和地区的分裂与冲突经受民族过程的洗礼时，这些分裂并不总是遵循以寻求一致为基础的权力共享这条道路，而是在纷争与妥协之间摇摆不定"。③ 一些纷争还表现得非常激烈。而当印度独立国家建立之后，权力共享有了法律制度和管理机制的保障，印度民族内部"各个集团的基本一致性就会表现出来"。④

很显然，这是一种制度安排，其主要功能就是淡化民族内部的差异而强化国族的一致性，从而使国家的统一与民族的统一成为一个整体。尽管独立后的印度也曾出现过分裂的政治风潮，其所宣扬的平等、公平并没有真正变为现实，但这一制度安排却在法理上确立了任何分裂国家行为的非法性，从而从根本上排除（至少是努力排除）国家动荡的重要动因，这也可以解释（至少是部分解释）为什么在印度这样一个极为多样化的国家里，各族群、各地区之间的政治、经济、文化关系能够被控制在一种具有统一基本特性的程度内，从未出现事实上的民族国家分裂。

在国族（民族）单一结构的大格局之下，印度各族群在体现文化多元化特点的同时，也表现出社会结构上的各种差异。

第一，族群结构受到不同地域、不同社会发展水平特点的影响。例如在印度领土的主体部分的各主要族群与东北一些山地的部族群体，以及印

---

① Wilhelm Von Pochhammer, *India's Road to Nationhood*, New Delhi: Allied Publishers Pvt. Ltd, 1981，p. 431.

② ［美］罗伯特·A. 达尔，顾昕、朱丹译：《民族理论前沿》，生活·读者·新知三联书店1999年版，第109页。

③ 参看［美］霍华德·威亚尔德主编，榕远译：《民主与民主化比较研究》，北京大学出版社2004年版，第128页。

④ ［印］贾瓦哈拉尔·尼赫鲁著，齐文译：《印度的发现》，世界知识出版社1956年版，第64页。

度洋上的较小族群之间就存在着社会结构上的微妙不同。与人数众多、分布区域较广的大族群相比，小族群的内部结构更加简单，某些生活在边远落后地区的部落民至今还保留着一些十分古老的社会组织传统。例如在卡西人中就依然实行着按母系继承财产、维持婚姻关系的社会制度。整个村社中，最受崇敬的是始祖母，她被尊为氏族的最早祖先；在一个大家庭中，地位最高的是外祖母；在财产分配时，家中的女性成员都有权参加，不过获得最大份额的（常常是房屋）一般是家里年纪最小的女儿，在母亲去世前，家里的土地也将传给最小的女儿。男子婚后住在岳母家中，除了无财产继承权外，也不能参加家庭中的宗教仪式。虽然有一部分卡西人已实行妻随夫居的制度，但财产继承的顺序仍以女性为先，只有当无女性继承人时才能将财产传给男性。加洛人中流行的诺克罗姆制也与此十分相似，只不过相比卡西人而言，男性的社会地位已有了明显的提高。

第二，印度教社会机制会对族群结构产生影响。如前所述，印度社会中种姓制度的特点随处可见，但是对于不同的族群而言，其影响的程度和表现的形式也不完全一样。一般来讲，人数众多、分布地区较广的主要族群的社会结构与种姓结构基本上是重叠的，即在每个族群内部都包含着较为完整的种姓制结构，从婆罗门到首陀罗以及相应的亚种姓群体都有，同时还包含着又被称为"第五种姓"的表列种姓群体。此外，因宗教等原因衍生而成的一些亚种姓群体也大量存在。但是也有一些人数较少的群体，要么不像前者一样只包含某一个或两个大的种姓，要么只属于表列种姓或表列部落的层次。

但是，并不是所有的印度族群群体都严格按照种姓制度来划分支系，并受到这一社会制度的制约。这种游离于种姓制度社会结构之外的现象虽然不普遍，而且在很多情况下，所谓的游离也只具有相对的含义，但却显示出印度民族社会结构的多样性。为了更清楚地说明这一点，下面列举两个有代表性的族群来加以说明。

马拉提人是一个人口众多、分布于印度中西部各邦的印度主要族群之一。由于这一族群具有悠久的历史和丰富的社会文化传统，因此不仅其社会结构与种姓制结合紧密，而且大多数亚群体的历史渊源也比较清晰，有些情况甚至可以追溯到古代。

在马拉提语中，"拉提"一词有"驾驭战车的勇士"的含义，也许是一种巧合，在今天的马拉提人中，源于武士种姓的一些亚种姓十分活跃，历史上出生刹帝利的勇士曾经建立了强大的马拉塔帝国，西瓦吉就被视为这一时期的大英雄。在反抗英国殖民扩张的斗争中也曾出现过杰出的统帅马达夫·拉奥（Madhav Rao），就是在今天的现实社会中，一些从这一种姓分衍出来的群体也属于社会精英，如库林、克沙特里亚·卡雅斯塔（Kshatriya-Kayastha）等等，他们的人口占到马拉提印度教人口的35%左右。

虽然马拉提人中的婆罗门种姓人口只占总人口的4%，但却在社会文化生活中产生了巨大的影响，六个大的亚种姓萨拉斯瓦特、德萨斯塔、耆特巴万、德斐鲁克、卡哈德和达伊瓦登亚雅的社会地位都位列其他种姓之上，几乎每一个亚种姓中都出现过杰出的政治家和文学家，传统印度教社会等级中婆罗门种姓专属的文化领域基本上还是婆罗门种姓成员的天下。

马拉提人中最大的群体是源于吠舍种姓的昆毗种姓，事实上昆毗只是一个泛称，之下又可再划分数量众多的亚种姓，如施毗（Shimpi，意为裁缝）、苏塔尔（Sutar，意为木匠）、特里（Teli，意为榨油匠）、纳布伊克（Nabhik，意为理发匠）、马利（Mali）、科施提（Koshtis）、果拉·库巴尔（Gora Kumbhar）等等。从称呼中，我们可以弄清楚一些群体成员的传统职业，尽管他们中的大多数人今天已经不会严格遵照祖先的职业分工，但是昆毗种姓至今仍然从事主要的社会生产活动这一传统格局保持不变。

在马拉提人中还有一个占总人口11%的达利特群体。达利特（Dalit）一词来源于梵文，其原意是"底层"、"被割裂的"、"打成碎片"等，19世纪一位名叫富勒（Jyotirao Phule）的人首次使用这个词来描述深受再生种姓歧视的"不可接触者"。[①] 事实上，达利特并不是只存在于马拉提族群中，但是马拉提族群群体中的达利特人数却非常巨大，他们的状况也比较典型。且不说历史上达利特成员只能从事诸如制革、搬运垃圾和尸体、屠宰等下贱的工作，被排除在印度教宗教活动之外，就是在独立之后，与其他种姓相比，达利特成员仍然处于不平等的地位，不可以饮用公共水井里的水，孩子们不可以与别人在一个教室上课、不能进入印度教庙宇等等的

[①] 参看 Oliver Mendelsohn, Marika Vicziany, *The Untouchables: Subordination, Poverty and the State in Modern India*, Cambridge: Cambridge University Press, 1998, p. 4. 达利特（Dalit）在历史上被称为贱民或不可接触者，印度独立后，宣布不可接触制为非法，所有属于这一阶层的人都归于表列种姓，他们自称达利特。

规矩依然在很多地方存在。尽管这一群体也曾出现过像 B. 安倍德卡尔博士这样杰出的人物，但是大多数都处于社会最底层，从事别的种姓不愿意做的工作。

很显然，在马拉提人中，种姓制度较为完整地保留下来，原先不同种姓之间的职业分工、社会地位格局仍然清晰可见，而马拉提人中的族群分支结构也基本上与种姓制度结构相匹配。

如果我们将马拉提族群中的穆斯林和其他宗教信众的情况也纳入观察的范围，就会发现同样的表现，即种姓制度在各个纵向和横向层面上把这一族群的不同支系分割开来，形成一个复杂丰富的社会结构体制。

与马拉提人的状况不太相同的是锡克人。锡克人虽然在人数上没有前举的马拉提人多，但也有2500万之众，仅在印度境内就有近2000万人。[1]与多数印度的族群成员在宗教信仰上的多元性不同，锡克人最核心的标志就是必为锡克教徒，"信奉唯一的不朽神明（埃克·昂卡尔，Ik Onkar）、十个古鲁，遵循十个古鲁的教诲和十个古鲁传承的仪礼，并且不信仰别的宗教"[2] 等成为每一个锡克人的精神信条，也成为这一群体的文化和心理凝聚纽带。作为一个族群，锡克人坚信人人平等、天下人皆为兄弟，这与印度教主张的人生来就被划分为不同种姓、各自社会地位不同、行为规范标准因种姓而异的观念大相径庭。独立后，锡克人成为印度民族的一个族群，但是在基层，锡克人仍然保留了很多自己的传统制度，如男女平等、男性都叫辛格、女性都叫考尔，以此来强调所有锡克人都是一家人的信条。锡克人内部也划分为一些规模更小的群体，如贾特（Jatts）、塔尔崁（Tarkhans）等，各个群体间同样有职业分工的差别，但却不像种姓制度那样，把一些职业看作下贱的、不洁的。这些支系群体间很少包含社会地位高低的意思，不同群体之间的婚姻限制也不严格，特别是不必遵守种姓制的各种等级森严的规定，对这种情况有一句话说得就很形象："贾特和塔尔崁并排坐在一起进餐。"

在印度的很多部落民都拥有自己的社会文化传统，同时也较少受到印度社会文化的影响，保留了许多自己的古老传统。随着时间的推移，有一

---

[1] Census of India, http://www.cesusindia.gov.in/2008-04-04.

[2] Sikh Rehet Maryada: The Code of Sikh Conduct and Conventions, http://www.spcg.net/rehatmaryada/sectiou.oue.html. 2008-11-06.

些部落民特别是那些人数较多、分布较广的较大部落逐渐接受了印度教文化的影响，其社会结构也会发生相应的演变。

从总体上看，印度大多数族群都可以归到马拉提人这一类型当中，也就是说，在印度，族群结构与种姓制度结构存在着一种内在的紧密联系。

第三，社会发展水平的影响非常重要。在今天的印度，各个地区之间的社会发展水平并不平衡，特别是城市和乡村之间存在相当大的差异，这就造成即使是同一族群成员，因生活在不同发展水平的区域，其社会结构也表现出很大不同的情况。一般来说，在城市特别是经济文化发达的中心城市，各族群之间、各种姓之间的界限已越来越淡薄，取而代之的是由职业领域（如白领、蓝领）、社区等为纽带的新型群体，原先的许多社会规范如婚姻禁忌、饮食规矩等日渐松弛，一些在传统种姓制度规范中不可逾越的限制如跨种姓的婚姻在 IT 行业已是习以为常的事。[①] 但是在农村有许多传统的制度仍然在发挥作用，而且越是落后封闭的地方，传统的东西保留得越多。

有人注意到，这里有一种非常有趣的现象，那些生活在城市的人们如果回到自己位于乡村的老家，往往又会舍去已习惯的城市生活规范而遵从农村中保留的传统，这也从一个侧面深刻地说明印度族群传统社会结构的稳固性和当前社会结构的多样性。研究者还发现了这样一种现象，即政治发展往往会极大地冲击传统观念和生活习俗，而且这也往往与经济发展具有某种内在的相关性。例如北方邦是印度人口最多的地区，在一些农村地区依然保持着相当严格的传统生活秩序，不同种姓之间必须恪守由分割、分层观念而来的交往禁忌，村社组织的主要职能之一就是维护这种社会秩序。特别是不同种姓成员之间的共餐、通婚是被严厉禁止的，近年来媒体时常披露那些基层组织纵容甚至支持迫害违反禁忌暴行的恶性事件。笔者在接触某些受过教育的人士时，也常听到"我不赞同种姓制度，但我绝不和低种姓的人同桌进食"的说法。但是在经济状况相对较好，特别是政治民主发育更加充分的喀拉拉邦，情况就有些不同。生活在这一地区的主体族群是玛拉雅兰人，尽管大多数人也是印度教信众，但却对印度教的某些规定不那么严格地遵守。这里有一个很典型的例子，圣雄甘地在 20 世纪前

---

① ［英］爱德华·卢斯，张淑芳译：《不顾诸神：现代印度的奇怪崛起》，中信出版社 2007 年版，第 224 页。

半叶走访喀拉拉时，与古鲁斯里·纳拉雅娜讨论种姓的合理性问题时，甘地指着院内的芒果树说，没有两片树叶的形状是一样的，以此来暗喻种姓划分是符合自然的。而纳拉雅娜则摘下两片叶子揉碎，之后告诉甘地，叶子的差异只在表面，它们的汁液是完全相同的，其说："一个种姓，一个宗教，一个上帝，所有的人，具有同样的血液形体，人与人并无差别。动物只有同一种属才能生衍，因此人类属同一个种姓。"[1] 这种有悖于传统印度教的观念对生活在这里的人们的日常行为也产生了微妙的影响，不同种姓成员之间的通婚现象并不像在前述地区那样总是受到严厉的惩罚，某些社群组织甚至成为主张改革社会习俗的最活跃的力量。[2]

总而言之，印度民族社会结构的最突出特点就在于，其最高层面是单一的、统一的，由法律和行政管理手段来确认和维护印度民族或国族的一元性，这种法律、行政体制对于国族之下的其他层次结构也在发挥作用，一直延伸到基层的潘查雅特。而在国族之下的各个层级结构就呈现出多元性，而且越往下走，这种差异性就越明显。这不单是因为各个群体的划分和认定标准不尽一致，还因为干预和影响群体生存的因素多样而复杂，就社会结构而言，其与种姓的、宗教的、行政的组织结构混在一起，同时又常常是传统与现代、城市与乡村发展现实的混杂，因此其形式不可能像国族统一，更重要的是其运作模式和规则也各不相同。不过就其功能而言，国族与族群及其支系却大同小异，那就是维持各层群体内部的稳定，协调本群体与其他群体乃至整个社会的关系。当然，这种社会结构有稳定和动态两重性，本节着重分析了稳定性，而动态性将会在以后的部分涉及。

第二节 印度民族经济

当今印度正处在一个经济快速发展的时期，不仅其经济增长速度长时

---

[1] P. J. Cherian, ed., *Perspectives on Kerala History: The Second Millennium*, Vol. II, Part II, Thiruvanthapuram: Government of Kerala, 1999, pp. 479-480.

[2] 参看 P. M. Mammen, *Communalism V S. Communism: A Study of the Socio-Religious Communities and Political Parties in Kerala, 1892–1970*, Columbia: South Asia Books, 1981, pp. 55-63.

间保持在世界前列，而且在经济发展的健康度（包括产业结构、经济发展驱动力、一些微观经济数据等等）上也呈现出良好态势。学者们在研究印度经济的发展状况时，除了关注它的资源因素、政策因素以及国际因素之外，也很重视其人力因素，"民族特质"等被包括于其中。此外，人们也注意到今天的印度经济依然带有十分明显的"混合经济"的特点，只不过不再是印度独立后相当长时期内那种类型的混合经济①，而是尖端的现代高科技产业与原始的采集狩猎活动并存、现代化都市经济与传统的山村经济同处的混合制。这一方面体现出印度经济发展的极端不平衡；另一方面也使得印度民族经济多样性、混合性的特点十分突出，而这又与印度民族多元性的特性是一致的。

在下面的部分，我们准备从两个方面展开讨论：一是从宏观视野探讨印度民族在经济发展中的角色；二是从具体层面探讨印度各族群的特点，特别是那些尚处于较低发展水平的族群和部落所从事的特色经济活动。

必须说明的是，印度民族经济活动是极为丰富和复杂的，在一节的篇幅中哪怕只是做一个全景式的描述也是非常困难的，我们只想从提供印度民族经济社会文化发展概貌的角度进行粗线条的探讨，因此只能是以点带面，起到管中窥豹的作用。

在观察和分析当今印度经济的最突出成就和特点时，研究者们对两种现象给予了特别的强调，一是其带有超前发展特征的产业结构模式，二是其最为自豪的 IT 产业。

从印度经济开始快速发展的 20 世纪最后 10 年开始，其产业结构就呈现出一种与传统发达国家和东亚、拉美许多快速发展的新兴国家有所不同的发展模式，以制造业为代表的第二产业从未成为经济结构中规模最大的产业，而以服务业为核心的第三产业所占比重长期占据第一的位置。到 2004 年，第三产业在 GDP 中所占比例达到 52%，超过前两产业的总和，在此之后不仅继续保持这一态势，而且每年第三产业的增长率和对经济增长的贡献力也居前列，② 包括印度研究者在内的许多人认为印度有可能走

---

① 印度独立后，以尼赫鲁为首的经济规划委员会将印度经济发展定义为公私并存的、政府管制下的、以公营部门为主导的混合经济。参看孙士海主编：《印度的发展及其对外战略》，中国社会科学出版社 2000 年版，第 99—118 页。

② 参看亚洲银行历年公布的统计数据。

出一条超越工业化,直接从农业社会跨越到信息社会的发展道路。

之所以出现这种情况并不是一种偶然现象,事实上早在印度独立之前,服务业在经济结构中的比重就已经位于农业之下工业之上而居于第二的位置。其实南亚的其他几个国家如巴基斯坦、斯里兰卡、孟加拉国等的第三产业在 GDP 中所占比重也超过另外两个产业,在有的年份,一些南亚国家第三产业在国民经济中所占的比例甚至高过印度(1988 年,第三产业在 GDP 中所占比重印度为 40.7%,巴基斯坦为 49.6%,孟加拉国为 49.0%,斯里兰卡为 50.5%。2005 年印度为 53.6%,巴基斯坦为 53.3%,孟加拉国为 54.5%,斯里兰卡为 55.7%)。[①] 这里有一个因素不能忽视,那就是英国殖民统治时期,上述四国都是殖民地国家,其经济都是大英帝国经济的一个附属部分,在英帝国的经济发展布局中,这些国家只能扮演一个服务性的角色,因此印度以及上述南亚国家第三产业的优先发展有着其历史的原因。但是我们也应该看到,印度拥有优先发展服务业的人才资源和经验,从而能够保证服务业的发展优势是一个不争的事实。印度独立之后,快速发展第三产业成了政府的一个优先选择,特别是在 1991 年全面经济改革之后,这种优先发展的趋势更加明显,在印度领导人那里也得到了明确的表述,第三产业跃升至第一的位置、一个产业总量超过另外两个产业的综合这样骄人的成果也是在独立之后才取得的。因此,从某个角度来讲,第三产业特别是服务业的发展优势是印度民族努力奋斗的结果,在今天也已经成为印度民族经济的一个重要标志。

与第三产业的快速发展相比,IT 产业更是成为印度经济的骄傲。据统计,在 20 世纪最后 12 年里,印度软件业的平均年增长率为 57%,几乎是美国同类产业增长率的两倍。到 2004 年,印度的 IT 产业规模仅次于美国,位居全球第二。[②] 到 2010 年其软件产值可达到 637 亿美元,在 GDP 中占到 5% 的份额。微软创始人比尔·盖茨就曾经预言,未来的世界软件超级大国,不是美国,不是日本,而是印度。[③] 一些西方经济学家也指出,印度

[①] 此数据来自朱晓刚:"印度产业结构的亮点",《科学决策月刊》2006 年第 2 期,与前列数据略有不同。

[②] K. G. Radhakrishnan, "India's Adolescent Software Industry", *Far Eastern Economic Review*, May 2006, p. 45.

[③] 引自刘林森:"印度:在亚洲扮演信息技术大国角色",《WTO 经济导刊》2005 年第 1—2 期,第 123 页。

人正在IT产业领域创造一个经济奇迹。

在分析印度经济的上述特征时，政策的选择、时机的把握、外部条件的促进等都被予以充分的重视，还有一个也许更为重要的因素是不能被忽略的，那就是印度民族所具有的秉质。

作为一个创造了数千年文明并为世界文明作出过伟大贡献的民族，印度人的某些特点十分明显。

首先是杰出的语言能力，由于语言种类繁多，为了能够更好地相互交流，今日印度受过正规教育的人都必须是几种语言的掌握者：本人所属族群的母语或方言，所生活地区的官方语言（它也往往是学校教育中使用的语言），与相邻族群交往所使用的语言以及——也许是最重要的——英语，这种情况在全世界各国特别是亚洲的发展中国家中十分罕见。由于十分特殊的原因（英国的殖民统治、英语教学的推行、无全国通行的统一语言等），英语几乎成为事实上全印通用的官方语言和学术、科技语言，29%的印度人能够比较熟练地运用英语，印度人利用这一条件成为全世界都能接受的产品（主要是服务业的产品）的提供者。这常常被称为"印度的幸运"。[1]

第二是杰出的抽象思维和数学能力。印度人常常被形容为一个喜欢冥想的民族，许多宗教在这里产生，丰富的哲学思考构成印度文化的重要组成部分，林语堂先生在他20世纪出版的《印度的智慧》一书中写道："印度在宗教和想象文学方面是中国的老师，在三角学、二次方程式、语法、语音学、《一千零一夜》、动物寓言、象棋以及哲学方面是世界的老师。"[2] 印度人在数学方面的天赋也得益于教育，例如印度小学生并不像中国小学生一样只背诵乘法"小九九"口诀，而是被要求熟记1乘以1到19乘以19的口诀。印度独立之后较为完善的现代教育体制特别是高水平的高等教育体制充分发掘出印度民族的这些优势，培养出数量庞大、素质优秀的人才队伍，形成了一直活跃于印度本土和美国的IT产业精英群体，以及服务业的高素质从业队伍。

第三是印度所固有的社会职业分工传统在无形中造成了这样一种行为

---

[1] 参看 Edward Luce, "India's Fortune: The Prospects of a Country on the Rise", *Foreign Affairs*, July/August, 2009。

[2] 林语堂著，杨彩霞译：《印度的智慧》，陕西师范大学出版社2008年版，第8页。

习惯，很多人安于从事自己（甚至是祖辈）所从事的职业，使之有可能精细化、专门化，而服务业中的许多具体行业正需要这种职业化的素质。

从某个角度可以这样说，印度民族精神和民族性格中的某些特质使其具有了发展服务业特别是 IT 产业的优势，这也塑造出现代印度民族经济的一个最有成果的领域。

当然，第三产业和 IT 产业只是印度经济的一个部分。事实上从就业规模来看，直到 20 世纪末仍有 74% 的人口生活在农村，农业仍然是印度的主要劳动力市场。[1] 农业、工业以及包括服务业在内的其他经济行业一起构成了印度的国家经济体系，也就是印度的民族经济基本框架，这与其他民族没有什么本质的区别。

印度民族还有一个特点是研究者经常提到的，那就是其所具有的宗教虔诚。虽然印度人分成了不同的宗教信众群体，但是绝大多数人都信仰一种宗教，对精神生活的追求往往占据了他们整个生活的首要位置，由此出现了以下两种情况。第一种情况是对物质追求的有限性，反映在经济活动中就是并不总是把有形的经济成果（例如产量、GDP 等）指标看作人生最大的追求，例如那些虔诚的婆罗门只是在人生的一个阶段（家居期）从事经济活动，并且只是把这个阶段看作接下来的宗教修行阶段的准备而已。第二种情况也是更为重要的，即经济活动的目的并不仅仅局限于满足物质需求，其中很大部分的经济成果被用作宗教活动，或是与宗教相关的社会活动。这种精神追求高于物质追求的倾向很容易产生经济发展的满足感，这大概也可以算作"印度教徒式"增长的一种原因吧。另外，种姓制度所固有的职业分工和继承性也大大影响了各个族群的经济活动。从 20 世纪末开始，上述印度民族心理倾向和传统发生了很大的改变，在年轻一代以及某些政治家群体的心目中，经济发展的重要性已经大大提升，各个社会群体成员在经济活动中的分割也明显减弱，但是这一已经延续了几千年的民族特性及其影响远未消失。

与前面所列举的印度社会的结构状况一样，印度民族经济只有某种宏观层面的一致性，而在具体行业或是对于那些族群以及之下的分支来说，多样性成为最引人注目的特点。

---

[1] Robert L. Hardgrave, Jr., Stanley A. Kochanek, *India: Government and Politics in a Developing Nation*, Orlando: Harcourt Brace & Company, 2000, p. 7.

首先，由于每一个大的主要族群成员都会同时分布于某一区域的城市和乡村，所以他们所从事的行业也涵盖了主要的经济行业，各族群之间并没有什么具有实际意义的区别。虽然也有人喜欢强调古吉拉特人长于制造业和经商、旁遮普人是优秀的农民和商人、孟加拉人有不少是工厂（场）中的熟练技工、拉贾斯坦人精于手工制作等等，但实际上这些描述往往反映的是历史而且主要是农业经济背景下的状况。例如孟加拉盛产黄麻，又曾是英国殖民统治的中心，麻纺业和制造业相对比较发达，熟练工人多也是自然的。事实上孟加拉地区又是英国人推行土地制度改革比较彻底的地区，由此还催生了一个土地所有者阶层，他们人数不多，但却十分富有。又如拉贾斯坦出产宝石，畜牧业比较兴旺，手工业发达也在情理之中。

由于历史上印度一直是一个农业经济占主导地位的国家，因此绝大多数族群都以农业（包括畜牧业、渔业等相近行业）为主。然而在今天，这种情况已发生了很大的改变，地区之间的经济结构差异已经出现了逐渐缩小的趋势，因此各个大的族群之间在民族经济上也表现为趋同的特点。

其次，虽然一些新兴的高技术行业并不为某些特定的族群所专属，例如 IT 业的队伍就由来自印度的各族群成员共同组成，但是行业的地域分布格局也会或多或少地影响到居住于这一地区族群的经济结构。古吉拉特人的情况就有一定的代表性。历史上古吉拉特邦与其他地区一样以农业为主，因此务农为其主业，另一部分古吉拉特人则从事商品贸易活动，他们的足迹甚至远至海外。由于这个邦自然资源比较丰富，其他地区缺乏的油气和一些矿产在这里都有分布，因此近代工业在这里也就有了较快发展。独立后，印度一些著名的企业集团在这个邦建起汽车、钢铁等工厂，信息产业也成为这个邦最有竞争力的产业之一，因此也有部分古吉拉特人成为软件工程师、制造业工人、银行家等。类似的情况在印度南方的一些邦也同样发生过。这种现象虽然不能说已经具有了族群经济的特点，但已造成不同族群之间出现经济上的差异却是一个不争的事实。

在讨论印度民族多样化的现象时，最能体现这一特色的是那些仍处于较低发展水平的部落民经济，主要原因在于他们大多聚居于交通条件相对较差的地区，与外界交通不便，受到的现代化冲击相对要小一些，反映在他们的经济发展上，其相对封闭性、保守性以及变化的缓慢性就表现得比较明显。这些部落民大多还处于自然经济发展水平，历史的、地域的烙印仍然深深地留在现今经济活动的各个方面，更加凸显出民族经济多样性的特点。下面我们选择不同地区的几个部落民的经济活动情况加以描述，以期大致勾画出一个多样化经济的轮廓。

生活在印度东北部梅加拉亚邦的加洛人（Garo，也译为加罗人）总数约为 40 万人，是一个表列部落。因此加洛人的五个大的分支桑玛（Sangma）、玛拉克（Marak）、摩旻（Momin）、阿棱（Areng）和施拉（Shira）都分布于加洛山地区，属于农业部落，因此各个分支群体在经济结构、生产技术、生活方式等方面都具有相当的一致性。

许多加洛人自称曼德（Mande）或阿契克（Achik），意为山地人，这与他们的山区农业经济方式存在某种内在的联系。加洛人的村寨一般由 50—60 户人家组成，村寨旁有水源以供取用，在村寨的中央有一块平地，是村中议事、祭祀和举行庆典的地方，各家的房屋都面朝广场，形成一个有规律的布局。由于地势不平，建房时要先用树干在地上打桩，然后再在上面建盖竹木结构的住房，顶覆茅草或竹叶，正房中央有一个火塘，白天家人在此吃饭饮茶，晚上也围着火塘入寝。加洛人直到很近的时间仍保留着刀耕火种的农耕方式，冬天砍倒一片树林，待其干燥后放火烧荒，然后在新开垦的荒地上播种。砍刀是他们最主要的生产工具，种植的主要粮食作物包括旱谷、玉米等，同时也在粮食作物中间种一些经济作物和蔬菜，棉花种植比较普遍，是他们的重要货币收入来源。随着农业技术的进步，加洛人在灌溉条件好的地方种植水稻，黄麻也成为另一种重要的经济作物，在很多地方，牛耕已经成为最有代表性的耕作方式，牛还是加洛人常用的运输工具。

在独立前，加洛人手工制作一些生活必需品，如生活陶器、砍刀和锄等，家庭手工纺织和编织也基本上能满足日常之需。

加洛人还用自己的部分农副产品去交换自己无法生产的用品，如牛猪羊等家畜、盐、布以及其他必需的生产生活物资，他们生产的棉、辣椒、虫胶、木材和其他山货很受其他地区居民的欢迎，也就成为用来交易的主要产品。[①]

在这些生产活动中，妇女的地位很高，她们不仅在农业生产活动中充当重要角色，而且在手工业和商业活动中也十分活跃。因此，从加洛人的

---

① 参看 L. S. Gassah, ed, *Garo Hills: Land and the People*, New Delhi: Omson Publishers, 1984。

社会组织和生活习俗中仍可看到母权制的一些影子：家中事务的最高决定权在老外婆手中，财产继承问题上，女性也享有某些优先权。

在现代经济的冲击下，加洛人的传统根基也出现了动摇，一些人到外地的茶园、咖啡和胡椒种植园打工，成为农业工人，其人数已经占总人口的8%左右。另一些人（比例与农业工人大体相当）则成为政府部门或其他行业的雇员，不过由于受教育程度较低、以及所需要的专业技术培训等问题，他们中的大部分只能从事简单的体力劳动或服务性的工作。不过尽管出现了这些变化，加洛人中的大多数（占人口的83%以上）仍然是传统意义上的农民。

加洛人的这种经济生活在印度东北部特别是山区并不罕见，一些人数相对较多的族群（或部落），如那加人、米佐人、波多人、米里人（Miri）、库基人（Kuki）、卡西人、特里普拉人等等都大部分或部分处于与加洛人相同的状况之下，这是由他们生活环境和历史文化的相似性决定了的。他们的传统经济生活所体现出来的地域性特点，还可以从与其相邻的孟加拉和缅甸的某些部落民的经济生活特点中得到印证。

毗尔人是印度人数最多的表列部落之一，其分布很广，由于他们居住地的自然条件与前述的加洛人很不相同，因此虽然毗尔人也以农业为主要经济生产部门，但在很多方面却体现出自己的特点。

由于缺少木材，许多毗尔人的住房用土垒墙，房顶用木板、竹子、树叶以及茅草等各种材料覆盖。不同的房间分别用作卧室、厨房，院中盖有专门饲养牲畜的棚子，这样在高温的夏季就可避免过于恶劣的气候影响住宿条件。在很多毗尔人的房屋后面还建有蓄水池，以备旱季使用。

由于毗尔人聚居地区农业开展比较早，所以他们掌握的农业技术也比前述的加洛人更先进一些，牛耕已非常普遍，种植水稻、麦、豆等多种粮食作物以及一些经济作物。畜牧饲养业非常普遍，毗尔人在生产活动中的最大困难是许多人处于无地状态，因此他们中的相当部分成员都成为农业工人。根据统计，生活在古吉拉特邦的毗尔人中，充当农业工人（包括短工）的人口比例高达69%。

很多毗尔人因是肉食主义者而饱受某些印度教高种姓成员的诟病和蔑视，据一些早期考察毗尔人状况的外国研究者记载，印度独立前，毗尔人的食物来源非常广泛，除了不食牛肉外，其他许多动物肉甚至包括一些昆虫都在比尔人的食谱之中。其实这也从某一个侧面反映出，历史上毗尔人由于生存环境比较恶劣、食品匮乏，不得不吃掉能够得到的所有食物。同时也可以看到，不食用牛肉表明他们对印度教的一些禁忌还是尽量去遵守的。印度独立后，随着环境条件的改变，毗尔人中放弃传统生活习惯，坚持印度教倡导的素食生活的人数不断增加。

毗尔人的手工业也不是很发达，但在不同地区的具体情况也不太相同。例如生活在拉贾斯坦的毗尔人就和当地人一样，善于制作色彩鲜艳的织物，也会制作一些粘土器皿。

随着现代工业的发展，很多毗尔人走进工厂车间，成为工人，这种情况在现代工业比较发达的古吉拉特邦更为普遍。

很显然，作为一个生活在印度教文化中心区，现代化进程迅速推进地区的部落民，毗尔人一方面保留着自己的经济生活传统，另一方面也不断融入到现代化进程中，呈现出很明显的过渡性，这种情况在很多生活于同一地区的族群或族群分支中都有所反映。

毗尔人的情况在印度特别是现代化进程已经广泛推进的地区有一定的代表性，许多属于表列群体或落后阶级的群体摇摆于传统与现代发展之间，特别是在经济领域，他们尚无法追上整个社会经济迅速推进的步伐。但是他们中的大多数又都面临一种困境：一方面他们深深意识到，传统的生产生活方式已成为阻碍自己物质发展水平提高，拉大与主流社会群体差异的重要原因；但另一方面又苦于找不到一条迅速摆脱落后状况的捷径，同时与传统生产活动相适应的传统文化又是本族群群体成员认同的纽带而不能轻易放弃。这种矛盾的状态是不可能在短时间里消除的。

尼科巴人（Nicobar People 或 Nicobarese）和安达曼人（Andamarese）都属于印度人数最少的族群，前者约2.2万人，而后者虽然在历史上曾达万人之众，但1999年仅余41个人，[①] 就是从广义上说，居住在安达曼群岛的土著居民也仅有五个部落，不到900人。与大多数部落民不同，尼克巴人和安达曼人的经济生活属于另一种类型。由于这两个族群都分散在印度洋中的尼科巴和安德曼群岛上，因此也造成了他们的经济生活具有一些独特之处。

一是封闭性。这里的任何一个岛屿都远离印度次大陆，特别是当地土著聚居的一些小岛只能靠小船与外界联系，因此生活在安达曼和尼科

---

① "*Tribes of Andaman & Nicobar*", http://www.indialine.com/travel/andaman/tribes.html.

巴岛的部落也就被认为是当今世界最不为人知的活态文化,与世彻底隔绝。现代经济生活在这些地方影响很小,他们自己的生活方式、文化、节庆、音乐和舞蹈,每一个方面都包含着古老、原始的韵味。例如居住在鲁特兰(Rutland)与小安达曼岛屿上的贾拉瓦(Jarawa)部落和昂格(Onge)部落,讲的是外人无法听懂的语言,穿着极为简单甚至裸体,真正意义上的农业经济尚未产生。社会组织也十分原始,人们在社会生活中不用靠法律来维持秩序,部落的传统习惯就可以起到有效地协调人们关系的作用。

二是经济生活的自然状态占据主导地位。在大一些的岛屿上,当地居民们已开始从事农业生产。如一些尼科巴人村寨已有上百人聚居,在这里,土地公有,由村社组织将土地分配给各家耕种。但是尼科巴人种植的农作物大多数为本地的品种,如木薯、椰子、当地的蔬菜等。而安达曼人则主要靠采集和狩猎为生。靠水吃水也是他们经济生活的一个重要方面,尼科巴人就经常划上带有支架的独木舟到海上去捕鱼,打渔的工具有钩、叉、网等多种。无论是尼科巴人还是安达曼人都善于打猎,天上飞的、林中跑的各种动物都是他们的捕猎对象。由于生产力水平低下,部落首领在经济生活中的地位很高,在一些尼科巴人中还保留着财产可由女性继承的传统。

第三也是由以上两个特点所决定的,就是这些族群的经济生活还处在相当原始的水平上。例如大安达曼人直到被外界接触时还不会使用火,而某些尼科巴人仍然保持着早期人类摩擦竹木片取火的传统。很多部落民甚至不穿衣服,被外人称为"裸族"。

近些年来,印度政府加快了在这个群岛的开发建设,特别是安达曼群岛的布莱尔港已具现代海港规模,也兴建了一些工厂,但对于分散居住于各岛的土著居民来说,其影响似乎是十分有限的。

如果说前面列举的族群经济表现出的是某种本族群内部的一致性特征的话,那么还有数量同样多的族群,其内部呈现出经济形态多样化的状况。

蒙达这一称谓既是一个语言支系,也专指生活在东北部到中北部广大地区的一个人数众多的族群。由于蒙达人历史上曾经历过多次迁徙,而且在今天也生活在自然条件和经济发展水平迥异的地区,所以其经济生活不仅反映出与某些主要族群或经济中心或城市的人们相比,都处于较为落后状态的这一特点，而且其内部（各支系之间、各地区之间）也存在着很明显的差异。

居住于乔塔纳格普尔（Chota Nagpur）高原的一些蒙达人支系（也有研究者认为他们并不是严格意义上的蒙达人，只是蒙达语族中的一个小的族群）仍然保留着相当原始的经济活动，按照通行的标准衡量，他们甚至还没有进入农业经济时代。这些族群成员平时以狩猎和采集为生，有时也将部分山货拿到集市上出售，以换取一些生活必需品。

与此不同，大多数蒙达人已经很好地掌握了农业技术（虽然一些村寨保留了刀耕火种的习俗，但另外一些村寨则先进得多），人们在河谷垦田修坝引水种植水稻，在山区则开垦出坡地种植谷类和玉米，牛耕已经十分普遍。从20世纪60年代开始，化肥已开始施用。不过在许多蒙达人村寨，传统的采集习俗仍然保留下来，被称为这些农户的第二职业。有人做过统计，蒙达人采集的植物种类多达147种，以此来补充粮食和蔬菜的不足。与很多山地族群一样，打猎也是蒙达人一项重要的生产活动，因此他们食用肉类，不过随着畜牧养殖业的发展，越来越多的家养牲畜和禽类成为肉食的主要来源。

蒙达人的手工业也有悠久的传统，陶器制作、木器制作、冶炼和编织都很发达，从很早开始就已出现专门的手工业者，用他们的产品换取粮食和其他食品。

在西孟加拉邦，有20.68%的人口是农业耕种者，另外25.8%的蒙达人仍在从事狩猎、采集以及其他与林产品相关的职业。而在奥里萨邦，34.74%的蒙达人是有地农民，少量人进行畜牧饲养等工作，而占人口比例最高（38.79%）的部分已成为工人，其中约10%的人直接从事制造业和建筑业，这在很大程度上是因为奥里萨邦的蒙达人聚居地区是印度资源最丰富的矿区之一，全印度40%的铁、80%的煤、几乎100%的铜、100%的磷灰石以及其他矿产品都出于乔塔纳格普尔高原，印度的一些钢铁、制造企业也位于这一地区，因此很多蒙达人都成为现代化企业的员工。

可见，本族群传统、自然环境条件和现代经济的影响成为影响各个族群，特别是发展水平处于相对落后状态的族群民族经济的三个最重要的因素。印度民族经济之所以反映出极端的多样性，其形态和水平几乎涵盖了从原始到现代的所有形式，就是某一个人口多、分布广的族群，也往往会存在各种不同的发展状况，其根本原因就在于上述三个影响因素的同时存在和不平衡。从一般意义上看,传统经济的影响在逐渐减弱,特别是当传统与现代正面相撞时,传统往往处于劣势,也常常被人们看作一种历史的包袱,越来越多的人都认识到经济生活的现代化是一种必然的选择,也真心地企盼这种变化能够早日实现。但是传统的影响又不可能迅速消失,例如现代化的经济活动对人力素质的要求要远远高于传统经济的要求,而人力素质的提高需要一个过程,也需要起码的资源投入,而这正是传统最为缺乏的。换句话说,经济发展水平的滞后与人力素质水平的相对落后互为因果,仅靠传统本身是无法解决的。同样重要的是,对许多经济发展相对落后的族群来说,他们无法从根本上改变自己居住的环境,至少不能在短时间内改变环境禀赋,但又不可能在环境条件没有根本改变时放弃传统,因为传统是长期与自然环境条件相适应的结果。

这就必然呈现出一种状况:随着现代化经济进程的推进,各个族群成员会产生越来越强烈的发展愿望,这种愿望有可能成为改变传统(包括传统经济方式、传统经济生活、传统观念等等)中与发展愿望不相适应成分的动因,而实现发展愿望的种种努力也会在改变人们的外在环境的同时,促使其内部环境发生变化,人的现代化意识、现代化素质的提高也就会到来。很显然,这将是一个十分漫长的过程。

第三节　印度民族文化

文化是一个难以准确定义的概念,而如果将这个概念与印度的实际相结合,就构成了更加难以定义和描述的课题。

如果我们要用一个简明的词汇来给印度民族文化做定性描述的话,"多元并存"大概是最为合适的。确实,印度是当今世界最具代表性的"民族文化博物馆"之一,其种类之多、内容之丰富是世界上大多数国家都无法比拟的。在本著作中,我们不可能对印度民族文化这个庞大的题目进行全面的描绘,而只能试图对其最有代表性的几个方面做一个粗线条的勾勒,以此投射出印度民族文化最突出的特点,而这几个方面是宗教、语言、服饰、节庆以及最有特色的生活习俗。

和讨论印度民族结构和民族经济一样,最大的挑战来自于对其特点的把握，虽然我们可以使用"多样化"这样十分笼统的概念来贴上标签，但其究竟是哪一种类型的多样化，或者换个角度说，印度民族文化多样化的内在结构是什么，我们需要认真思考和归纳。因此，在列举出一些有代表性的现象之后，我们将在本节的最后部分作出必要的分析。

一、宗教文化

印度被称为宗教博物馆，印度人也有世界宗教教师之誉，有学者指出："印度民族心里特别喜爱宗教，并在宗教中获得充分表现，甚于任何其他各国。"[①] 无论从哪个意义上说，把印度喻为"宗教乐土"都是非常贴切的。

首先，印度拥有世界上人数最多的宗教信众，根据印度政府公布的2001年人口普查的数据显示，印度全国信教的人数占总人口的99%以上，也就是说，印度一个国家内的各种宗教信徒的绝对数量超过11亿，[②] 这是一个名副其实的世界第一。对于大多数印度人来说，宗教不仅是一种精神信仰，也是生活的最终目标和生命的最高境界，同时又是日常行为不可缺少的规范，从生到死都在发挥着重要的作用。对于印度民族来说，宗教不仅是他们献给这个世界的最大贡献之一，也是他们文化生活（包括诗歌、绘画、建筑、雕塑、戏剧、舞蹈等等）最重要的源泉。

其次，印度宗教种类很多，除了本土产生的印度教、佛教、耆那教、锡克教等之外，由其他地区传入的伊斯兰教、基督教、犹太教、琐罗亚斯德教等也拥有大量的信众。这里不仅有数量众多的原始宗教信仰遗存与经千百年成长而影响力极大的世界性和本土性宗教，也有近一两个世纪才诞生并发展起来的新兴宗教。而且每个大的宗教还分衍出许多小的宗教支系。

最后，这些不同的宗教流派共存于一块土地上，相互之间不可避免地会发生接触和交融，最终都带上了浓厚的印度特色，特别是那些从其他地区传入的宗教，既保留了本宗教的核心，也加上了印度的色彩，成为印度

---

① [英]查尔斯·埃利特奥，李荣熙译：《印度教与佛教史纲》，商务印书馆1982年版，第4页。
② 按照2011年人口普查数据，印度各种宗教信众总数为11亿9800万，接近12亿。

民族文化的有机构成部分。

印度教是印度第一大宗教，但如果按信众总数来计算，其是世界第二大宗教。今天随着印度海外移民的增加，印度教徒的分布区域也在扩大，部分南亚之外的其他国家的人也十分敬仰这个宗教以至少部分人成为他的信徒，然而它还是不能和基督教、伊斯兰教、佛教一样被看作世界宗教，其主要原因不仅在于印度人（也包括尼泊尔等一些南亚国家的公民）构成了这一宗教信众的绝对主体，海外印度教徒中的绝大多数也由印度移民族组成，就信众来说具有地域性特点，更为重要的还在于它所独有的印度特性。印度人民党领导人阿德瓦尼的一段话道出了其中的缘由："印度之所以成为印度，就在于它的古代遗产——印度教，或称为婆罗提耶（Bharatiya），如果民族主义剥去内核，就将失去它的活力。"① 他所说的民族主义的核心就包含印度教的民族性，也就是说，从严格意义上看，印度教是一种专属于印度民族的宗教。

著名的印度教研究者 A. 沙尔玛（Arvind Sharma，一般译作夏尔玛，本处从译者译名）在正确地指出定义印度教是非常困难的一件工作之后，给出了这样一种观点："印度教是范围广阔、兼容并蓄的——尤其是在印度文化的脉络之中。"他在《印度教》一书中将印度教称为种族宗教，并用其专指"印度的印度教"。② 有趣的是，正如布洛星敦总结的那样，印度教又是历史的产物，是印度次大陆这块独特的土地上生活着的人们创造出来的独特精神文化体系。③

印度的历史极为悠久，学者们认为次大陆西北部的印度河流域文明和更早时期的南部及安达曼群岛上的文化都对其产生过影响，例如对湿婆神和牛的崇拜、某些宗教仪式等。不过印度教最直接的起源应为从西北方迁入印度次大陆的雅利安人的原始宗教，在这个被称为吠陀宗教的文化体系中，包含了最重要的宗教经典，与此同时，反映印度早期历史和民族精神的史诗《摩诃婆罗多》和《罗摩衍那》也先后成为定本。从公元前 7 世纪起，从婆罗门教（由吠陀宗教而成的较为成熟的宗教）中分化出一些力主

---

① Y. Malik & Singh, *Hindu Nationalists in India*, Bouldor, Co: Westview, 1996, p. 41.
② ［印］沙尔玛著，张志强译：《印度教》，上海古籍出版社2008年版，第3、10页。
③ 参看 J. L. Brockington, *The Sacred Thread: Hinduism in Its Continuity and Diversity*, Edinburgh: Edinburge University Press, 1981, pp. 2–7.

改革的教派，其中佛教和耆那教的影响一度十分强大，为印度古代文化留下了许多辉煌的文化成果，前者后来还发展成为世界性宗教，特别在印度周边地区产生了深远的影响。在与这些流派的并存和交往过程中，婆罗门教也不断自我改造，并最终在笈多王朝时期（公元320—630年）成功复兴，新婆罗门教也被正式称为印度教，并在南亚次大陆上确立了自己的绝对优势地位。虽然在这前后犹太教、琐罗亚斯德教、伊斯兰教和基督教等许多外来宗教先后进入次大陆，而且有些宗教还在某一段时间在政治上占据了统治地位，但是印度教一直保持着民族宗教主流的位置，这种情况在西方宗教进入之后也没有发生改变。在印度沦为英国殖民地后的第一次人口普查时，印度教徒在总人口中的比例为75.09%，就是到1941年英国殖民统治当局进行最后一次人口普查时，这个比例仍然是69.46%的绝对多数。[①] 印巴分治之后，印度教在印度人口中的比例更是一直保持在80%以上的高位，2001年人口普查时是81.4%，其总数达8亿2758万人。[②] 2011年人口普查时，这个比例依然保持在80%以上，也就是说，今天信仰印度教的信众已经超过9亿，直逼10亿的关口。[③]

　　研究印度教的名家、印度前总统拉达克里希南在谈论印度教时指出："对印度教徒来说，宗教是心灵的体验或心态。它不是一种想象，而是一种力量；不是一种理智的命题，而是一种生活的信念。"[④] 而这种力量和生活的信念来自民间并深深扎根于民众之间。印度教与基督教、伊斯兰教和佛教三大世界性宗教相比有一个鲜明的不同之处，就是它没有一个明确的创始者或创始群体，这就意味着它是在十分长久的历史进程中从传统、在民间逐渐萌芽、成形、完善的。正如有学者总结的："印度教的教义并非某个教主所独创的思想体系，而是在社会长期发展过程中，程度不同地吸收各派宗教理论、哲学和民间习俗等综合而成的。"[⑤]

　　印度教给人的第一印象是多且杂。拉达克里希南认为：在印度教中包含着"各种各样的、有时甚至是互相矛盾的教义"（事实上，印度教并不

---

① 参看 Kingsley Davis, *The Population of India and Pakistan*, New York: Russell & Russell, 1951, p. 178。
② 参看印度政府公布的2001年人口普查数据。
③ http://www.worldpopulationstatistics.com/india-population-2013/.
④ A. L. 巴沙姆主编，闵光沛等译：《印度文化史》，商务印书馆1999年版，第91页。
⑤ 陈峰君主编：《印度社会述论》，中国社会科学出版社1991年版，第137页。

只是教义上存在多样性)。但他同时也指出:"当我们把注意力转向隐藏在教义背后的精神生活、虔诚以及努力时,我们会认识到同一性,难下定义的自身同一性,不过,这种同一性决不是一成不变的或者是绝对的。"[①] 也就是说,无论是多样性还是同一性都是相对的,从某种意义上讲,印度教的多样性更能反映其本质特点,因为它所具有的同一性也不具有固定的、稳定不变的含义,印度教的同一性反映在其多样性之中。

这种多且杂首先表现为神明多。除了三位主神大梵天、毗湿奴和湿婆神之外,印度还有不可胜数的各路神明,包括自然的、超自然的,人形的、动物形的、植物形的,美的、丑的、凶的、善的等等,这些神明身上既有人类所难以企及的法力和能量,也有不少与人类相似的德行,如有感情、有个性、有脾气等。大梵天是创造之神,在理论上应排在众神之首,可是实际上他却很少受到信众的敬奉,地位远在毗湿奴、湿婆之下,究其原因竟是他在婚姻问题上犯了乱伦之错,有违道德(是人间道德),所以地位受到影响。很显然,这个例子表明印度教中的很多神其实是人们想象的产物,是人间社会在彼世的折射。正因为这样,印度教信众才会根据自己的喜恶来选择性地供奉神明,从而形成了各地供奉的神明并不统一的局面。

印度的许多神还有多个化身,例如毗湿奴就可以化身为罗摩、克里希那等12种形象,而湿婆的妻子乌玛的各种化身更是千差万异,有的美丽慈祥,有的狰狞恐怖,有的如凡人般纯洁亲近,有的似妖魔样凶残无情。不少神明还具有各种非人类甚至非动物的化身。这其中既包含有印度教轮回业报的哲学思想,也反映出印度人对丰富的世界万物的理解,并由此产生出难以数计的教派,而且许多教派之间界限模糊、难分彼此。

印度教之多的第二种表现是宗教经典多。与起源于南亚次大陆之外的宗教经典少而专的情况不同(如《圣经》是犹太教和基督教的基本经典,《古兰经》是伊斯兰教的经典等),印度的宗教文献数量巨大,除了被称为"天启圣典"的四部吠陀经《梨俱吠陀(RgVeda)》、《夜柔吠陀(Yajur Veda)》、《沙摩吠陀(Sama Vaeda)》、《阿闼婆吠陀(Atharva Veda)》之外,还包括篇幅更大的、与吠陀经配套的经典文献《梵书(Brahinanas)》、《森林书(Aranyakas)》和《奥义书(Upanisads)》,其中最后部分的《奥

---

① A. L. 巴沙姆主编,闵光沛等译:《印度文化史》,商务印书馆1999年版,第86页。

义书》不仅最宏繁，而且包含了极为丰富的哲学思考，被看作印度教经典的集大成者和哲学总结。①

除此之外还有许多部法经，与前述"天启圣典"没有作者的情形不同，这些法经是有作者可考的，不过许多法经的作者并不是凡人，如最有名的《摩奴法典（Manavadharmasastra）》就是由大神梵天始创，人类的始祖摩奴制定，再由他的后代波利牯（Bhrgu）传到人间。在印度语中经（Sutra）的含义非常广，不但包含大量的宗教经典（就是这些经典中也有许多关于世俗世界的论述和规定），而且有许多并非严格宗教意义上的著述如哲学、生活、技术等，其中就有人们所熟知的瑜伽经（Yoga Sutras）、爱经（Kama Sutras，又称欲经）等等，在印度人特别是印度教徒心目中，这些经典代表着神明的教诲，也是圣传文献的组成部分。

除了神的教诲，印度教还非常注重神或圣人的生平传说以及其中的内容，这一类的经典被称为往世书（Puranas），包括宇宙的毁灭、神的系谱、王者的世袭以及人类的大历史等。在18部往世书中，最著名的是《薄伽梵往世书（Bhagavata Puranas）》，其重点对毗湿奴的化身之一克里希那早期的生平做了大量的描述，同时也涉及到毗湿奴的其他化身功绩的歌颂，这也就使这部往世书成为毗湿奴派最重要的经典之一。印度人一般认为往世书的作者和史诗《摩诃婆罗多》的作者同为一人即毗耶婆（Vyasa），但大多数研究者认为并不真正存在这么一个人，而只是众人集体创作的结果。② 实际上，往世书中所探讨的问题是印度教对宇宙规律和人性本质的思考，反映在神明身上的矛盾性，如苦行与纵欲、高尚与卑劣、人形人性与兽形野性的交织折射出人间社会的多样性和矛盾冲突。印度教的许多教派也就是在这种认识基础上产生出来的。

印度的两大史诗被很多人认定为历史典籍，可是在印度教徒眼中，史诗也是印度教经典的一个组成部分。《摩诃婆罗多》的大黑天神和《罗摩衍那》中的罗摩都是印度人心目中最重要的神圣代表，他们不仅用教诲（如大黑天与阿朱那的交谈），也用自己的行为（如罗摩的德行）传达了印度教中的有关人生真谛、道德诉求、行为准则以及哲学思考等各方面的观

---

① 起源于印度的另一个宗教佛教也具有经典浩瀚的特点。
② 参看 Wendy Doniger, ed., *Purana Perennis: Reciprocity and Transformation in Hindu and Jaina Texts*, Delhi: Sri Satguru Publications, 1993, p.130.

念，被看成百科全书式的"印度教世界有关讯息的储藏室"。① 其中作为《摩诃婆罗多》一部分的《薄伽梵歌》更是备受印度教徒崇敬的重要经典，为印度教徒所必备必学。《罗摩衍那》不仅向人们展示了一位德行高尚的典范，而且通过猴王的事迹表达出印度文化中人类与自然共存互助的思想，这也成为至今仍然在延续的印度民风的一个认知基础。

印度教文献还有一个必须提及的组成部分就是其哲学文本，正如学者指出的："印度教从根本上来说只是在人的世界与超越的世界之间建立起联系的一系列技术。"② 思考宇宙自然的本源、人与自然的关系以及其中蕴含的规律是印度教圣者最为热衷的话题之一，由此产生了大量的哲学思考成果，除了《奥义书》体系之外，按照流派划分，在六大支派［尼约耶（Nyaya）亦称思维派、正理派、胜论（Vaisesika）、数论（Sankhya）、瑜伽弥曼差（Mimamsa）和吠檀多（Vedanta）］中，除数论外，都有各自的基本文典。就是数论也不是没有经典，据文献记载，数论的创始人就曾经撰写过长达60章的《六十科论》，只不过已经在历史中散失了。六大体系中最大的一支吠檀多学派也称后弥曼差派，在奉《奥义书》为圭臬的同时，也推崇《梵经（Brahma sutra）》和《薄伽梵歌》。除了这些原典之外，历代大师还做了大量的疏注评译，他们的著作也被后人加入了印度教哲学文库中。事实上，印度教中并不只包括前述的所谓正统学派，被认为是异端学说的顺世论（Lokayata）、生活派学派（Ajivaka）等也是其不可分割的部分，甚至自立山头的佛教、耆那教也被纳入到印度教（婆罗门教）的体系当中，这也就使得印度教哲学典籍的数量大大增加。确实，印度教经典的多且杂，在各个宗教中实属罕见。

印度教的第三多反映在宗教礼仪规范上。在印度教初期发展阶段即婆罗门教时期确立的三大支柱之一是祭祀万能，另外两大支柱是吠陀神授、婆罗门至上。与之配套的就是十分繁琐的祭祀礼仪，例如最重要的马祭就需要花费数天和大量的资源，由于其具有神圣复杂性，一个社会群体婆罗门种姓可以以此为业、以此为生。随着社会结构的分化以及社会群体数量的增加，各地区、各族群之间也逐渐地相应形成基本形式不变，但又具有自身地区、文化特点的宗教祭祀风格。它们在一些最基本的方面（如以吠陀

---

① ［印］沙尔玛著，张志强译：《印度教》，上海古籍出版社2008年版，第59页。
② 同上书，第41页。

经典为理论依据、婆罗门祭司主执宗教仪式等）始终保持一致，但在神明的供奉、具体程序上却各不相同。

与宗教礼仪同时存在的是更为复杂多样的生活行为规范，这些行为规范受印度教教义的深刻影响，是一种宗教性的世俗形式，也可以说是世俗的、普通人的印度教。① 在印度教徒看来，并不存在什么通用于全体人之中的统一规范，社会已经被分割为以种姓为标志的众多群体，各个群体的成员只能遵循适用于他们所属群体的行为规范，这样做的结果就必然是绝大多数规范的适用范围都有限，只能专属于某些特定群体。这种严格的种姓行为规范似乎只有在印度或南亚次大陆才能被严格遵守而不走样，一旦走出这一地区，就很难避免会发生变化。

印度教给人的第二个深刻印象是其顽强的生命力和深远的影响力。正如前面所叙述的，印度教是当今世界上最为古老的宗教之一，其历史比世界最有影响的三大宗教以及犹太教、琐罗亚斯德教等要久远。更为引人注目的是，印度教在其发展的历史中曾几经起伏但却能一直保持强大的生命力，当佛教、耆那教兴起时，印度教的前身婆罗门教一度隐身幕后，佛教以及耆那教的光芒几乎将其掩盖，以至于有人将孔雀王朝称为"佛教帝国"，这一时期最伟大的君王阿育王也有了法王的美誉。从公元 8 世纪初开始，伊斯兰教开始在信德地区传播，之后强力进入次大陆并先后建立了数个强大的伊斯兰政权，其中就包括统治了次大陆大部分地区的莫卧儿王朝。接替莫卧儿统治印度的是更为强势的西方国家，基督教文化也因此成为有官方支持背景的主流文化。然而，印度教并没有因某些外来宗教文化的挤压（如奥朗则布的强制和英国人的轻蔑）而走向衰落，作为印度民族文化的精粹，印度教在民众中有着无比深厚的基础——当其他文化如日中天或处于绝对强势地位时，它如同地火暗烧，锋芒不显；而一旦时机到来，它就会快速复苏，显示辉煌。

更为重要的是，"印度教的最大特色，即是其宽容性，而它曾经是印度教所特有的且高尚的教义"。② 它所固有的包容性或是多元宽容性可以使其在与外来文化的相处中不断丰富自身，从而能生生不息、源远流长。著

---

① 参看 A. L. 巴沙姆主编，闵光沛等译：《印度文化史》，商务印书馆 1999 年版，第 115—121 页。

② ［印］摩柯提瓦，林煌州译：《印度教导论》，东大图书公司 2002 年版，第 19 页。

名英国宗教研究者查尔斯·伊利奥特这样生动地描绘印度教的状况:"印度教常常被恰当地比作一个丛林。如同一个丛林之中,所有的土地都以自己的养分滋生自然生命,在植物、爬虫和寄生物之上生长的植物,比它自己的兄弟更为强壮。"① 因为具有这种包容性,印度教也能够走出其诞生地,对周边地区特别是东南亚地区的文化发展产生了巨大影响。②

印度教的第三个特征是其世俗性、实践性和社会性。研究印度教的学者都十分强调印度教徒实践中的家居期(Grhasthra)中包含的世俗意义,在生命的第二个25年中,印度教徒不仅要承担娶妻生子、养家创业的社会责任,还可以享受各种感官的快乐,在人生的三大目标中,爱(或称为感官的享乐)赫然与宗教实践达摩(Dharma,也译作法)、物质追求(Artha,也译为利)并列,只有这三者都做好了,才可能到达解脱(Moksa)的最高境界。在《欲经》中有这样的描述,造物主在创造万物之后,就把感官部分交予难迪神(Nandi)专司,可以借助于五种感官听、说、看、尝和闻而得以享受。要真正掌握爱的技巧和真谛,又必须学会64种艺术,包括唱歌、舞蹈、乐器演奏、绘画、额头装饰、穿衣、厨艺、缝纫、掌握各种生活技能、掌握多种游戏技巧、语言、体育运动等等。③ 很显然,在印度教文化中,爱不仅是一种本能,而且是人生真谛的一部分,是一种人生应该掌握的技巧。包括性爱在内的整个生活都被包括在宗教修炼和宗教生活之中,除此就没有完整的人生,也就无法实现生命的最高目标。

印度教的世俗性和社会性还反映在其与社会制度的密切结合上,种姓制度之所以能在印度延续数千年而不衰,根本原因之一就在于有印度教的支撑,后者在起源、价值观、精神信条以及行为规范细节等方面都为种姓制度的存在提供了基础保障,这也就使得印度教与民众的一举一动、一言一行都结合在一起,使信众不仅在特定的宗教仪式中,而且在平时的生活中都体味着、实践着宗教。

我们在前面已经提及印度教的众多神明,需要补充的是,在多达千万(一说3300万)个神明中,既有法力无边、神通广大的神灵,也有数量更

---

① 转引自邱永辉:《印度教多元文化》,社会科学文献出版社2009年版,第57页。
② 参看[英]查尔斯·埃利奥特(Charles Eliot,与前引伊利奥特为同一人),李荣熙译:《印度教与佛教史纲》,商务印书馆1982年版,第15—20页。
③ 参看 Kama Sutra of Vatsyayana, Translated by S. C. Vpadhyaya, Bombay: D. B. Taraporevala Son & Co. Private Ltd, 1990, pp. 76 – 79。

多的小神,他们或是某一大神的子孙,或是专司某一职责的侍从,甚至只代表某一种自然现象如太阳的光芒、火焰的热度等等。还有一些是半人半神的仙人,其中最为著名的要数毗耶娑,他是神的后代、王族的祖先,又是大史诗《摩诃婆罗多》的作者,在一些传说中,毗耶娑头发又长又乱,相貌怪异,以至于和他见面的人常常惊恐不已,他的孩子也因此不是瞎子就是脸色苍白,最终还发生了相互间的战争。① 这些反映在神身上的人性,或人身上的神性的现象虽然并不是印度独有的,但如此丰富的神系以及一直流传至今却很有典型意义,也充分展示出多彩的文化内涵。

　　印度教特殊的实践性特征(在拉达克里希南的文章中称为体验性),给信仰这一宗教的个人或群体烙上了异常鲜明的印度民族特性的印迹,对别的地区的普通民众来说,要么完全接受印度教的全部,成为这一宗教的皈依者,要么就只能成为一个旁观者。这就造成一种有趣的历史现象,印度教文化可以在外国创造文化奇观,如柬埔寨的吴哥、印度尼西亚的浮图塔群等,但印度教的礼仪和生活规范只能在到达海外的印度移民中流行,非印度民族群体的成员很少能够皈依成为印度教徒,倒是作为印度教异端的佛教能够吸引大量非印度民族成员,并在所到地区生根,成为世界性的宗教。

　　印度的第二大宗教是伊斯兰教,它拥有排行世界第二位的庞大穆斯林群体,如果将巴基斯坦和孟加拉也算上的话(历史上印、巴、孟同属一个地理行政单位,直到1947年才分开),南亚次大陆是全球穆斯林人口最集中的地区。在宗教教义和仪轨方面,印度穆斯林表现出相当大的一致性,与世界其他地区的伊斯兰信众没有什么明显的区别,但是伊斯兰文化传入次大陆之后也发生了嬗变,带上了深深的印度色彩。

　　首先,由于印度穆斯林成分极为复杂,其文化反映样式也就非常丰富多样,除最早将伊斯兰教带入印度次大陆的阿拉伯人之外,突厥人、波斯人、阿富汗人以及来自中亚的其他民族也在伊斯兰教传入印度并得到发展的过程中扮演过重要的角色,同时他们也把自己民族的文化因素混杂于此过程之中。例如将苏菲学派传入印度的胡吉伟利自己是一个阿拉伯人,为了成为一个真正的苏菲,他曾到过多个地方游学,其中在波斯住的时间很

---

① 参看[英]韦罗尼卡·艾恩斯,孙士海、王金庸译:《印度神话》,经济日报出版社2001年版,第157—162页。

长，并深受波斯文化的浸润，他后来从波斯出发前往南亚次大陆，最后在拉合尔度过了自己生命的最后 33 年，他的著作《神秘的启示》也是使用波斯语写就的。这种丰富的人生经历，使他的思想成为"一种能够兼容于正统派教义的神学思想"。对于伊斯兰教在印度走过的发展道路所具有的这种鲜明的印度特点，中国学者唐孟生总结为六条，其中的一些特点如主要在城市及周围地区传播、与统治者和正统派关系较为融合、以传播伊斯兰教义为首要任务等，都与东南亚、中亚的苏菲派发展状况明显不同。[1]

在印度，伊斯兰文化长期处于统治者文化的地位，在传播上占有一定的先天优势；但是传播的过程也就是接受大量印度本土文化影响的过程，是与印度本土文化融合的过程，同时还产生了许多融合文化的产品，这方面最典型的例子就是在原有本地传统语言梵文、阿拉伯语、波斯语等不同语言文字的基础上，衍化出印地语和乌尔都语，分别为印度教徒和穆斯林所使用。

其次，伊斯兰社会文化融入到印度传统社会文化中，构成今日印度社会和文化的有机组成部分。这方面最出色的代表就是被称为"印度文化名片"的泰姬陵，这个宏伟的建筑有着浓郁的伊斯兰风格，而在许多细部的处理上又表现出印度艺术的精致，是伊斯兰工匠与印度教工匠合作的杰作。与此相同的是，在伊斯兰教进入之前，印度已存在建立在印度教观念之上的种姓制社会，这种将社会分割为不同地位和层次的社会制度文化是与伊斯兰文化很不相同的。伊斯兰教的传入虽然也使许多处于下层又无力改变命运的低种姓成员找到了一条改宗之路，但并不能改变印度的种姓等级制度，相反，经过时间的打磨，印度穆斯林群体逐渐蜕去原来的制度文化观念，接受现实而成为新的、存在一定差异性的种姓集团，其他宗教也都遇到了同样的命运。

最后，从进入南亚次大陆之始，伊斯兰教就表现出多元化的趋向，这不仅与南亚所固有文化的多元背景有关，也与伊斯兰教在南亚次大陆大起大落的命运有关，特别是在近代，伊斯兰信众群体经历了由统治者到被压迫者、由社会中坚到边缘群体的转变，经过极为艰苦的争取平等政治权利的斗争，一部分人乘印巴分支、独立建国之机，成为巴基斯坦这个新生民族国家的主体，而留在印度的大多数人却没能彻底改变历史，沉沦为社会

---

[1] 参看唐孟生：《印度苏菲派及其历史作用》，经济日报出版社 2002 年版，第 36—40 页。

的弱势群体。这种命运多舛动荡岁月，使得印度伊斯兰教的宗教哲学、政治哲学和文化哲学都出现了明确的多元化倾向。① 相比很多其他地区的伊斯兰文化，印度（也许克什米尔地区除外）的伊斯兰教少了一些极端主义色彩，多了一些世俗化气息。印度最著名的伊斯兰学者之一 A. K. 阿扎德（Abul Kalam Azad）的一段话，道出了印度伊斯兰教多元化趋势的印度背景："从历史的黎明开始，印度思想就一直是综合性的，宽容每一种思想……我们实际上从来没有出现过这样的情况，即仅仅因为观点不同就相互冲突或打得头破血流。这是古代印度文化的优秀特质，是当代世界许多伟大的思想家所认可的。"② 很显然，作为一个有着丰富内涵的宗教文化体系，伊斯兰教原本具有自己的鲜明特色，当其进入印度这片多元文化共生共存的土地之后，少了一些排他性，多了一些包容性，最终与印度教文化一样，也成为一个具有"古代印度文化的优秀特质"的文化体系了。

锡克教是印度第四大人口宗教，据 2001 年人口普查统计显示，全印度共有锡克教徒 1922 万，占总人口的 1.9%，比基督教徒少了约 500 万人。但是锡克教在印度民族文化舞台上却扮演了一个十分独特的角色。首先，锡克教是一个本土宗教，却又是印度传统宗教印度教和外来宗教伊斯兰教共同影响的产物。中国的南亚宗教学研究者邱永辉就认为，巴克提（虔诚派）、苏菲和哈塔瑜伽这三股宗教思想和实践的潮流，综合起来就促成了一种新传统的出现。③ 国外学者更加明确地指出：许多强调锡克教与印度教有共同点的印度教评论者认为，严格地说，锡克教仅仅是印度历史上不时出现的印度教诸多改革之一。与此相似，基于诸如信仰一神和信徒间情如手足之类的教义，穆斯林的主张大意是说锡克教是伊斯兰教的一个支派。最后，西方的教科书中还流行着一种解释，即把锡克教看作一种折衷意向的产物，它试图把印度教徒与穆斯林的信仰融合在一个有利于彼此和解的体系之中。④ 锡克教的经典是《阿迪·格兰特》，亦称《格兰特·沙哈布》，锡克教徒的许多仪轨也确实将已有宗教礼仪和自己新的创造糅合在一起，例如锡克教男子必须履行五款义务，即蓄毛发（Kes）、加发梳

---

① 参看邱永辉：《印度宗教多元文化》，社会科学文献出版社 2009 年版，第 192—203 页。
② Khalig Ahmad Nizami, *Maulana Azad: A Commemoration Volume*, 转引自邱永辉：《印度宗教多元文化》，社会科学文献出版社 2009 年版，第 202 页。
③ 邱永辉：《印度宗教多元文化》，社会科学文献出版社 2009 年版，第 120 页。
④ A. L. 巴沙姆主编，闵光沛等译：《印度文化史》，商务印书馆 1999 年版，第 438 页。

（Kangha）、腰别短剑（Kirpan）、戴手镯（Kura）和穿不到膝的短裤（Kachh），这也可以被看作是建立自己独特的"五K"形象，因为这些义务实际上都是外在形象的塑造，特别是其中第一种规定得到最严格的执行并延伸为用布包裹长发，以至于打着包头就成为锡克教男子最重要的标志。在锡克教徒的规范中还有很多兼顾伊斯兰教和印度教规矩却又有所区别的情况，例如蓄胡子（包括腮边的胡子）在穆斯林中非常普遍但印度教就不这样做，但蓄长发的习惯却又不被穆斯林所遵守。锡克教严格规定不能吃按穆斯林方式屠宰的肉，并严禁锡克教徒与穆斯林女子发生性关系，①用锡克教第一代师尊那纳克的话来说，就是锡克教既不是印度教也不是伊斯兰教，而是一种混合。另外，锡克教就其教义而言是反对印度种姓制度的，特别是第十代古鲁戈宾德·辛格（Gobiad Singh）创建了卡尔萨制度，将加入的所有人都视作兄弟姐妹，强调人人平等。但在实际上，锡克教人内部仍然存在种姓制度，贾特人、卡特里人和阿罗拉人等都是最有影响力的种姓集团。

不过锡克教最突出的特点在于，它是唯一一种由一个族群成员构成信众，使用一种语言的宗教，从这个意义上说，锡克教文化是一种真正的族群文化。

基督教是印度第三大人口宗教，虽然绝对信众的数量在快速增长，但是在总人口中的比例却呈逐渐下降趋势，这与印度教、锡克教的情况有些相似。佛教和耆那教信众在总人口中所占比例都很小，不到1%，但佛教徒的比例近年来在小幅上升，耆那教徒则不断上下波动。

表4—1 印度宗教人口状况（单位：百万）

年度	1961年		1971年		1981年		1991年		2001年	
名称	人数	%	人数	%	人数	%	人数	%	人数	%
印度教徒	366.5	83.5	453.4	82.7	549.7	82.6	672.6	82.41	827.57	80.5
穆斯林	46.9	10.7	61.4	11.2	75.6	11.4	95.2	11.67	138.18	13.4
基督教徒	10.7	2.4	14.3	2.6	16.2	2.4	18.9	2.32	24.08	2.3
锡克教徒	7.3	1.8	10.4	1.9	13.1	2.0	16.3	1.99	19.21	1.9

---

① A.L.巴沙姆主编，闵光沛等译：《印度文化史》，商务印书馆1999年版，第444页。

续表

年度	1961 年		1971 年		1981 年		1991 年		2001 年	
佛教徒	3.2	0.7	3.9	0.7	4.7	0.7	6.3	0.77	7.95	0.8
耆那教徒	2.0	0.5	2.6	0.5	3.2	0.5	3.4	0.41	4.22	0.4
其他	1.6	0.4	2.2	0.4	2.8	0.4	3.5	0.43	7.3	0.6

资料来源：根据印度历次人口统计数据整理制作。

基督教、佛教在教义上差异明显，特别是基督教和后一种印度本土宗教是教义完全不同的宗教文化，但是两者在印度的境遇却有几分相同。在信徒构成上这两种宗教都属于比较边缘化的集团，前者中除了西部一些受西方文化影响较早的地区（如喀拉拉）和曾经处于西方殖民主义直接统治下（如果阿）的居民外，大多是生活在北部山区的部落民；而后者中多数为原先社会地位很低的表列种姓成员，他们都对种姓制度强加在头上的歧视不满，因此接受了主张上帝子民的基督教和众生平等的佛教的教义。但是皈依这些宗教并没有从根本上改变他们的地位，相反，这些从印度教中分化出来的小群体实际上又形成了有别于原先种姓社会结构体系的新亚种姓群体，在宗教文化层面上也游离于印度教这个最强势的宗教之外。

作为一种和佛教有着同样悠久历史的宗教，耆那教最重要的经典是《十二支》[也称为十二安伽（Anga）]，包含大雄言论、出家生活的规范、诸圣故事、五戒、善恶业果的实例等。此外还有十二乌凡伽（Uvanga），包含实现解脱与涅槃步骤，自然万物，孔雀王朝时期两位著名的王频婆娑罗王与阿阇世王的因缘等。十般那（Painna）包含人的生死病、身体构造以及诸天界的情况等。七佉耶苏多（Cheyasutta），主要阐述出家在家修行的各种正邪行为、犯戒和忏悔等。四摩拉苏多（Mulasutta），包含信仰、垂示、教理，以及日常宗教仪式、修行等。二经（Sutta），由四方面解说耆那教之一般教理、知识等。非暴力（Ahimsa）、诚实语（Satya）、不偷窃（Asteya）、纯洁行（Brahmacharya）、不执着（Aparigraha）是耆那教徒作为生活核心的五誓言，加之"五戒"（即不杀生、不欺狂、不偷盗、不奸淫、不蓄私财）、"三宝"（即正智、正信、正行）共同成为耆那教徒严守的仪规。在历史上，耆那教曾有过兴旺的发展时期，一些著名的帝王都皈依了这个宗教，但是近于严苛的苦行[（例如严格的素食规定，以及部分教徒需绝食而死，称为"萨莱克哈那"（Sallekhana）等)]在一定程度上限制了它的普及。由于信仰和戒律的原因，耆那教徒不从事以屠宰为生的职业，也不从事农业，主要从事商业、贸易或工业。在今天，印度耆那教徒的社会地位要比基督教、佛教以及伊斯兰教信众高一些，但是一个信众数量较少的非强势群体。其他一些小的宗教群体的情况也大致如此。

20世纪以来，印度这块"宗教乐土"又增加了一些新的成员，一些新兴宗教也在这里得到发展。

在各种新兴宗教中，巴哈伊教（Baha'is 或者 Baha'i Faith）的发展尤为引人注目，据2001年印度人口普查报告显示，印度境内的巴哈伊教徒已达到195.3万多人，尽管其在总人口中的比重只有微不足道的0.18%，但从绝对数量上看已超过百万之众，占到了世界巴哈伊教信众总数的30%以上。今天，这个宗教在印度的信众已经超过200万人。① 在当今世界，印度也已成为这个新兴宗教的中心之一，建于新德里的莲华庙就是著名的巴哈伊教的圣殿，它那造型奇特的外形也使之成为印度建筑的一个标志，成为印度文化的一个新符号。

除了这些较大较成熟的宗教之外，印度还存在数量更为众多的地方性、族群性的宗教，由于多数都流行于边远地区的部落民中，因此研究者一般用"原始宗教"来称呼。从总体上看，这些"原始宗教"都保留了本地区、本族群的文化传统，体现出人类文化发展早期的一些特征，因此虽然它们在具体内容上五花八门，但都具有某些相似性，这就为我们的描述带来一些便利。

首先，这些宗教都带有十分浓厚的万物有灵的色彩，族群生活地区的自然万物、自然和社会现象都被看作神灵主宰的结果，也可以由某一个或某几个神明来代表。生活在印度东北部的许多部落民都有自己的创始神话或族群起源传说，这些创造神（最高神明或祖先神明）不仅是人类之母，还常常是万物的创造者，它们在赋予了万物外形的同时，也给它们注入了灵性。例如大多数卡西人虽然已经皈依了基督教，但他们仍然相信本族群的创始传说——大神创造宇宙和大地，大地神的五个孩子月、日、水、气、火合并产生了天空和世界万物，而每种自然现象也都由特定的神主宰，这些神各司其责，构成世界的基本秩序。在众多神明中，山神、河神和树神受到特别的崇拜，反映出他们对山区自然环境的依赖。这种万物有

----
① http://www.bahai.in/.

灵的观念必然导致自然崇拜和祖先崇拜盛行，再如波多人，尽管他们已接受印度教，但很多人仍然奉行对祖先神——男性远祖的祭祀，他们将槟榔、槟榔叶、米、牛奶以及糖献给族群的祖先，相反，他们对印度教的神明从不采取这样的方式来祭祀。这种情况广泛存在于各个部落民族群中，只不过有的尊崇女性祖先［如卡西人、迪达伊人（Didayi）］，有的崇拜男性而已。

其次就是各种古朴的祭祀活动成为族群中最重要、最神圣的群体活动仪式。印度人注重宗教仪式特别是祭祀活动，在印度教（特别是婆罗门教）是这样，在原始宗教也是这样。近代以来，一些现代宗教已经过改革，宗教祭祀礼仪大大简化，但许多原始宗教依然保留着古老的传统。在这些祭祀活动中，祭司是十分关键的角色，也非常活跃，他们熟悉宗教信条和礼仪仪轨，所以在这种场合都扮演主角。一般来说，这类祭祀活动都有时间和内容的规定，什么时间祭什么神、如何祭祀都是程序化的，不能轻易变更。例如卡西人每年11月和12月之间的某一天要举行祭献河神的仪式，历史上人祭的方式现在已经废弃，而改用羊或其他家禽。① 又如迪马萨（Dimasa）部落，有研究者认为他们是波多人的一个支系，早年居住在喜马拉雅山麓，现在分布于阿萨姆和那加兰的一些地区，他们也接受了很多印度教文化和孟加拉文化的影响，但是仍然保留了古老的宗教祭祀习俗。他们坚信大神孟加拉纳耶（Banglaraja）的地位最为崇高，它的七个儿子特别是长子斯布拉伊（Sibrai）也要受到祭祀。每年播谷之前，家家户户都要向神灵献上祭品，以祈盼获得丰收，这就形成了他们的一个重要节日马玳·克里巴节（Madai Khelimba）。

第三，多数原始宗教仪式实际上成了各族群民间文化的展示。人们在参加这类重要活动时，都要穿上正式的民族服装，按严格规定进行各个阶段的准备。而每个具体的礼仪程序也往往包含着族群的观念、习俗展示的含义，既是对传统的温习，也是对青年一代的教育。例如分布在印度中北部的卡里亚人（Kharia）是一个表列部落，有半数以上的人为印度教徒，在北方邦的某些地区，这个比例高达90%以上，另外也有一些人皈依了基督教和伊斯兰教。但是在这个群体中，原始宗教信仰的一些传统仍然保留至今。在奥里萨地区，一些卡里亚村庄的头人或祭师被称为德户蠡（De-

---

① P. R. T. Gurdon, *The Khasis*, London: Macmiuau & Company, 1975, p.103.

huri），其在公共事务中享有很高的地位和权力，由于卡里亚人所敬仰的许多神灵并不具有某一种物态的形象，而只是无法直接触摸的现象如日月的光芒等，而这些执掌祭祀的人可以直接与神明沟通，身上也就因此带有了常人没有的法力。每年祭祀太阳神的日子在5月到6月间，人们盛装聚集在一起，在头人或祭师的带领下，向神明献上祭品，伴随着由鼓、笛奏起的乐曲向神明祭拜以祈求得到保护。①

　　在上面的叙述中，我们分别对各种主要的宗教文化进行了列举，并特别强调了各个宗教文化中的差异。但是正如前文不得不多次提及的多元文化特性一样，印度各个宗教文化之间的界限实际上并没有人们想象得这么严格，就是印度教和伊斯兰教这两个在教义上和信众生活习俗上充满对立的宗教（印度教主张多神，有明确的偶像崇拜倾向，伊斯兰教只信仰唯一的安拉，坚决反对偶像崇拜；前者坚持种姓制度的合理性，后者认为种姓制度是不合理的制度；前者对牛特别是白色的母牛十分崇敬，甚至视作神圣之物，后者则以牛肉为食品等等）也有许多共通之处。除了锡克教之外，绝大多数族群都是由不同宗教的信徒共同组成的，不同信仰者至多只能成为大族群下的一个分支。从这个角度看，我们完全可以说，在宗教文化这个问题上，印度是一个比较平等的国度，各种宗教无论信众多少，也无论信众的社会地位高低，都有存在的合理性，都具有生存和发展的空间。

　　在学术界有这样一种观点，即宗教与民族属于两个不同的范畴。然而在印度，这两个不同范畴之间的关系十分紧密，难以分割。正如前文所描述的，印度人口中的绝大多数都是宗教信徒，他们的观念、言行都离不开宗教的引领和规范。印度这块土地上诞生过印度教（婆罗门教）、佛教、耆那教等古老的宗教，今天亦是伊斯兰教信众位列世界第二的国家，其他各种宗教都在这里得以存在和发展。从这个意义上讲，虽然印度政体是一个世俗国家，但是印度的民族精神中却包含着对宗教的高度敬仰和尊崇。从另外一个角度看，宗教对印度民族的构成和发展轨迹也发生过并继续发生着影响，这方面最典型的例子就是在印度存在着所谓"宗教少数族群"，在这里宗教信仰成为某个族群有别于其他群体的最重要的标识。有趣的

---

① 参考 A. P. Sinha, *Religious Life in Tribal India: A Case Study of Dubh Kharia*, New Delhi: Classical Publications, 1989, p. 60.

是，印度的这种以宗教信众数量划分"少数族群"的情况往往又与不同区域交错起来，即出现于此地区的宗教少数族群在彼地区成为多数族群，而且能以法律条款的形式加以确认，这不能不说是一种"印度特色"。

二、语言文化

印度民族文化的第二个引人注目的领域是语言，与绝大多数民族国家的情况不一样，印度虽然已经明确了国族的地位，也坚持认为印度人民是构成印度国族的一个整体，但是直到今天，印度仍然没有一个真正意义上的国语。在1950年公布的宪法中就明确规定："联邦之官用文字，应为梵文字体之印度文（后通译为印地语）。"[1] 在宪法中还规定："国会内事务之处理应用印度文或英文。"[2] 之后的宪法虽有多次修订，但坚持将印地语放在国家语言地位上却从未改变。尼赫鲁等印度政治家一直在强调把印地语确立为国语的重要性，"英语不能取代印地语的国家语言（National Language）的地位，只有少数精英懂英语，同时一个语言种姓制度也不能像英属印度时期一样持续下去"。[3] 他同时还认为用印地语取代英语的过程应该是渐进的，在印度宪法中也规定这个过渡期为15年。但是60多年过去了，印地语完全取代英语的目标仍然远远没有实现。1964年，议会曾通过法案停止英语的全国通用语言地位，以推动印地语成为全国通用的官方语言，但是在很多地方特别是达罗毗荼语系地区引起强烈反对，甚至爆发了社会动乱，最后这个法案没有得到实际执行。[4] 直到今天，尽管印地语的影响已比印度独立之初有了巨大的扩展，以印地语及其方言为第一语言的印度民众已超过五亿，占印度总人口的40%以上，但是全印度仍然有一半以上的人口不把印地语看作自己的母语，还有大量人口听不懂印地语也看不懂用印地文的出版物，真正在全印通行的官方语言还是英语。这种外来语充当全国通用语言的情况在当今世界并不罕见，特别是在前英国殖民地国家十分普遍，但在印度这样一个拥有悠久本土文化的文明古国居然无法实现

---

[1] 郭登皞等译：《印度宪法》，世界知识出版社1951年版，第20页。
[2] 同上书，第41页。
[3] Sarveralli Gopal, *Jawaharlal Nehru*, Vol. 3, Massachusetts: Harvard University Press, 1984, p. 23.
[4] Committee of Parliament on Official Language Report, 1965.

用母语来取代外来语言却又是一种有几分奇怪的现象。

造成上述现象的最主要原因就是印度存在着种类数量众多的语言，而且都拥有数量巨大的使用群体，很难被其他语言所替换。在第一部印度宪法中共列举了14种语言，分别是阿萨姆语（Assamese）、孟加拉语（Bengali）、古吉拉特语（Gujarati）、印地语（Hindi）、坎纳达语（Kannada）、克什米尔语（Kashwiri）、玛拉雅兰语（Malayam）、马拉提语（Marathi）、奥里雅语（Oriya）、旁遮普语（Punjabi）、梵语（Sanskrit）、泰米尔语（Tamil）、泰卢固语（Telugu）和乌尔都语（Urdu），这些语言分别属于印欧语系（占总人口的70%左右）、达罗毗荼语系（占总人口的22%左右）、汉藏语系和澳大利亚—亚洲语系。下面又分属于各个不同的语族。如泰卢固、泰米尔、坎纳达和玛拉雅兰语都属于达罗毗荼语系，但泰卢固语属东南语族，后三种语言则属于南部语族，因此这些语言都存在相当明显的差异。

在今天，上述列表的官方语言在数量上增加为22种，除前列14种外，新增的八种是：波多语（Bodo）、多格利语（Dogri）、贡根语（Konkani）、麦提尔语（Maithili）、曼尼普尔语（Manipuri）、尼泊尔语（Nspali）、桑塔尔语（Santali）和信德语（Sindhi）。其中桑塔尔语被一些学者归到南亚语系中，与前面列举的三大语系又有所不同。据印度政府2001年人口统计数据显示，在这些被列举的22种语言中，除讲梵语的人口呈明显下降趋势，到2001年只有1.4135万人外，其他所有21种语言各自拥有的使用人数（仅按母语计算）都在百万人以上。

除了上述列入宪法的正式官方语言以外，印度还存在数以千计的地方性语言，如果加上小的方言，恐怕谁都数不清印度到底有多少种语言。面对如此多样化的语言状况，印度政府在统计时不得不进行调整，逐渐把列表的门槛提高以图减少公布的名单，1961年登记了1652种语言；到1971年千人以下的地方性群体方言不再登记，语言种类数量减为700种；再往后登记人群数量再提高为万人。

2001年人口普查时，语言种类登记的数量仍在数百种以上，除了前面列举的22种以外，使用者在百万人以上的语言还有八种：

毗尔语（Bhili）或毗洛德语（Bhilodi），958万人；

贡德语（Goudi），217万人；

霍语（Ho），104万人；

坎德施语（Kandeshi），207万人；

卡西语（Khazi），112万人；

库鲁克语/沃拉昂语（Kurukh/Oraon），175万人；

蒙达尔语（Mundari），106万人；

图鲁语（Tulu），172万人。

根据1991年的统计，使用人口在百万人以下十万人以上的语言有25种，使用人口在十万人以下一万人以上的语言种类数量最多，共有158种。而到2001年统计时，小的语言群体数量呈减少趋势，例如使用人口在两万人以下一万人以上的语言还有九种，它们是：

阿富汗语/喀布尔语/普什图语（Afghani/Kabali/Puzhto），11086人；

恰克桑语（Chakhesang），11415人；

冈特语（Gangte），14500人；

克姆语（Kom），14673人；

波斯语（Persian），11688人；

波切里语（Pochury），16744人；

拉易语（Rai），14378人；

希姆特语（Simte），10225人；

塔芒语（Tamang），17494人。[1]

印度的书写文字有着悠久的历史，除了印度河流域的印章体文字属于象形文字之外，在吠陀文献中已有使用成熟的拼音文字。此外，在公元3世纪南方的泰米尔地区已出现了铭刻文字，孔雀王朝时期阿育王的石柱上也有大量的铭刻文字。今天的印度文字是在本土古代文字、传入的阿拉伯—波斯文字基础上分别发展而来的。在书写上也各有千秋，除了多数采用天城体字母（Devanagari）书写之外，还使用阿拉伯字母（Perso-Arabic）和其他字母，在语法上也不尽相同。

印度语言之所以会出现这种复杂的局面，除了历史上多种文化共处融合、许多地方相互独立同时又割不断相互联系等原因之外，政府采取的保护鼓励政策也起到了重要作用。在印度，那些拥有千万人口的大的语言不但使用人群稳定增加，而且还用这些语言文字出版报纸杂志、拍摄发行电影电视、播放有线和无线广播，使本族群、本地区的语言能够延续使用和

---

[1] 参看印度政府2001年人口普查数据。

发展。

随着宝莱坞电影的推广，一种语言也在印度广大民众中流行开来，这就是以印地语为主体，结合外来语、方言等要素而成的一种混合式语言。有不少人认为这就是印地语，事实上二者之间还是有一些差别的，因为宝莱坞电影语言不仅在印度深受民众喜欢，而且在印度周边的孟加拉国、尼泊尔以及巴基斯坦也有不少人可以听懂，印度官方也没有在其正式文件中使用它。不过这种借助一种文艺形式迅速传播语言的现象倒确实反映出印度民族文化的某些特性。

上述宗教、语言构成了印度民族文化最重要的两大支柱，从世界观、载体两个方面规定了印度民众的审美标准和文化心理倾向，也决定了印度民族文化的丰富多彩性。

三、服饰文化

在描述印度民族文化现象时，外在的服饰是一个最鲜明的标识，也是一个族群经济生活、审美心理的综合反映。与宗教和语言一样，印度各个地区、各个族群之间的服饰存在很大的差异，如果非要分类的话，大致可以划分为有"国服"之誉的通行服饰和有各地风格的地方性服饰两大类。

所谓"国服"，主要是指其具有悠久的历史，融合了多种文化因素，今天又在很多地区的不同族群成员中流行，并在一些正式场合中被使用的服装，当然这也并不意味着其就在全印度所有地方的所有族群中通行，说其是"国服"只是相对的而已。

今天印度女性最常见的服装首推莎丽。印度大诗人泰戈尔就曾用这样的诗句来赞美莎丽："长发飘柔的妇人，把莎丽从屋顶栏杆上挂下来。"莎丽在印度文字中写作 Saree 或 Sari，这一称呼来自梵文莎蒂（Sadi），意为"布块"。[①] 据考证，在史诗《摩诃婆罗多》中，就已经有对莎丽的描述，说明其很早就成为印度女性的服装。在一些古代的壁画里，也可以看到身穿莎丽的女性形象。也有人认为，印度人穿着莎丽的历史可以追溯到更早的印度河流域文明时期，这一时期的某些出土小雕像就已穿着类似莎丽的服装了。不仅北印度很早就有莎丽的记载，在南印度同样可以找到对这种

---

① Monier Williams, *A Sanskrit-English Dictionary*, Delhi: Motital Banarsidass, 1995, p.1063.

服装的记载,例如一些泰米尔的古代诗篇和传说都提到了妇女穿着莎丽的风姿。①

从严格意义上讲,莎丽只是一块长方形的布料,质地和颜色不同,长度也从四米到九米不等,有的只是一块色彩鲜艳的长料,更多的上面还有各种花纹图案装饰,不过穿着时需要与贴身衣服搭配。最常见的上衣是叫杰姆珀尔(Jimpoole)的紧身衣,无领短袖,长度只及腰,肚脐及腰部一周外露,不过现在通常也称其为裘丽(Choli)。下面是衬裙,北方称作拉邯伽(Lahanga 或 Lehenga),南方叫兰伽(Langa)、帕瓦达(Pavada)或帕瓦黛(Pavadai),西部和东部分别称作帕卡尔(Parkar)和安德纱瑜(Andshaya)。外面再围上莎丽。在不同的地区、不同的族群,甚至不同的家族成员里,莎丽的穿着样式都不尽相同。最常见的方式是先把莎丽缠在胸部,再折几个褶,下端缠紧,也有固定在紧身衣里面的,上端披在肩头或裹在颈部。另外的穿法还有几十种之多,其中比较有代表性的如安得邦的尼吠式(Nivi)、泰米尔纳都邦的达罗毗荼式、卡尔那塔克邦的戈伯色丽式(Gobbe Seere)、中部印度的贡德式(Gond)等等。② 在一些地方,莎丽的一部分包住头部,用于挡风遮阳。

有研究者指出,最初莎丽只是少数身份特殊女士的一种正式穿着,一般也只是在盛大的宗教祭祀场合才能见到,不过今天它已经是广大印度妇女最常见的服装了。在一般情况下,已婚女士常穿,未婚的年轻人只是在正式的节庆活动中才会盛装亮相。当然,一些爱美之人不但在莎丽上做足了文章,而且对里面的衣服进行大胆的改革,使之更加亮丽飘逸。

对于大多数年轻女性来说,她们更喜欢选择稍微简单一些的穿着,其中最为普遍的是旁遮普装(Panjabi),这是一种由传统莎丽和旁遮普地区女装结合而成的服装。这也是一种套装,上身为套头长衫,衫长盖过膝盖,领口的装饰十分精致讲究。下面穿长裤,腰部宽松,裤腿上松下紧,从膝部向下逐渐收紧。衣裤的面料、颜色一致,各种档次的都有。外面不再缠裹莎丽,而是用一条称为"杜巴尔达"(Dubarda)的围巾来加以装

---

① 参看 R. Parathasarathy, *The Tale of an Anklet: An Epic of South India*, New York: Columbia University Press, 1993。

② 参看 Boulanger, Chantal, *Saris: An Illustrated Guide to the Indian Art of Draping*, New York: Shakti Press Intenational, 1997。

饰，中间置于胸前，两头分别搭在肩上，垂于背部。相比莎丽，旁遮普装虽然简洁，但是既能够充分显示妙龄女郎的姣好身材，又不乏飘逸之感，很受欢迎。甚至在一些正式的场合（如庆典、婚礼上），越来越多的女性选择了这种服装，就是中年女性也十分喜爱穿着旁遮普装。

相比女性，印度男子的服装要简单一些。在印度各地，一种叫作偕尔·宛尼（Sher Wani）的服装比较普遍，这是上衣，衣长过膝，比较宽松，面料也可厚可薄。一般来说，印度男子服装尚白色，特别是那些出身婆罗门的高种姓印度教徒认为白色代表神圣，所以喜欢一身白。在北部、中部印度，男性最常见的形象是：上身穿长袍，称为"古尔达"（Kurta），裁剪宽大，长度过膝，上半截开口，套穿后用扣子扣紧，在扣子和领口有时会做一些图案的装饰；下面则穿一件托蒂（Dhoti），实际上并不是裁后缝制的裤子，而只是一块布，缠在腰间就行。南印度的男子多用带方格的布料来围在腰间。

此外，印度还有一种男女皆宜的服装，称为夏尔瓦·卡麦兹（Shalwa Kameez），在印度西部地区，这种上身衬衣、下身长裤的套装受到不同族群、不同宗教文化背景人士的欢迎。有研究者认为，这种样式的服装可能与伊斯兰教传统服装有一些渊源，今天在阿富汗、巴基斯坦等国，这种服装也极为普遍。从20世纪开始印度南方的女性也将传统的夏尔瓦进行小幅度的改造，使之成为一种十分常见的民族服装。

随着时代的变化，印度人的服装也带上了越来越多的现代气息，在城里，年轻人一般更愿意穿着牛仔裤、T恤衫或西裤衬衣。在正式场合，西装也常成为上层人物的首选。不过传统的服装仍然占据着主流的位置，特别是在一些正式的、隆重的场合，印度女性还是更愿意穿上莎丽，一些男性也尽量使自己的服装具有民族特性。

事实上，印度人服装的异大于同，就是那些式样一致的服装，也往往在颜色、装饰上表现出特点。例如男子的包头，拉贾斯坦的不仅颜色十分鲜艳，多为大红色、橘红色、明黄色，有的还在后面拖一条长长的带子，显得非常特别。在印度工作多年的一位中国外交官写道：印度女性"绝不买、绝不定做、绝不穿别的女士穿过的莎丽、旁遮比服或其他印度传统女性服装。商家出售的现成的莎丽或旁遮比服，也是各具特色。一句话，你在印度买不到、看不到同样的一套莎丽或旁遮比服"。① 他的这段描述是相当客观的。

至于各个地区族群自己的服装，那就更是五彩缤纷了。由于历史传统、自然环境和审美情趣的差别，各种族群的服装在式样、功能、色彩装饰上都具有自己的特色，这种情况在部落民中表现得更加明显。例如生活在喜马偕尔邦的嘎蒂部落（Gaddis）的男女都要在胸前缠一条长约25码（约23米）的带子，这个称为多拉（Dora）的带子就成为这一部落成员的重要标志。卡西人的民族服装也很有特色，男装叫吉姆封（Jymphong），这是一种带着长袖的过膝长袍，前面缝有带子用以穿着。女装则是各色裙装，上面的许多装饰物色彩艳丽。生活在印度东北部的迪玛萨人保留着自己的传统服装，特别是举行盛典时，就如同一场服装秀。女性服装有瑞古（Rigu）、瑞伽斐尼（Rijamfini）、瑞伽芬纳伯袿（Rijamfinabereb）、瑞考恰（Rikaucha）、瑞克拉（Rikhra）、旌苏杜（Jingsudu）等多种式样，虽然它们看起来在样式上都具有一些共同点，但是不同的年龄或在不同的场合应该穿着什么样的服装是很有讲究的。男性服装也很丰富，有瑞恰（Richa）、瑞考萨（Rikaosa）、帕古里瑞姆乔（Paguri Rimchau）以及瑞乔拉麦（Rimchaoramai）等，再加上玲琅满目的饰品，令人眼花缭乱。蒙达人男女都围腰布，男的叫巴托（Bato），女的叫坎里阿（Kanlia）。在山区，一些部落民仍然保留半裸的状态。

与服装配套的是各种服饰，正如许多研究者指出的那样，印度民族是一个爱美的民族，自古以来，各种饰品就成为人们生活中重要的伙伴。在印度河流域文明遗址出土了一尊女性的雕像，她的臂部就佩戴着饰环，左臂和右臂的戴法还不尽相同，由此说明这种传统至少已经有4000多年的历史。同时出土的另一个男性祭司的雕像的右臂上也有类似臂环的装饰，说明在那个时代佩戴饰品并不是女性的专利。在之后的印度教王朝和穆斯林王朝，人们特别是社会的上层和富人，也十分热衷于用饰品来装扮自己，这种习俗一直延续至今。今天印度女性最有代表性的服饰是吉祥痣、手镯（臂镯、脚镯）和鼻环。吉祥痣是古代印度的一种宗教传统，点在眉心的标志主要是用来避邪佑福的，直到今天到印度的庙宇中去，无论男女还习惯在额头上抹上香灰或颜料以示吉祥。不过对于女性而言，点痣更重要的

---

① 袁南生：《感受印度》，中国社会科学出版社2006年版，第218页。

是为了装饰，而且不限于印度教徒，所点的印记也不仅是红色，形状分圆形、水滴状、棱形等多种。市面上还出售各种点片，有的还会涂上彩色图纹，使其装饰效果更佳。印度人一般不戴单只的手镯，而是将多个镯圈（一般是同色筒形的）在一起戴在一只手腕或双腕上，戴脚镯时同样如此，这样很容易造成一种效果，即随着手臂的摇动，手镯闪烁出光彩，多个手镯则因角度不同而更加璀璨。除了佩戴耳环、项链外，一些已婚女性还会在鼻翼上戴环，并常常和头饰连在一起，这些鼻环多为金银打制，又戴在脸上最引人注目之处，往往会起到特殊的"美容"效果。印度人很喜欢金银，所以但凡是有经济能力的人总会尽力买一些贵重的饰品来佩戴，而那些比较贫困的家庭，也会购买用塑料、玻璃等材料制作的饰品来美化自己的形象，从而营造出一个美丽的国度。

有趣的是，那些生活在山区的部落民也大多热衷于装饰自己，他们充分利用身边的材料制作样式繁多的物件，鸟羽、兽皮、花朵、树叶都被派上用场，饰品的名称也五花八门。例如迪玛萨女子的饰物就有考迪玛（Kaudima）、卡都（Khadu）、卡瑁泰（Kamautai）、笼巴尔（Longbar）、槃锈巴尔（Panlaubar）、旃陀拉罗（Zhandraral）、容巴恰（Rongdarcha）、恩格拉萨（Enggrasa）、炯萨玛（Jongsama）、里格蕉（Ligjao）、晶布里（Jingbri）等等，所装饰的部位几乎遍布全身。女人每当盛装出现时，颇有珠佩摇曳、仙女下凡之感。

在印度还有一种传统的人体彩绘艺术，艺人们用特别配置的颜料在女人的双手和双脚上绘制各种精细的图案，晾干后可保留数日不褪色。时至今日，爱美的女孩子们仍然抵抗不住诱惑，让这项古老的美容术再现在自己身上。

四、节庆

节庆是民族文化的集中体现方式，许多文化的精华通过节庆活动得以集中展现和传承，印度素有"节庆之邦"的美称，各种节庆名目繁多，有"一年365天，可是有366个节日"之说，节庆活动内容更是丰富多彩。

印度的节庆从范围看可分为全国性节日、地区性节日、族群性节日、民间节日等；从内容上看可分为政治性节日、宗教性节日、外来性节日、现代性节日、传统性节日等。

全国性的节日规模大、范围广，场面也非常热闹。除了元旦、国庆（也称共和日）、甘地纪念日、独立日、各个武装部队节日以及从国外引进的圣诞节之外，最为热门的要数多个与宗教文化紧密联系的节日。

元旦是印度人的新年，也是一年之中第一个全国性的节日，是国家法定的假日。不过这个外来的节日并不具有什么特殊的文化意义，也没有太多特殊的节庆活动，只是亲戚们见面时互相点上一颗吉祥痣以示祝福。

对于印度普通民众而言，没有哪一种节日能够在重要性上超过传统的宗教节日，这些节日历史悠久，而且具有无可替代的民族文化内核，更为普通印度人所喜爱。

在所有的宗教性节日中，印度教的四大节日最为重要，不仅占总人口80%以上的印度教徒会在节庆中狂欢，其他宗教的成员也往往会参与进来，与印度教徒一起分享节日的吉祥欢乐。

印度传统的节日都以印历来计算，因此在公历中每年的时间并不统一。

每年印历的12月15日（大致在公历2—3月之间）是印度教最为重要的节日洒红节，也称霍利节（Holi），因为恰逢春天到来之际，所以洒红节也就有了迎春的含义，一些人也根据节日的庆祝方式将其称为"印度的泼水节"。洒红节在印度人的心目中是年轻人的庆典，代表了春天的多彩、生命的活力。关于洒红节的来历有很多说法，其中流传最广的是一个名为霍利卡（Holika）的传说。从前有一个十分狂妄的国王，名叫希尔南耶伽施埔（Hiranyakashipu），他自恃权势无限，强令民众只能敬奉自己，而不许崇拜神明和毗湿奴。但是他的小儿子普拉赫拉德（Prahlad）却违背国王的命令，仍然虔诚地信奉大神毗湿奴，国王一怒之下起了杀心，但是拉赫拉德得到天神的保护，多次逃过杀身之祸。万般无奈的国王只好求助于自己的妹妹霍利卡，后者具有一种神奇的法力，能安坐熊熊大火之中毫发不伤。霍利卡顺从哥哥的阴谋，把普拉赫拉德推到火堆里，可是这一反神明意愿的行为必然受罚，神明纳拉耶娜（Narayana）消除了霍利卡的法力，她被烧成灰烬，而敬神的普拉赫拉德安然无恙。以后的人们敬重神明的无限法力，就在每年的这一天举行仪式，庆祝正义战胜邪恶。

洒红节庆典活动的时间在各地略有不同，北部印度的人们要欢度一个星期，而在东北部如曼尼曼尔等地则要少一天，不过在所有地方这个节日都是从月圆之日开始的。洒红节最典型的方式就是人们互相向对方脸上涂洒叫作"古拉尔"(Gulal)或"阿毗尔"(Abeer)的粉末,以红色居多,也有绿、蓝、黄、紫等其他颜色。在洒粉之前,人们会相互拥抱祝福,所洒之粉一般也选用对皮肤无害的天然材料制成,颜色多用花瓣染成。孩子和年轻人则更喜欢用有颜色的水喷洒别人。所以在这一天,印度的大街小巷人人兴高采烈,个个红颜绿脸、满身挂彩。在这个节日里,颜色代表着消除敌意和仇恨,友好和睦。

在农村,传统的习俗保留得更多,传统文化的气息也更加浓厚。霍利节第一天的活动在晚上开始,人们模拟传说中的情景,燃起火堆,庆祝神圣的正义力量战胜邪恶的势力。在唱歌跳舞的同时,大家还会聚在一起饮用一种叫作"巴昂"(Bhaang)的饮料(据称其中含有鸦片的成分,只能在庆典之时饮用)。第二天称为"杜勒迪"(Dhuledi),也是洒红的高潮,人们相互涂抹色粉或洒水,祝福吉祥。在有的地方,还会举着林伽(湿婆神的化身之一,形状如男性生殖器)游行。

正如一些民俗学者指出的,现在的霍利节已不仅仅是宗教的节日,而是包含着喜庆欢度、祈盼丰收的意义了。[1] 在一些地方,人们将粮食的种子放到火中烧熟后吃掉,并相信这样做可以在新的一年中带来好收成,而火燃尽之后的灰也带有某种神奇的功效,被人们收藏起来用来治病。此外,在很多地方,人们还会制作特别的甜食和其他美味,例如混有甜酒的冰牛奶,其中"檀代"(Thandai)就很常见,人们相信饮用之后可以使霍利中包含的正义和善良的精神复活。

与洒红节同样重要的另一个节日是灯节,音译为迪瓦利节(Diwali)。按照印度历法,灯节标志着新的一年的到来,因此也有人称其为印度的新年,时间在公历的10月到11月之间,关于这个节日的来历也有一些传说,在史诗《罗摩衍那》中是这样记载的:圣王罗摩(Lord Ram)在流放过程中历经磨难,最后得到猴王哈努曼的帮助,战胜了邪恶的十首王,携妻子悉达(Sita)返回阔别14年的家乡,受到人民的欢迎,全城家家户户点上油灯,欢庆活动通宵达旦,印度教徒将这个节日看作罗摩无敌,光明战胜黑暗的节日。

按照传统,灯节的庆典共延续五天。节前的准备十分忙碌,各家都要认真清扫房间,贴挂神像,把鲜花和芒果叶放在门前和窗台上,在屋顶、

---

[1] "*Holi*", http://festivals.igiftstindia.com/holi/iudex.html.

房间、厨房和浴室等处，还要摆放烛台和灯盏。庆典的第一天称为丹得拉司（Dhanderas）。印度教认为，在每年的这一天，大神丹宛塔利（Dhanwantari）都会携带阿瑜吠陀来到人间。作为敬神的重要内容，在灯节狂欢即将开始的这一天的日出时分，人们先要向阴间主神阎魔（Yama）献上祭品以祈求保佑死者的灵魂。很多家庭还要供奉财富女神拉克施密（Lakshmi），请婆罗门祭司到家里举行祈求仪式。而到了晚上，家家户户都点亮灯烛，据说是为拉克密施神指路，不少人家还会燃放爆竹礼花。

第二天叫作纳拉克·恰杜尔达西（Narak Chaturdasi），印度教认为这一天克里希那神杀死了魔王，驱走邪恶。由于这一天正好是残月与新月交替之夜，黑暗的时间特别长，因此人们也点亮灯火以驱赶黑暗。

第三天是最重要的日子，也是祭祀财神拉克密施的时间，这一天印度教信众不仅要打扫房间，还要沐浴更衣，全家人在一起祈求得到女神的保佑，同时举行各种庆祝活动迎接黑暗和光明的交替。按照印度教的说法，这一天也是经济意义上的一个旧年度的结束和新年度的开始。

第四天叫作帕德瓦（Padwa），人们习惯于到庙宇中去敬神，庆祝古代传说中的圣王吠克罗摩迪耶（Vikramaditya）登基。

最后一天也称为巴依·杜吉（Bhai Duj）或婆罗特里·多吉（Bhratri Dooj），兄弟姐妹们互相祝福，特别是家中的女孩子们都要虔诚地祝愿他们的兄弟平安幸福。

现如今，大多数地方的灯节的程序不再如此严格复杂，但是燃灯驱赶黑暗，祈盼富足的一年开始的含义仍然完整地保留了下来，正因为如此，不仅印度教徒，其他民众也一起欢度这一节日，迎接新年。

印度教的第三个重要的节日是十胜节（Dussehra），这一名称也来自一个古老的传说，和前面列举的灯节来历传说相关。盘踞于锡兰岛上的魔王罗婆那（Ravana）有十个头，又被称为十首王，他垂涎于遭到流放的罗摩之妻悉达的美貌，乘罗摩外出之机抢走了她，罗摩和他的弟弟在猴王率领的援军支持下与十首王大战十天，最后诛杀十首王及其部下，大获全胜。为了庆祝这一大捷，今天的印度人也用十天的狂欢来表达自己的喜悦。不过在一些地方如泰米尔，这个在同一时间举行的庆祝活动被称为"九夜之节"，人们祭祀三位主神，而在西孟邦，杜尔迦（Durga）是人们祭祀的主神。

这一节庆最重要的活动有两项：一是搭台演戏，人们精心准备，在各种舞台上表演罗摩战胜十首王的故事,这种演出还有一个专门的名字叫"罗摩·里拉"(Ram Lila),有的地方还会组织盛装游行,在街上巡回演出"罗摩·里拉";第二项活动是在节日的最后一天,人们将三个用纸扎成的分别代表魔王十首王、他的儿子和兄弟的模型投入熊熊大火之中烧成灰烬,由此正义得到伸张,节日也圆满结束。这个节日成为人们特别是孩子们学习传统文化的一种重要形式。

在南印度,这个节日更像是对女神的献礼,共分为三个阶段:第一个三天向母亲神祭祀,把种子撒入土中,或是祭祀财富之神拉克施密;第二个三天向女神杜尔迦表示崇敬之情,祈求她保佑;最后三天用来祭祀女神萨拉斯瓦蒂(Saraswati),她是知识和艺术之神。

印度教四大节日的最后一个是"佩镯节"(Rakhi),也叫拉克沙·班丹(Raksha Bandhan),有人意译为"保护节"。和其他几个重要的节日一样,佩镯节的来源也是印度教传说。传说在远古时期,雅利安人的战神因陀罗(Indra,他最先是雷电之神,是宇宙之王的儿子,后成为三界之王[①])四处征战,他的妻子因陀罗尼(Indrani)很担心丈夫的安全,因此在每一次大战之前,都会在他的手臂上系上一个叫作拉克沙的绸带,而这个神奇的护符也总是能祐助战神大获全胜。在今天,这个节日所透露出的是更多的人间情感的信息,而且各地的庆祝方式也表现得不尽相同。

在每年8月下旬,人们都穿上节日的盛装,特别是女性都要身着莎丽,还要准备好甜食和其他食品。全家人聚在一起,在向神明献祭之后,姐妹们都要拿出准备好的拉克沙(多为绸带或手镯)给兄弟们带上,祝福他们平安吉祥,出门在外时无灾无病;而兄弟们也庄严地立誓要尽力保护自己的姐妹。这一传统在印度本土居民和海外移民中都很好地保留了下来。

除了上述四大全国性的印度教节日之外,还有两个地方性的节日也十分热闹。

几乎与灯节同时,西孟加拉邦以加尔各答为中心,要举行祭祀女神杜尔迦的盛大活动,因此其又被称为杜尔迦节(Durga Puja)。关于杜尔迦女生的身份有各种不同的说法。一种流行全印的说法是,在与魔神的冲突中,印度教大神应众神请求,用火焰造出一位法力无边的女神,最终正义

---

① 参看[英]韦罗尼卡·艾恩斯,孙士海、王金庸译:《印度神话》,经济日报出版社2001年版,第17—21页。

战胜了恶魔。还有一种说法是她是湿婆神的妻子、雪山女神的化身。她有九个称呼，如斯崆达玛陀（Skondamata）、库苏曼陀（Kusumanda）等等。在梵文中，杜尔迦意为"堡垒"或"难以占领的地方"，她还有三只眼睛，左眼代表月亮（欲望），右眼代表太阳（行动），中间的眼睛代表火（智慧）。她端庄美丽，但是她的十个臂膀上却手持武器，坐骑也是一头代表力量的雄狮，这表明杜尔迦是一位具有无敌力量的战神。传说她打败了凶神阿修罗，成为保护世界和百姓的母亲神。在西孟加拉邦，杜尔迦节的含义是人们在举行各种仪式感谢女神带来的和平之后，送她回家去与自己的亲人团聚。在节日来临之前，工匠们就开始塑造杜尔迦的雕像，最早的甚至要提前半年，在用泥坯做好模型之后，还要上色装饰。最常见的杜尔迦形象是，她骑坐在雄狮上，右手握着一把三叉戟，戟尖刺入阿修罗的心脏。

传统的杜尔迦节要延续十天，人们打扫房屋庭院，购买新衣和送给亲朋的礼物，在街区上还会搭起大帐篷［一般叫作神棚（Pooja Pandals）］，里面供奉着神像和祭品，棚外是各种出售商品的摊位。在神棚的另一边是戏台，节日期间会上演各种节目，大多数是传统的歌舞表演。有的时候，街上也会举行盛装巡演。十天的庆典活动越到后面越热闹，特别是最后四天是整个活动的高潮（现在的节庆时间缩短为五天，但基本内容特别是最后四天的内容大多保留了下来）。人们要举行各种仪式，隆重祭祀杜尔迦女神。第七天一早，人们会为一棵事先选择好的大树披上黄红两色丝绸做成的袍子，这棵树也就成为女神的化身，祭师会在树边念诵圣诗，带领众人向女神致敬并祈求保佑。同时，很多表演也同时进行。这一天被称为萨陀迷（Maha Satami）。第八天叫作阿施陀迷（Maha Ashtami），最重要的活动是水牛献祭日。在传说中，凶神阿修罗化身为水牛危害四方，杜尔迦用刀砍下水牛头，也就杀死了阿修罗。不过，出于对动物的爱护，现在的活动只保留了内涵而不会伤害水牛，人们按照古老的习俗表演祭祀过程，其中被称为"库马里·普迦"（Kumari Puja）的小女孩被看作神的化身而受到崇拜。第九天叫玛哈·纳吠迷（Maha Navami），人们在举行宗教仪式之后载歌载舞，向神明献上各种祭品。第十天叫达沙迷（Dashami），是整个庆典活动的最高潮，人们穿着盛装，抬着杜尔迦女神像在街上巡游，最后来到圣河胡格里河边，把塑像放入水中，任其漂走，意为送女神回家，整个庆典也在歌舞声中落幕。除了西孟加拉邦，比哈尔、奥里萨、贾坎德、特里普拉邦等地的民众都会隆重欢度这一节日，只是具体内容略有不同。①

另一个地方性的节日是在印度南部举行的丰收节（Pongal），每年1月到来，庆典活动大约为四天。在泰米尔纳都邦，庆典的每一天都带有浓郁的宗教含义。

第一天称为波纪（Bhoji），人们彻底清扫房屋，并把不想要的东西烧掉，之后全家人聚在一起祭祀雷雨之神因陀罗。在达罗毗荼历法中，这一天是新年的第一天，所以人们要烧掉不吉利的一切，在长夜中烧起火堆迎接天明，同时供奉米、甘蔗等祈盼来年丰收。第二天是苏尔耶（Surya），当旭日升起时，人们就开始祭祀太阳神，祭品是加入牛奶和甘蔗汁煮成的稀粥，然后全家分食。第三天叫作玛杜（Mattu），也称祭牛日。人们举行特别的活动向一年辛勤耕作的牛表示感谢之意，耕牛披红挂绿走上赛场，参加被称为"曼吉·吠拉杜"（Manji Virattu）的展示，或被称为"贾里卡杜"（Jallikattu）的斗牛比赛，主人在这一天都要用最好的食物喂牛，表达对它的感谢。这一天人们也要把祭品献给大神伽内沙（Lord Ganesha）和女神帕瓦蒂（Parvati）。第四天是走亲访友的好日子，年轻人向长辈敬礼，长辈则发放红包表示祝福，这一天称为"卡阿奴"（Kaanum）。在南印度语中，丰收节一词源于庞迦（Ponga），原意为"充盈"、"丰盛"，之所以用这个词来称呼节日也源于一个古老的习俗，即在古代印度，当人们用新谷做第一顿饭时，会把锅里的米装得满满的，饭煮熟之后，就会溢出来，以此表示丰收的粮食吃不完，全年衣食无忧。丰收节也就有了祝福好运的含义。

在印度，印度教是最重要的宗教，拥有数量最多的信众，所以与印度教相关的节日数量也最多。除了上述几个影响力最大的节日之外，其他重要的印度教节日还有湿婆节（Shivatri. Mahashivatri）、罗摩节（Ram Navami）、克里希那节、欧纳姆节（Onam，喀拉拉地方节日）等等。这些节日都源自宗教传说和礼仪，庆典的主要内容都包含对神明的祭祀，也都有着悠久的历史，充分反映出印度传统文化与宗教特别是印度教的密切关系。

除了印度教之外，其他宗教也都有自己的节日，例如伊斯兰教的宰牲节、开斋节，锡克教的那纳克诞辰节（Buddha Purniwa），耆那教的大雄诞

---

① 有关这一庆典的细节，可参看 http：//festivals.iloueinda.india.com/durga puja/，王树英：《印度文化与民俗》，中国社会科学出版社2007年版，第194—197页。

辰节（Mahavir Jayanti），琐罗亚斯德教的迦哈巴尔节（Gahambars），犹太教的逾越节（Passover）等等，难以胜数。

在印度众多的节庆中，还有一个不容忽视的内容，那就是数量更多，内容也各具特色的部落民节庆，几乎每个部落都有自己的传统节日，这些节日的样式更加多样、文化内涵更为丰富，折射出每个族群独特的习俗和精神风貌。

被称为"神之子"的贡德人以农业为主，他们的很多节庆活动不仅带着鲜明的敬神色彩，而且与农业生产活动密切相关。每当节日来临，妇女们都要穿上彩裙，佩戴用黑色种子串成的项链。村里的祭司要主持祭祀保护神、雨神和老虎神，祭品不仅有各种食品，还包括人们饲养的家畜和家禽。祭祀活动结束后，人们通宵达旦地载歌载舞，题材除了取自有关神明的传说之外，农业生产也是歌舞最重要的题材，如常见的欢迎舞由一群男女表演，他们手持木棍围成一个大圆圈，男的扮演鹿，女的扮演鸡，在转了一个大圈之后，"小鸡"们原地站立，而"小鹿"则一边用棍子打击地面，一边围着"小鸡"起舞。接下来全体舞者用棍子触地，跳起敬神的舞蹈，最后拍手歌唱，表达自己的欢乐之情。类似的还有马舞、鹿舞、扫地舞等等。

又如属于达罗毗荼语系的曾楚人虽然受到印度文化的影响很深，但由于多生活于山区，所以他们仍然保留了很多自己的传统，他们崇拜湿婆神以及各种化身，但又特别尊敬传统的部落神林伽玛雅神（Lingamayya），把它看作仁慈之神。而雷雨之神巴迦范塔鲁（Bhajafantalu）则被摆在了最尊贵的位置上。每当节日来临，曾楚人都会向神明献上祭品，并载歌载舞欢迎节日，与大多数山地族群一样，曾楚人的舞蹈也和他们的生产生活密切相关，如孔雀舞、黑面猴舞、葫芦舞等。

此外，波多人的克赖节（Kherai）、佳尔贾节（Garja），卡西人的农克勒姆节（Nongkrem），加罗人的旺嘎拉节（Wangala），米佐人的米姆库节（Mimkut），梅泰人的切伊饶巴节（Cheiraoba）等也都各具特色。

五、饮食文化

印度的饮食文化也是极为丰富多样的。印度是一个人口大国，各地物产不同，可以作为食品的原料千差万异。在长期的历史发展进程中，印度逐渐形成了独具特色的饮食文化，其不仅能起到填饱肚子、延续生命的作用，还包含着十分丰富的文化内涵。例如在前面列举的节庆活动，饮食构成了庆典的一项重要内容，体现出人与自然的相互关系。

印度饮食文化的一个鲜明特点是，不仅自然环境和物产影响不同地区的饮食习惯，宗教、职业以及社会地位等社会文化因素也常常决定了某一个群体吃什么、怎么吃。

从宗教角度看，印度教、耆那教等传统印度本土宗教主张素食，在处于社会上层的婆罗门种姓中，有许多人终身坚持素食，其严格者连鸡蛋等也不能进食。耆那教严禁杀生，所以连埋在土下面的食品如萝卜、土豆等也不吃，因为他们担心在收获时可能会伤及土里的小生物。由此，印度形成了一个世界上人数最多的素食者群体。

穆斯林和一些社会下层民众，如某些表列种姓和表列部落成员是可以食肉的，但印度教徒绝对不能把牛肉当作食品。在一些地区如西孟加拉邦和南部沿海地区，诸如鱼类等食品不在印度教徒的食品禁忌之列。不过无论在何地，信仰何种宗教，有一种食品不在禁忌之内，这就是牛奶。① 印度人认为，牛是神圣之物，特别是白色的母牛更是被看作神牛而备受尊敬。从考古发现我们得知，早在印度文明的源头拉巴哈遗址中，牛就被看作神的化身，许多出土的印章上都有牛的形象，而印度教中的三大神之一毗湿奴的化身之一黑天（Krishna，又译克里希那）幼年时就是一位放牛娃，而且牛奶、黄油、奶酪成为他童年最亲切的物品。另一位大神湿婆的坐骑是白色的公牛南迪（Nandi），后者一直伴随在他的身边。牛不但具有神性，又是人们农业生产中最重要的助手，牛身上的一切包括粪便都被视为最干净的东西。因此，牛乳也被看作最有营养、能给人以力量的食品。

从地域和自然环境角度看，印度北方和南方的饮食习惯不尽相同。如主食就是北方多面食南方以稻米为主，但大多数印度人都喜欢甜食，无论东西南北，各地、各个族群都制作甜品，供人品尝。在印度各地，最为大众化的食物是调料，印度人喜辣，在做菜时习惯放进辛辣的调料，用咖喱、姜粉、辣椒、胡椒和各种香辛料混合而成的调味料成为烹调必备的辅料。外人一般以为印度人做什么食物都喜欢放咖喱粉，如咖喱饭、咖喱土豆、咖喱鸡等等，但他们却不大清楚实际上印度的调料有许多种口味，即

---

① 严格的耆那教徒是不食奶制品的，这是一个例外。

便是辣味很重的玛萨拉（Masala）也被分为做鸡肉用的、做蔬菜用的、做汤用的等许多种类，十分讲究。

从传统习俗角度看，各个地区都有自己独特的风味食品，特别是在一些山区，部落民会用本地的特产制作出独特的食品，其名称也五花八门。

印度的民族文化还包括其他许多内容，限于篇幅我们只涉及以上几个方面，通过简单的扫描，人们大致可以得出这样的印象：印度民族文化的多样性表现在方方面面，成为其最突出的共性特征。

但是我们还应该看到，在这些多样化的现象后面，某种以一致性为特征的、占主导位置的文化也正在逐步成型。

一位在印度生活多年的外国人这样描述："几千年来，印度一直在调和各种分歧和差异，并将它们融合在一个统一体之中。印度有一种其他国家所没有的精髓，她会告诉你在林林总总的生命背后，有一种叫作'统一体'的精神现实。"[1] 诺贝尔经济学奖获得者阿马蒂亚·森也讲过同样的话："尽管异彩纷呈，印度的统一性却一直引人承认并予以回应。"[2] 在最能反映印度精神的文化领域，我们似乎看到了一种扎根于民众之中的、为大多数人所接受的东西，而它又和很多社会现象一样，具有虚、实两重形态。从虚的方面讲，拉达克里希南所强调的宽容性不仅存在于印度教之中，也成为印度民族文化的一个共性。[3] 德国著名的古典学者马克思·缪勒曾说过："如果人们问我19世纪关于人类古代最重要的发现是什么，我就以下列的简单方式作答：梵文的迪奥斯（Dyaus pitar）＝希文的宙斯＝拉丁文的朱庇特＝古斯堪的维亚文的泰尔。"[4] 他更是从比较语言学的角度，揭示出印度文化所具有的与其他文化体系存在内在一致性的世界性特性。

在印度独立之后，印度文化中的上述宽容性成为民族文化多种成分和平共存、相互融合的精神基础，最终在实的方面表现出来。20世纪末和21世纪初，印度历史上数次出现的印度教民族主义思潮又一次高涨，印度人

---

[1] 引自［英］爱德华·卢斯，张淑芳译：《不顾诸神：现代印度的奇怪崛起》，中信出版社2007年版，第3页。
[2] Amartya Sen, *The Argumentative Indian: Writings on Indian Culture, History and Identity*, London: Penguin Books, 2005, p. 40.
[3] 参看 A. L. 巴沙姆主编，闵光沛等译：《印度文化史》，商务印书馆1999年版，第10页。
[4] 同上书，第703—704页。

民党也一度借势登上执政党的地位，但世俗主义始终是更得民心的口号，就是印度人民党也不会将教派主义当作自己的纲领，因为试图用印度教认同来解决多样化问题只会造成印度民族的分裂。① 所以对于大多数民众来说，宗教信仰只是一种精神，而具体信仰哪一种宗教只是一种形式。作为信众最多的印度教来说，其他宗教的神明如佛教的释迦牟尼、耆那教的大雄、锡克教的古鲁甚至基督教的耶稣也都是神，也都值得崇拜。虽然这并不意味着各种宗教会逐渐走向融合（事实上，印度教在印度总人口中所占比例呈缓慢下降趋势，印度其他宗教的发展也参差不齐），但各宗教之间相互包容的趋势却是谁也无法逆转的，最令人信服的例子就是各种宗教节日都已经成为全体印度民众共享的节庆了。其实同样的情况也发生在语言问题上，尽管印地语还没有成为全民语言，但据2001年人口普查数据显示，除了近43%的印度人以印地语为母语外，还有另外27%—43%的人能够听懂或讲印地语，其第一大语言的地位越来越巩固。在其他很多方面，各种文化事象的相同性或相容性也呈上升、增强的趋势。印度学者面对这一趋势所持的正面态度可以从阿马蒂亚·森的一段话中反映出来："甚至在一个存在深刻不平等的世界里，文化的互动也能够为混合着建设与脆弱的创新营造空间。"② 丘吉尔在20世纪初所说的印度"根本就不是一个国家"的论断早已成为谬论。③ 从这个意义出发，我们不能再简单地强调印度民众的万花筒似的多样性，也应该对其所具有的某种一致性或同一性作出客观的评价。

---

① 参看 Arun R. Swamy, "Ideology, Organization and Electoral Stategy of Hindu Nationalism", in Satu P. Limaye, Mohan Malik, Robert G. Wirsing, ed., *Religious Radicalism and Security in South Asia*, Hawaii: Asia-Pacific Center for Security Studies, 2004, p. 75.

② Amartya Sen, *The Argumentative Indian: Writings on Indian Culture, History and Identity*, London: Penguin Books, 2005, p. 122.

③ 引自［英］爱德华·卢斯，张淑芳译：《不顾诸神：现代印度的奇怪崛起》，中信出版社2007年版，第3页。

中篇

当代印度民族问题研究

第五章
印度的民族政策与民族工作

作为一个拥有庞大人口和复杂民族成分的国家，印度政府始终十分重视民族工作，这包括几个方面：在理论上，印度本国以及国外的学者对印度民族的构成、各族群的界定以及相关问题进行了大量的研究，也对诸如少数民族、弱势群体等相关概念，以及种族冲突、宗教文化因素在民族事务中的影响等问题进行过探讨，取得了相关的成果；在政策上，中央政府与各邦以及基层政府在宪法和各种法律法规的框架内，制定和实施针对民族问题的法规，特别是针对相对落后的族群和群体，专门制订了发展计划；在管理上，印度政府在中央、邦乃至基层都设立了有关民族权利维护、民族经济发展、民族文化保护等多个专门的管理部门，从政治、经济、社会、文化、教育等多个层面进行管理。国会或政府还根据情况的需要，成立了一些永久性的或时段性的专门委员会，对存在的或新出现的重大问题进行专门的调研并提出解决问题的报告和建议。此外，在诸如教育、就业、武装部队建制等多个方面也实施有区别的管理。当然，印度的民族政策和民族工作仍然存在许多不完善之处，特别是一些执政的政治团体和领导人，往往会出于本集团的利益考量，在民族问题上采取偏激、狭隘的行动，从而使各族群、各群体之间的关系不时出现紧张的不和谐状态。

第一节　印度的民族理论

印度有无真正严格意义上的民族理论？这是一个很难回答的问题。从广义上讲，由于客观上存在着各种民族事象，如多样的血缘族系和语系族系、丰富的宗教文化传统、多彩的风俗习惯等等，人们必须观察这些现象并作出解释，这就为民族理论的出台、存在和发展提供了丰厚的基础和必要的条件。印度在近代曾长期处于西方文化的影响之下，特别是约200年的殖民地经历更使西方近代相关的民族学（人类学）理论得以在这里传播、实践。欧洲许多著名的人类学、社会学、宗教文化学大家都对这里极为富裕的研究资源着迷，从很早时间开始，就在印度次大陆开展了大量的人类学调查和研究，并在此基础上提出了各种学说和观点，一些与民族学相关的学科如宗教学、语言学等也在印度得到了很大的发展。从这个意义上看，印度的民族学历史渊源久远（特别在发展中国家中，它具有领先性、丰富性的特点）、成果斐然。从狭义上讲，印度民族问题所涉及到的每一个具体领域都具有鲜明的个性，一般的特别是西方的民族理论很难对各种复杂的现象作出准确的诠释。所以很多学者在讨论一些印度社会、民族现象时，不是用"是什么"来对研究对象下定义，而是用"不是什么"来描述研究对象的特点。例如T. 仁金在他那本名为《今日种姓制》的有影响的小册子中就用了五个"不是"来描述种姓制的特征："种姓不是阶级"；"种姓不是皮肤的颜色"；"种姓也不是雅利安与非雅利安，不是征服者和被征服者"；"种姓亦不是职业"；"甚至也不是印度教或印度人所特有的"。① 沙玛尔在讨论印度教的定义时也认为："印度教矛盾地等同于它自身的否定"，"基本上来说，当一个人并不否认他是一个印度教徒时，他就已经可以被视为印度教徒了"。② 这往往造成对一个事实、一个现象的完全不同的解释，因此很多理论观点都只是相对的，表现出某种不成熟性。

在印度民族问题上，首先遇到的问题就是"是一个民族还是两个民族"。正如前面已经阐述过的一样，虽然印度人有着多样性的血缘成分、

---

① 参看 Taya Zinriu, *Caste Today*, London: Oxford University Press, 1963, p. 2.
② [印]沙尔玛著，张志强译：《印度教》，上海古籍出版社2008年版，第4、7页。

多元的宗教信仰、各不相同的语言和习俗，甚至在历史上也很少真正生活在某一个统一的国家政权体系之下，但是印度的政治家们却从不把这种多样性看作不同民族的标准，相反，他们在这个问题上更倾向于否定多而强调一。

在印度独立过程中，多民族和单一民族的理论特别是在认识上的分歧一直成为争论的焦点。爆发于1857年的大起义被普遍看作近代印度民族意识觉醒的重要标志，虽然西方特别是美国的著作中多称其为叛乱或兵变（Mutiny），但是大多数最有权威的研究者都认为印度历史学家所定义的"民族的崛起"（National Rising）和"第一次独立战争"的观点是有道理的。① 值得注意的是，在镇压了这场起义之后英国颁布的女王诏书中，英国女王在宣布统治印度的同时，也将生活在这块国土上的民众称为印度人。② 这一方面反映出在印度民族大起义中各个种姓群体、各个宗教群体和各个阶层的成员都参与进来，以至于英国统治者用直接统治来替代已延续数百年的间接统治，把所有的印度民众置于一个政府的统治之下，印度被赋予一个现代（殖民地）民族国家的涵义；另一方面也是更为重要的是，这次起义标志着原先存在着的印度内部各族群群体之间的矛盾让位于印度人民和英国统治者之间的矛盾，带有不同民族（Nation）之间统治与反统治、压迫与反压迫的性质。尼赫鲁在《印度的发现》一书中引用了英国东印度公司官员托马斯·蒙罗爵士写给哈斯丁斯总督报告中的一段话，其中将印度的全体民众称为"一整个民族"（a Whole People）。而到英国取得在印度的统治权之后的1883年，英国人塞顿·克尔将自己和所有的英国人都划归为一个种族，是"上帝指派来统治和征服"别的民族的人。③ 从这个意义上我们可以说，是英国殖民统治者唤醒和强化了印度民族的内部认同感，让他们在争取民族独立的统一目标下团结起来，同时英国殖民当局也在政治上完成了印度的统一，为全体印度人的民族认同创造了必要的条件。这与英国学者厄内斯特·盖尔纳的观点十分契合，他认为："民

---

① 参看 A. Smith, *The Oxford History of India*, New Delhi: Oxford University Press, 1958, p. 663；吴俊才：《印度史》，三民书局1990年版，第245页。

② *Natives of India. Natives of our Indian territories*，英国女王诏书的英文全文见吴俊才前引书第232—236页。

③ 参看 Jawaharlal Nehru, *The Discovery of India*, Delhi: Oxford University Press, 1994, pp. 323, 326.

族主义首先是一条政治原则,它认为政治的和民族的单元应当是一致的。"① 可以作为佐证的是,在印度,最早讨论民族与民族问题的并不是学者而是政治家,他们所主张的民族权利实际上是和国家独立分不开的,因此建立什么样的国家和如何实现国家独立也就和民族问题紧紧纠缠在一起。印度学者索姆捷(A. H. Sowjee)在总结印度民族走过的历程时指出:"当基于种姓、阶级、宗教和地区的分裂与冲突经受民族过程的洗礼时,这些分裂并不总是优先遵循以寻求一致为基础的权力共享这条道路,而是在纷争与妥协之间摇摆不定。"② 印度尼赫鲁大学社会科学系教授、印度有影响的民族理论研究者 T. K. 欧门(T. K. Oommen)认为,英国的殖民统治导致了"印度民族"概念的产生,他指出,在如何界定民族这一问题上有七种思路:古老文明的统一体、混合文化、政治的统一体、多种宗教的统一体、特定文化社会的地理或领土意义上的统一体、几种语言的总和、大大小小民族的联合等。③ 他所提出的民族标准多集中于政治发展和文化发展领域,同时也包含了不同历史发展时期的不同标准。

1885年印度国大党建立,其在提出温和的政治主张的同时,宣布自己是"印度民族"的代表,一些青年穆斯林政治家如 A. K. 阿扎德、真纳等也加入到国大党中来,并在其中发挥了积极的作用。1939年9月,甘地在一篇题为《印穆团结》的文章中就这样评价穆盟及其领导人真纳:"穆盟是一个伟大的组织,它的主席一度是国大党的杰出人物,是国大党兴起的希望。"④ 在英印当局的支持下,一些伊斯兰政治家于1907年组建了全印穆斯林联盟(简称穆盟),成为首任主席的阿加·汗(A. Khan)虽然有明确的意识要维护穆斯林的政治利益,但仍然认为印度是一个完整的民族,穆斯林只是"一个民族中的民族"。⑤ 而真纳在参加穆盟初期,大力推进印度两大政治组织国大党和全印穆斯林联盟的合作,并强调在以后的政治活

---

① [英]厄内斯特·盖尔纳,韩红译:《民族与民族主义》,中央编译出版社2002年版,第1—2页。
② [美]霍华德·威亚尔达主编,榕远译:《民主与民主化比较研究》,北京大学出版社2004年版,第128页。
③ T. K. Oommen, "Conceptualizing Nation and Nationality in South Asia", in S. L. Sharma and T. K. Oommen, ed., Nation and National Identity in South Asia, New Delhi: Orient Longman, 2000, p. 1.
④ 引自吴俊才:《印度史》,三民书局1990年版,第374页。
⑤ 转引自林承节主编:《殖民主义史·南亚卷》,北京大学出版社1999年版,第274页。

动中两大政党协调立场的重要性。很显然，此时的国大党和穆盟之间只是不同的政治组织，并没有什么民族分立的意识。1917 年担任过党主席的贝桑特夫人（Amine Besant）撰写了《印度——一个国家》（India a Nation）等著作，主张印度人民团结在一起争取应有的权利，1916 年两大组织共同签订《勒克瑙协定》，一致反对英印当局分裂印度的图谋。作为国大党精神领袖的甘地更是极力主张包括印度教徒、穆斯林、锡克教徒等各个教派成员的团结，他在 1939 年 9 月的一篇题为《印穆团结》的文章中引用一位穆斯林的话说"我们一定不可吵架，血浓于水。我们属于同一血统"，并发誓要为民族的团结而终身努力。[①]

一个民族的理论就是在这样的背景下逐渐成型的。有学者认为：英国在印度的殖民统治一方面在疆域上实现了全印度真正意义上的统一，"印度"取代了先前各自分治的地区；另一方面也是更重要的是，殖民统治激起了印度民族意识的高涨，争取国家独立成为全体印度人的共同目标。英国人在这个问题上的态度是十分暧昧的，出于"分而治之"的政治目的，官方和主流舆论多使用"印度人民"（People of India）这个称呼而不说印度是一个民族（an Indian Nation）。[②] 但是他们同时又主张不可分割的印度，1953 年的《印度政府法案》更是对这一原则进行了确认并在政策措施上予以实施。这种充满矛盾的状况其实很真实地反映出英印当局的立场，即在维持他们对整个印度的控制的同时，分化各种争取独立的政治力量。但是，这样一来也就为"一个民族"的理论留足了空间。在国大党成立之初，一些社会活动家就十分强调存在一个民族的客观现实，马德拉斯德维·恰里阿尔的这段话就很有代表性："我们现在开始认识到，尽管语言、社会习俗上存在着差别，但是我们具有了各种因素，使我们真正成为一个民族。"[③] 就是后来坚持"两个民族"理论的赛义德·艾哈迈德在 1883 年的讲话中也说："印度教徒、穆斯林只是宗教称呼。换言之，所有住在这个国家的印度教徒、穆斯林，甚至基督教徒构成一个民族。那种只考虑宗教区别，把一个国家的居民看作两个不同民族的时代已经一去不复返

[①] 引自吴俊才：《印度史》，三民书局 1990 年版，第 374 页。
[②] 参看 Liaquat Ali Khan, *Pakistan: The Heart of Asia*, London: Thomas Press, 2008。
[③] 引自林承节：《印度史》，人民出版社 2004 年版，第 298 页。

了。"① 这种坚持一个民族的观点，在国大党领导人中成为主流，甘地在给真纳的一封信中就写道："穆斯林和印度教徒不是两个民族，而是一个民族。真纳先生的论据'是完全不真实的。一群改变了宗教信仰的人及其后裔声称是脱离母族的另一个民族，我认为这在历史上没有先例'。"② 尼赫鲁虽然绝少直接使用"一个民族"的用语，但他所使用的印度人（Indian）却明确地表明了相同的思想。例如在《印度的发现》一书第三章第六节"印度的多样性和一致性"中，他在指出存在多个族群的现象后总结，这些印度人具有同样的民族传统和一套道德精神品质，"那些信仰非印度本土宗教的人，例如基督教徒、犹太教徒、袄教教徒和穆斯林，来到印度并定居下来，数代之后就变成确切无误的印度人（Distinctively Indian）"。③

印巴分治虽然是"一个印度民族"理论在实践上的挫折，但并没有使这一理论失去影响，相反促使印度官方和学界认识到以宗教划分民族是造成分裂的一大祸根。1955年公布的公民法案（Citizenship Act, 1955）再次确立了不可分割的印度这一法律支点。④ 人们一般认为，世俗主义是尼赫鲁三大政治原则之一，世俗主义的基本点就是将宗教与政治、经济和文化区别开，而只将宗教看作个人的精神选择。⑤ 这也就排除了用宗教来划分民族的可能性。另一位政治家R. 扎卡里亚（R. Zakaria）也提出了同样的结论："印度教徒和穆斯林是一个民族而不是两个……两个民族没有历史基础……他们将在一个统一的印度继续共同生活千百年。"⑥ 1971年巴基斯坦分裂，东部独立之后成为孟加拉国，这为印度主张一个民族的人提供了一个新的支持证据，他们认为伊斯兰教并没有能够维系西部巴基斯坦和东部巴基斯坦的结合，这也就意味着"两个民族"理论所主张的"坚持伊斯兰教，我们才成为一个民族"⑦ 的观点是站不住脚的。

需要补充的是，在印度争取独立的过程中，曾经出现过"两个民族"

---

① 同上书，第302页。
② [巴] G. 阿拉纳，袁维学译：《伟大领袖——真纳》，商务印书馆1983年版，第273页。
③ Jawaharlal Nehru, *The Discovery of India*, Delhi: Oxford University Press, 1994, pp. 61, 62.
④ 参看 www.indialaw.info.com。
⑤ 参考 Bipan Chandra, *Essays on Contemporary India*, New Delhi: Har-Anand Publications, 1993, p. 21。
⑥ Rafiq Zakaria, *Indian Muslims: Where Have They Gone Wrong?* Delhi: Popular Prakashan, 2004, p. 105。
⑦ [巴] G. 阿拉纳，袁维学译：《伟大领袖——真纳》，商务印书馆1983年版，第251页。

的观点,这一理论坚持认为,印度教徒与穆斯林构成两种不同的、通常是异质的(Antagonstic)生活方式,因此不能共存于一个国家之中,或者说在一个国家里,他们是无法和谐相处的。[1] 这一理论给出了一种非常特别的民族划分标准,即印度穆斯林因自己的宗教信仰与印度教徒以及其他宗教信众不同而成为一个独立的民族,无论他们的血缘、语言与上述这些族群是否一致都不重要。事实上,这种理论是在特殊情况下产生的。当印度人民经过不懈的努力,通过非暴力的制宪革命的方式获取独立已经现出曙光,不同政治集团间的权利分配问题变得越来越重要,处于劣势的穆斯林联盟领导人们对自己所处的不平等地位非常不满,却又无法在现行的体制框架内消除这种不平等时,就自然会将问题归结到整个穆斯林群体的地位不平等上,而要彻底解决这个问题,只能是穆斯林独立成立一个政治体。很显然,导致印穆对立、冲突的首要因素并不是宗教信仰的不同,而是政治上的矛盾和分歧,是利益划分上的不平等。被认为是巴基斯坦建国理论创造者的穆斯林理论家赛义德·艾哈迈德就这样说:"我们可以设想,英国人……都撤离了印度……那时,谁来统治印度呢?在这种情况下,两个民族——伊斯兰教徒和印度教徒——有可能坐在一个宝座上享有同等的权利吗?当然不可能。那时必然是你死我活,势不两立。"[2] 而被称作巴基斯坦之父的真纳在阐述"两个民族"理论时,也并不总是将宗教作为首要的和唯一的划分标准,他甚至认为:"伊斯兰教和印度教并非严格意义上的宗教,而实际上是不同且有显著差异的秩序。"他指出:"印度教徒和穆斯林属于两种不同的宗教哲学、社会习惯和文学。他们既不通婚,也不同桌就餐。实际上,他们属于两种互相冲突的思想和观念。"[3] 很显然,这种以宗教来划分民族的理论本身就存在着一些明显的不足,也无法解释印度的全部实际,因为如果按照这个理论,印度就不会只有两个民族,而应该更多。就印度而言,由于与穆斯林以及其政治团体穆盟无法就政治权利平等共享达成一致,而且两大宗教群体成员已经因为分歧发生了大规模的流血

---

[1] 参看 Carlo Caldarola, "Religions and Societies: Asia and the Middle East", Walter de Guyter, 1982; M. M. Sankhdher, *Secularism in India: Dilemmas and Challenges*, New Delhi: Deep & Deep Publication, 1992.

[2] [英]赫克托·博莱索,李荣熙译:《巴基斯坦的缔造者——真纳传》,商务印书馆1977年版,第55页。

[3] 参看谌焕义:《英国工党与印巴分治》,社会科学文献出版社2004年版,第101—103页。

冲突，不可能同处一个国家，不得不将传统的国家一分为二，这也是一种无奈的结果。但是在独立以后，原先与国大党对立的穆盟组织中的领导人都成为分立后的巴基斯坦的政治领导人，印度国内的穆斯林只是散居各地（克什米尔等少数地区除外），大多数留在印度的穆斯林选择了与国大党共享政权，前述政治矛盾已经大大减弱，按照宗教来划分民族的理论也就失去了存在的合理性和可行性。就是在巴基斯坦，也很少有人将生活在那里的印度教徒看作属于另一个民族的"异类"而排斥他们。建国后的巴基斯坦政府也一直坚持"一个国家、一个宗教、一个民族"的民族政策。这与印度政府的民族政策是非常相似的。

所以，"两个民族"的理论是在特定时期、特定条件下的一种政治主张，并不像严格的理论那样具有普遍性。

从总体上说，独立后的印度国内很少有人赞同将宗教作为划分民族（国族）的标准，也很少有人同意"两个民族"的理论。这已经形成了一边倒的情况。

印度民族理论的另一个重要内容是关于少数族群的。如前所述，在印度人民或印度民族之下，按照文化的差异，印度存在着数量众多的族群，其中有相当的部分被看作少数族群。

在印度宪法中，有多处提到了少数族群这个词：[①]

第29条的标题就是少数族群利益保护，将"特定的语言、文字或文化"作为识别少数族群的标准。此条第二款加上了宗教、种族、种姓等识别因素。

在第30条中则称基于宗教或语言而形成的任何少数族群享有建立和管理自己所选择的教育机构的权利。

在宪法第350B条中使用了"语言少数族群"（Linguistic Minorities）的用语。

但是正如印度少数族群事务部2007年提交的一份报告中所指出的，印度宪法并没有明确的关于少数族群的定义。因此印度的一些正式文件中多采用西方或国际组织的已有定义，如联合国人权委员会1946年的一个文件中所说的："在人口中处于非支配地位的，并在种族、宗教和语言传统上希望保持稳定或与其他群体具有明显不同特征的人群。"而牛津词典上关

[①] 与之对应的英文词是 minorities。

于少数族群的解释也被认可,即"在人数上少于总人口半数的,在种族、宗教、语言或政治派别上有别于其他群体的人群"。①

在印度,划分和认定少数族群最常用的两个标准是宗教和语言,两者又可从全国和地区两个层面进行区分和认定。

在全国层面上,印度教徒人口占到80%以上,其他宗教信徒便都自然成为宗教少数族群,按照人口数量排列,这些宗教少数族群依次是穆斯林、基督教徒、锡克教徒、佛教徒、耆那教徒以及其他更小的宗教信众。在全国的层次上并没有严格意义上的语言少数族群,因为没有任何一个语言的使用人群超过总人口的半数,就是最大的讲印地语的语言群体也没有达到50%,没有多数也就没有少数。

但是在邦一级,情况就有所不同。尽管在大多数邦一级地区,印度教徒仍然处于多数地位,但在查谟—克什米尔邦和拉克沙德维普群岛中央直辖区(Lakshadweep),穆斯林成为多数族群;在旁遮普邦,锡克教徒是多数族群;在梅加拉亚、米佐拉姆和那加兰邦,基督教徒是多数族群。在这些地区的信仰印度教的人群却成了少数族群。

而语言的情况则要复杂得多,因为在印度35个邦(中央直辖区)一级的行政单位中,以印地语作为唯一主要语言的有12个,以印地语同时为最重要语言的有2个,也就是说,只有14个这一级单位用印地语的人群是多数语言族群,仅占总数的40%,而在占总数60%的其他邦(中央直辖区)中,使用印地语的人只能被划入到语言少数族群中。② 这样一来就出现了虽然划分标准统一,但实际操作却难于统一的复杂情况,不少群体具有多数族群(宗教)和少数族群(语言)双重身份。而那些处于迁徙状况的人也很可能随着居住地的变化而发生族群身份上的改变。

在印度还有另外三个关于群体的概念,即表列种姓、表列部落和落后阶级,虽然这三个群体都有各自的界定,但却与前面的宗教和语言的因素纠缠在一起,使"少数"与"弱势"这两个不同的概念交织在一起,研究者特别是国外研究者常是雾里看花、不得要领。例如一些中国学者就在印度的"少数民族"认定上各持己见,有学者将表列种姓、表列部落和部落

---

① 见 Ministry of Minority Affairs, *Report of the National Commission for Religious and Linguistic Minorities*, p. 3。

② 参考(印度)语言少数族群委员会第42号报告指南,2003—2004年。

民等群体都归入到少数民族的行列;① 还有一些学者则把印度少数民族限于部落民和表列部落;也有的学者认为"'minority'是将民族身份淡化到最低线的一个词,因为它只将国民分为多数和少数两部分,众多的民族差异和民族名称都被忽略了。但即便是这样,印度政府也不愿使用'少数民族'这一概念,更不用说承认少数民族的存在了"。② 鉴于这种情况,印度很多文件并不经常使用少数族群这样的概念,而更倾向于使用诸如"表列种姓"、"表列部落"、"落后阶级"等界定比较清晰的用语。

很显然,到目前为止,印度学者和政策制定者并没有完全从理论上解决与民族相关的很多理论问题,造成这种状况的原因是多方面的。首先,在已有的民族理论中,人们很难找到一个可以用来解释和分析印度实际的完全相符的体系,印度的现代社会理论很大部分来自于西方,因此西方的"民族—国家"模式常常被用来套用印度,虽然这样也具有一定的解释力,但是印度的独立过程是一个分治的过程,而不像英、法等欧洲现代民族国家一样,是一个以融合为主线的民族构建过程,因此法兰西民族与近代法国、不列颠民族与近代英国同步形成的模式很难在印度得到复制,至少在印度独立之后,印度民族仍然在经历着漫长而曲折的内部调整过程,其结果在表现形式上也不同于西方的形式。印度学者卡吠拉吉(Kaviraj)就认为所谓欧洲单一语言、欧洲民族主义的基本特征在印度是缺失的。③ 其次,也是更为重要的是,印度社会的极端多元化,使所有的研究者都很难从中整理出清晰准确、高度抽象的概念和定义,几乎每一种观点都会招致不同意见的批评,因为几乎任何一种立论的事实都只具有相对性,都同时存在着反证或例外。就拿大的民族概念来说,印度教虽然拥有总人口80%以上信众的份额,但据此就宣称印度教信众是"一个民族,一个种族"④ 是无法被各个阶层特别是信仰非印度教的政治家和学者所接受的。同样,主张穆斯林、锡克教徒、泰米尔人为一个与国家相并列的民族的观点也必然受

---

① 参看"印度的少数民族情况",http://www.sis.pku.edu.cn/wanglian/mzwt/world/india/ethnic.htm。
② 贾海涛:"印度民族政策初探",《世界民族》2005年第6期。
③ Sudipta Kaviraj, "Writing, Speaking, Bing Language and Historical Formation of Ideatities in India", in Asha Sarangi ed., *Language and Politics in India*, New Delhi: Oxford University Press, 2009, p. 340.
④ V. D. Savarkar, *Hindutva*, New Delhi: Hindi Sahitya Sadan, 2003, p. 92.

到批评。又比如在印度,以印地语为母语的人口占总人口的43%,印地语是第一大语言,但也没有过半数,因此印地语就很难成为真正意义上的全民族语言,其他的语言就更是如此了。这样一来,能够使所有印度人都认同的就只有这块国土以及管理这块国土的政治机构——国家了。这是唯有的同一,是一种普遍存在的多元基础上的同一;一旦从这一点上向下挪移,多元、差异便成为最重要的特征。每一个单元只不过是这个多元结构中的一个部分,例如印度教不过是与其他宗教同时存在的诸种宗教之一,印度教徒不过是与其他宗教信众群体同时存在的一个群体,而且每一个宗教群体的来源也都不是单一的,而是多元的。①

在少数族群问题上,多元性现象更是复杂,除了血缘、历史、宗教、文化等等诸多因素外,社会发展水平特别是经济发展水平也备受关注,"弱势"、"贫困"这些负面的词和很多少数族群相伴相随,也就必然导致对这类族群进行划分定义时,其标准难以完全统一。

综上所述,印度的民族理论正处于发展阶段,它的最终完善还需时日。

第二节 印度的民族管理

对民族工作进行管理是印度政府的重要工作内容之一,上至政府总统总理下至相关部门的工作人员,都有责任对民族事务有关问题进行处理。与很多国家相同,在国家层面上,印度成立了一些专门负责处理民族事务的机构,其中最为重要的有以下几个:少数族群事务部(Ministry of Minority Affairs)、部落民事务部(Ministry of Tribal Affairs)、落后阶层全国委员会(National Commission for Backward Classes, NCBC)、少数族群全国委员会(Nationa Commisson for Minorities, NCM)、表列种姓全国委员会(National Commisson for Schednled Caster, NCSC)、表列部落全国委员会(National Commisson for Scheduled Tribes, NCST)。除此之外,与民族事务管理有密切联系的部门还有内务部(Ministry of Home Affairs)、东北地区发展部

---

① 参看 Wihelm Von Pochhammer, India's Road to Nationhood, New Delhi: Allied Publishers Pvt, 1981, pp. 431–443。

(Ministry of Develorment of North East Region)、人力资源发展部（Ministry of Human Resource Development)、法务部（Ministry of Law Justice)、社会公正保障部（Ministry of Social Justice and Empowerment)、潘查亚特管理部（Ministry of Panchayati Raj)、农村发展部（Ministry of Rural of Development)、妇女儿童发展部（Ministry of Women and Child Development) 等等。从这一份长长的名单中，我们可以看到专门部门负责、相关部门配合的管理格局。其中以部命名的都是内阁部门，下面还会设置相应的局处，如内务部就下设官方语言局（Department of Official Language) 等。而以委员会命名的一般是根据某项法案专门设立的，主要负责专题调研、撰写研究报告、为政府提供政策咨询依据。

在上述各个部和委员会中，少数族群事务部是一个最为重要的部门，其组织结构是在部长下设一位部长秘书，负责协助部长工作。下面分设四个部门，各由一位主管秘书负责，第一部门是行政管理机构，第二部门负责政策制定和计划编制，第三部门负责调研和媒体宣传，最后一个部门负责财务。各个部门之下再分设相应的机构分别处理相应事务。

少数族群事务部的一项重要工作是针对所遇到的各种热点、难点问题成立主要由专家组成的专门工作委员会，对特定的问题进行调查研究。这些委员会具有很大的独立性，有专门的经费支持，最后提供有分量的报告，会对国会制定法律和中央新的政策出台发挥很大的作用，有几个委员会是很有代表性的。

全国少数族群委员会（National Commisson for Minorities，NCM)，1978年1月12日当时的国内事务部制定了一个保护社会上处于弱势的某些少数族群利益的法规，这也成为成立专门委员会的开端，其于1993年正式组成，对五个宗教群体基督教、伊斯兰教、锡克教、佛教和琐罗亚斯德教的信徒实施权益保护工作。

依据宪法中将划分少数族群的标准聚焦于宗教和语言的精神，少数族群事务部还设有全国语言少数族群委员会（National Commission for Linguistic Minorities)。

少数族群委员会设一名主席和一名副主席，另有几名委员，他们都是这一领域的专家，有的还是国际或国内知名的教授。委员会得到中央财政的支持，日常事务由一位专设秘书负责，机构设置与政府部门很相似，在总务部门里包括管理财务、审批文件和图书资料室，另外还有法规、研究部门，对事务部的工作起到重要的支撑作用。

1954年，印度政府通过了重要的《瓦克福法案》（Wakf Act，1954），在穆斯林聚居区，瓦克福组织在民众的宗教、社会和经济生活中发挥着重要影响，对清真寺、伊斯兰学校、医院等都给予包括财政在内的支持。为了使这一制度更加规范，同时也为了给穆斯林特别是生活在城镇中的穆斯林更多的帮助，1964年12月印度政府建立了印度中央瓦克福委员会（Central Wakf Council）。与许多类似层面的委员会都有一定期限不同，该委员会是一个永久性机构，成员包括委员会主席。该主席相当于中央政府任命的主管瓦克福事务的最高行政首长，下面有不超过20名委员。根据1995年《瓦克福法案》规定，其经费为全国的瓦克福组织获取的捐款中的1%的提成。而在一些邦也建立了相应的瓦克福委员会。与政府机构不同，除了定期召开全体会议之外，这个委员会还针对各个主题进行研究并帮助政府制定法规，对各种突发的、偶发的特殊事务进行管理。委员会还设立了一些专项基金如教育基金等，以帮助那些贫困的穆斯林完成学业和技能培训。

在少数族群事务部的机构序列中，还有一个以印度首任文化部长命名的穆拉纳·阿扎德教育基金会（Maulana Azad Education Foundation），这个建立于1989年7月的基金会是一个非政党、非营利的社会化组织，其资金主要来自政府的资助，受少数族群事务部管辖，宗旨就是帮助社会弱势群体成员接受教育以提升社会竞争力，很多具体的项目就是在少数族群事务部的资助和指导下完成的。

此外，少数族群事务部下设的全国少数族群发展与财经组织（National Minorities Development and Finance Corporation，NMDFC）也在帮助少数族群成员改善经济落后状况，促进群体发展方面起到积极的作用。

1999年10月，为了更好地关注表列部落这一特殊社会群体的状况，消除其在社会经济发展中的落后现象，印度政府设立了一个专门的新部——部落民事务部。依据1961年印度政府法规定，这一部级部门的主要职责是维护表列部落的社会安全和社会福利，通过制定政策、实施发展项目、提供财政支持等方式，促进表列部落民众和他们所在地区的社会经济发展，同时负责处理表列部落的认定，与其他部门协调，纵向管理邦及以下行政机构的部落民事务等。虽然与内务部、财政部、外交部等大部相比，印度部落民事务部只能算一个比较小的部门，但其行政级别和组织结构是一致的,最高行政首长是部长,还有一名国务部长和国务秘书,后者的地位与部长的地位相仿,下设局(Division)、处(Section)和科室,每个局由一名副秘书或局长主政,其中最为重要的部门包括法规局、教育处、合作发展处等。和少数族群事务部一样,部落民事务部也设有全国表列部落财经和发展组织(National Scheduled Tribes Finance Development Corporation,NSTFDC)、表列部落全国委员会(National Commission for Scheduled Tribes)等机构。

在印度,这些中央级部门的职责都严格依据宪法或政府法规制定,其职权范围都有明确的规定,除了一般性的事务管理之外,其还向特定的对象提供直接具体的服务,大量的工作由部内专设的处室和委员会完成。以印度政府公布的2008—2009年度少数族群事务部年度报告为例,几个委员会所承担和完成的工作都清楚列举,其中以项目(Programms)和方案(Schemes)为名的工作占了绝大部分。而在下一年度的工作方案中,列举出了"少数族群女性领导力发展"、"少数族群学生博士培养资助"等非常具体的项目,而且大多数项目和方案中都有详细的量化指标(如经费开支/预算、项目时间、会议举办细节等等)。[①]

近年来,原先分属于各个部的相关单位之间加强了协调,使过去各自为政的分散局面得以集中。2007年,印度政府公布了一份很有分量的报告《宗教和语言少数族群全国委员会报告》,对全印度的情况进行了全面详细的描述和分析,其中不仅涉及到"宗教少数族群",还涉及到"少数族群妇女"、"落后阶级"等相关的群体,对了解印度这一社会群体的情况有非常重要的参考指导作用。这个报告是由宗教和语言全国少数族群委员会(National Commission for Religious and Linguistic Minorities,NCRLM)起草的。该委员会是一个2004年建立的、隶属于印度社会保障部的机构,其主席是印度最高法院前大法官、上院议员R.米施拉(Ranganath Misra),几个委员会成员也具有在不同部门工作的背景,包括隶属于少数族群事务部的全国少数族群委员会的前主席。委员会经过大量工作完成了报告,最后由少数族群事务部正式公布。这种几部合作的情况十分常见,在近些年已逐渐成为常态。

1978年,印度政府设立"曼达尔委员会"(Mandal Commission),负责

---

① 参看 Ministry of Minority Affaira Government of India, *Annual Report 2008 - 2009*。

调查表列种姓和其他落后阶级的生活状况并提出解决措施。1980年该委员会根据调查和研究,提出"曼达尔报告",建议按照人口比例为落后阶级保留在政府和国有企业中的职位,以及在高等教育中的一定份额。这个旨在改善弱势群体状况的临时性机构和建议在印度民族事务管理上发挥的作用非常久远,甚至在一定时期内影响了全国政治局势的走向。

除了这种中央各部门的横向协调外,中央到地方再到基层的联系也很紧密,一般中央政府专设的部,都会在相关的邦设置相同领域的部门,有时部下面的委员会也会在邦乃至基层建立相呼应的协调部门。但是在一些关键问题,如身份界定、经济预算和管理等方面,联邦政府的权利是不能划分的。

印度社会的基层是村庄,早在英属殖民统治时期,就有人这样描述:"每个村社都自成一个独立的小型国家。在我看来,这些村社比任何其他因素都更能说明印度民族的延续。"① 这种被称为"独立的小型国家"的模式至今仍然存在,村社的管理机构如潘查亚特等在民族管理事务中起到了十分关键的作用,它不仅将自中央到各地方政府的政策加以落实,而且根据具体情况处理日常发生的各种新问题,成为维护族群稳定、族群间关系协调的重要力量。

在分析印度民族管理时,有一支力量的作用十分重要,这就是非政府组织(NGO)。由于印度的民族事务非常复杂繁多,仅靠政府的力量很难解决所有的问题,因此印度有数量众多、形式各异的非政府组织从事涉民族的事务。印度是非政府组织最早活动的亚洲国家之一,早在19世纪60年代就有一些非营利的民间组织开始从事一些公益性社会活动。印度独立后,国家制定和完善了相应法规,对这类组织的成立、登记、审查和活动等各个环节进行规范管理,使之能有一个较为良好的生存和发展环境。在今天的印度,专门从事民族发展事务工作的非政府组织并不多,比较有影响的有总部设在班加罗尔的印度社群发展服务社会(India Community Development Service Society)、阿达尔莎社群发展社会(Adarsha Community Development Society)等,还有不少非政府组织的活动也包括或涉及到民族事务。此外还有许多基金会也设立专门的项目支持社会弱势群体,如少数

---

① G. K. Lieten, *Power, Politics and Rural Development: Essays on India*, New Delhi: Manorhar, 2003, p. 20.

族群、表列人群和妇女儿童的发展,其中很多项目用以资助这些群体成员接受教育、提升社会竞争能力,比较有名的基金会有阿瑜施·简·瑟瓦福利基金会(Ayushi Jan Sewa Welfare Foundation)、帕拉赖特基金会(Paralite Foundation)等等。

这些数量众多的非政府组织在辅助落后群体、消除社会底层民众的贫困、帮助弱势人群争取合法权益等方面发挥了积极的作用,也成为印度政府和有关部门管理民族事务不可缺少的助手。

第三节 印度的民族政策

在叙述前面的民族理论和民族事务管理部门时已经对民族政策有所涉及,在本节中,我们将重点放在这些政策特点的评析上。

首先,基于印度人民都属于一个民族(国族)的理论,印度政府最为强调所有人的平等,并采取相应的措施来保证这个平等目标的实现,这也成了印度民族政策的出发点和目标。一些学者称之为"民主空间的扩充",并认为这是印度发展的一个重要特征。[1] 在开国总理尼赫鲁为印度奠定的政治制度基础中,"坚持法律面前人人平等,而不拘他的种族、宗教、地区、性别、种姓或宗派"。他所构建的这种民族精神将一个极端多样性和复杂的印度凝聚在一起,这也成为他留给印度最为宝贵的遗产。[2] 印度学者也认为这对理解印度的民族政策原则殊为重要,"非歧视原则和普遍公民权概念在印度宪法中被视为圭臬"。[3]

其次,印度的相关民族政策大多经过立法程序固定下来,使之具有合法性和稳定性特点。

在印度宪法中,有大量关于民族问题的条文,这些条文不仅对相关的

---

[1] 参看 Hiroichi Yamaguchi, *Nation-Building and Fragmentation in India—Implications of the General Elections*, 18th European Conference on Modern South Asian Studies, Lund Univesity, Sweden, July 6, 2004, p. 4.

[2] 参看 Inder Malhotra, Nehru's Luminons Legacy, in Ira Pande, *India 60 Towards a New Paradigm*, New Delhi: Harpercouins Publishers, 2007, pp. 22 – 23.

[3] Emanual Nahar, Minority Rights in India, http://indiaminorities.wordpress.com/2011/01/31/minority-rights-in-india-christiam-experiences-cmd-apprehensions.

概念作出界定，也成为大量具体法规和机构行使职权的最终依据。正如印度宪法第 3 章第 13 条第 2 款所说："国家（the State）不得制定任何法律（Law）以剥夺或削减本部分所给予之权利；任何与本款抵触之法律，在其抵触之范围内为无效。"[①]

关于民族平等的宪法条文在整个宪法中不仅被放在最前面的位置，而且规定得十分具体，在各个专门领域也有与民族事务相关的条文。

第 14 条：在印度领土内，国家不得拒绝给予任何人法律上之平等，或法律上之平等保护。

第 15 条第 1 款：国家不得依据宗教、人种（Race）、种姓（Caste）、性别、出生地或其中任何一项之理由，对任何公民（Citizen）有所歧视。

第 15 条第 4 款：本条和第 29 条第 2 款之规定，不妨碍国家为提升任何社会和教育落后阶级以及表列种姓和表列部落的地位，制定任何之条款。

第 15 条第 5 款：本条和 19 条第 1 款附 G 款之规定，不妨碍国家为提升任何社会和教育落后阶级以及表列种姓和表列部落的地位，制定准许包括私营机构在内的特殊教育机构的任何条款和法律，无需为第 30 条第 1 款所规定之为少数族群专设之教育机构。

第 16 条第 1 款：有关国家政权下任何职位之雇用或任命事项，一切公民应有平等之机会。

第 16 条第 2 款：在国家政权下任何雇佣或职位，不得根据宗教、人种、种姓、性别、家世、出生地点、住所或其中任何一款理由，对任何公民认为无资格或有所歧视。

第 16 条第 4 款：本条之规定，不妨碍国家制定任何条款为任何落后阶级之公民保留若干职位，设国家认为该阶级在国家公务中现实未能有充分代表。

第 16 条第 A 款：本条之规定，不妨碍国家制定任何条款为表列种姓和表列部落保留若干职位，设国家为他们在国家公务中现实未能有充分代表。

第 17 条：废除"贱民制"（Untouchability），并禁止在任何方式下实

[①] 依据郭登皞等译：《印度宪法》，世界知识出版社 1951 年版条文，并参照 2004 年版 the Constitution of India 英文版全文以及更新版的相同条文。后同。

行"贱民制";任何由于"贱民制"而产生剥夺人之能力情事,为罪行,应依法处罚。

第25条第1款:除受公共秩序、道德与健康以及本章其他条款之限制外,一切人(All Persons)皆平等享有信仰之自由,与自由奉行与传布宗教之权利。

第25条第2款:由国家维持或由国库辅助之教育机关,不得仅根据宗教、人种、种姓、语言或其中任何一项理由而拒绝任何公民入学。

第29条第1款:凡居住印度境内或印度领土任何一部之任何部分公民,具有其自己之特殊语言文字或文化之权,应有保存其特有之语言、文字或文化之权。

第30条第1款:一切少数民族,无论由于宗教而形成,或由于语言而形成,应皆有设置与管理自己之教育机关之权利。

第30条第2款:国家在给予教育机关辅助时,对任何教育机关不得因其在为宗教上或语言上之少数族群管理下为理由,而有所歧视。

第30条:国家应特别注意增进人民中较弱阶层之教育与经济利益,而尤以表列种姓和表列部落为甚,并应保护彼等不受社会之不公平待遇与一切方式之剥削。

第330条对在人民院中为表列种姓、表列部落保留席位做了详细的规定。

第332条对在各邦立法院中为表列种姓、表列部落保留席位做了详细规定。

第334条对保留席位制度的时限做了规定。

第335条对表列种姓、表列部落在公职部门的保留席位做了规定。

第338条规定成立表列种姓全国委员会,并对其人员构成和职责范围做了十分详细的规定。

第38条A款规定成立表列部落全国委员会,并对其人员构成和职责范围做了十分详细的规定。

第339条授权总统成立专门委员会,对表列地区的行政和表列部落的福利事宜进行调查并上报报告。

第340条授权总统任命一个专门委员会,对印度落后阶级的情况进行调查,撰写报告并先提出相应的建议。

第341条、342条分别对总统和国会在权限内确定、公布或取消表列种姓和表列部落的程序和法律效应作出规定。

第 350 条 B 第 1 款：总统将专设负责语言少数族群的特别官员。

第 350 条 B 第 2 款：在本宪法之下，特别官员之职责为调查所有与保护语言少数族群相关之事务，向总统提交报告以使总统得以依据报告作出处理，总统应该向国会提交报告并递交国家政府。

另外，在专论基层组织潘查业特的第 243 条 B、C、E 各款中也都涉及到了对少数族群的管理问题。

需要特别指出的是，印度宪法中关于民族特别是少数族群的基本原则和政策在 1950 年公布的第一部宪法中就已经确立，而在之后的 60 多年间没有发生大的变化。同时宪法经过多次的修改，有关少数族群的条文也不断增加并具体化。在宪法正文之后的浩大篇幅的附表（文）中，更有一些可以具体操作的规定，使这一事务的处理有据可依。

除了宪法条文之外，印度国会、政府还通过了许多法案、法规，内容涉及民族事务的政策界定、机构设置、特别问题处置、重大项目规划等等。几乎每一个具体的机构都有专门的法律文件作为支持，而且这些法律文本都必须经过最高法官或法务部首脑认定批准，法律文件中也对机构的组织原则、人员构成和待遇、机构职权范围以及工作职责等进行详细的规定。同理，这些机构提供的报告等也无一例外地陈述各项工作的法律（包括宪法和其他法案）依据。不仅联邦中央一级的机构是这样，邦、市县以及基层的同类机构也是如此。

第三，联邦中央一级时常出台一些影响全局的政策举措，以促进全国民族工作的开展。比较有影响的政策如 1956 年实施的语言邦重划、一直坚持的对少数族群语言的保护，前者在某种程度上起到了缓解语言群体之间矛盾（特别是印地语和非印地语群体之间矛盾），避免国家分裂的作用。[①] 后者则确保了印度语言多样性的人文生态得以延续，至少减缓了这一生态恶化的进程。[②] 又如 1990 年 V. P. 辛格政府保护落后阶级保留席位的政策，虽然这一政策导致了社会动荡并最终使以他为首的少数派政府垮台，但是

---

① 参看 Paul R. Brass, *The Politics of India Since Independence*, Cambridge：Cambridge University Press, 1990, p. 157；王红生：《论印度的民主》，社会科学文献出版社 2011 年版，第 296 页。

② 参看 Anvita Abbi, "Vanishing Diversities and Submerging Identities：An Indian Case", in Asha Sarangi, Language and Politics in India, New Delhi, Oxford University Press, 2009, pp. 302 – 304。

从总体趋势上看却使扶植社会弱势族群（群体）的基本政策得以强化。

2006年6月，印度政府宣布了《总理新15点项目》，虽然其主要内容是一些比较具体的实施计划，但其中也包含了21世纪开始以后，印度政府加快步伐，推进弱势群体发展的政策导向。

一般说来，印度民族政策的理论阐述较为薄弱，除了宪法和一些政府法案中原则性的表述外，政府官员很少对这个问题进行系统具体的阐述，负责民族事务的官员在联邦政府各个部门中的地位和影响力也没有处于核心位置，就是一些理论研究者对这个问题的专门著述也不是很系统。与此不同的是，在实施具体项目上各级政府却十分认真，从项目的设立依据、名称、内容目标、组织构成一直到经费预算落实都有详细的规定，给人以局部清晰、全局模糊的感觉。有中国学者这样评述："印度一直缺乏一部行之有效地能够解决实际问题、调处民族关系的法律。现行的政策法规往往具有很强的分散性，这也大大削弱了依法解决民族问题的可能性。"[①] 应该说，在分散性这一点上，这个评述是很有说服力的，因为不仅在法律问题上，在政策理论上也存在同样的现象。

与很多别的国家一样，在管理和政策层面上，印度的所谓民族事务和民族问题，首要关注的是少数族群和弱势群体，由于其特殊性，宗教、语言以及社会发展水平的差异既是族群划分的重要依据，又是最需要协调、发展的工作重点。从政策层面看，印度政府主要在以下几个方面作出努力：一是大力发展针对社会落后族群和弱势群体成员的教育，在经费支持、学习条件提供、入学优惠等各个方面都予以倾斜，着力为这些群体培养高学历人才，同时也采取各种手段开展职业技能培训、扫盲识字教育等工作；二是扶植少数族群地方民族经济发展，在中央制定的五年计划和各邦发展计划中都有专门的项目，并采取具体措施推广和落实；三是在就业上给予照顾，以改善他们的社会地位；四是采取多种方式保护多样化的民族文化传统。关于这些政策的详细内容和效果，将在后面专章描述。

---

① 杨晓萍："民族国家的建立与民族认同的危机"，《中国民族报》2011年4月1日。

第六章
印度民族热点问题研究（一）

从英国殖民时期直到现在，印度民族问题就是与印度的宗教教派、种姓制度等相互纠缠在一起的。就其与教派的关系而言，原本也许是单一民族之中的某个教派，主要由于宗教信仰的不同，其就常常会自我标识为另一个特殊的民族。印度锡克教的情形固然如此，印度穆斯林的情形也基本上是这样的。而这种结果的发生是与印度国内的宗教教派主义运动密不可分的。因此要考察印度民族问题，就有必要对印度国内各主要教派的教派主义加以探析。另外，就印度的种姓而言，按照许多学者的看法，印度众多种姓和亚种姓在某种程度上就构成了印度内部的一些特定的民族族群。

需要首先说明的是：以下所使用的术语"印度教民族主义"、"伊斯兰民族主义"以及"锡克民族主义"（其中的"伊斯兰"和"锡克"本身就带有宗教性的语义），指的都是一种基于宗教信仰而兴起和发展起来的教派民族主义思潮和运动，它们都与"印度民族主义"有着明显而重大的意义差别，两者之间完全不能等同。印度民族主义是以对作为统一民族或民族共同体的整个印度的认同为基础的，这种认同倾向于淡化和消除不同宗教、不同族群和不同种姓之间的差别；而各种教派民族主义的基础则是对各自特定的宗教信仰和与之相关的生活方式的认同，除了作为主流的印度教民族主义以外，这种认同甚至有可能与印度国家的认同发生矛盾和冲突。

第一节　印度的教派民族主义

一、印度教民族主义

（一）印度教民族主义的主要理论

20世纪以来，印度教徒与穆斯林两大教派的对立情绪日益加剧，教派主义思潮大行其道，尤其是"穆斯林国家"思想的提出，对印度教徒产生了莫大的刺激。再加上英国殖民者的挑唆利用，印度教徒与穆斯林之间的斗争日益尖锐，两派的教派主义者都想胜过对方，为自己的教派争取更多的政治和经济利益。其中，某些后起的属于印度教范畴的民族主义者把印度民族主义与印度教的教派利益结合起来，使得原本对外的印度民族主义逐渐分化出一种"印度教教派民族主义"。印度教教派民族主义的宗旨既包括赶走英国殖民者从而赢得民族独立，也包括排斥非印度教徒（主要是穆斯林和基督教徒）从而建立"印度教的国家"的内容。这种理论与提拉克、奥罗宾多、甘地和尼赫鲁在民族独立运动中所表达的印度民族主义是截然不同的，因为后者明确主张印度教徒应当与穆斯林联合起来，共同反对英国殖民者，而从不排斥穆斯林。当时，印度教教派民族主义思想的主要代表人物有两个。其一是印度教大斋会的首领V. D. 萨瓦卡尔，他在1923年出版了一部印度教民族主义的滥觞之作——《印度教特性》。在这本书中，他首先提出了"印度教徒"、"印度教民族"、"印度教国家"等等新概念，并且全面地阐述了一种以复兴印度教文化、建立印度教国家为主要宗旨的印度教教派民族主义理论。其二是国民志愿服务团的领袖M. D. 戈尔瓦卡尔，他在1939年发表了第一部著作，题为《我们或我们特定的民族性》（We or Our Nationhood Defined）。在这本著作中，戈尔瓦卡尔进一步阐述了印度教民族和印度教国家的概念，并提出了一套更新的思想，从而使印度教民族主义理论走向完善和成熟。此后，印度教民族主义便在印度社会中广泛地传播开来。

1. 萨瓦卡尔及其"印度教特性"

"印度教特性"这一用语，源出于 V. D. 萨瓦卡尔 1923 年的著作《印度教特性：谁是印度教徒》（Hindutva：Who is a Hindu?）。

与全球范围内穆斯林总的历史境遇相类似，18、19 世纪之前的印度穆斯林曾经是占统治地位的民族，在英国统治时期，他们多半都还生活在对昔日帝国的怀念之中，因而相对于印度教徒，他们对取代了自身的英国统治者就更具有一种不平和的抗拒之心，对英国的反抗许多也是由他们发动和参与的。作为本土宗教的传人，印度的印度教徒却前后都要忍受不同的外来统治者。当英国人进入印度之时，他们甚至还怀有某种复杂的、带有难言之隐的"庆幸"心理，因为这毕竟是击垮和取代了前一个"外来的"统治者。在那时观察者的眼中，印度的印度教徒所代表的大多是一种"弱势群体"的形象。20 世纪初，在英国人写给本国政府的报告中，就描述说印度穆斯林"总是潜在的狂热分子"，而印度教徒则处于"身体弱小的悲惨状态"。可以说，在 19 世纪前后，印度的印度教徒无论是在历史处境还是社会心理上，都走到了不得不重新为自己树立民族自信、为印度民族构建可靠的自我认同的地步。正是印度近现代被统治与被殖民的历史处境和印度教长期以来的屈从地位，激起了印度民族的穷途思变之心，而当时所出现的印度教徒作为一个民族或种族"正在走向死亡"的说法，则极大地刺激了一种"印度教教派共同意识的产生"。

在印度近现代的民族主义运动中，一直就存在着两条相互可以分立，但有时又必须捆绑在一起的路线：这就是对内的自我改革和复兴的路线与对外的争取民族独立的路线。仅就更受人们关注的国大党及其同盟而言，至少到印度独立为止，可以说上述的第一条路线就一直让位于第二条路线。国大党把主要的精力都投入到争取民族自治与民族独立的斗争之中，而不是主要从事民族文化的复兴和改革事业。而对于国大党以外的一大批印度民族主义者而言，民族文化、民族宗教的复兴与改革则几乎成了他们一生为之奋斗的事业。19 世纪印度的宗教改革家们基本上就属于这样的一类民族主义者。虽然他们的工作有可能有意无意地都要指向民族独立这一政治目标，但毕竟并不直接从属于民族政治运动，而是与之相对分立的。20 世纪初成长起来并在后来产生了深远影响的民族文化复兴主义者萨瓦卡尔，基本上就属于上述类型的民族主义者。不过，比起其他民族主义者来，此人的思想与活动更具有某种极端的倾向，他的思想实际上属于印度教教派主义的范畴，他本人则成为后来的印度教教派主义组织的思想导师。

作为印度教教派组织印度教大斋会的首领，萨瓦卡尔是印度教教派民族主义的首倡者。1937年，萨瓦卡尔加入印度教大斋会，连续7年当选该组织的主席。20世纪30—50年代，他一直通过这个组织宣传印度教民族主义思想。他的主要著作有《印度教特性》、《印度教的意识形态和最近的纲领》和《我们称什么样的人为印度教徒》等。

萨瓦卡尔首先提出了建立"印度教国家"的理论，这种理论主要由4个基本要素组成：印度教徒、印度教、印度教民族和印度教统一体。他通过对这4个概念的解释阐述了他的民族主义观点，其中带着浓厚的教派主义色彩。他认为，每一个印度教徒都应当加入一个宗教社团，他在社会中应以一个宗教社团成员的身份出现。而其他的宗教信徒，如穆斯林、基督教徒等虽然在这个国家已生活了几个世纪，但他们不属于印度教社团，也不构成印度教国家的一部分。他指出："我们印度教徒就是一个国家，因为宗教的、种族的、文化的和历史的亲缘关系我们结合成一个同质的国家。"萨瓦卡尔理论的核心是恢复印度教的传统，建立一个印度教统治的国家。这种理论的意图首先是反对英国殖民主义者，力图将他们驱逐出印度；第二是要把印度的穆斯林排除在印度这个国家之外。他认为，印度穆斯林虽然在印度生活了几个世纪，但是从来没有把今天的印度看作自己的国家。他们把印度看作印度教的土地，而不是伊斯兰教的土地。这样的一种理论虽然在当时反抗英国殖民主义的斗争中起到一定的积极意义，但它为以后印度教和伊斯兰教之间的教派冲突也埋下了思想上的祸根。

2. 戈尔瓦卡尔的印度教民族主义理论

戈尔瓦卡尔1940—1973年一直担任国民志愿服务团的主要领导人。在这30多年中，他竭力通过这个社团宣传印度教民族主义。他的主要著作有《我们或我们特定的民族性》（1939年）、《思想集成》（1966年）、《戈尔瓦卡大师讲演录》（七卷，1974—1981年）。戈尔瓦卡尔继承和发展了萨瓦卡尔的印度教教派民族主义思想，并进一步提出了"国家虔信"论。他主要从以下四个方面阐述了这一理论。

第一，印度教徒特质。戈尔瓦卡尔认为，作为印度教徒，实际和应该具有的特定的精神品格至少包含了这样一些要素：具有崇高的追求、信奉再生观念、富有无私奉献精神、崇尚内在的精神力量。戈尔瓦卡尔认为，只有具备了这些特质的人，才称得上是印度教徒。而其他民族的人不具有这些特质。在印度，只有印度教徒才符合作为这个国家居民的标准，因为他们热爱印度，把印度视为自己的祖国或母亲。

第二，清除非印度教因素。在戈尔瓦卡尔看来，那些在印度生活了几个世纪的穆斯林，包括那些改信伊斯兰教的印度教徒还有基督教徒，都不属于印度这个国家，因为他们在心理上不热爱、不忠诚于这个国家。他们对印度教的信仰和生活方式完全"抱有敌意"，因而"拒绝忠实于这块土地，拒绝作为这块土地所留下的文化遗产的继承人"。以这种理由，戈尔瓦卡尔提出把印度的穆斯林和基督教徒都排斥在印度这个国家之外。

第三，印度教民族主义。戈尔瓦卡尔认为，复兴印度教的古代传统，建设一个强大的印度教国家是重建印度的关键，而他把印度教的各种社团尤其是国民志愿服务团，看作建设印度教国家的主要工具。

第四，"国家虔信"论。为了建立强大的印度教国家，他还创立了一种"国家虔信"论。他称印度这个国家为"祖国母亲"，每一个印度教徒必须对她绝对虔诚和崇信，要对这个印度教国家"履行义务和无私服务的精神"，即把自己的全部思想、感情和力量都贡献给印度教国家，成为她一个驯服的工具。

概而言之，戈尔瓦卡尔的印度教教派民族主义的基本观点是：印度的土地是印度教的土地，印度的文明是印度教的文明，印度的生活方式是印度教的生活方式，印度的国家是印度教的国家。印度的穆斯林和基督教徒不属于这个国家，因为他们在心理上不忠诚于印度。戈尔瓦卡尔的印度教民族主义是一种较为偏激和狭隘的民族主义理论，这一带有明确教派色彩的民族主义对印度社会产生了巨大的影响。

（二）印度教民族主义的组织及其实践

随着印度教教派民族主义思想理论的广泛传播，印度教的许多教派组织也建立起来，如印度教大斋会、国民志愿服务团、世界印度教大会、印度人民同盟等，其中延续至今并具有重大影响的是国民志愿服务团和世界印度教大会。

1. 国民志愿团

一方面，在圣雄甘地的领导下，国大党在 20 世纪 20 年代开展了第一次非暴力不合作运动，印度民族独立运动进入新的高潮。另一方面，伴随着宗教改革的浪潮，印度的民族文化复兴思潮大行其道，作为这一思潮的支流，印度也出现了以恢复印度教统治为目标的印度教教派主义者，他们在反对英国殖民统治的同时，也把矛头指向穆斯林等少数人教派。印度国民志愿团（RSS）创始人海德格瓦就是印度教民族主义最重要的代表人物。

海德格瓦1889年出生于那格普尔的一个婆罗门家庭，少年时期就满怀爱国热情，并深受印度教复兴主义者萨瓦卡尔（Vinayak Damodar Savarkar）思想的影响。他早年曾一度信从并参加了甘地领导的不合作运动，但思想很快就发生了转向。在短期服刑出狱后，他开始公开批评甘地的"非暴力"思想。在印度教徒和穆斯林爆发冲突之际，他也认为甘地对穆斯林过分宽容。他认为，印度教徒在教派冲突中之所以总是受到伤害，是因为他们过分柔弱和缺乏统一。为了改变这种情况，他在民族关系中高度强调组织化和有武装的斗争。与甘地和尼赫鲁所提倡的民族宽容政策相左，他逐渐发展出一套强硬的印度教民族主义思想。

受萨瓦卡尔的影响，海德格瓦坚持印度教传统应当是印度民族国家的文化基础。正是秉承这一思想，在1925年"十胜节"期间，他联合自己的同道在那格普尔创立了"国民志愿团"，1927年罗摩诞辰节时改名"国民志愿服务团"。该组织主要崇拜印度教的罗摩神，使用橘黄色的三角旗。根据海德格瓦的旨意，RSS不是一个政治组织，而是通过社会工作来弘扬印度教传统的文化组织，它"通过志愿者的严密纪律与为印度教和文化服务的精神，效忠于母亲印度"。但这同时也就决定了RSS独特的政治立场：海德格瓦声称，在国家独立以前，RSS应该为印度民族的解放、为保护印度教法规和文化而奋战；赢得独立之后，则需要"强化神圣的印度教法规、印度教文化和社会，为实现印度教社会的全面进步而奋斗"。尽管RSS声称自己是一个文化组织，但它又公开地运用武装的手段，并积极地参与了印度的教派冲突。RSS重视军训和武装的传统一直保持到了今天，因此它实际上是一个具有一定军事成分的文化组织。

1940年海德格瓦逝世后，前面已经提到的戈尔瓦卡尔继任领导人。戈尔瓦卡尔也出生于一个婆罗门家庭，从小学习吠陀，后在圣城贝纳勒斯印度教大学接受教育。作为一位著名的RSS"古鲁"和激进的民族主义理论家，戈尔瓦卡尔在RSS中宣扬和推行了一种具有沙文主义倾向的印度教民族主义。在其思想的影响下，RSS尤其对印度的穆斯林怀有明确的成见。他们认为，正是由于穆斯林内心里不把印度当成自己的祖国，他们才坚决地进行了巴基斯坦分立运动,而那些依然居住在印度的穆斯林则一直都怀有"支持独立的心理和对巴基斯坦及其观念的感情依恋"。作为一个势力强大的民族主义组织,RSS 的印度教沙文主义加大了穆斯林的离心倾向。

戈尔瓦卡尔允许 RSS 成员个人参加政治活动,但却将 RSS 组织与政治活动分离开来。1973 年戈尔瓦卡尔逝世后,继任 RSS 领袖的道拉斯（Madhukar Dattareya Deoras）就改变了上述政策。RSS 表现出了更加积极有为的姿态,并将活动范围扩大到了政治领域。与此同时,道拉斯还以"促进印度教事业和印度的领土统一"为共同的政治目标,实现了 RSS 与印度人民党（BJP）的非公开的结盟。

为了弘扬印度教文化,建设一个能与西方抗衡的、强大的印度教国家,道拉斯离弃了 RSS 以前所尊崇的偏于沉思的吠檀多传统,而引入更为直接和生动的印度教象征来动员印度教民众。与此前的印度教民族主义者大异其趣,道拉斯不仅对印度教社会的陈规陋习加以谴责,而且鼓动 RSS 自愿者积极地反对印度教中的种姓歧视与隔离,在印度教中创建一种平等、和谐的社会关系。RSS 领导层娴熟地利用了印度教节日、仪式和经典来号召与组织印度教信众。他们的活动和组织不仅容纳高、中等种姓的知识分子与社会精英,也向广大工人、学生、妇女、印度教难民以至表列种姓和表列部落开放。

2. 世界印度教大会

世界印度教大会（Vishwa Hindu Parishad,简称 VHP）是当今印度社会中的又一个机构庞大、人数众多和影响广泛的印度教教派组织。

印度在 1962 年中印边界冲突中的失败、印巴克什米尔冲突的加剧、印度东北部各邦的部落民皈依基督教等,都极大地刺激了印度的民族情绪。仅就国内而言,印度教徒认为自己的宗教文化受到了来自伊斯兰教和基督教的威胁。RSS 认为,为了将相互分散的印度教徒团结起来,必须建立一个印度教各派别的联合体,借此来壮大印度教的整体实力,扩大其在世界上的影响,并与印度的非印度教势力相抗衡。

1964 年 8 月,印度教各派领袖在孟买宣告成立世界印度教大会,并规定它是一个非政治性的文化组织,其目标是"建立统一的印度教社会"。该组织与印度国内各印度教教派以及印度其他本土宗教（主要是锡克教、耆那教、佛教）都取得了协同,并与世界上 20 多个国家的 40 多个印度教组织都建立了联系。

1966年1月22—24日，来自25个国家的大约2.5万名印度教徒出席了该组织的第一次代表大会。13年之后的1979年，世界印度教大会第二次代表大会召开，大约有10万人出席。RSS首领戈尔瓦卡尔和印度教各派领导人出席了大会，流亡印度的达赖喇嘛也应邀出席会议并致开幕辞。这次大会制订了一些具体的社会宗教改革方案，还对印度教徒的日常崇拜行为作出了规定。从1966年开始，VHP在全国不断得到发展，有超过150万积极分子散布于全国各地，此外它还建立起众多海外组织。VHP是一个有着100多个派别的宗教联合体，设有51个指导委员会，由一个宗教领袖进行统一指导。这些组织的核心职能在于：在因教派、教义、种姓和阶级而处于严重分裂状态的印度教徒中建立起团结与和睦的关系。

世界印度教大会的宗旨是弘扬印度教文化传统，团结全世界的印度教徒，将印度建设成为一个强大繁荣的印度教国家。它宣称，印度教千百年来惨遭穆斯林和基督教徒的迫害但仍顽强生存的历史证明，印度教是一个永恒的宗教。印度教当前仍面临着来自穆斯林和基督教的挑战，人们放弃了传统的印度教文化价值观，并且因受物质先进但精神落后的东西的影响，一些印度教徒改信了伊斯兰教或基督教。振兴和捍卫印度教和印度传统文化，是一项十分紧迫的任务，是印度在现代社会生存和发展的首要保障。1966年的VHP第一次代表大会确定了该组织的六项目标：加强和巩固印度教社会；维护和弘扬印度教的精神价值；与生活在海外的印度教徒建立联系；消除不可接触制度及其实践；不管语言、地区、教派和阶级差别，将一切印度教徒团结起来；树立对印度教文化传统的自豪感，也致力于让过去皈依基督教和伊斯兰教的人重新信仰印度教。

在20世纪80年代以前，VHP主要致力于弘扬印度教文化并进行与此相关的各种社会活动。根据该组织的计划章程，它从事了宣扬梵文、在大学引入宗教教育、保护神牛、资助在印度教群众中建立宗教意识等活动。为加强印度教徒的社会意识和认同感，它还经常组织集会和进行节日纪念。为了与穆斯林和基督教徒相竞争，VHP一直重视提高印度教僧侣的地位。为了建立和加强与社会之间的有机纽带，它还经营学校、寺庙、旅店和社会福利机构（如医院、孤儿院）等。

在VHP所从事的行动中，它把团结印度教徒与防范穆斯林和基督教徒相互统一了起来。在印度教内部，VHP的首要目标是加强印度教徒的相互认同和团结，它正面地看待印度教各教派之间的多样性，认为这种多样性并不妨碍印度教徒之间的相互统一。在对待宗教少数人方面，VHP与RSS一样宣称，自己并不反对伊斯兰教和基督教，而只是要将印度的宗教少数人团体带入印度民族主义的主航道，它所反对的是那些不满印度和支持巴基斯坦的伊斯兰极端民族主义者。

1984年4月，VHP的宗教委员会在新德里召开会议，正式提出了"解放"阿约迪亚罗摩庙的行动计划。作为最富有战斗性的印度教组织，VHP利用印度教著名的传统标志，在组织印度教徒方面获得了极大成功，尤其是在鼓动和组织印度教徒摧毁阿约迪亚清真寺的过程中发挥了独特的作用。由于它的势力非常广泛和强大，政府对它所下的禁令常常无法得到执行。

以国民志愿服务团和世界印度教大会为代表的印度教民族主义组织所共同坚持的理论核心就是"复兴印度教社会与文化"，在印度建立一个"印度教国家"。自从19世纪以来，多数且强势的印度教常常表现出一种激进和极端的民族主义立场，这不能不使其他相对少数和弱势的团体感到威胁和不安，因此在很大的程度上刺激了宗教少数人团体的教派民族主义运动，而这反过来又给印度广大的印度教徒带来了不利和伤害。更加严重的是，作为一个社会基础广泛的政党，近些年已然走上印度政治前台的印度人民党也带有明显的教派色彩，由于党派政治的需要，它在成立几年之后就越来越接近国家志愿服务团和世界印度教大会等教派组织，并与它们联手从事了不少针对穆斯林的教派活动。近20年来，由于广大印度教徒的支持，该党在印度政坛上快速崛起和发展起来。1996年印度大选时，它击败了国大党而成为议会中第一大党。1998年大选时，它再次获全胜而开始上台执政。这些事实足以说明，印度教教派民族主义思潮在印度社会中具有何等可观的基础。印度教教派民族主义极力主张印度教的社会价值观，即一个人应为了子孙和社会的繁荣而孜孜不倦地去经营自己的人生，负担起国家和家庭的责任，而不是以追求实现自己个人的利欲享受为目的。这在很大程度上激发了印度人的社会责任感和民族主义情感，进而为印度的强盛而无私地奉献自己的智慧和才能。另一方面，印度教民族主义也助长了印度教徒的宗教狂热和反伊斯兰教的躁动情绪，而这至少构成了印度两大教派之间矛盾、冲突的一个方面的成因。

以印度教为皈依的印度教民族主义虽然对印度的民族独立与统一可能具有积极的作用，但从现代化的终极目标和对民族团结总体效果来说，它也具有难以估量的负面作用。

二、伊斯兰主义

(一) 印度宗教复兴运动与穆斯林教派意识的兴起

在沦为英国殖民地之前，印度由信奉伊斯兰教的莫卧儿王朝进行统治。在征服过程中，英国摧毁了当权的穆斯林统治势力，剥夺了穆斯林在莫卧儿王朝时期的政治统治和经济特权，使他们由贵族沦为被统治者。英国的政策致使没落的穆斯林贵族的政治、经济处境一落千丈。因此，印度穆斯林一开始就成了反对英国殖民势力的先行者。但是，由于受历史条件的限制，印度穆斯林的反英斗争大多是以宗教复兴运动的形式出现的。穆斯林运动的组织者大多认为，英国的殖民侵略并不是印度穆斯林衰落的根本原因，致使穆斯林力量减弱的主要原因是混杂不纯的伊斯兰教信仰，他们主张要复兴伊斯兰教，就必须涤除穆斯林信仰当中的印度教信仰、地方文化以及西方文化的影响和侵蚀。在此思想的指导下，英国殖民者与大多数印度教徒的地主和高利贷者一起成为穆斯林宗教复兴运动的斗争对象。

事实上，在20世纪初，同属一个宗教的印度穆斯林社会并不团结，政治、经济、文化利益的不同使他们存在广泛的阶层差别和阶级分离。宗教复兴运动开展后，穆斯林社会的团结大大加强。在宗教改革运动中，穆斯林社会内部在利益和信仰等方面的差异得到了弥合。首先，穆斯林将自身的利益和教派利益相连有利于穆斯林社会的团结。由于英国殖民当局的压制措施，印度穆斯林的政治经济地位处于劣势，这引起了穆斯林精英对印度教竞争者的不满。为了反对印度教竞争者，他们有意识地寻求教派团结的力量，将自己的利益要求等同于整个教派的利益要求，而以教派利益形式提出的共同利益要求有利于穆斯林社会的团结。

其次，宗教活动的开展增强了穆斯林社会的团结。在宗教复兴运动中，城市穆斯林精英多次组织宗教会议讨论宗教问题，公开的宗教辩论也促使穆斯林加强了对宗教的关注。穆斯林群众虽然不能完全理解宗教会议的内容，但他们开始意识到自己的宗教身份，并有意地抛弃了一些非伊斯兰教信仰，穆斯林上下层的宗教信仰基本接近，穆斯林社会的宗教认同感逐渐形成。日益增多的各种宗教集会也给相互分离的穆斯林提供了交流的机会，穆斯林团体的社会隔阂逐渐消失。广大穆斯林在关心宗教的同时，也更加关注穆斯林的教派利益，这有助于穆斯林社会的团结。

通过穆斯林精英领导的宗教复兴运动，穆斯林的宗教身份感和教派意识普遍增强，穆斯林社会四分五裂的状况有所改变。但穆斯林与印度教徒的分裂也随之出现，并加剧了穆斯林精英以教派主义的方式进入20世纪的印度政治生活，这也影响了穆斯林社会的民族主义运动。

（二）印度伊斯兰主义的发展

自从英国统治印度以来，穆斯林社会的民族主义相继呈现出多种形态，其中最为主要的有三种：泛伊斯兰主义，主张建立统一的伊斯兰国家；印度民族主义，主张建立独立、统一的印度；伊斯兰主义，主张建立单独的印度穆斯林国家。

由于19世纪末叶国际上的伊斯兰势力还未完全衰落，作为奥斯曼帝国主要继承者的土耳其在国际政治中还具有举足轻重的作用，受其影响，印度穆斯林在19世纪末接受了宗教色彩浓厚的泛伊斯兰主义。在民族危机中，印度为数众多的穆斯林寄希望于土耳其的哈里发来拯救伊斯兰世界，恢复伊斯兰教昔日的荣光。因此，印度穆斯林在一战中要求英印政府答应战后英国不损害哈里发的地位。然而，英印政府没有兑现诺言。1920年，在政治上和宗教上都非常极端的穆斯林分子参与了哈里发运动，并与国大党在甘地的领导下联合开展了第一次非暴力不合作运动。印度人民的斗争沉重打击了英殖民者。但是，为了避免运动以不可控制的方式走向暴力对抗，甘地和国大党宣布停止了运动。哈里发运动领导人谴责甘地的"背叛行为"，宣布哈里发运动继续进行。然而国际形势很快发生了转变，先是反对土耳其统治的阿拉伯民族主义的兴起使伊斯兰世界出现分裂，后是土耳其共和国推行世俗化改革，实行政教分离并废除了哈里发制度，这些都使得泛伊斯兰主义失去了前进的方向。在英印政府的镇压下，印度的哈里发运动从1925年起走向衰亡，泛伊斯兰主义走向沉寂。

在印度反英斗争中，穆斯林各政党影响远远不如国大党，因为领导印度独立运动的是印度教徒占多数的国大党。为了融入民族独立运动的主流，很多穆斯林直接加入了该党，处在国大党之外的穆斯林在很长时间也与之进行合作。

1929年，穆盟中还分离出一个支持国大党和印度民族主义的穆斯林党。在 1937 年的选举中，穆斯林中支持印度民族主义的力量十分强大，穆盟只在孟买地区占一定优势，在其他穆斯林单独选区甚至是穆斯林集中的旁遮普、信德、孟加拉和西北边境省，都是与国大党关系密切的穆斯林政党组织占有绝对优势。

然而，从最初的"圣战运动"以攻击异教徒的方式来复兴伊斯兰教，到改良主义的代表人物赛义德·艾哈迈德（Sayyid Ahmad Khan）提出反印度教徒的"两个民族"理论（这成为建立巴基斯坦国家的理论基础），再到孟加拉分治和英印政府宪政改革，穆斯林世界一直存在反对印度教徒的强大力量。20 世纪初的孟加拉分割事件是印度穆斯林社会的民族主义运动方向发生转折性变化的起点。以管理改革为借口，英印政府总督寇松（Curmn）提出分割孟加拉的计划，其真实目的是借机打击印度民族主义力量。这一意图表现在孟加拉分割方案中，按照宗教的不同，英印政府将孟加拉分为穆斯林占多数的东孟加拉—阿萨姆省和印度教徒占多数的西孟加拉省，而在西孟加拉省又以非孟加拉人居多。寇松的这一措施遭到了以国大党为首的印度民族主义者的激烈反对，以提拉克为首的激进派在国大党中取得了领导地位并发动了反对分割孟加拉的斗争。穆斯林社会最初也反对英印政府的计划，以穆斯林为主的达卡市民还向英印政府递交了一份反对分割孟加拉的请愿书。但在英印政府的宣传和拉拢下，穆斯林精英逐渐改变了态度，转而积极支持分割孟加拉，并提出了自己的"护教运动"口号，号召广大穆斯林与印度教徒斗争，鼓励扩大伊斯兰教商业和工业，要求建立单独的伊斯兰教学校。结果，穆斯林群众很少参与抗议分割的活动，也不遵守抵制英货的规定，有的地区甚至出现破坏国大党活动的情况。在孟加拉分割问题上的立场不一致，标志着印度两大教派的政治对立公开出现。为了维护孟加拉分割，穆斯林精英还加紧了联合，穆盟正是在这个背景下建立的。1906 年 12 月 30 日，全印穆斯林联盟在孟加拉的达卡成立，其宗旨主要是表达穆斯林对英国的忠诚以及保护和发展穆斯林的教派利益。在成立早期，穆盟的主要活动是支持分割孟加拉、阻止穆斯林加入国大党、争取穆斯林单独选举权等等。穆盟政治活动的突出成就是在英国的支持下取得了建立分区选举制的胜利，在穆斯林聚居区给穆斯林保留了足够的立法会议的席位。分区选举制的实行意味着穆斯林将成为一个单独的阶层,这标志着印度政治领域的教派主义化出现。① 由于英国殖民者给予的民主选举权利有限,印度两大教派在政治领域的纷争加剧。印度民族主义运动领导人、国大党主席尼赫鲁指出:"分别的选举区就是这样地削弱了那已经微弱和落后的集团;它们鼓励着分离主义的倾向,并且阻挠了国家统一的成长,它们否定了民主政治;它制造出一批最反动的新的特权阶级;它们降低了水准;它们转移了对于全国所共有的真正经济问题的注意力……各式各样的分离主义的倾向就从那里生长出来,而最后提出了分裂印度的要求。"②

印度伊斯兰主义大规模兴起的契机是1937年的印度立法会议选举。在这次选举大败后,穆盟走上了与国大党和印度民族主义彻底决裂的道路。为了增强自身的力量,穆盟加强了内部的团结,制定了统一的目标"巴基斯坦",拥立真纳为政党领袖,突出自己的伊斯兰教色彩以团结和动员广大的穆斯林。就在穆盟积蓄力量之时,国大党不仅没有采取措施争取更多穆斯林的支持,反而因许多重要的决策失误将大多数穆斯林推向了穆盟一边。

国大党只是一味地利用手中控制的宣传工具开展反对穆斯林的舆论战。在相互攻击中,通过宣传建立"巴基斯坦"的目标,穆盟将分布在全印度的教派林立、民族各异的穆斯林统一起来,使得伊斯兰主义力量迅速发展壮大。在1945年的大选中,穆盟在穆斯林选区获得95%的议席,大获全胜。1947年,在穆盟的领导下,伊斯兰主义力量取得了最终的成功,建立了巴基斯坦国家。

在很大程度上,可以说伊斯兰主义也是先期的印度教民族主义的某种"反冲"。在英国殖民统治时期,印度教徒不敢与殖民政府直接对抗,而是继续以反穆斯林的方式来唤醒印度人的民族意识。20世纪初,反英民族主义运动蓬勃发展,但仍以过去反穆斯林的口号和象征方式来组织和开展反殖民统治的斗争,如国大党领导人提拉克就继续以印度教英雄反莫卧儿王朝的精神来唤起人们的民族意识和动员群众抗英。穆斯林社会的民族主义

---

① Lal Bahadur, *Struggle for Pakistan: Tragedy of the Triumph of Muslim Communalism in India 1906-1947*, New Delhi: Sterling Publishers, 1988, p.368.

② [印]贾瓦哈拉尔·尼赫鲁著,齐文译:《印度的发现》,世界知识出版社1956年版,第467—468页。

也是深受伊斯兰教文化的影响。民族主义意识苏醒的第一步是寻找民族根源，穆斯林认为他们的民族根源并不是印度半宗教的传说，而是在印度的阿富汗莫卧儿时代寻到了这些根源。印度穆斯林在寻找民族根源时所认同的是伊斯兰文化和伊斯兰世界，而不是印度文化和统一的印度。"安全感、命运的认同、寻求保护其财产、生命和自由平等，是民族这个想象的共同体得以被认同的最基本的原因"，印穆两大教派冲突的结果是处于劣势的大多数穆斯林不再认同统一的印度民族主义，而是走向了民族分离主义，他们明确以一个特殊的民族自任，并要求建立单独的穆斯林国家。

（三）印度伊斯兰主义与伊斯兰主义的内在矛盾

尽管印度穆斯林主义最终成功地实现了巴基斯坦独立建国的目标，但是就其最基本的立国基础而言，在理论主张上，伊斯兰主义和民族主义却存在着内在的矛盾。伊斯兰教的认同集中体现在"乌玛"（以宗教信仰为基础的伊斯兰社团）观念上，"乌玛的基础是超民族、超地域、超国家的伊斯兰教共同信仰，而民族主义则强调建立于语言、文化和地域之上的民族性，强调各个不同民族的独立性，并排除民族性之中的宗教因素"。[①] 此外，民族主义还强调其主权和法律的最终来源是民族或其机构，而不是宗教中的神祇，[②] 世俗化的民族主义显然会威胁和削弱宗教及宗教势力的统治。近代民族主义是建立在有共同语言、地域、文化和心理素质的民族共同体之上的，它的目标是建立世俗的民族国家，它与淡化民族差异和政教不分的伊斯兰教有着本质的差别。

利用宗教的功能和作用，印度伊斯兰主义不仅赶走了英国殖民者，还实现了建立巴基斯坦国家的目标。伊斯兰教与民族主义能在爱国主义的基础上结合，可一旦巴基斯坦建成，两者结合的基础就会动摇。建国后，巴基斯坦政局一直动荡不安，宗教势力和世俗势力的斗争是一个重要因素，双方在权力分配、政体形式、伊斯兰教地位等方面矛盾尖锐。印度的伊斯兰主义依据宗教认同来创建新的民族身份，借此成功地建立了巴基斯坦国家，建国后的巴基斯坦政府也一直坚持"一个国家、一个宗教、一个民族"的民族政策。但伊斯兰主义和民族主义之间毕竟存在着明显可见的鸿

[①] 金宜久：《当代伊斯兰教》，东方出版社1995年版，第168页。
[②] 陈麟书主编：《宗教观的历史·理论·现实》，四川大学出版社1996年版，第551页。

沟,尽管伊斯兰教一再淡化民族文化,甚至提出"穆斯林没有祖国"的观念,但超民族性质的"乌玛"只是从未实现过的穆斯林的理想。巴基斯坦的伊斯兰主义者普遍倾向于不承认内部的民族差异,但其又不能消除已然存在的民族差异,而是在传播中不可避免地要走向地方化和民族化。正如有的学者指出的,"在宗教共同体与民族共同体相一致的条件下,它往往能促进全民族和国家内部的团结一致,而在宗教共同体与民族和国家共同体不相一致的情况下,宗教又常常会影响民族和国家的团结统一,触发民族、国家内部的纷争"。[①] 伊斯兰教从未完全消灭民族差异,也无法阻止新的民族主义运动出现。事实上,巴基斯坦民族问题一直存在,民族分离主义运动也从未平息,正是这样的一种民族分离主义,同样使巴基斯坦吞下了国家、民族分裂的苦果:1971 年孟加拉国的建立,使巴基斯坦再度被拦腰折断,一分为二。

三、锡克民族主义

(一) 锡克教与锡克民族

锡克教发源于 15 世纪印度西北部的旁遮普地区。自穆斯林 11 世纪在北印度建立政权后,印度旁遮普地区就一直充满了民族、宗教之间的冲突以及由之而来的政治上的动荡。而锡克教的兴起和发展史,就是一部为维护信仰而战斗的历史。

在印度教的政治传统中,印度教民众首先应是国王的"孩子"或"子民",其次才是国王的臣民,国王从来就有保护人民的责任和义务。但是,当时的印度教国王已经没有能力甚至不愿履行人民"保护者"的职责,反而任由人民被外族侵略、践踏和压迫,实际上已经形同人民的"屠夫"(锡克教创始人古鲁·纳那克语)。目睹莫卧儿统治者巴布尔大举入侵北印度,印度本土宗教文化危若累卵,而印度教王国对此徒叹奈何,在巨大的悲伤和愤怒之余,古鲁·纳那克(Guru Nanak,1469—1539 年)最终认识到:印度人民若要有尊严地生活下去并维护自己的宗教传统,就只能挺身

[①] 余建华:《民族主义——历史遗产与时代风云的交汇》,学林出版社 1999 年版,第 267 页。

而出，履行自我保护的责任。按照古鲁·纳那克所传播的教义，自我保护的责任源自人类的自尊天性，而这种自尊则来自至高神的赐予。

在穆斯林势力进入印度以前，历史上的北印度是长期盛行佛教的地域。由于佛教众生平等思想的传播，印度旁遮普地区的种姓制度一直就不甚牢固。而在穆斯林进入以后，伊斯兰教（尤其是伊斯兰教的苏菲派）对其也不乏一种正面和良性的影响。与此同时，该地区人们的社会文化生活都受到了印度虔诚派（"巴克提"）宗教改革运动的洗礼。通过对印度教本身宗教传统的返本溯源，并在吸收运用伊斯兰教和基督教神学思想的基础上，风行于11—17世纪的印度教虔诚派宗教改革运动鼓吹对神的虔诚信仰，强调通过虔诚的信心和行为获得解脱。虔信派运动最重要的思想家罗摩努阇认为：宇宙的最高本体是梵，梵是世界的创造者、维持者和毁灭者，但与此同时，梵、世界与人的灵魂同样是实在的，梵所显现的现象世界不是"摩耶"（幻象），而是与梵同样真实的。在解脱问题上，罗摩努阇标举虔诚信仰的作用，坚持只有通过对神的虔诚信爱，个人灵魂与梵或神才能达到合一。他认为每个人的灵魂在神面前都是平等的，不分种姓高低，只要对神虔敬，都可仰承神的眷顾与护佑。正是在虔诚派运动的思想基础上，14、15世纪的旁遮普也受到了穆斯林苏菲派泛神论运动的很大影响。此外，在伊斯兰教的强大压力和影响下，当时的印度教面临着许多困难和危机，不得不从内部进行改革，以振兴和发展自己，这种改革的要求特别来自印度教内部的苦行派、神秘派和某些瑜伽派别。印度教的虔诚实践（巴克提）、伊斯兰教的苏菲派和哈塔瑜伽（Hatha-yoga）这三股潮流相互协同，促使一种全新的宗教呼之欲出。这种被称为"Sant"的传统，为新的宗教教义的传播提供了基础。时值莫卧儿帝国初创时期，伊斯兰教与印度教之间的交流已有了一定基础，前者的一神信仰还颇得许多印度教徒的钦慕，很多宗教改革家试图弥合伊斯兰教与印度教间的鸿沟，使人们在共同的信仰中团结起来。

在此情势下，出身于印度教商贸种姓的旁遮普贵族古鲁·纳那克创立了新兴的锡克教。该教反对印度教种姓制度和繁琐的教规，不拜偶像，信奉永生的和不可言说的上帝，且主张各种宗教之间和睦亲善。在已有的印度教、伊斯兰教和当时正在传入的基督教势力面前，锡克教的传播受限，教徒大多集中于旁遮普一带。由于长期遭受来自政权方面的迫害，锡克人渐渐变得倔强尚武，并特别注重争取自身的政治地位。锡克教徒通常既是对于唯一神毗湿奴的神秘主义的狂热信徒,又是用充满神秘灵感的歌声传播神意的行吟歌人,同时还是视死如归、随时准备为捍卫信仰而献出生命的武士。锡克人虽然人数不多,但势力却很强大,曾在1765—1859年一度建立了独立的锡克国家。在近、现代印度历史上,锡克教与其他印度宗教间的教派冲突时有发生,有几度还颇为激烈,成了一个人们所关注的社会政治问题。

古鲁·纳那克关于神与世界的观念,几乎就是印度教虔诚派、伊斯兰教苏菲派以及基督教的某种融合。他对世界的认识是以神为中心的。神是世界的创造者,因之世界上的事物都是圣洁的。与伊斯兰教相似,古鲁·纳那克几乎打通了所谓"神圣与世俗"的两部分。虽然如此,神与世界又是截然不同的,而人类容易受制于世界的诱惑、受制于欲望,由此人与其创造者易相互分离。古鲁·纳那克强调人的最终目标是与神结合,但他也肯定现世生活的意义。因此,古鲁·纳那克倡导一种超然于现世的智慧生活——我们生活于今生,但并不只是为了今生而生活。

古鲁·纳那克属于巴尼亚(Baniya)种姓,正是这个种姓的成员成了古鲁·纳那克的第一批和主要的信徒。古鲁·纳那克极具感召力和包容性的宣教与传道活动,使清新质朴的锡克教在旁遮普及其附近地区不胫而走。古鲁·纳那克辞世之后,他的最初几任接班者(按照古鲁·纳那克本人临终时的认定,他的后任即是自己的再生)基本上沿袭了他的教法,并使锡克教信仰不断地发展壮大,最终成为一场基础广泛和影响深远的社会运动。

锡克教第五任古鲁阿尔琼被莫卧儿人杀害后,其幼子古鲁哈尔·哥宾德(Hargobind,1595—1644年)继任第六任古鲁。为了彰显今生气质和勇毅决绝之心,之前的锡克古鲁固然都要佩戴宝剑,但古鲁哈尔·哥宾德从继任时起就佩有双剑。其中的一把剑代表世俗权力,用以为父报仇;另一把剑则代表精神权威,用以"摧毁穆罕默德的神奇"。这实际上象征锡克祖师融神圣与世俗于一炉的简洁宗风开始出现了裂缝。

古鲁哈尔·哥宾德在阿姆利则城建立了新神庙,并称之为"不朽之神的王冠"。为了与莫卧儿王朝相对抗,他在其势力范围内收集赋税、建立军队和修筑城堡。由于实际上实行了一种"国中之国"的政策,他后来与莫卧儿统治者沙贾汉发生了三次激烈的冲突,而这给双方都造成了很大的伤害。为了休养生息、保持信仰的火种,并集中解决自身内部统一与协调问题，古鲁哈尔·哥宾德不得不退居东旁遮普山区，以使锡克团体能在将来进一步延续和扩张下去。

尽管从古鲁哈尔·哥宾德开始，锡克教具有了更加关注社会、政治领域的倾向，但许多历史学家依然认为，古鲁哈尔·哥宾德及其继任者哥宾德·辛格都还没有背离古鲁·纳那克一以贯之的思想，没有让纯洁的信仰去迁就世俗的追求，因为在古鲁哈尔·哥宾德这里，依然保持着一条从上至下、由神圣到世俗、由宗教到政治、由信仰到工作的严密教法。

与当年11岁的古鲁哈尔·哥宾德继承亡父执掌教法的往事如出一辙，第十任古鲁哥宾德·雷年仅九岁就受命火化其父亲被砍下的头颅，其火化地就在锡克人不断聚居的东旁遮普。好几任殉教古鲁的头颅所引起的巨大悲情、毗湿奴化身克里希那的神话以及虔诚派社团的迷狂崇拜，使印度教的古老传统与锡克教的清新理念相结合，成为几个世纪锡克教社团发展的强大动力。到了1699年，古鲁哥宾德仿照基督教为锡克人创造了洗礼制度，受洗的锡克教徒被称为"辛格"（Singh），即"狮子"。与之一道，现在佩剑也成为锡克教徒的流行性标志，其用意在于彰显锡克教徒在信仰的指导下勇猛精进地参与现世政治的趋向。为了获得更好的政治权利，为了建立一个纯洁的锡克教国家，此后的锡克教与当时的政治权力以至周围的环境发生了更深、更严重的冲突。

从古鲁·纳那克到古鲁哥宾德，可以说锡克人的宗教经历了一个从内在的精神王国到外化的政治王国的发展过程。锡克教原创的信仰虽然在根本上并未变质，但其潜在的倾向得到了更新的展开和实现。锡克人至少从古鲁·哥宾德开始就产生了建立一个锡克王国的梦想，为此他们进行了长期的针对穆斯林军队的"圣战"。这一锡克的地上王国的梦想在1708年古鲁哥宾德·辛格被谋杀后很快得以成真。古鲁哥宾德·辛格故去不到两年，他所认定的继任者班达·巴哈杜尔（Banda Bahadur）就率领锡克人从莫卧儿省长手中夺取了信德省。之后，作为锡克教古鲁的班达·巴哈杜尔就以皇帝（Padshah）的名义即位。虽然他的锡克王国只是昙花一现，但其所代表的宗教理想与政治现实相统一的理想却在锡克人中代代传承了下来。就在八年之后的1799年，在贾特人兰吉特·辛格（Ranjit Singh）的带领下，锡克人又建立了一个更加稳固的王国。

而随着兰吉特·辛格1839年去世，他所建立的王国也在其后的十多年里日落西山。锡克人只能纷纷远离充满危险的社会政治生活，退隐至自己已然变得更加平和的信仰生活之中。在政治和宗教两个领域都经历了重大失落之后,锡克人迫切需要一种明确而稳定的身份认同,这种认同形成了与印度教越来越相互远离的结果。这样一来,宗教变成了区分锡克教徒和印度教徒的一个放大的标尺,这为锡克人以一个特殊的民族自任提供了最为重要的根据。后来锡克教徒与印度教徒之间的冲突正是基于这一特殊的宗教和民族认同。

(二) 印度独立后锡克教与印度教主流的抗争

随着莫卧儿穆斯林帝国的土崩瓦解,英印时期的锡克教又面临着外来的殖民主义势力的威胁。这时期的锡克人自始至终都有组织地参与了反对英殖民统治的斗争。此外,他们也在有条件地支持和服从国大党的同时进行了防范印度教文化霸权的政治运动。时至 1920 年,印度成立了一个排外姓的锡克政治组织阿卡利党(Akali Dal)。在其争取之下,1925 年的殖民政府立法规定,锡克教寺庙授予锡克内部的民主管理机构即锡克庙管理委员会进行管理。阿卡利党宣称只有它才是锡克愿望和利益的真正体现者,它一直为维护锡克的政治、经济和文化等方面的权益而斗争。在锡克宗教改革运动之后,阿卡利党基本上控制着锡克教的最高宗教管理组织——锡克庙管理委员会,委员会所掌握的巨量资金为阿卡利党提供了雄厚的活动经费。作为一个以宗教为核心的民族,该委员会构成了锡克的最高权力机关,它实际上就相当于锡克人的议会,在印度独立前后,锡克人的民族主义运动一直都与阿卡利党息息相关。

与英印时期穆斯林的民族主义立场略有相似,虽然锡克教徒在宗教上团结一致,但他们在对待英国统治和印度教多数的问题上却出现了内部分歧。1947 年,似乎作为"局外人"的锡克团体又突然受到了印巴分治的沉重打击,许多锡克教徒不得不同印度教徒一起永久地背井离乡。在取得了独立的印度,锡克教徒又遇到了新的政治难题。根据锡克教一贯坚持的神圣与世俗内在统一的信条,阿卡利党对尼赫鲁所首倡的国大党世俗主义国策一直不以为意,因此在独立后他们不赞成《印度宪法》所确定的宗教与政治相分离的国策。这种立国原则上的各不相同,成为独立后锡克人更为确定地以一个特殊的民族自任并追求建立一个锡克教故乡的思想基础。正是基于这一思想,锡克教徒对《印度宪法》第 25 条关于锡克教、佛教和耆那教都是印度教之一部分的规定不予认可,他们大多认为这些条文罔顾锡克教的独立性和完整性，忽视和剥夺了锡克人应有的权利。而在政府和印度教多数对锡克人特有的宗教信仰有所轻视甚至冒犯的时候，他们常常采取极端主义的行为来防卫自己，形成了长达数十年的旁遮普锡克民族主义运动。如同其他许多非印度斯坦的民族一样，旁遮普锡克运动的主要目标，就是政治上更大程度的自治，以及更为公正与有利的经济和文化地位。在保持信仰的同时，锡克人一贯重视物质生产，自始至终努力发展经济。在文化上，他们在吸收现代文化，加强与印度其他民族文化交流的同时，尤其注重保护并发展锡克传统文化，抵制主流的印度教文化对锡克文化的同化。为了达到此目标，锡克政治家们一贯将宗教问题与政治、经济和文化问题捆绑在一起。而在其宗教热情的鼓动下，锡克民族运动在印度现代政治中掀起了至少四轮影响巨大的波澜。

锡克的第一轮民族运动是争取建立语言邦的运动。从1947年印度独立开始，锡克人就追求建立一个锡克人专有的语言邦，经过不懈的努力，到1966年终于迫使联邦政府答应了他们的要求，同意建立旁遮普语言邦。

20世纪初，国大党认为英印政府的行政区划只是当时偶然的历史环境所造成的结果，缺乏科学合理的根据。国大党认为，两个或两个以上的语言集团在同一个省并存，这既降低了政府工作的效率，也可能使较为弱势的集团越发处于不利的地位。而如果按照语言原则来建立印度各邦，这既有利于政府方便处理政务，也有利于民众广泛参与政治，还可以促进地方语言和文化的发展，培养各民族的自豪感，进而促进印度在民族、宗教、语言和文化多样性基础上的统一。因此，印度国大党在1920年正式提出了在印度建立语言邦的构想，并在独立以前多次重申这一原则。虽然1947年印巴分治的大巨变使得印度领导人改变了对"语言邦"的态度，认为仓促建立语言邦有可能助长地方分裂主义，不利于国家的整合和发展，但语言邦的宣传早已尽人皆知，所以在印度各地区、各民族踊跃参与的语言邦运动面前，印度政府在1956年最终又回到了自己的初衷，决定按语言重新建邦。此后许多按照民族、宗教等特性而划分的语言邦随之在印度陆续建立起来。

早在印度独立之前，在有关锡克是一个单独的民族还是旁遮普族的一部分，以及旁遮普语是印地语的方言还是一种单独语言的问题上，旁遮普的印度教徒和锡克教徒之间就有过长期的争论，印度教组织与锡克教组织之间也因此存在着公开的矛盾。尽管如此，锡克领导人还是不愿步穆斯林分离主义的后尘去搞锡克分离主义，给伤痛的印度再加以沉重的一击。就在印度独立前后，为防止印巴分治再进一步引发锡克民族被人为撕裂的悲剧，锡克领导人提出，虽然锡克是一个有权建立国家的民族，一旦印巴分治，它有权成立一个单独的锡克国家，但是它愿意同印度或巴基斯坦组成联邦。印巴实际分治以后，锡克由于人口太少和居住分散，并未实现单独建国的目标。其间，印巴为了争夺旁遮普而都向锡克做了让步，出于对国大党领导人向锡克人所做承诺的信任，锡克领导人最终选择加入了印度联邦。[1] 但是仅仅两年之后，1949年的印度立法会议决议就使锡克人的信心大受打击。立法会议认为锡克是一个文化发达的强势集团，无需任何额外的照顾。据此，立法会议与不久以前的承诺相背离，取消了给锡克在议会、政府中的保留席位，并决定在锡克人占相对少数的旁遮普邦实行完全的民主选举。鉴于联邦中央对锡克人的种种不公正行为，锡克代表最终拒绝在印度宪法草案上签字。

与此同时，尽管旁遮普政府在印度独立后即宣布在学校教学中用印地语和旁遮普语取代乌尔都语，但当地强势的印度教社会一直阻扰把旁遮普语列为教学语言，这极大地伤害了使用旁遮普语的锡克民族的文化自尊。1949年4月，在锡克圣城召开的全体锡克人大会上，锡克政治组织阿卡利党首次提出了建立旁遮普语言邦的要求。但联邦政府将其视为分立主义的要求，一直拒不采纳。就连随后采取的所谓"双语言邦"的折中措施，也因印度教教派组织的反对而未能真正地加以执行。直到1960年，旁遮普邦成为印度最后一个双语邦，锡克人争取旁遮普语言邦的运动更加势不可挡。就在这一年5月召开的阿卡利党旁遮普锡克人大会上，全体参会者宣誓为建立旁遮普语言邦而奋斗，并一度向新德里和平进军。直到1965年第二次印巴战争爆发，印度政府才充分认识到团结锡克人的重要性，英迪拉·甘地最终同意了建立旁遮普语言邦。

可以说，建立自己的语言邦是锡克民族数百年以来就有过的隐秘的梦想，它在印度独立前后成为锡克人明确的政治目标，经过长期坚持不懈的争取，锡克人终于实现了这一保护和振兴民族文化的大业。

第二阶段锡克民族主义运动：从1966年旁遮普语言邦的成立到1980年印度大选前的双方拉锯。

---

[1] J. S. Grewal, *The Sikhs of the Punjab*, Cambridge: Cambridge University Press, 1990, p. 177.

利用旁遮普语言邦成立后锡克在人口比重上的优势，阿卡利党通过选举先成为邦政府的执政党，后来又参加了人民党主政的中央政府。根据其在选举政治中的经验教训，他们发现，要赢得大多数锡克人的选票，除了要提出合适的政治、经济纲领以外，更为重要的是还必须注意利用锡克的教派主义力量。与此同时，他们也警觉到过于集权的联邦政治给邦政治带来的影响。中央的执政党可用其所掌握的政治经济资源毫不费力地将它不喜欢的政党赶下台。他们认识到，为了首先在地方上发挥重要作用，进而在中央政治舞台上发挥影响，根本力不从心。而这必须有相当好的外部环境作为保证，也就是说这时期的阿卡利党把改变联邦政府过分中央集权化的色彩，调整中央和地方邦之间的关系当成主要的奋斗目标。这一时期它所提出的要求有：第一，把印度说旁遮普语的其他地区也划归遮普邦；第二，将原旁遮普邦首府昌迪加尔划归旁遮普；第三，给予旁遮普语言邦更大的权力，给予旁遮普邦更多的水资源。经过阿卡利鼓动和锡克圣人绝食，1970 年 1 月英迪拉·甘地裁决将昌迪加尔划归旁遮普，但是裁决却一直未能落实。时至 1978 年，心怀不满的阿卡利党人在全印阿卡利党大会上大力鼓动锡克民族主义运动，并系统地提出了锡克教徒运动的总纲领，该纲领反映了锡克在宗教、政治和经济方面的一系列要求，其中包括：（1）大力弘扬锡克教文化，出版锡克教经典，培养锡克教神职人员，制定全印锡克寺庙法，在锡克人中征收"十一税"，并宣布阿姆利则城为锡克教圣城。（2）关于旁遮普的利益问题：把昌迪加尔以及所有说旁遮普语的地区都划归旁遮普。（3）关于中央与地方关系问题：根据联邦制原则重新修改印度宪法，让所有各邦在联邦有同样的代表权，中央除了执掌国防、外交、货币和交通四项事务外，其余所有部门事务由各邦自行管理。（4）关于工农业问题：应将所有的关键工业置于政府的管理之下，在乡村地区有计划地发展农产品加工工业，以缓解人口就业压力，同时要求重新分配运河河水。[①]

面对旁遮普当时所出现的一系列尖锐的社会政治问题，中央政府明显无力解决。阿卡利党先是谋求自己掌权来改变旁遮普的现状，努力未果，继而才不得不提出最广泛自治的要求。然而，对阿卡利党的苦心和努力，英·甘地不但无动于衷，而且把阿兰德普尔·萨希布决议宣称为"反国家

[①] Kumar Pramod, *Punjab Crisis: Context and Trends*, Chandigarh, 1984, Appendix IV.

反民族的""分裂宣言"。在极其厄逼的局面下，阿卡利党内一部分人开始主张诉诸锡克教的宗教民族主义，利用锡克人强烈的民族、宗教情操来发动最广大的锡克教徒参加运动，并把参加了国大党的锡克教徒争取过来，以此与国大党展开强有力的对抗。时至20世纪80年代，阿卡利党就开始转向了鼓动和支持锡克民族主义和教派主义运动。这时党内有人开始提出旁遮普应该争取更大的自治权，最极端的锡克民族主义者甚至鼓吹要建立独立的锡克国家。

第三阶段：从1980年印度大选到1984年拉·甘地上台前，这是旁遮普问题的危机时期。

在英·甘地的亲信宰尔·辛格主政旁遮普邦时，为了与阿卡利党争夺锡克群众，打破阿卡利党对锡克庙管理委员会的控制，其也利用宗教发动了一连串的活动。鉴于锡克"圣人"们在群众中的威望，他着意挑选了其中的宾德兰瓦拉加以培植，意图为己所用。在国大党的扶植下，后者的势力日益扩大，而此人后来又成了锡克民族主义武装运动的急先锋。

也就在这时，有少数阿卡利党外的狂热分子提出了建立"卡利斯坦"（意为纯洁的土地）的鼓动。卡利斯坦一词最早出现于1940年，是阿卡利党仅仅作为反对印巴分治的手段而提出的，印巴分治后几乎再无人提起，1971年贾格吉特·辛格·汉又一度在英美鼓吹。1980年6月，此人的拥护者巴尔比尔·辛格·山杜（全印锡克学生联合会总书记）公然在阿姆利则宣布建立卡利斯坦政府。他宣称要把全印锡克教徒组织起来，以与反锡克教的印度教徒统治者做斗争。1981年，鼓吹建立锡克独立国家的极端分子、美籍锡克人甘加·辛格·迪隆也回到印度，参加并担任全印锡克教育会议主席。通过一定的宣传和组织准备，分裂分子甚至开始印制所谓"卡利斯坦"的国旗、地图、邮票、护照和货币，竭力想造成"生米煮成熟饭"的既成事实。在一厢情愿地建立"卡利斯坦"的狂热活动中，锡克民族分离主义者表现出极大的攻击性。他们撕毁印度宪法、劫持飞机、制造各种恐怖事件。分裂主义的活动得到"圣人"们的普遍支持，宾德拉瓦拉就公开对暗杀活动表示赞扬。

1981年9月7日，当民族分离主义臻于白热化之际，阿卡利党又发动了一场"反对歧视锡克人运动"，在其向中央提交的陈述书中，他们提出了15点要求，包括立即把昌迪加尔划归旁遮普、给旁遮普最广泛的自治权、重新制订拉维—比阿斯河水分配方案、制定全印锡克教寺庙管理法、实行农产品价格补贴制度等。陈述书对所谓歧视锡克人的着力渲染,使大众的情绪愈加激奋,而极端主义者的活动则更为冒进。1982年4月,阿卡利党决定开展大规模的不服从运动,随之大批的参加者每天故意追求入狱,几万人被捕。在这种气氛的刺激下,各地的骚乱、暗杀事件接连不断。阿卡利党为了壮大自己的群众基础,便邀请狂热的锡克极端主义分子宾德兰瓦拉参加不合作运动,而这进一步提高了他在锡克人中的地位,并拉近了阿卡利党与宗教狂热分子之间的距离。在这种严峻的事态面前,英·甘地被迫释放了被捕者,并再次与阿卡利党谈判。遗憾的是,在锡克不服从运动中止的情况下,谈判虽然达成了许多意向性的重要协议,但由于当时印度社会中印度教与锡克教教派主义者各执一词,英·甘地也担心对锡克人作出让步会激起印度教徒的不满,其结果又把达成的协议搁置了起来,从而失去了和解的良机。

出于对英·甘地出尔反尔、拖延推诿做法的严重不满,阿卡利党进一步向政府进逼。1983年4月,在其所发动的阻碍交通的行动中,数十名支持者被击毙。作为报复,阿卡利党领导人掀起了更大规模的不服从运动。1983年9月,塔尔旺迪由于提出在旁遮普建立平行政府而立即被政府逮捕,印度总统于10月接管了旁遮普邦的政权。正当锡克人群情激愤之际,以宾德兰瓦拉为代表的宗教狂热分子和分裂分子不失时机地四处奔走,煽动对政府和印度教徒的仇恨,高调鼓吹分裂主义。在其公开鼓吹暴力斗争的同时,宾德兰瓦拉的身边很快形成了一个不断扩大的武装集团。他说:"我们要不惜任何代价获得自由。为此,要武装起来准备战争,建立新的秩序。"尽管阿卡利党部分领导人谴责暴力,但暴力事件开始蔓延,局面几乎已不可控制。主要由宾德兰瓦拉和全印锡克学生联盟领导与发动的针对政府和印度教徒的抢劫、袭击和暗杀等暴力活动此起彼伏。相应地,印度教方面也针对锡克教狂热分子进行了一系列报复。时至1984年6月3日,旁遮普发生的暴力事件达1200多次,至少造成了410人丧生和1180多人受伤。

在此期间,锡克极端主义分子一直利用锡克教圣地、阿姆利则的金庙作为自己的武装基地,宾德兰瓦拉也住入金庙进行指挥和策划。此时阿卡利党人也积极地卷入了动乱,他们攻击中央政府试图"消灭锡克教徒",指责宪法抹杀了锡克教的存在,要求予以修改。在其鼓动和组织下,极端分子的恐怖活动已达燎原之势。在谈判不成、敦促和呼吁都无结果的情况下，在阿卡利党发动新一轮不服从运动之际，英·甘地被迫采取了动用军队的"蓝星行动"。1984年6月2日，政府下令调动数万军队进入旁遮普，包围了金庙。6月5日，当宾德兰瓦拉和所有武装恐怖分子拒绝投降时，政府军开始开炮进攻金庙。经过激烈的交火，7日早晨政府军占领了金庙，宾德兰瓦拉被开枪打死。在其他城市，极端分子所占领的锡克寺庙也在交火后被攻占。根据官方数据，在"蓝星行动"中，共有554名锡克教武装分子人被打死，121人受伤。政府军92人战死，7人受伤。"蓝星行动"虽然很快就取得了"胜利"，但它同时也在印度教徒和锡克教徒相互联结的纽带上砍下了难以弥合的伤口。

对金庙的军事行动严重伤害了占全印人口2%的1400万锡克教徒心灵中神圣不可侵犯的领地，震惊、愤怒和谴责的声浪以及恐慌的惊呼震耳欲聋。此前的大规模动乱不但并未得到平息，反而愈加激烈，国际国内的锡克分离主义已到了严重影响国家安全的地步。尽管政府军在9月29日迫于压力撤出了金庙，但在这次事件中犯锡克之众怒的中心人物英·甘地依然在劫难逃。在明知有风险的情况下，为了表明其亲一般锡克民众的态度，英·甘地还是坚持大胆而坦诚地任用着她的锡克卫兵。就在她发表"如果我今天死，那我也毫无憾意。因为我的每滴血都是为了印度的民族"。"人的肉体可以消灭，血液可以干涸，但人的灵魂是不泯灭的。一个人致力于国家进步、民族团结的精神和信仰是永生的"。1984年10月31日上午，英·甘地被自己的两个锡克警卫所杀害。由此，印度教徒与锡克教徒之间冤冤相报的恶性循环又开始轮回，这一次是痛失领袖的印度教徒对锡克教徒的愤怒报复。短短四天之内，总共有约2800人被杀，另外造成五万多人无家可归，财产损失难以计数。这是印度继印巴分治以来所出现的最恶性的教派屠杀，形势已达万分危急的关头。

第四阶段：大规模骚乱的平息和冲突的和解。

得益于印度国大党强烈的民族责任心以及印度良好运作的民主程序，就在英·甘地逝世仅仅四个半小时后，她的儿子拉吉夫·甘地就被总统直接任命为总理。宣誓就职后，拉·甘地及其内阁立即就以最大的诚意和努力（包括动用军队）制止德里和邻近地区暴徒的骚乱，呼吁各族民众戒除冲动，不要把愤恨发泄在无辜的普通人身上。既由于长期和大规模的相互报复使当事者本身感到厌倦和恐怖，也出于对故去的英·甘地的感情，拉·甘地坚决的态度和有力的措施在短短几天之内就使印度教徒的骚乱得到了平息。之后，拉吉夫·甘地总理宣布特赦旁遮普在押的阿卡利党的主要领导人。1985年7月，拉吉夫·甘地同锡克教温和派领导人签订《旁遮普协定》，同意把昌迪加尔及所有说旁遮普语的地区划归旁遮普邦，同意制定全印锡克寺庙法，在运河河水的使用等问题上也向旁遮普作出让步。阿卡利党则宣布阿兰德普尔·萨希布决议完全符合印度宪法，其目的是要求给予各邦更大的自治，以加强国家在多样性基础上的团结和统一。

由于锡克极端分子刺杀了此协定的签订者朗格瓦尔，加之印度政府未能在1986年初如约实施协定，1987年1月锡克极端组织又在金庙升起卡利斯坦国旗，4月锡克恐怖分子掀起了更具攻击性的锡克教改革运动，迫使大批印度教徒迁离旁遮普。因此中央政府对该邦实行了总统治理，并加以军事管制，时至1991年拉奥政府又对锡克极端分子实施了长期和大规模的清剿行动。经过政府的多次打击，锡克极端的民族主义组织如"全印锡克学生联盟"、"非洲狮组织"等遭到致命打击，在印度已找不到容身之地。在此情况下，拉奥政府又在1992年以后继续实施中央与旁遮普锡克民族的和解政策，以此赢得了锡克民族的真正信任。此后，虽然锡克极端分子偶尔也制造一些恐怖活动，但其破坏力再也不足以影响大局了。

三、旁遮普锡克民族主义运动的民族、宗教和政治成因分析

首先，印度中央政府领导人对锡克民族先天固有的疑惧心理是锡克旁遮普民族主义运动长盛不衰的重要导因。在印度诸民族中，锡克是一个在特殊的宗教政治基础上形成的民族。可以说，正是其特有的宗教性将锡克人塑造成一个别具一格的民族。然而，由于以尼赫鲁为首的印度政府领导人先天地坚持印度只有一个民族的政治原则，不承认有其他民族存在，所以他们一直不肯承认锡克人属于一个特殊的民族。鉴于当年穆斯林联盟坚持伊斯兰教徒是一个单独的民族，并据此发动了巴基斯坦分离运动，出于对印巴分治的一种后怕，独立后的国大党领导人也因锡克人有自己的宗教而对其心存疑惧。他们担心，如果不对锡克教派主义政治加以遏制，就很有可能导致国家的进一步分裂。此后尤其是英·甘地时期的印度历届政府也完全秉承了这一基本的立场。而这就使得中央对旁遮普锡克人的许多正当的自治要求也产生敏感反应，并常常对其置若罔闻，导致双方矛盾越闹越大。

在自治运动中，锡克人一直坚持的教派主义的立场，也使得中央与旁遮普之间的矛盾自始至终难以根除。在长期的政治斗争中，阿卡利党认识到：单纯提出自己的政治经济要求常常难以获得全体锡克人的支持，利用锡克的宗教情绪为政治服务是锡克人运动的一个重要特点。如果将锡克人的宗教虔诚引向政治经济领域，将自己的政治经济要求与锡克教捆绑在一起，就能轻而易举地获得全体锡克的支持。因此锡克政党总是倾向于将宗教问题与政治问搅合在一起，他们一再声称锡克教正处于危险之中，总是借助宗教仪式来进行政治鼓动，有时甚至不惜为了自己的政治目的而煽动狭隘的教派情绪，引发教派冲突和民族冲突。

其次，印度教教派主义活动也是旁遮普问题的刺激因素。19世纪中叶旁遮普地区的印度教、伊斯兰教和锡克教文化复兴运兴起后不久，三个教派之间就产生了尖锐的矛盾。印巴分治后，圣社、人民同盟、国民自愿团、世界印度教大会等印度教教派主义的团体或政党在旁遮普的影响与日俱增，并每每与锡克组织相对抗，甚至不惜给锡克人扣上分裂印度的帽子，这对旁遮普地区的锡克民族主义起到了很大的刺激作用。在旁遮普，以印度教文化为主体的诸民族没有表现出足够的文化包容心，他们心胸狭窄，在反对阿卡利党的要求方面，整个印度社会的舆论几乎形成一边倒的情形。这些印度教的文化组织以及教派团体很难从旁遮普各民族的利益出发来考虑问题，这使得处于弱势的锡克民族很容易产生不安全的心理，也使得原本相对温和的锡克领导人变得日益激进，最后导致多数锡克组织及其成员都走上了锡克民族主义的道路。

第二节　种姓制度的演变与印度民族

一、种族区分与印度种姓制度

印度的种姓制度与印度民族问题存在着一种非常紧密而又复杂的关系。首先，至少在一定程度上，印度的种姓区分本身就有着种族或民族区分与隔离的成分。其次，一方面不同种姓的人可以分属不同的民族和宗教，不同民族和宗教的人内部也存在各自的种姓区分；但是另一方面，在历史上不断形成的各个种姓以至亚种姓，在某种程度上实际上就构成了印度大家庭中形形色色的社会族群，以至于许多种姓的代言人都明确地以印度社会当中一个独特的民族自任。第三，印度的种姓制度造成了许多印度特有的若干与民族问题有关的现象，这些现象使得印度的民族问题呈现出一种富有印度特色的、异常错综复杂的局面。

"种姓"一词源于葡萄牙语的"Casta"，其本义是种、种类和种族。实际上，这是晚近时期的西方人对印度种姓的称谓。印度最早的文献《吠陀本集》关于种姓的名称是"瓦尔那"（Varna），这个梵语词的本义是颜色、肤色，吠陀中则用它来指代依据不同肤色而得到区分的各个等级集团。也有少数学者认为，瓦尔那是指各等级集团专用的服饰颜色：婆罗门为白色，刹帝利为红色，吠舍为桔黄色，首陀罗则为黑色。但这种看法显然是用后来衍生继起的历史现象来解释和取代历史的源头。

印度的种姓属于一种非常复杂和综合性的社会现象，因此不能用某种单一的模式去加以解释。不同的种姓既不单纯等于不同的阶级，也不完全是不同的民族和不同的教派。但是，至少就较为晚近的情况而言，如果我们一定要将种姓制度归于某种更为单一的构成机制的话，那么就可以说，种姓制度更属于印度教所特有并由之衍生和扩散出去的一种"教阶制度"，种姓角色的不同就意味着在印度教社会中具有各不相同的义务和权利，从而也就具有不同的地位，至于种姓之外或之下的集团比如所谓的不可接触者，基本上就被印度教社会排除在了他们的教阶体系和宗教生活之外。

印度教是在早期的原始自然宗教的基础上发展起来的较为严密和理论化的宗教。这一宗教的本质特色表现于它的教义的三大纲领中：这就是"吠陀天启"、"祭祀万能"和"婆罗门至上"，而其中婆罗门至上的内容是与种姓制度密切联系的。吠陀天启和祭祀万能的思想其实早在早期雅利安文明时代就已经具有了，因而种姓制度的完全形成和稳固确立，可以说也就是印度教得到形成和确立的过程。

从中亚或是更远的欧洲出发，雅利安人于公元前1500年前后大规模地分批翻过西北印度兴都库什山的山口，逐渐进入印度。当时他们还处于原始社会末期，以游牧为主，过着军事民主制的生活。经过与当地居民达罗毗荼人长期的激烈斗争，雅利安人终于占据了上风，把达罗毗荼人驱为奴隶，称他们为"达萨"，由此出现了印度最初的种姓区别。种姓的梵文为瓦尔纳，原意为"色"，主要指皮肤的颜色。雅利安人皮肤白皙，自视为高等种姓；被征服的达罗毗荼人肤色黝黑，被视作卑贱种姓。

　　作为世界上一种独特的社会组织模式，种姓制度最初就是起源于雅利安社会内部的社会结构和分工方式的。从最早的吠陀文献《梨俱吠陀》来看，在雅利安的政治组织中，有"森那尼"（军事领袖）、"格雷曼尼"（村长）等官员。当时主持祭祀的被称为"普罗希太"（Purohita 或 Purodha），他们的才能和权力并不限于宗教领域，除了主持祭祀以外，他们还辅助国王打仗，并运用他们超凡的"法力"保护国王。在我们看来，"普罗希太"实际上就相当于"国师"级别的婆罗门。《梨俱吠陀》中所说的"婆罗门"（Brahmanah）则是所有祭师的统称，尤其用来指社会上一般的僧侣。与此同时，《梨俱吠陀》中的"婆罗门"一词也用来指那些聪明和有才能的人。实际上，在梨俱吠陀时代，"婆罗门"并不具备至高无上的地位，雅利安部落中的任何贤哲都可以充当婆罗门的角色。此外，《梨俱吠陀》中已出现了"拉吉尼亚"（Rajanya，含义是贵族）这一等级，该等级由贵族及其武士组成，是为"刹帝利"的前身。《梨俱吠陀》中所提到的"吠什"（Viz），就指雅利安种族中的普通民众，这就是后来的第三种姓"吠舍"。至于后来种姓制度中的最低种姓"首陀罗"，在《梨俱吠陀》中还没有出现。

　　瓦尔那制度充分成型，是在吠陀后期的梵书时代（公元前 1000 年至前 700 年）。在此时期，首先存在由雅利安族构成的、属于婆罗门教教阶之内的三个"再生族"种姓：那些专门研究"吠陀经"并主持宗教仪式的人被称为婆罗门；那些专门从事政治、军事活动的人被称为刹帝利；那些经商、务农的一般雅利安民众被称为吠舍。而再生族之下和之外的首陀罗，则是指那些被雅利安人征服并做了奴隶的非雅利安人以及尚未受雅利安人统治的土著（《梨俱吠陀》中的"达萨"和"达西安"两词就是指土著村庄的居民）。后来雅利安统治者的势力也把这些土著纳入雅利安社会的等级结构之中，并使他们处于瓦尔那制度的末端。至此，种姓制度已基本上趋于稳定。四种姓中，前三个种姓大体上是从雅利安人中分化出来的，基本上属同一种族，并信奉同一宗教。他们的孩子在到达一定年龄后都要按照传统举行一定的宗教仪式，称"再生礼"，亦即获得宗教和精神意义上的"再生"。故前三个种族又称为"再生族"。首陀罗大都属于被征服的异族，信奉不同的宗教，因此被排除在"再生族"之外，是所谓宗教不救的"一生族"，他们只能从事最低贱的工作。由此看来，瓦尔那制度的形成，首先是由于种族征服的作用，其次它也属于一种阶级分化和职业分工现象。然而，种姓区分的以上两个方面的原因，都明显地与宗教有着内在的、紧密的联系。而且越是到了后来，种姓区分与宗教的联系也就越紧密，以至逐渐形成了以宗教教义为合法性根据的严格的种姓制度。

在四个标准的种姓之外，印度还存在一类所谓"出身卑贱的人"。这个称谓最初主要指的是被征服的非雅利安民族。"吠陀经"中所讲到的"出身卑贱的人"或"混合种姓"（如达罗毗荼、安得拉等），实际上就是某个非雅利安民族的名称（其中的达罗毗荼人即是印度河文明的创造者）。随着历史的发展，后来又出现了四个标准的种姓之外的众多"混合种姓"。据古代法典的解释，所谓"混合种姓"就是那些混淆了种姓内婚制而成家的男女所生育的后代。为使瓦尔那制度不至于混乱，婆罗门的法书规定，首陀罗种姓不得与三个高等级种姓通婚，而首陀罗男子则绝不允许与高种姓女子结婚。然而，这些规定只具有规范的效应，而并不具备规则或规律的力量。当事实上首陀罗男子与其他种姓的女子结婚生子时，那么首陀罗男子与吠舍女子的儿子就叫"阿约加瓦"，与刹帝利女子所生的儿子就叫"刹特力"（Kshattri），与婆罗门女子所生的儿子就叫"旃陀罗"（Kandala）。这些"非法"婚姻的后代被认为是"出生卑贱的人"，被排除于四个瓦尔那之外。由于不受正统社会的接纳，这样的集团本身又遵循同族通婚的内婚制，每一个集团从事一种或几种世袭的职业，并且几乎被隔离于正常的印度教社会之外。经过历史的发展，这样的一些集团形成了庞大的群体，并且又分化成数量众多的亚种姓。这些集团就被人们称为"混合种姓"、"出身卑贱的人"、"查提"等，他们就是后来印度"贱民"即不可接触者的前身。

在印度，这些混合种姓或查提从古至今都是不被正统的印度教社会看作同一族群的。印度法经之首《摩奴法典》就曾经明确提出："世上那些被排除于四个瓦尔那之外的部落都名为异族，不论他们说的是蛮族语言或雅利安人的语言"，他们是"雅利安人社会以外的人"、"达修"。《摩奴法典》中提到不少土著部落，也被法典编撰者称为"出身卑贱的人"。而从历史事实来看，由于长期实行内婚制，长期遵循特有的生活习惯及从事特定的职业，特别是长期被隔离于正常的社会生活之外，上述这些混合种姓实际上几乎形成了印度社会中的一些特定的民族或族群。

种姓制度是印度社会的基本组织结构，而种姓制度始终是与印度教同体共生的。而且，由于印度教文化在印度社会中一直处于主流和强势的地位，而印度的许多穆斯林、基督徒和锡克教徒的先辈原本就是（主要是低种姓的）印度教徒，这导致种姓不仅存在于印度教社会中，也存在于非印度教社会中。虽然种姓歧视恰好就是促使他们改变自己信仰的重要动因，但宗教信仰的改变却没有改变他们几乎与生俱来的生活方式，许多人仍然保留着当年作为印度教徒时的族群风习，如有关不同种姓之间的相互接触、共餐、通婚限制等规定。这样一来，导致印度所有的宗教群体都无不具备较为明显的种姓模式。以下仅举印度穆斯林和基督徒当中的种姓现象为例。

（一）种姓与穆斯林

从理论上讲，凡信仰伊斯兰教的每个穆斯林，都是为捍卫真主而团结在一起的兄弟，他们没有高低种姓之分，在婚姻、共餐和社交方面也没有像印度教徒那样的规定。伊斯兰教对于反对种姓制度、强调人类平等的宣传在印度低种姓印度教徒中获得了巨大的成功，14、15世纪的印度宗教改革运动特别是巴克提运动，无不与伊斯兰教苏菲派抨击种姓制度有密切的关系。

虽然在宗教理论上穆斯林反对种姓制度，但在实际生活中，伊斯兰教未能消灭印度的种姓，穆斯林不但自身实际上变成另一个种姓，而且其内部还分化出各种更小的种姓。印度的伊斯兰教徒可以分为两类，即阿什拉非和非阿什拉非。前者指历史上从伊斯兰世界迁徙过来的穆斯林原住民，他们只占印度伊斯兰教徒的一小部分；后者指印度本土的居民，即原印度教徒改宗皈依伊斯兰教者以及他们的后裔，他们构成了印度伊斯兰教徒的多数。

作为印度本土的皈依者，非阿什拉非按照社会地位可分为三种人：一是主要来源于拉其普特人皈依者的高种姓；二是大量的手工业职业者皈依者，其中纺织者居多；三是不可接触者皈依者。这几种人在改变其宗教信仰后，原来有关内、外婚的法律仍对他们起作用，原来禁止与外人共餐的规定仍然被他们普遍遵守，他们中仍有类似种姓的划分。

阿什拉非意即贵族，指穆斯林世界移民的后代，他们分为四种人，即夏克（Shaikh）、赛德（Saiad）、莫卧儿（Mughal）和帕坦（Pathan）。其中赛德通常指那些拥有较高经济地位和社会地位的穆斯林，而夏克则带歧视性地指那些不久前才改宗伊斯兰教的其他民族的皈依者。在多数情况下，赛德传统的职业是僧侣；莫卧儿人和帕坦人则相当于印度教社会中的刹帝利；而夏克则处于类似吠舍和首陀罗的地位。而在印度有些地方的穆斯林中，还存在着一种类似于"贱民"的群体，他们被称为阿尔左（Arzal），意为"最低级的人"，其他穆斯林不与之交往，他们甚至也不能进入清真寺，死后不准进入公共墓地。如同印度教徒的潘查亚特对种姓制度的稳定起着严格的控制作用一样，在印度的许多地区，穆斯林也有村社一级的潘查亚特组织来处理他们的事务。穆斯林的潘查亚特同样认可印度教在种姓区分方面的许多习俗规定。尽管在基本教义上普遍接受了穆斯林天下皆兄弟的观念，但在实际的社会生活中，印度穆斯林的种姓意识、对于种姓的重视程度以及种姓歧视的严重程度常常并不亚于印度教徒。

（二）种姓与基督教徒

尽管基督教与伊斯兰教同样不相信等级是由出身所决定的，也不大重视种姓制度中有关婚姻、饮食等方面的习俗规范，但是在印度的基督教会中，依然产生了有关种姓团体的意识和种姓区分的现象。

与伊斯兰教的情形相仿，印度的基督徒可分为欧洲人和印度本土的皈依者两大类。由于西方人的一些生活习惯特别是喜爱酒肉等不为印度高种姓所喜欢，而西方人也很难接受印度以种姓制度为核心的一系列生活习俗，因而欧洲教会人士在初入印度时深受西、印两种不同生活方式的困扰。在印度的世俗化社会改革运动还没有充分产生效果之前，他们的思想观念和行事为人与本土文化形成了明显的差异甚至冲突，直到19世纪，当印人普遍对西方以世俗化为核心的文明有所了解后，他们才感到"在生活方式、食物和衣着方面有了很大自由"。[①] 但是印度本土的基督教皈依者情况则殊为不同，而他们构成了印度基督教徒的大多数。在印度皈依基督教的成员中，多数是来自原来的低种姓和不可接触者群体，因而他们从根子上就不可能如同欧洲基督徒那样自由地打破种姓的藩篱，而是依然保持了自己原本的种姓传统所习以为常的生活习性。尽管在基督教内已经不存在以一种宗教制度为基础的种姓体系，但种姓区分作为一种实质上的社会关系依然普遍地存在于印度的基督教会中。在很大的程度上，基督教的印度

---

① 路易斯·杜蒙特：《人类的等级》，伦敦，1972年，第248页。

本土皈依者只不过是再度将印度教中的种姓体系重新搬运到了基督教当中，不但基督教徒以不同的种姓为背景分成了不同的族群，而且教会机构也分成了分别管理高等级教徒和低等级教徒的两类组织。虽然低等级教徒和高等级教徒之间也有某种程度的接触，但前者却不能进入高等级教徒的房间。在印度基督徒人数最多的喀拉拉邦，基督教徒就分成了众多的集团，而且这些集团都倾向于实行内婚。甚至在作为西方人后裔的印度天主教徒内部，叙利亚罗马人和拉丁罗马人之间一般也都不通婚。为了达到隔离的效果，一些地区设有单独的教堂供原来为不可接触者的基督徒参加礼拜。即使不同种姓背景的基督徒是在同一个场所进行礼拜，很多教堂里也专门设有达利特人的隔离区。

综上所述，种姓制度在不同程度上存在于印度所有团体中，是典型的印度生活方式。在现代印度社会，各宗教在理论上都不赞成种姓制度，但等级成分却存在于所有的宗教团体之中。各教团体和研究者都认为，印度教徒特别是低种姓和不可接接触者改变宗教信仰，完全是为了逃脱种姓制度对他们的压迫，但事实上他们改变信仰后依然继续带着种姓区分的"胎记"。

二、种姓制度与印度民族问题

建立一个不分种族、语言、教派的统一的印度民族，是100多年来印度民族主义政治家们的美好愿望。但由于种姓制度造成的后果，他们的理想最终化为泡影。

印度古代的瓦尔那制度，在形成时就明显地打下了民族征服和民族压迫的烙印。瓦尔那制度最初虽然是雅利安文化的产物，但其最终成形却是征服和奴役印度土著居民的结果。从种族外表来讲，作为天生为三个高种姓服务的首陀罗，他们无论是在肤色还是其他外表特征如鼻子的高低上，都与再生族的雅利安人有显著的不同，被蔑称为黑色的没有鼻子的人。印度历史发展到今天，它的民族问题仍然十分严重，种姓矛盾也十分突出，种姓矛盾和民族问题之间还有着千丝万缕的联系。

作为最早统一印度的英国殖民者，他们的统治之所以能够建立，这多少应归于种姓制度对印度各族人民的分裂。随着近代印度经济的发展，特别是印度各民族人民反对英殖民统治的斗争，印各族人民的民族意识有所增强，但与此同时，印度的民族问题却越来越突出，独立后较独立前更严重，而且极为复杂，民族问题的表现形式也多种多样——有的直接表现为民族问题，有的表现为语言矛盾或宗教纠纷，有的则是种姓问题。独立前后，达罗毗荼人独立运动曾轰轰烈烈，甚至提出了成立独立的"达罗毗荼斯坦"的口号。这一运动的前奏，一是发生于21世纪初的反婆罗门运动，二是20世纪20年代的"自尊运动"。这些运动提出达罗毗荼人是印度次大陆最早的居民，而婆罗门是雅利安人侵者。这一带有浓厚种姓斗争色彩的、反婆罗门倾向十分明显的运动，实质上是南方人反对北方民族沙文主义的表现。

由于英国殖民统治时期留下的行政区划极不合理，加之经济的发展和地方民族主义的抬头，独立后印度各地普遍提出了依语言重新划定邦界的要求，国大党曾在独立前许诺过，独立后要重划语言邦。因此，重划语言邦工作于1956年开始了。印度南部达罗毗荼语系的四个邦，即安得拉、泰米尔纳杜、喀拉拉和卡纳塔克，完全是按语言划分的；但在卡纳塔克邦，因种姓利益冲突，在划分语言邦时出现了民族内部的斗争。在建立语言邦过程中的这场斗争实际上是民族内部的种姓斗争。

正是由于民族问题与种姓问题（以及其他问题）的交织，民族冲突和种姓矛盾从未间断过，这也成了印度历届政府最头痛的问题。在独立后的一段时间，曾有不少印度学者、外国专家和政治家认为，印度的离心力将占上风，这个国家会分裂成若干个小的、各有全权的民族集团，有巴尔干化的可能。经过40多年的努力，印度几经风雨，但并未发生全国性的无政府状态。这虽然值得欣慰，但也应该看到印度的问题仍很严重。这种状况的出现，与印度政府的民族、种姓和宗教政策有着密不可分的联系。

印度统治阶级一方面采取了一些在客观上加深人民之间分裂的措施，另一方面又以"一个民族的民族主义"和"一个民族的完整"理论为名，无视印度民族和文化多样性的存在，对民族自治权利和特殊利益持否定态度，力求把尽量多的权力集中在自己手里。结果，各民族聚居区更强烈地要求更多的自治权，因此中央政府和邦政府之间、执政党和地方实力之间的矛盾和斗争从未间断过，导致这种在矛盾形式上时而激烈时而缓和、时而公开时而隐蔽的状况。

印度的政治家和法律学家已经充分认识到，印度至今仍存在严重的地区、语言、宗教区分和差异，为了实现印度的政治民主，稳固联邦制度，必须正视这些差异。当然,印度政治家仍坚持建立一个团结的印度民族的理想。在学者们的著作中,民族一词专指全印度民族,印度国内的群体集团则小心地用"人种集团"、"部族团体"等词。

但是,随着世界政治经济形势的变化,从20世纪90年代开始,印度的种姓冲突和族群冲突又呈加剧趋势,并直接影响了印度政局稳定。民族问题的发展对印度未来的影响,深受人们关注。

发展各族群经济特别是落后地区的民族经济,对印度民族的未来十分重要。与中国和其他许多国家不同的是,印度没有一个占人口半数或以上的主体族群,这也许与种姓制度造成的人们互相排斥和难以同化有关,即便是同一族群也因种姓对立而无法融合相处,更何况是不同族群了。印度是一个民族博物馆,古老族群不断分化,新的族群不断形成。有学者指出,仅在独立后,就先后出现了孟加拉人、阿萨姆人、马拉特人、信德人、克什米尔人、喀拉拉人等新的族群。印度族群之间差异性很大,在经济、政治、社会、文化等方面的发展程度也参差不齐。因此,大力发展民族经济,使全印度经济较平衡地前进,保障少数族群发展地方经济的权利,是解决民族问题必不可少的措施。

想要建立统一的印度民族,全印度通行的语言是必不可少的。种姓制度对于人们语言的差异有着不小的影响。比如,在达罗毗荼人的独立运动中,人们提出复兴泰米尔文化的要求,就是因为婆罗门的作用,泰米尔语受到梵语的影响。婆罗门地主为了突出自己的种姓地位,尽量在谈话中使用梵文词汇,非婆罗门则使用较标准的泰米尔语,而不可接触者使用的语言就被认为是粗俗的。这样,居住在同一地的、同属一个民族的人,互相之间也语言不通。在印度,还有只在一个种姓集团中通行的语言。这样看来,随着种姓制度的消亡,以及人们联系交流的增多,印度的语言问题才会逐步好转。

对于印度这样一个多种族、多族群的国家而言,政治、经济、文化等社会生活各方面的发展,都不可避免地与种族、民族因素相关联。印度社会复杂的种族和民族结构,使得这种因素更具显著的作用。在印度的政治地图中,反映最突出的是操不同语言的地区的存在,在邦和中央直辖区中,它们中有许多仍相当于民族国家。由于文化因素的长期作用,生活在印度的各族人民有着相同的价值观念,反抗英殖民统治的斗争和建立新印度又使他们有了共同的历史经历,但要形成一个团结统一的印度民族,还必须使生活在印度的人产生一种共同的心理状态，建立全国的经济联系、全国大市场，以及拥有通用的语言。而种姓制度正是阻碍这一切尽快实现的重要负面因素。

第七章
印度民族热点问题研究（二）

印度独立以来，东北部地区的社会动荡一直困扰着中央和地方政府，也使得这一地区的民众生活受到极大的影响。恐怖主义活动是影响印度社会稳定和发展的另一个顽症，当其与宗教、民众问题搅在一起的时候，就大大增加了解决问题的难度。此外，印度社会最底层的民众发展状况如何，也直接影响着国家的整体发展。

我们注意到，以上这些问题都与民族问题紧密相关，反映出印度民众发展的多元性、不平衡性以及文化差异性等特点。为了使这些问题的探讨更加有针对性，我们分别选取了东北部地区、社会底层群体和恐怖主义活动为切入点，以此来梳理这些热点问题的来龙去脉。

第一节 印度民族的多元化——以印度东北部为例

印度民族的多元化反映在各个方面，其中在东北部表现得尤为典型，这不仅因为这一地区民族成分复杂多样、民族文化丰富多彩，而且在于这一地区的许多族群与印度的其他主要族群存在着明显的差异。更为重要的是，这种民族的多元性成为印度东北部地区社会长期动荡的一个重要原因，生活在这一地区的各个族群多年来一直在为获得自己的平等权利而斗争，印度政府也作出了不懈的努力，以促进这一地区与其他地区的同步发展，而且取得了一些不错的效果，但是要真正实现多元格局下的各族群的平等发展还有很长的路要走。

在本节中，我们将以族群聚居的地缘范围为单位来进行讨论。

一、历史背景与现状

印度东北部地区与尼泊尔、不丹、中国、缅甸和孟加拉国接壤，包括阿萨姆、曼尼普尔、梅加拉亚、米佐拉姆、那加兰和特里普拉六个邦，以及印度非法侵占的中国藏南地区（即所谓的"阿鲁纳恰尔邦"），被称为"七姐妹"。2002年12月，锡金正式加入东北部委员会（North Eastern Council, NEC），成为东北部第八个邦。

事实上，当今印度东北部地区各邦的背景与来源各异。

1947年8月15日，英属印度殖民地独立，印度自治领政府接管了原英属印度政府的阿萨姆、比哈尔、孟买、中央省、马德拉斯、奥里萨、旁遮普、联合省、西孟加拉和500多个土邦。1950年1月26日，自治领时期结束，1950年宪法生效，印度共和国成立。印度1950年宪法规定印度实行联邦制，联邦的宪政单位为邦。全国统一划分为29个邦，分为A、B、C、D共四类，在东北部地区成立了阿萨姆、曼尼普尔和特里普拉三个邦。20世纪50年代中期，为了适应建立语言邦的要求，印度对邦一级行政区划做了一次大调整。其中特别需要指出的是，1954年1月26日，印度成立"东北边境特区"（North-East Frontier Agency）以管辖中国藏南地区，同年出版的印度官方地图首次把"麦克马洪线"从1936年以来注明的"未标定界"改为"已定界"。1956年8月，印度人民院通过了邦改组法。根据该法，从1956年11月1日起，全国按主要语言重新划分为14个邦和六个中央直辖区。东北部地区的曼尼普尔和特里普拉改为中央直辖区，由中央派专员管理。1962年10月12日，尼赫鲁公开声称，他已下令印军把中国人从"东北边境特区"赶出去，举世震惊。在印度非法侵占的中国领土中，藏南地区即中印边界东段，面积约九万平方公里，包括中国西藏自治区东南部的山南地区、林芝地区，包括错那、隆子、朗县、米林、墨脱、察隅六县。[①] 1963年12月1日，作为从阿萨姆邦里划出来的一个新

[①] 关于中印边界问题，可参见刘军：《欧、美、印西藏政策研究》，复旦大学政治学博士后流动站出站报告，2010年6月，第161—175页。

邦，那加兰邦成为印度的第16个邦。1972年1月21日，印度把"东北边境特区"改为"阿鲁纳恰尔中央直辖区"（Union Territory of Arunachal Pradesh）。同日，曼尼普尔邦成立。1973年，米佐拉姆改为中央直辖区。1975年4月，印度议会通过决议，把锡金变为印度的第22个邦。1986年7月，米佐拉姆从中央直辖区改为邦建制。1986年12月24日，"阿鲁纳恰尔中央直辖区"升格为印度第24个邦，即"阿鲁纳恰尔邦"。至此，印度东北部地区形成了当今的行政区划格局。由于不丹与西孟加拉邦北部的阻隔，锡金邦与东北部其他七个邦在地理上并不直接相邻。自从1973年被印度吞并以来，锡金一直处于印度政府的军事和政治严密监控之下，其民族问题至今并不突出。因此，本书所涉印度东北部仍指传统意义上的"七姐妹"。

表7—1 印度东北部概况（据印度2001年统计数据）

地区	面积（平方公里）	人口	人口密度（每平方公里）	性别比例	文盲率（%）
阿鲁纳恰尔	83743	1097968	13	893	54.3
阿萨姆	78438	26655528	340	935	63.3
曼尼普尔	22327	2293896	103	978	70.5
梅加拉亚	22429	2318822	103	972	62.6
米佐拉姆	21081	888573	42	935	88.8
那加兰	16579	1990036	120	800	66.6
锡金	7096	540851	76	875	68.8
特里普拉	10486	3199203	305	948	73.2
印度	3287240	1028737436	313	933	64.8

资料来源：Government of Manipur, *Statistical Abstract Manipur*, 2007, pp. 29 – 31。

就整个印度的情况而言，自英属印度殖民时期肇始，印度东北部的分离主义运动就已经存在并持续至今。自20世纪70年代以来，东北部地区的分离主义运动呈现出多样化、扩大化和暴力化的趋势。目前，印度东北部的民族问题主要表现为民族分离主义运动以及由此滋生的恐怖主义活动。

在历史上，曼尼普尔曾经是一个有自己独立历史传统的国家。1826年第一次英缅战争结束后，英国殖民者意识到他们在阿萨姆利益的重要性，开始了蚕食曼尼普尔的进程。① 到19世纪晚期，曼尼普尔大部分地区沦为英国殖民地。然而，与英国殖民蚕食政策同步的是那加人的持续抵抗运动。早在英国殖民统治时期，那加人就要求建立自治的"大那加兰"（Greater Nagaland，涵盖那加人居住的主要地区，包括今那加兰邦、阿萨姆邦、曼尼普尔邦和"阿鲁纳恰尔邦"的部分地区以及缅甸的部分地区，总面积约12万平方公里）。二战后，那加人要求建立自己的国家，以作为他们在战争中积极支持英军的奖赏。1947年8月14日，曼尼普尔君主立宪制共和国宣告"独立"。那加人的主要政治组织是成立于1946年1月的"那加民族委员会"（Naga National Council，NNC）。1951年5月，那加民族委员会就"独立"问题举行全民公投，结果显示高达99%的人支持独立。印度政府坚决拒绝那加独立，并派遣阿萨姆步枪队进驻，逮捕那加民族委员会的主要领导人。1956年3月22日，那加民族委员会领导人、"那加之父"费佐（Angami Zapu Phizo）宣布建立那加联邦政府和那加联邦军，正式走上了武装分离道路。印度军队展开全面行动，迅速平息了该叛乱，同年12月费佐被迫经巴基斯坦流亡英国。1963年12月1日那加兰邦的建立和1975年11月11日《西隆协定》（Shilong Accord）的签署，并没有终结该地区的武装叛乱。1980年1月31日，以伊萨克（Isak Chisi Swu）、穆维阿（Thuingleng Muivah）和卡普兰（S. S. Khaplang）为首的少数极端分离势力又组建了"那加民族社会主义委员会"（Nationalist Socialist Council of Nagaland，NSCN），继续同印度政府对抗。1988年4月30日，该组织一分为二，即以卡普兰为首的NSCN（K）和以伊萨克、穆维阿为首的NSCN（IM）。1997年8月和2001年4月，在印度政府的强力打击下，NSCN（IM）和NSCN（K）分别同印度政府签订停火协议，为政治解决那加兰问题创造了条件。不过，此后的60多轮谈判并未取得突破，尤其是在"大那加兰"这一核心问题上，双方立场相距甚远。同时，两大分离组织之间为争夺主导权而存在着严重的矛盾，这也大大增加了谈判的难度。此外，"大那加兰"所涉各邦坚决反对"割让领土"并至今未能参与对话。2010年5月初，穆维阿意欲访问其故乡Somdal，但遭到曼尼普尔邦议会拒绝，

---

① Chandrika Singh, *North-East India: Politics and Insurgency*, Manas Publications, 2004, p. 110.

印度中央政府的协调亦告失败。恼羞成怒的穆维阿重拾独立口号，声称要重返山林打游击。① 2010 年 7 月 21 日，国大党元老、前那加兰邦首席部长贾米尔表示，只有中央政府与 NSCN（IM）参加的和平谈判无法解决那加问题。② 可见，那加兰邦漫长的分离主义运动最终能否妥善解决，还存在很大的变数。

米佐人聚居在阿萨姆邦米佐山一带，绝大多数信仰基督教。印度独立前，国大党曾许诺独立后允许其脱离阿萨姆邦自治，但这一政治诺言最终并未兑现。此后，在宗教分歧、政治倾轧和经济利益争夺等因素的推动下，米佐人的离心倾向逐步增强。1959 年春，米佐山区大片野生竹开花、结籽，老鼠的食物供给突然增加，便开始疯狂繁殖。在吃光竹子籽后，它们就开始"侵略"当地种植稻谷类粮食的田地，由此导致当地农业大幅度减产，随即爆发大饥荒。印度中央政府和阿萨姆邦政府救灾不力，酿成了当地民族分离主义的"催化剂"。1960 年，阿萨姆语被定为邦官方语言，遭到米佐人的激烈反对。1961 年 10 月 22 日，"米佐国民阵线"（Mizo National Front, MNF）成立。1966 年 2 月 26 日，拉尔登加（Pu Laldenga）领导米佐国民阵线及其军事力量"米佐国民军"（Mizo National Army, MNA）开始武装叛乱，其政治目的是把米佐山区从印度分离出去。印度政府出动军队迅速稳定了局势，随后通过政治手段逐步解决矛盾。1986 年 6 月 30 日，米佐国民阵线与印度中央政府达成和解协议，该地区初步实现了政治稳定。1987 年 2 月，印度政府正式批准成立米佐拉姆邦，并拨款 3000 万美元作为"和平红利"。1990 年，拉尔登加病逝，前游击队领袖佐拉姆桑加（Pu Zoramthanga）成为新任米佐民族政治领袖，而米佐国民阵线转化为地方政党。

阿萨姆邦是印度东北地区面积最大、人口最多的邦，是印度内地通往东北地区的必经之地。该邦部分阿萨姆极端民族主义分子不满政府在外来移民问题上的政策，指责印度中央政府掠夺阿萨姆资源，于 1979 年 4 月成立了"阿萨姆联合解放阵线"（United Liberation Front of Asom, ULFA），要求从印度分离出去。该武装组织以恐吓、勒索和谋杀为手段对付来自孟加拉国和印度其他地区的移民和商人，积极驱赶"外来人"，当即导致了

---

① "Muivah's demand for greater Nagaland stall talks", *Rediff*, May 13, 2010.
② "Naga talks: Jamir demands all-inclusive approach", *Rediff*, July 22, 2010.

大规模骚乱。1983年初,阿萨姆邦再次发生大规模骚乱,导致3000多人死亡。同年3月,印度宣布对发生骚乱的阿萨姆邦7个地区实行军管。1985年,该组织与印度中央政府签订《阿萨姆协议》之后,其领导人组建政党参加了邦政府选举。1990年,印度政府将阿萨姆联合解放阵线列为恐怖组织,随后动用了四个陆军师和八个陆军旅进行清剿。但是,该组织利用印度东北地区复杂的地形,与政府军大打游击战,并经常躲进不丹、孟加拉国、缅甸境内,使政府难以彻底清除其势力。1991年,该组织残余的主战派势力与其他非法武装组织勾结起来,潜入不丹南部森林地区,先后建立了数十个营地,将其作为训练武装人员、储存弹药以及向印度实施突袭的基地。2006年,印度政府试图与阿萨姆联合解放阵线进行和平谈判,但无果而终。2009年6月1日,《印度快报》声称,据印度高级官员透露,阿萨姆联合解放阵线总司令帕雷什·巴鲁阿(Paresh Baruah)已经逃亡中国。[1] 2009年12月2日,阿萨姆联合解放阵线主席阿拉宾达·拉吉霍瓦(Arabinda Rajkhowa)和副司令拉朱·巴鲁阿(Raju Barua)等人在孟加拉国被捕,[2] 后被移交印度政府。2010年7月17日,阿萨姆联合解放阵线总书记兰坚·乔杜里(Ranjan Chowdhury)在达卡被捕。[3] 目前,阿萨姆联合解放阵线与印度政府军之间仍然冲突不断。

此外,阿萨姆邦的重要部族波多人也要求摆脱阿萨姆邦的统治,谋求独立建邦,以确保波多人的领地、文化和语言权利。成立于1986年10月3日的"波多安全力量"(Bodo Security Force, BSF)和成立于1996年6月18日的"波多解放猛虎力量"(Bodo Liberation Tiger Force, BLTF)是波多人的两大分离组织。波多安全力量的重要领导人物至今仍然保持神秘身份;而哈格雷马·巴苏马塔里(Hagrama Basumatary)则兼任波多解放猛虎力量主席和总司令。在这两个组织中,波多安全力量政治目标更为激进,它要求建立一个独立的"波多国家",该组织势力较强,活动也比较频繁。1993年2月,印度中央政府、阿萨姆邦政府与波多人签署了《波多协议》(Bodo Accord),政府同意建立波多兰德自治委员会(Bodoland Autonomous Council, BAC)。但由于波多人处于散居状态,该协议很难落实。

---

[1] "ULFA commander Paresh Baruah moves to China", *India Express*, June 1, 2009.
[2] "Top ULFA leader arrested in Bangladesh", *Times of India*, December 2, 2009.
[3] "Ulfa leader capture", *Daily Star*, July 18, 2010.

1994年11月25日，波多安全力量改称"波多民族民主阵线"（National Democratic Front of Bodoland, NDFB）。波多民族民主阵线与NSCN（IM）维持着盟友关系。1999年7月14日，波多解放猛虎力量与印度政府签署停火协议。2003年2月10日，波多解放猛虎力量与印度政府达成和解协议。2003年12月6日，波多解放猛虎力量的2000多名成员缴械投降。2005年5月24日，波多民族民主阵线与印度政府签署停火协议，决定自当年6月1日开始停火。2006年5月，五名印度安全人员被杀，波多民族民主阵线受到严厉指控。2006年6月5日，两名前波多解放猛虎力量成员被波多民族民主阵线杀害。实际上，波多民族民主阵线至今仍然活动频繁。2010年7月8日凌晨，阿萨姆邦科格拉恰尔地区一座铁路桥上的铁轨突然发生爆炸，造成一列正在行驶的客运列车六节车厢脱轨并受损。当地警方认为，这是一起由事先埋设的遥控装置引发的爆炸，很可能是波多民族民主阵线所为。[①] 2010年7月26日中午，正在阿萨姆邦奇朗地区进行巡逻的印度安全部队遭到波多民族民主阵线袭击，造成至少四人死亡、三人重伤。[②]

与波多人一样，迪马部族要求脱离阿萨姆邦建立"迪马兰邦"（Dimaland），其分离组织"迪马民族安全力量"（Dimasa National Security Force, DNSF）同那加兰邦的那加民族社会主义委员会有密切联系。迪马民族安全力量于1995年同印度政府达成了停火协定，但其总司令朱厄尔·噶洛沙（Jewel Garlossa）拒不投降并组建了"迪马哈利姆道噶"（Dima Halim Daogah, DHD），坚持武装反抗以达到独立建国的目的。2003年1月1日，迪马哈利姆道噶与印度政府达成停火协定，但此后的和平谈判并不顺利。2004年6月24日，该组织军事力量"迪马民族军"（Dima National Army）首领普拉纳布·努尼沙（Pranab Nunisa）发动"政变"，成为迪马哈利姆道噶的新领袖。努尼沙曾经向媒体透露，噶洛沙早在2003年3月31日组建了一个新的组织"黑寡妇"（the Black Widows）并拥有自己的军事力量。与波多民族问题一样，迪马民族问题的前景同样是迷茫的。

曼尼普尔邦的主要分离主义武装有代表梅泰人（Meitei）利益的"人民解放军"（People's Liberation Army, PLA）。该组织成立于1978年9月25

---

① "印度东北部一处铁轨遭爆炸袭击 至少1死7伤"，新华网，2010年7月8日。
② "印度安全部队遭袭4人死亡"，新华网，2010年7月27日。

日，领导人为比社瓦·辛格（N. Bisheswar Singh）。该组织要求同缅甸的梅泰人合并，建立一个独立的国家。1989年，人民解放军建立了一个名为"革命者阵线"（Revolutionary People's Front，RPF）的政治组织并通过该组织建立了"流亡政府"。这个藏身孟加拉国的流亡政府由艾仁巴马·朝仁（Irengbam Chaoren）担任"总统"。人民解放军与那加民族社会主义委员会保持密切联系并由后者代为训练其武装人员。据悉，人民解放军在缅甸和孟加拉国设有多处营地。虽然该武装组织在20世纪90年代中期遭到印军打击而被严重削弱，但迄今为止，该组织仍然非常活跃。2008年2月24日，在纪念"起义29周年"讲话中，朝仁表示，曼尼普尔人历时30多年的武装斗争不会停止，曼尼普尔人不会坐等和平来临。

此外，曼尼普尔邦的库基人（Kuki）为了谋求建立"库基兰邦"（Kukiland）先后建立了10多个武装组织。早在1988年，库基激进民族分子便组建了"库基民族组织"（Kuki National Organization，KNO）及其军事组织"库基民族军"（Kuki National Army，KNA），时任领导人谭阔伦·豪基布（Thangkholun Haokip）率其骨干在缅甸接受"克钦独立军"（Kachin Independence Army，KIA）的训练。至今，新任领导人P. S. 豪基布（P. S. Haokip）仍然维持该组织与缅甸克钦分离势力的密切联系。自从1995年以来，该组织多次向印度政府递交备忘录，但至今未能进行和谈。因此，该组织的武装反抗活动至今仍然十分频繁。除了库基民族军之外，组建于1999年12月的"库基革命军"（Kuki Revolutionary Army，KRA）等组织也活动频繁。

特里普拉邦的分离运动在1988年之后曾经短暂平息，但随后该邦又出现了两个民族分离组织，即组建于1989年3月12日的"特里普拉民族解放阵线"（National Liberation Front of Tripura，NLFT）和组建于1990年7月11日的"全特里普拉部族猛虎军"（All Tripura Tiger Force，ATTF）。这两个组织的中坚力量均来自"特里普拉民族志愿者"（Tripura National Volunteers，TNV），前特里普拉民族志愿者重要成员查特吉·雷昂（Dhananjoy Reang）和兰吉特·德巴马（Ranjit Debbarma）担任首领。它们代表的部族势力与该邦主体居民孟加拉人的冲突日益激烈，已经造成数千人死亡。

此外，在梅加拉亚邦、米佐拉姆邦和"阿鲁纳恰尔邦"也有民族武装分离势力存在。不过，这些组织规模较小、活动能力有限、影响有限。

二、东北部民族分离主义问题的根源

印度东北部地区的民族分离主义问题持续了半个多世纪,根源比较复杂。对于印度东北部问题,印度本国学者进行了大量的相关研究并积极为印度政府献计献策。

2004年,印度学者钱德拉·普山(Chandra Bhushan)在其《印度东北部的恐怖主义和分离主义》一书中认为,造成印度东北部地区的恐怖主义和民族分离主义运动泛滥的主要有历史背景、地理环境、社会因素、军事行动、经济状况、部族争斗、宗教信仰分歧、外部势力干预以及媒体怂恿等众多因素。同年,昌吉卡·辛格(Chandrika Singh)博士出版了《印度东北部:政治与叛乱》一书,专门从政治学角度对印度东北部叛乱问题进行了解析,认为山地部落与平原部落之间的利益争夺、英国殖民者分而治之的历史遗产、印度独立后国内政治形势的演化等是当今东北部叛乱丛生的主要原因。多位印度学者合著的《印度东北部的民族问题》一书于2007年出版。该书认为,在民族主义浪潮持续泛滥和印度民主政治日益复杂的背景下,东北部各民族、各邦以及联邦政府与地方政府之间错综复杂的利益瓜葛,是导致当今印度东北部民族问题久拖未决的主要原因。新的族群认同的形成必将是一个缓慢甚至伴随着冲突的痛苦过程。在这一过程当中,摩擦和冲突将持续存在。印度著名学者、东北部问题专家普拉卡什(Col Ved Prakash)在其2008年出版的三卷本《暴雨将临:印度东北部的恐怖活动》中指出,印度东北部恐怖活动的主要原因有民族分离主义、外部势力插手、外来移民竞争等。在他看来,东北部诸土著民族本身的分离主义倾向固然重要,中国、巴基斯坦、孟加拉国和缅甸等国的干预则是东北部恐怖主义问题愈演愈烈的有力"黑手",而来自孟加拉国的穆斯林移民则成为涌动的"暗流"。此外,国内一些学者从历史、政治、经济、社会、宗教、民族和文化等方面对印度东北部民族问题进行了研究。

综合起来看,印度东北部地区民族分离主义存在及猖獗的原因主要有以下几个方面:

第一,复杂的历史、地理因素。

在长达数千年的历史中,"印度"仅仅是一个单纯的地理概念而非国家概念。印度次大陆的统一极大地得益于英国殖民者在整个南亚和东南亚地区的殖民努力。在客观上，印度东北部地区长期游离于印度中央政权之外。在英属印度时期，东北部地区是"英国的殖民体系下的印度的一部分"，但这并不意味着该地区成为当代印度的一个天然组成部分。东北部许多地区曾经长期享有独立自主地位，在历史、文化、宗教信仰、生活方式、文化背景上与印度主体民族存在相当大的差异，其对于印度和印度文化的认同也就自然是子虚乌有的了。这方面一个有代表性的例子就是，在1929年1月10日，那加人的民族主义组织"那加人俱乐部"（Naga Club）向西蒙使团（Simon Commission）提交了一份要求英国当局将那加山区从印度殖民体系中独立出来并由英国当局直接管理的备忘录，其理由就是那加人既不是印度教徒，也不是穆斯林，是一个与印度人完全不同的独特民族。[①] 从历史上来看，"那加人属于东方蒙古民族的一个游牧部落，那加人居住的土地也不是印度的领土……（那加人）的文化与印度的大众文化是如此的不同。在那加人看来，印度人是各种神灵和魔怪的礼拜者，而在印度人眼里，那加人则是原始宗教和超自然力的信仰者，因此不值得一提且无需深入了解……"[②] 这使得那加人与印度本土的许多主要族群之间感到彼此相当疏远。在东北部群体族群中相似的情况也是非常常见的，客观上的心理隔阂是印度东北部地区的民族分离运动形成的重要根源之一。

造成当今印度东北部地区民族分离主义乱局的另一个更为重要的根源在于英国殖民者的分而治之政策。"虽然今天印度东北部的恐怖活动与英国政府没有联系，但正是英国人当年在印度东北部播下了分离的种子。"[③] 1873年，为加强对茶叶等东北部重要经济资源的控制，英国殖民当局开始在印度东北部地区实施"划线隔离"政策（Inner Line Regulation），把该地区的山地部落和平原部落人为地隔离开来。[④] 同时，英国殖民者还通过推行"边境地区特许通行"制度，把印度其他地区的人员与东北部地区的人员隔离开来。如此一来，经济生活上以及社会生活中的"老死不相往

[①] Sajal Nag, *Contesting Marginality*: *Ethnicity*, *Insurgency and Subnationalism in North-East India*, Technical Publications, 2002, p. 33.

[②] B. B Kumar, *Tension and Conflict in North East India*, New Dehi: Cosmo Publication, 1995, p. 6.

[③] Chandra Bhushan, *Terrorism and Separation in North-East India*, Kalpaz Publication, 2004, p. 203.

[④] Chandrika Singh, *North-East India*: *Politics and Insurgency*, Manas Publications, 2004, pp. 128 – 134.

来",再加上文化和宗教上的差异,使得整个东北部地区四分五裂,也为此后东北部地区此起彼伏的民族分离主义运动埋下了祸根。

特殊的地理因素在印度东北部地区民族分离主义运动产生、发展和壮大的过程中起着非常重要的作用。这些特殊的地理因素包括东北部多山多林的复杂地形,该地区与多国接壤以及该地区与印度其他地区相对独立,各方面的交往受到限制。

印度东北部地区海拔较高,位于雅鲁藏布江之下游即布拉马普特拉河谷(Brahmaputra River)及群山之中,公路和铁路运输能力低下,森林覆盖率较高,冬季风雪较大。多山多林的地形地貌,成为熟悉当地地形的民族分离武装势力的天然避难所。2008年6月5日,据印度亚洲通讯社报道,印度非政府组织阿兰亚科(Aaranyak)总干事塔卢克达尔(Bibhab Kumar Talukdar)透露,印度东北部各邦的森林覆盖率已从20年前的84%减少到目前的64%,[1] 但仍然远远高于印度群体大多数地区的森林覆盖率,加之分离组织武装普遍应用灵活的游击战术和恐怖袭击手段,使得印军的围剿行动难以奏效,也导致当地人对政府军的支持非常谨慎。对于印军来说,这种地形既不便于机械化部队的运用,也不利于在采取军事行动时对敌手的包抄合围,甚至连后勤补给也常常成为问题。为了改变在这些地区的困境,印度军方不得不利用赫赫有名的赞斯卡矮种马和牦牛运送补给。此外,丰富的森林和矿产资源也成为当地民族分离势力提供活动经费的"金库"。

此外,印度东北部地区与尼泊尔、不丹、中国、缅甸和孟加拉国接壤,边界地区多为人迹罕至的山地,极大地便利了民族分离武装势力跨国穿梭,甚至在邻国安营扎寨,设立训练基地。同时,长期以来许多民族跨国而居,强烈的民族认同使得他们乐于庇护前来避难的同胞。在印度东北部的相邻国家中,不丹国小力弱,往往难以使用武力驱逐这些外来武装势力;尼泊尔国内长期政治局势动荡,武力治理边境地区;缅甸则一直无法根本解决其国内诸多民族分离主义武装势力问题。这些因素无疑使得印度东北部民族分离武装势力常常处于"三不管"的自由状态之中。最后,锡金邦与孟加拉国之间宽约21公里的狭长地带即西里古里走廊,是印度连接其东北部的陆上通道,也是印度国土的咽喉要地。长期以来,这条纤细的

---

[1] "印度东北部地区森林面积锐减",江苏林业网,2008年11月12日。

"鸡脖子"维系着东北部地区与印度其他各邦之间的脆弱联系,使得印度中央政府和军队常常感到力不从心。

第二,经济上的相对落后导致社会动荡、民众不满。

经济上的贫困往往是造成社会动荡的重要原因,印度东北部地区民族分离运动的猖獗和该地区经济落后密切相关。

在英国殖民统治时期,这一地区的石油、茶叶等经济资源被大量输出到印度其他地区或国外。这种经历使得东北部各个族群的民众普遍认为他们受到了英国殖民者和印度资产阶级的双重剥削。独立以后的相当长一段时期内,印度经济增长缓慢,很少顾及东北部地区的基础设施建设和社会经济发展,政策上的忽视造成了这样的结果——虽然印度东北部地区的石油、天然气、各类矿藏、森林和旅游资源非常丰富,但是直到现在这一地区仍然是印度最贫困的地区之一,无论是社会经济发展指标、基础设施建设状况还是人均收入水平,都远远落后于印度的其他地区。刀耕火种在印度东北地区相当普遍,工业化水平很低,第二产业只占全地区生产总值的11%—16%。[1] 印度东北部地区长期经济发展滞后,导致严重的失业、贫困问题并由此诱发社会动荡。东北部人民对印度中央政府丧失信心,他们要求自己掌握经济命脉,甚至要求争取民族独立。

其次,来自外部的经济援助客观上助长了东北部分离主义势力的气焰。慈善资金被盗用并沦为分离主义、恐怖主义活动资金,已经引起了国内外学界的关注和各国政府的重视。[2] 国外捐给印度东北部基督教教堂、教会的慈善资金是分离主义势力的重要经济来源之一。这些资金的流入和去向往往缺乏政府有序监管,极易流入恐怖组织手中。如1970—1997年间,印度基督教教会接受国外的四笔捐款合计172亿卢比,其中东北部地区获得120.4亿卢比,最后相当数量的资金落入米佐民族阵线、那加民族委员会等分裂势力手中。[3] 最后,当地社会秩序动荡,地方政府管理混乱,为众多民族分离势力提供了良好的生存空间。这些组织常常敲诈勒索、贩卖军火、走私毒品、盗卖木材,从而为其反叛活动获取较为充足的资金。

---

[1] Chandra Bhushan, *Terrorism and Separation in North-East India*, Kalpaz Publication, 2004, pp. 208 – 209.

[2] 参见肖宪、刘军:"恐怖资金来源问题研究",《现代国际关系》2008年第11期。

[3] Chandra Bhushan, *Terrorism and Separation in North-East India*, Kalpaz Publication, 2004, pp. 157 – 158.

第三，政治上的多种因素在一定程度上助长了分离势力的气焰。

政治因素在印度东北部地区恐怖主义猖獗问题上的主要体现为印度政府对东北部地区的政策存在问题，包括中央政府的重视不够、政策失误与地方政府的低效和贪腐。

东北部地区行政区划的演变，即是印度相关政策失误所带来的后果之一。历史上，东北部地区存在着数个相对独立的土邦，甚至在英国殖民时期也未直接受英国统治者的管辖，在行政上也不属于英属印度殖民地政府。印度独立后，这些土邦才通过和平谈判、签署协议等方式并入印度版图。因此，这些地区与印度其他地区在民族、宗教和社会结构上存在着先天的巨大差异。问题是，当这些土邦在20世纪50年代并入印度时，印度中央政府将这个地区划分为"三类地区"（Part C）。当地人认为这样的划分意味着不平等对待，在很大程度上伤害了当地人的感情。此后数十年间，印度中央政府对东北部地区不够重视、处置失当。20世纪50—80年代末期的近40年时间里，印度中央政府对该地区民族分离主义问题明显重视不够，尤其是对当地百姓求发展、保安全的诉求重视不够。印度前国防部长贾斯万特·辛格坦言："印度的叛乱不管发生在什么地方，总是由于政治领导人一开始对形势处理不当引发的。"[1] 同时，印度政府在使用军事力量处理东北部民族分离问题时有策略上的重大失误。前往东北部平叛的印军常常滥用职权，伤及无辜百姓。印度国会于1958年9月11日通过的《武装力量特权法》（Armed Forces Special Powers Act, AFSPA）就授权武装部队可先发制人，无需经由中央或地方政府许可即可逮捕嫌犯甚至当场枪决。20世纪80年代该法案在曼尼普尔邦实施之后，印度中央政府认为该法案的实施效果不错，于2001年7月14日宣布该法案适用于那加人居住的所有地区。结果，获得"尚方宝剑"的印军即刻滥用职权，伤及无辜，激起了当地百姓的愤慨。2004年7月10日，当地妇女桑贾姆·玛诺拉玛（Thangjam Manorama）被阿萨姆步枪队羁押，遭强暴后丧命。这一事件的发生，导致当地群众群情激奋，一些民族分离势力乘机煽风点火，引发了一直持续至当年10月底的大骚乱，曼尼普尔邦议会大厦被焚烧，许多政府办公室受到冲击，最后甚至发展到工厂罢工、商人罢市、政府关门、

---

[1] "India concerned by arms reaching northeast states militantsvia Bangladesh", *Telegraph*, 9 May, 2001.

交通中断的程度。当地人权组织表示:"虽然叛乱分子给我们带来了一定的麻烦,但是比起这项允许士兵为所欲为的法律来说,我们更愿意接受前者。"① 最后,在曼莫汉·辛格总理许诺将终止实施"武装力量特权法"的情况下,当地社会秩序才逐渐得到恢复。

印度东北部地区地方政府的低效和贪腐,也是当地民族问题至今仍然无法得到有效解决的重要原因。民族分离武装势力神出鬼没、手段残忍,导致东北部地方官员常常不求有功、但求无过,对于这些势力的非法活动睁一只眼闭一只眼。甚至,一些地方政党、个人为了在竞选中胜出,也借用这些势力来打击对手,在上台以后给予这些势力一定程度上的政治庇护。如此一来,"官匪勾结",是非不分,民族分离势力愈加肆无忌惮。此外,印度是世界上腐败现象最为盛行的国家之一,长期处于混乱状态之中的东北部尤其如此。反腐专家瑞吉(Alexandra Wrage)表示,印度的腐败主要由最基层的大量小额钱款往来构成,但更高级别的政府官员不太愿意收受贿赂。② 腐败的盛行致使印度中央政府的拨款被挪用、贪污甚至流入分离组织之手,导致政府形象全无,当地百姓对于中央政府的离心倾向日益严重。

第四,民族和宗教的多样化使得民众认同难度加大。

印度被称为世界民族与宗教的博物馆,多民族、多宗教在给印度带来丰富多彩的文化的同时也带来了民族、宗教间的突出矛盾,印度东北部地区此起彼伏的民族分离运动即与印度复杂的民族、宗教情势有着密切的联系。

就民族矛盾而言,印度东北部地区的民族矛盾可分为邦内主体族群与少数族群之间的矛盾、不同少数族群之间的矛盾及邦内诸族群群体与外来移民之间的矛盾三种,并且这三种类型的矛盾常常是相互交织的。

主体族群与少数族群间矛盾以曼尼普尔邦较为突出,曼尼普尔邦内主体族群是梅泰人,而该邦的山区部落多属于表列部落。按照印度宪法,这些表列部落在就业、税收等方面享有一定的政策优惠。这种优惠引发了主体族群梅泰人的不满。双方各执一词、互不相让,而源自国家宪法的矛盾

---

① "印民间组织因不满政府滥用反恐法律封锁一中央直辖区",《解放军报》2004 年 9 月 21 日。
② "印度的腐败跟中国有何不同?",《华尔街日报》2010 年 8 月 7 日。

也一直无法得到有效缓解。

不同少数族群之间的冲突,具有代表性的是曼尼普尔邦内那加人和库基人之间的矛盾。在英国殖民统治时期分而治之政策之下,受到英国殖民者怂恿和支持的库基人曾经掠夺那加人的牲畜和其他财物,双方由此留下历史积怨。印度独立之后,双方又由于对土地、森林等有限资源的争夺而产生新的矛盾,事态发展到双方都动用武力。迄今为止,双方的矛盾仍然没有解决。

外来移民与东北部本地族群之间的矛盾,主要表现为孟加拉国穆斯林移民与当地诸族群群体之间的矛盾。大批孟加拉国穆斯林移民的到来,产生了深远的政治、经济和宗教文化影响。[①] 就政治角度而言,大批孟加拉国移民的到来,导致当地不同族群之间人口结构迅速变化,本地诸民族的政治利益由此受到严重冲击。就经济维度而言,关于土地、森林等自然资源的争夺日趋激烈,同时原来就很不乐观的就业形势在穆斯林移民到来之后变得更加不利于本地就业人口。此外,总人口的迅速增加也导致物价上涨、生活开支增大。从宗教文化角度而言,穆斯林移民的到来,导致当地人口的宗教信仰结构急剧变化,本土传统文化受到巨大冲击,社会文化生活呈现日益多元化的景象。

就宗教纷争而言,印度东北部的主要问题表现为东北部大量基督教徒与其他宗教信徒之间的矛盾,就潜在的问题而言,东北部伊斯兰教激进势力的发展及其影响值得重视。在东北部地区集中了印度44%的基督教徒,那加兰邦和米佐拉姆邦大部分人口是基督教徒。到2004年,那加兰邦大约有95%的人口是基督教教徒。宗教分歧是导致印巴分治的重要原因,而印度东北部险些就出现独立的基督教国家。英国殖民时期,在英国传教士的作用下,许多部落集体皈依基督教。在印度独立前夕,阿萨姆邦的行政长官曾建议英国人将那加人居住的地区从印度分离出去,仍由英国政府管理。后该计划破灭,但信仰基督教的那加人曾经长期争取独立建国或者建邦。时至今日,单纯就宗教信仰而言,东北部的基督教徒对以基督教信仰为主体的西方世界和西方人更为亲近,而对差异明显的印度教徒和穆斯林则始终保持距离和戒备心理。

可见,印度东北地区民族分离主义运动大多与殖民历史、地理隔绝、

---

① 参见宋海啸:"印度东北地区的移民问题",《世界民族》2010年第1期。

政治忽视、经济落后、民族宗教矛盾等交织在一起，导致了印度东北地区局势的长期动荡，造成了大量的人员伤亡和财产损失。

三、印度政府的对策

进入21世纪以来，历经长期动荡的印度东北地区民心思定，印度中央政府也痛定思痛，开始重视东北部问题并且调整其相关政策。尤其值得注意的是，2004年国大党重新掌权之后，印度中央政府对东北部的态度和政策发生了较为明显的转变。2004年9月10—11日在阿萨姆邦举办的一次高级研讨会上，来自印度各界的精英围绕会议主题"面向新的亚洲：印度东北部与跨国主义"，从政治、经济、外交和战略等多个角度集中探讨了相关问题。[①] 11月20日，时任印度总理的曼莫汉·辛格一改中央政府官员长期对东北部敬而远之的做法，亲自到阿萨姆邦进行了视察。在这次考察中，曼莫汉·辛格表示，东北部是印度"通往东盟的门户"，同时还是印度加强其与东盟和孟—印—缅—斯—泰经济合作组织（BIMST-EC）扩大合作的关键因素之一。他希望东北部成为促进印度与相关国家沟通与交流的前沿，并因此获得和平与富裕。[②]

考察印度政府的东北部政策，有几个方面引人注意。第一，政治先导，突出东北部的战略地位。在联邦体制框架内建立语言邦，给予主要部族充分的自治权；发挥议会民主制的调解功能，增强邦级政权的合法性和政治权威。考虑到东北地区的复杂情况，印度政府也同意灵活变通，在维护印度完整统一的前提下建立语言邦。根据这个原则，从阿萨姆邦先后划分出那加兰邦、梅加拉亚邦和米佐拉姆邦。语言邦的建立是印度解决民族分离运动的一个独创，在一定程度上缓解了中央政府与反叛部族之间的紧张关系。印度的议会民主制度同多数第三世界国家相比，显得较为成熟和稳固。考虑到印度多民族、多宗教、多语言、多种姓并存的社会现实，这种稳固更是难能可贵。有学者指出：印度实行的联邦体制和多党制的政治体制，可以在一定程度上把各种民族、宗教、种姓利益代表集团纳入其内，议会是调解、缓冲他们彼此利益矛盾的重要场所。印度政府和学界也

---

① "Northeast Progress Linked to East Asia", *Assam Tribune*, September 11, 2004.
② "Northeast India's Gateway to ASEAN: PM", *Times of India*, November 23, 2004.

普遍把议会民主制看成应对极端分裂势力的"解毒剂"。在东北地区推广选举制，扩大邦议会的代表性，把投降的反叛武装纳入到选举政治中来，是印度政府的一个重要策略。这一政策在米佐拉姆邦取得了成功，1998年和2003年米佐国民阵线赢得邦大选胜利，佐拉姆桑加两次出任该邦首席部长。不过在2008年该邦大选中，米佐国民阵线惨败，国大党胜出。

2004年国大党联合政府一上台就明确表示要把发展经济作为其工作重点，还出台了发展经济和提高政府效率的《国大党领导的统一进步联盟的最低共同纲领》。这份《最低共同纲领》强调为实现经济发展目标，要打击一切企图扰乱社会安宁与和平的蒙昧主义和原教旨主义。这就改变了人民党政府刺激并利用民族、宗教矛盾的做法，转而以经济建设为重。曼莫汉·辛格作为印度的"经济改革之父"，一贯强调经济合作对印度国内经济发展的重要性。现在以总理的身份，他可以以更大的力度和步伐推进经济改革进程。东北部作为印度距离东亚和东南亚最近与历史联系最紧密的地区，其天然拥有的战略地位首先得到了政府的重视。另外，曼莫汉·辛格还是阿萨姆邦选区的议员，以这个身份他自然会对东北部投以更多的关注。此外，在印度加大"向东看"战略实施力度、急于与东盟促进经济一体化的背景下，其东北部地区对于中央政府来说就不再只是一个需要年复一年给予高额财政补贴的地区了，中央政府希望这个地区能在印度与东盟直至中国和东亚各国形成世界上最大的自由贸易区中发挥无可替代的桥梁和纽带作用。无怪乎印度有人士提出，印度的"向东看"必须通过东北部。[①]

第二，经济搭台，推进东北部经济发展。印度中央政府对该地区的发展给予了不少优惠政策，印度全国发展委员会（NDC）在资金划拨上向东北地区倾斜，每年给东北地区的资金援助占全国的30%，仅1999—2000财政年，印度政府就为开发东北地区投入资金28.77亿美元。在印度，普通邦从中央获得的发展资金70%为贷款，30%为赠送款但东北地区是"特殊邦"，它们所接受的援助资金90%是赠款。从20世纪70年代中期开始，那加兰邦和米佐拉姆邦就成了国家发展资金的两个最大接受邦。中央政府在1996年出台了"看东北"政策，要求各部将年度预算资金的10%定向投入东北地区。为改善该地区的交通状况，1997年印度政府宣布，向东北

---

① Sanjib Baruah, "Look East, But via the Northeast", *Indian Express*, December 12, 2003.

地区提供 610 亿卢比的经济援助；2004 年 12 月，曼莫汉·辛格总理在视察印度东北地区时，宣布向阿萨姆邦提供 24 亿卢比用于基础设施，向曼尼普尔邦提供 277 亿卢比的援助。

第三，在军事上打压分离势力，配合其他措施的推进。在对分离武装采取物理行动时，印度政府严格限制军队的武器装备、行动和打击目标。印度在打击东北地区部族分离主义武装叛乱时，一般不使用飞机、坦克、重炮、重机枪等重型武器。至于军队的规模，为了有效应对叛乱武装"打了就跑"的战术，印度政府军的行动和打击目标一般遵循两个原则：行动上保证有效的机动性，保证足够的威慑力；严格区分打击目标，主要打击叛乱武装营地和军火库，歼灭叛乱分子，对平民和民用目标则有严格的禁令，防止军队报复性地滥杀无辜。印度政府对军事打击叛乱武装进行限制主要出于以下考虑：军事打击只是为了实现秩序和稳定，迫使叛乱武装进行谈判；印度军队的布防重心在西线，无力在东北地区长期采取大规模行动；东北地区复杂的地理条件客观上限制了军队的大规模行动；担心大规模武装镇压会引发国际上批评其"侵犯人权"。

第四，外交铺垫，助推东北部转型。印度东北部与中国、不丹、孟加拉国和缅甸等国接壤，历史上就有密切的人员往来和经济文化交流。但现在这个地区普遍存在的跨境恐怖活动影响了印度与这些周边国家，特别是与不丹、孟加拉国和缅甸的关系。长期以来，印度和这几个国家都相互指责对方庇护了本国的分离势力，并利用其领土从事分离活动。然而，这几个国家在近一年来都表现出愿与印度合作，积极打击跨境犯罪活动的姿态。

印度中央政府对东北部政策的调整，是对东北部长期强烈呼吁的一个积极回应。由于印度国内政治的复杂性，这次出台的新政策在执行和深化过程中将会遇到诸多阻碍。但从长远看，印度中央政府已经认识到东北部地区在地区合作中所具有的优势，同时也愿意借鉴中国和东盟各国利用开放的边疆地区促进与周边国家的贸易和经济合作的成功经验。印度认识到东北部转型的意义在于促使该地区成为今后整个南亚地区与东南亚和东亚国际合作的前沿阵地，东北部地区的转型指日可待。

第二节 印度民族发展的不平衡——以表列群体和其他落后阶级为例

印度独立之后，表列种姓和表列部落一直是一个非常引人注目的社会现象。在印度独立后颁布的第一部宪法中就明文规定，"在印度领土上，国家不得拒绝给予任何人法律上之平等，或法律上之平等保护。（第14条）"，"国家不得仅根据宗教、人种、世袭阶级（Caste，今译作种姓）、性别、出生地或其中之任何一项之理由，对任何公民有所歧视。（第15条第一款）"。特别是在第17条中对印度延续上千年的一个社会现象作出明确规定，宣布"废除贱民制（Untouchability，或译作不可接触制），并禁止在任何方式下实行'贱民制'；任何由于'贱民制'而产生剥夺人之能力情事，为罪行，应依法处罚"。[1] 国外有学者高度评价这些法律条文的积极意义，称其从立法的角度确立"把一个封建的等级社会改造成为一个平等的社会"，[2] 并上升到国家发展重要战略目标的高度。

但是在另一方面，印度社会中还存在着大量特殊的社会阶层，他们的社会发展水平、社会地位与其他的社会阶层相比，有着明显的不同，现任印度总理曼莫汉·辛格在2006年的一次讲话中这样提到："在我们的社会，达利特（表列种姓的自称）一直面临特别的歧视，这与通常所说的少数族群的问题完全不同。不可接触制不仅是一种社会歧视，也是人类社会的一个污点。"[3] 事实上，印度不仅存在表列种姓，还有一个数量也十分巨大的表列部落，并一直存在着与之相匹配（适应）的一种特别的制度。

与此同时，印度还存在一个以"阶级"（Class）为名称的群体——"其他落后阶级"（Other Backward Classes，简称OBC），在这个群体中，包

---

[1] 所有引用条文引自郭登皞等译：《印度宪法》，世界知识出版社1951年版，第5—6页，并参照英文本原文。

[2] ［美］路易斯·亨金、阿尔伯特·罗森塔尔编，郑戈等译：《宪法与权利：美国宪法的域外影响》，生活·读书·新知三联书店1996年版，第118页。

[3] "Untouchability is a blot on humanity, says Manmohan", *The Hindu*, Dec. 28, 2006.

括一部分前面提到的表列群体成员,还包括一些按照宗教或社会发展水平划定的群体,在1950年颁布的宪法第340条第一款中就有这样的表述:"总统得以命令指派总统认为适当之人选组成一委员会以调查印度境内在社会上与教育上落后阶级之情况。"① 很显然,在这里,所谓落后主要的标志就是社会地位和教育水平低于其他群体的水平。按照1953年成立的第一个委员会[其主席是卡卡·卡勒卡尔(Kaka Kalekar)]提出的名单,当时共有2399个群体被列在落后阶级的行列,其中837个被称为最落后的阶级,② 之后在此基础上产生了"其他落后阶级"的名称。围绕着对这一阶级的社会改造和提升问题,一直存在着非常复杂的权利和利益博弈,有时甚至导致大规模的社会动荡。

表列制度和落后阶级话题在印度具有一定的敏感性。虽然对这些问题进行研究的印度本土学者有不少,但是有许多人将其作为种姓制度、部落问题或社会发展问题中的一个组成部分来进行分析,一些专门研究表列群体现象的学者往往倾向于仅描述数据与现象,对落后阶级的研究也存在同样的现象。倒是国外的学者往往在评判这种社会现象所反映的发展不平衡和社会不平等特性时更加直言不讳。③

一、表列群体和其他落后阶级的成因

考察印度表列种姓与表列部落的历史,我们发现这一称谓的出现和正式使用只有百年左右的时间,但其却有着长达数千年的历史渊源。作为一种社会现象,表列群体很早就出现了;但是作为一种社会制度,特别是作为被政府正式认可的制度,表列群体却是因社会公平保障制度的建立而确定的。

早在1850年,正热衷于建立在印度的殖民统治的英国人就发现这里广

---

① 条文引自郭登皞等译:《印度宪法》,世界知识出版社1951年版,第119页。
② 参看[德]德特马尔·罗德蒙德,贾宏亮译:《印度真相》,中国铁道出版社2010年版,第186—187页。
③ 例如印度学者撰写的《表列种姓》(The Scheduled Castes)、《表列部落》(The Schedule Tribes)、《印度种姓与部落百科全书》(Encyclopaedia of Castes and Tribes in India)等著作都具有长于描述、分析单薄的特点,专门分析落后阶级的著作很少见。而巴基斯坦、美国以及一些欧洲的学者发表了相当数量的带批判性的分析文章。

泛存在着数量巨大的社会群体，根据他们的社会状况，英国人称其为"下层阶级"（Depressed Classes）。在确立了对印度次大陆的统治之后，1874年英印政府通过《表列地区法案（Scheduled Districts Act）》，将阿萨姆、孟加拉等地区宣布为所谓"表列地区"，并在这些地区实施特殊的政策，这是官方使用表列（Scheduled）这一称谓的开始。此后，为缓解严重的不公正造成的社会对立和动荡，英印殖民当局实施了一些旨在帮助社会底层人群提升地位的政策，特别是在教育、就业等领域对一些特殊人群的成员采取倾斜性优惠。英印政府1919年颁布文件，将一批处于社会最低层的群体按其名称公示，并将其划入需要特殊照顾的行列。1935年，殖民当局在《印度政府法案》中设计出台了对表列群体实施照顾的政策，即在教育、就业等方面为列入表中的特殊群体预留一定的席位［正式的称呼是保留制度（Reservation）］。这个官方文件中出现了表列种姓（Scheduled Castes）的称谓，并对其作出下列界定：特指"那些由英王陛下任命的委员会所列举的种姓、种族、部落，或者是种姓、种族和部落中的某些部分，他们皆应属于被划分的'下层阶级'之一部分"。[①] 在1936年公布的印度政府《表列种姓法案》中第一次公布了一份表列名单。1871年，印度进行了第一次人口普查，种姓制度和部落的广泛存在引起了有关当局和许多人类学、社会学者的关注。1872年，M. A. 谢尔陵（M. A. Sherring）发表了他的三卷本著作《印度教部落和种姓》，对各种复杂的社会现象进行了描述，此后又有许多同类的著作出版。

　　但是在英印时期，尚没有表列种姓与部落的明确而详细的划分，甚至种姓和部落的界限也常常混淆使用。例如1931年人口普查时一些部落就被称为"土著"（Animists），1941年人口普查时改称为"部落原住民"（Tribal Origin），与此前公布的"落后部落"（Backward Tribes）混用。[②] 1937年正式实施的保留制度也仅仅具有初步的规模，在很多方面还模糊不清。因此，很难确认这时的表列种姓与表列部落已是一个定型的、制度性的正式称谓，表列制度也处于非常不完善的状态。

---

　　① 参看 Scheduled Castes and Scheduled Tribes, http://en.wikipeadia.org/wiki/Scheduled_castes_and_scheduled_tribes.
　　② Joseph W. Elder, "Scheduled Tribe", in Stanley Wolpert, ed., Encyclopedia of India, Farmington: Thomson Gale, 2006, p. 16.

在印度独立之前，存在一种针对处于社会最底层人们的、带有明显歧视色彩的称呼，即不可接触者或贱民（Untouchable）；对那些居住于山区和边缘地区的处于落后状态的群体，则有另外一些称谓如"原始部落"、"野蛮部落"（Wild Tribes）、"山民部落"（Hill Tribes）等。1947年印度独立之后正式开始了宪法制定工作，在1950年通过并颁布的首部印度共和国宪法中，宣布"不可接触制"为非法并废除了上述称谓，表列种姓和表列部落被确定为对印度一批社会群体的正式的、带有法律效力的称谓，这种法律意义上的称谓一直沿用至今。

在1950年公布的《印度宪法》中，关于表列群体（这个称谓在本书中专指表列种姓和表列部落两个部分）的内容主要集中在第16编中，其题目为"关于少数民族之特殊规定"，而在2004年英文版中，准确的翻译似乎应该是"关于特定阶级（或阶层）的特殊条款 Special Provisions Relating to Certain Classes"，与开初版本的翻译相比，"特定阶级"更为中性。在这部宪法中，表列种姓（Scheduled Castes, SCs）和表列部落（Scheduled Tribes, STs）正式区分开并确定下来。从文字的表述上看，对表列种姓和表列部落的解释是非常中性的，即经国会核准，由印度总统批准、政府公告确认的、用官方文表列出的特指群体。这些群体的成员可以享受专门针对他们制定的特殊政策，只有国会有权决定是否撤销某些群体的这种资格。

在印度宪法第366条第二十四、二十五款中对这两个群体的概念又做了进一步的解释："表列种姓指那些被视为符合宪法第341条所规定之种姓、种族或部落，以及这些种姓、种族和部落中的群体。""表列部落指那些被认为符合宪法第342条规定之部落或部落社群，以及部落和部落社群中的群体。"① 很显然，对表列群体的认定与发展水平的滞后以及对这些群体社会地位的提升密不可分。而从法律的角度看，表列群体因社会公平保障理念和政策的确立（主要反映为保留制度）而确立，其地位也得到国家法律特别是宪法的保证。

虽然对表列种姓和表列部落称谓的确定时间并不长，但是作为一种社会现象，它已在印度延续了数千年。

---

① 参看 The Constitution of India, 2004, Part XVI, Article 341, 342. P. 133; Article 366 (24), (25), p. 146。

在种姓制发展初期，印度社会被划分为四个由高而低的等级集团：婆罗门、刹帝利、吠舍、首陀罗。到后期吠陀时代（始于公元前8世纪），至迟从孔雀王朝时期（公元纪年前后）开始，在四大种姓之外，还存在一个人数众多的社会阶层，旃陀（荼）罗（Candala）就是这类群体最早的称谓之一。① 中国古代西去取经的僧人详细地记载下了当时这一群体的社会状况，"旃荼罗名为恶人，与别人居，若入城市则击木以自异。人则识而避之，不相搪。国中不养猪鸡，不卖生口，市无屠店及沽酒者，货易则用贝齿。唯旃荼罗，渔猎师卖肉耳。"② 一些学者他们为第五种姓。

伴随着印度社会的发展，最初的四大种姓开始分化衍生出数量众多的亚种姓，相应的被排除在四大种族之外的群体也在增加，逐渐形成一个"贱民"阶层，有学者将农业经济的发展、部落成员间的阶级分化、种姓社会的进一步分化和职业不断增多，以及统治阶级的提倡和鼓励列为与贱民阶层扩大相关的要素。③ 除了这些社会经济与政治因素外，文化因素特别是印度教宗教观念和行为准则也为贱民的产生和延续提供了理论与实践基础。

印度教有三个最为引人注目的特点：一是主张人的生来不平等，在其经典《梨俱吠陀》中宣称，社会四大种姓之源在于他们分别由造物神普鲁沙身上的四个部分构成，即婆罗门生于神之口，萨帝利生于神之肩臂，吠舍生于神之腹，首陀罗生于神之脚。同时还规定了各种姓在社会地位上的排序，各个种姓不仅地位依次排列，而且各自必须遵守的行为规范也存在差异，不得逾越。印度教规定任何人都必须在自己的一生中严格实践法即达摩，只有这样才可能在生命的下一个轮回中保住或提升自己的社会等级地位，最终到达涅槃的最高境界。二是印度教宣扬"洁"与"不净"的观念，将职业、生活习俗划分为洁与不净的部分，不同的人群因出身、职业以及行为被分为纯洁与不净的群体。三是每个种姓成员都必须严格遵守自己所属种姓的行为规范，这是他的群体身份得到确认并与同一群体成员保

---

① 关于印度种姓制的系统介绍与分析，参看前面"种姓制度的演变与印度民族"一节的内容。
② 《高僧法显传·大正五一》，章巽：《法显传校注》，上海古籍出版社1985年版，第54页。在《大唐西域记》等其他古籍中也有相似记载。
③ 尚会鹏：《种姓与印度教社会》，北京大学出版社2001年版，第69—70页。

持关系的最重要条件，违反者将会面临被逐出群体的危险，一旦这样的事发生，他就堕入社会的最底层，而且后代也会受到牵连而难以翻身。贱民本身的起源被看作上述几个条件起作用的结果，有一些学者在分析贱民阶层产生的根源时指出，"他们可能是南印度人来到印度次大陆以前的住民，也可能是罪犯，也可能是犯了事的战俘甚或是不理解种姓制度限制而进行的跨种姓婚姻及其后人"。[1] 他们不但自身处于肮脏的地位，而且有通过直接或间接的接触"污染"他人的危险，从而被严格与其他种姓的人们隔开，成为"不可接触者"。

印度政府的文件中指出，"种姓"不能等同于"种族"，或被表达为"血统"。[2] 这就意味着划分种姓的关键并不仅仅是血统，这无疑是正确的；但部落的划分和确认则与血统以及世居地有着极为密切的关系。与种姓这种社会现象相比，印度部落出现的时间更早，因为早在雅利安人进入印度次大陆以前，这里就有古代居民居住，而且已经发生过多次其他地区人群的迁入。长期以来，人们习惯于把印度人划分为土著居民和外来居民两大部分，前者主要指以达罗毗荼人为代表的被征服民族，他们构成了首陀罗（也有人认为不可接触者亦有达罗毗荼人血统）。但是早在英国殖民统治时期就有人注意到，除了上述土著居民和外来居民外，还有相当数量的人群，或者更准确地说，在土著居民中还有相当数量的部落民，他们与达罗毗荼人没有直接的血缘传承关系，也没有被外来民族所征服，世代生活在山区和丛林地区，在生活方式和语言上一直保持自己的特点。[3] 公元前 2000 年左右发生的雅利安人迁入，在进行人种融合的同时，也将大批原住民从他们原先的家园驱逐到山区、森林和与世隔绝的地区，相比于其他人群，这些部落长期处于相对封闭的状态，保留着许多原始遗风，社会形态变化缓慢，很多人至今仍从事采集、狩猎和渔猎、游牧或以刀耕火种为特点的生产活动，所以常常被冠以"野蛮"、"落后"

---

[1] 贱民词条，http//www.wiki.cn/ wiki /% E8% B4% B1%/ E6% B0% 91。

[2] *Periodic Report of the Republic of India*, see India Hidden Apartheid, Caste Discrimination against India's "Untouchables" shadow Report to the UN Committee on the Elimination of Racial Discrimination. Center for Human Rights and Global Justice, School of Law, New York University, Feb. 2007, p. 22.

[3] Horatio Bickertaffe Rowney, *The Wild Tribes of India*, First Published 1882, Reprinted 1990, Delhi: Law Price Publications, p. X.

之类的称呼。在文化上，虽然其中也有相当数量的成员信仰印度教，但还有很多部落依然保留着自己传统的宗教信仰和风俗，就是那些已经皈依了印度教的群体，有部分成员也并不严格遵守印度教的规定，例如不少人就把肉类作为食物，因此在一般的印度教徒眼里，山地部落与不可接触者没有什么区别，也是不洁的群体。① 正是这些久已居住于印度次大陆的、拥有自己传统文化或保留了许多传统文化的部落，构成了今天印度表列部落的主体。

显然，产生表列种姓和表列部落的因素是多方面的，有一些因素是二者共有的，一些看似共有的因素实际上也不尽相同，还有一些因素又是各自独有的。

第一，印度教社会严格的等级制度将表列种姓和表列部落置于社会的最底层，并将其与其他社会阶层分割开，从这个意义上讲，贱民或不可接触者成了表列种姓和表列部落的通称，这里表现出基本的相同特征。

第二，出生或血缘是表列制度的重要历史成因。但是，由于种姓制度形成本身就存在血缘的因素，② 就表列种姓而言，非血源性的"卑"和"恶"反倒成为他们受歧视的主因，因违反达摩的行为而卑，因从事不洁的职业和不洁的生活方式而恶，哪怕是那些出生婆罗门等高种姓的成员，只要有了不可宽恕的恶行，也会使自己和后代堕入无法摆脱的社会最底层。而对于表列部落而言，血缘之"异"是他们被排除于主流社会之外的原因。在表列部落中，没有一个的祖先可明确追溯为雅利安人，相反，他们一直被称为山区（山地）部落、森林部落、原始居民甚至野人部落等，皮肤的颜色以及身体的特征是他们与其他人区别开来的最明显的外部标志，这里表现出相同而又相异的特征。

第三，表列种姓们与其他种姓共处同一城镇和乡村（当然要保持必要的距离），说相同或相近的语言，但在社会生活上受到严格的限制，与其他种姓"咫尺天涯"。他们与其他种姓共同构成一个社会体系，成为种姓制不可分割的组成部分。换个角度说，印度教（包括教义教规以及附属于

---

① *The New Encyclopaedia Britannica*, Micropaedia, Reference and Index, 15th Edition, 1980, Untouchable 词条。

② 按照多数种姓制度研究者的观点，印度这一制度的最早起源与雅利安人对土著居民的征服有关，种姓最初的称呼瓦尔纳就有肤色的含义，征服者雅利安人构成前三个种姓，被征服的土著人成为首陀罗。

其上的行为规范）成为表列种姓与其他种姓的连接点和区分点。表列部落一般居住在自己世代居住或长期居住的特定区域，常不与其他种姓混居，由于这些地区多为边远落后地区，很少有其他人进入，因此也被称为部落地区。虽然在一般印度人眼中，他们与贱民种姓无什么差别，但很多时候这些部落的社会经济文化生活是相对独立于种姓制度之外的，远不如表列种姓与主流社会联系得那么密切，在这里表现出不同的特征。

在任何时代和任何社会中，社会阶层都是分层的，从这个意义上看，落后阶级几乎是与人类社会同步产生的。不过在印度，这个称呼有特殊的含义。在长期历史中，印度的社会分层主要依据其出身、职业以及所属社群集团的地位来确认，经济地位所起到的作用远没有今天这样重要。英国人将印度纳入近代殖民系统之后，也相应使用了依据社会政治、经济以及社会发展状况来进行社会阶层划分的标准，因此出现了上层、富裕、强势与下层、贫穷、弱势之分，前面提到的下层阶级实际上就包括了所谓的落后阶级。印度独立之后，消除社会不平等成为政府的一项重要任务，高层人士和一些学者都注意到，除了表列群体以外，还有另外一些群体也迫切需要政府特殊政策的照顾和扶持，因此"落后阶级"就成为一个正式的概念。1953年印度政府成立了专门委员会，对那些在教育和社会发展水平上明显处于落后状况的群体进行调查，按照"其他落后阶级全国委员会"公布的正式文件的定义，落后阶级指的是"那些除了表列种姓和表列部落以外的，由印度中央政府列表确认的落后公民组成的阶级"。其享受的主要利益是可以得到政府设定的保留席位。按照一些组织的说法，这些群体是指"地位和状况略好于表列群体，传统上遭受（社会）排斥的一些种姓。"[①]

与表列群体相比，落后阶级（其他落后阶级是其中最为落后的部分）所包括的范围要比表列群体更加宽泛，不仅有印度教群体，也有大量非印度教群体，同时又和宗教少数民族或语言少数民族部分重叠。

但无论是表列群体也好，落后阶级（其他落后阶级）也好，都与印度各地区和各群体发展不平衡有关，是历史原因和现实原因共同发生作用的结果。

---

① 参看 What is Other Backward Classes (or OBCs)?, http://mulnivasiorganiser.bamcef.org/?p=345。

二、表列群体与落后阶级的现实状况透析

1950年8月10日,依据宪法相关条款的规定,印度政府公布了印度历史上首批具有法律效应的表列种姓和表列部落名单,其中表列种姓共1108个,分布在25个邦(地区)。[1] 有744个部落为表列部落,分布在22个邦(地区)。[2] 在以后半个多世纪中,表列种姓和表列部落的情况发生了很大的变化,其现实状况呈现以下特点:

(一)表列种姓和表列部落的名称和数量处于变化之中,但其总数和在全国人口中的比例呈上升趋势,成为印度人口构成中的重要部分

印度政府结合实际情况的变化特别是人口普查提供的数据,曾多次颁布修正案,对表列种姓与表列部落的名称和数量变化进行修订和重新确认。如1964年官方公布的表列种姓为471个,与上次公布的相比,增减的数量达十余个(这与其他各次修正案颁布时的情况大致相同)。1990年首次将佛教徒列入表列种姓的行列。[3] 2002年这个数目增加到1109个,其中502个为新增的。同年从列表中去除的只有33个群体。[4] 1961年表列部落的数量约为450个,[5] 1976年列举的表列部落数额增至550个,[6] 1981年人口普查时又增加了179个部落。[7] 最新的统计数据表明至少有753个表列部落名列官方的文件之中。[8]

在接触表列种姓和表列部落的统计资料时,人们会感到非常困惑,因

---

[1] 这一法案全文见 http://Lawmin.nic.in/ld/subord/rule3a.htm。
[2] 参看 Scheduled Castes and Scheduled Tribes, http://en.Wikipedia.org/wiki/Scheduled_castes_and_scheduled_tribes。
[3] K. S. Singh, The Scheduled Castes, New Delhi: Oxford University Press, 1993, Second impression 2002, pp. 1, 2.
[4] Ministry of Minority Affairs, Report of the National Commission for Religious and Linguistic Minorities, 2007, p. 57.
[5] P. K. Mohanty, Encyclopaedia of Castes and Tribes in India, Delhi: Indian publishers Distributors, 2000, p. 1.
[6] [印] 弗吉尼厄斯·卡卡,安蕾译:"印度的民族自治要求与自治体系",引自王铁志、沙伯力编:《国际视野中的少数民族区域自治》,民族出版社2002年版,第349页。
[7] K. S. Singh, The Scheduled Tribes, New Delhi: Oxford University Press, 1994, p. 1.
[8] 参看 List of Scheduled Tribes, National Commission for Scheduled Tribes, 2011。

为常常会遇到数据不统一的现象，在不同的文件中其数量会有相当大的差别。造成这种现象的原因有：首先，印度政府一般按地区公布表列群体名单，但有很多表列部落、表列种姓是跨地区而居的，同一群体的重复出现会使表列群体的列举数量多于实际数量。其次，某一种姓或部落在不同的地区往往会有不同的称谓，如果将其看作不同的群体就可能使数量大大增加。有时某个大的种姓或部落会包含数个甚至数十个支系，如果将这些支系分别看作一个种姓或部落，也会使统计数据大大膨胀。最后，印度有关部门在统计时遵循的标准经常具有随意性，有时严格编号，有时又不进行编号；某个地区会出现一个大的名称下包括许多小的群体，而在另一个地区却分开统计。例如在2001年公布的关于表列部落的名单中，北方邦编号为16（16号还是一个重号），条目中共有57个群体名称，而特里普拉邦有19个群体，却没有一个编号。① 同样的情况比比皆是。因此，几乎无人能精确地说出表列种姓和表列部落的数据。所以一般的说法是，现在印度的表列种姓和表列部落数量分别在数百个。

虽然表列种姓和表列部落群体的人口总量在全国人口中处于少数，但其增幅超过全国人口增幅，其绝对数和在全国人口中的比例都呈上升趋势。以最近三次人口普查为例，1981年人口统计时，印度全国人口为65930万，表列种姓为10426万，占15.81%，表列部落为5163万，占7.83%。到1991年，印度全国的人口增长到84400万，表列种姓为13656万，比例上升为16.73%，而表列部落为6776万，比例上升为8.1%。2001年普查数据表明，印度人口为102873万，表列种姓为16663万，比例16.2%，表列部落为8432万，比例为8.2%。② 现在，印度表列种姓和表列部落的总人口已经超过2.5亿，占全国人口的比例接近25%。仅就表列群体的净人口数量而言，在当今世界，也只有少数几个国家拥有如此庞大的人口数量。

（二）表列种姓和表列部落在各地分布不均匀，在某些地区形成相对集中的状况

根据人口普查的数据，表列种姓中人口最多的是恰马尔种姓（the

---

① 参看 List of Scheduled Tribes, National Commission for Scheduled Tribes, 2011。
② 见印度政府认可的普查数据，http://www.censusindia.gov.in。

Chamar)，也称恰莫巴种姓（the Chamabar）。早在 20 世纪初，这一种姓的总人口就已经超过 1000 万；到 1981 年已经超过 2500 万，现今的总人口超过 3000 万。此外，人口在百万以上的表列种姓还有阿蒂·达罗吠多（the Adi Dravida）、帕西（the Paci）、马蒂戈（the Madiga）、玛拉（the Mala）、多巴［也称多比（the Dhoba, the Dhobi）］、都萨德（the Dusad）、玛哈尔（the Mahar）、拉贾班什（the Rajabanshi）、阿蒂·卡尔纳塔库（the Adi Karnataka）、纳玛首陀罗（the Namasudra）、马尕比（the Maghabi）、多姆［也称杜姆（the Dom, the Dum）］等十余个。而人数最少的表列种姓人口甚至不超过 100 人，如贾尔喀欧特种姓（the Jalkeot）在 1981 年普查时只有 44 人，而瓦托尔种姓（the Watal）的人口也仅有 88 人。①

同样的情况也存在于表列部落中，早在 20 世纪 60 年代，贡德部落（the Gonds）和毗尔部落（the Bhils）的人口已分别超过 700 万，桑托尔（the Santal）、米纳（the Mina）和欧佬恩（Oraon）等部落的人口都超过百万。人数不超过百人的部落则不止一个，例如安达曼土著部落（the Andamanese）只有 19 个人，② 加上相近的支系也只有 40 余人。根据 1981 年的人口统计，波姆多（the Bomdo）等 17 个部落的人口在十人以下，最少的只有一个部落成员。③

从印度政府公布的正式文件看，表列种姓和表列部落的分布并不均匀。拥有表列种姓人口最多的是北方邦，人口达 3515 万，表列种姓人口超过千万的还有西孟加拉、比哈尔、安德拉、泰米尔纳都等邦，但在阿达曼和尼科拉斯群岛以及那加兰邦的表列种姓都为零。从人口比例看，旁遮普邦虽然只有约 703 万表列种姓人口，但却占全邦总人口的 28.9%，位居第一。④ 其他几个占总人口比例超过 20% 的邦是喜马偕尔邦（25.3%）、西孟加拉邦（23.6%）、北方邦（21.0%），占总人口比重最低的是米佐拉姆

---

① K.S. Singh, *The Scheduled Castes*, New Delhi: Oxford University Press, 1993, Second impression 2002, p. 2.

② P.K. Mohanty, *Encyclopaedia of Castes and Tribes in India*, Delhi: Indian Publishers Distributors, 2000, p. 1.

③ K.S. Singh, *The Scheduled Tribes*, New Delhi: Oxford University Press, 1994, p. 3.

④ "Scheduled Castes and Scheduled Tribes Population", http://www.censusindia.gov.in/CersusData-2001/India-at-glance/scst.aspx.

邦，仅为0.03%。①

拥有表列部落人口最多的是中央邦，达1223万多，这也是唯一一个表列部落人口超过千万的地区，但拥有百万及以上表列部落人口的邦共有12个。在邦一级行政单位中，拉贾斯坦和本地治理的表列部落人口为零。在米佐拉姆邦，表列部落人口占总人口数的94.5%，同处印度东北部的那加兰和梅加拉亚邦的这一比例也高达80%以上。果阿地区的表列部落人口比例最低，仅为0.04%。②

印度的很多表列种姓分布具有区域特点，如玛哈尔种姓主要居住于马哈拉施特拉邦，实际上马哈拉施特拉这一地名中就含有"玛哈尔居住之地"的意思。古老的旃荼罗种姓则集中居住于西孟加拉邦。但也有一些种姓特别是人口较多的种姓分布已跨越某一地域范围，如北印几个邦和南部的马德拉斯都是恰马尔种姓的聚居地，在其他地区也可见到这一种姓居民的分布。聚居于马哈拉施特拉的图里种姓（the Turi）在人口数量上并不是一个大的种姓，但在比哈尔、古吉拉特、奥里萨、拉贾斯坦、西孟加拉等各邦都有分布。

与表列种姓相比，表列部落的聚集度要高一些，其分布区域与人种群体的划分有内在的联系。如印度东北部几个邦是印度蒙古人种族群最集中的地区，因此这里的部落民与西北部旁遮普地区以及南部的部落民存在很大差别且很少有交叉，保持了相对的独立性。特别是如米佐拉姆、那加兰、梅加拉亚等邦，部落民的聚集度远高于其他地区，他们有自己的历史文化传统，使用有别于其他人群的语言，在生活习俗上也与印度大多数人们的方式存在差异，因此这一地区被视为特别的部落民地区。

和表列群体相比，落后阶级的情况既有相似之处，也呈现出一些差异。

1955年第一届落后阶级委员会的工作班子在调查后发表文件，列举出2399个落后阶级的种姓或群体，其中837个属于"最落后的阶级"；1993

---

① National Development Council of India, "Tenth Five years Plan 2002 – 07, chapter 4.1", p. 405, http: // planning commission. nic. in/plans/planrel/fiveyr/10th/volume2/v2 – ch4 – 1. pdf.

② "Scheduled Castes and Scheduled Tribes Population", http: //www.censusindia.gov.in/ Cersus-Data – 2001/ India-at-glance/scst. aspx.

年政府公布的名单中有 1238 个种姓或群体。① 1980 年第二届落后阶级委员会〔(另一个为人们熟知的名字是曼达尔委员会(Mandal Commission)〕在其文件中认为全印度落后阶级的人数占到全国人口的 52%，这个统计数据出台后，遭到了社会很大的质疑。1999—2000 年度的全国抽样调查(National Sample Survey)提供了一个小一些的数据，落后阶级的人口占全国人口的比例为 32%，比前者低了约 20 个百分点。② 之所以会出现如此大的差异，其重要原因之一就是对落后阶级的界定标准并不统一，例如曼达尔委员会将几乎所有处于落后状况的社会阶层全部计算在内，按照这个委员会的统计，全印度人口可以简单地划分为三个部分，即落后阶级(占总人口 52%)、表列群体(STs, SCs, 22.5%) 和较先进阶级(Forward Class, 25.5%)。而另一项被称为全国家庭健康调查(NFHS)的报告则把穆斯林民众排除在统计范围之外，从而得出不同的结果，即落后阶级占总人口比例为 33.5%，低于前面委员会的数据比例，而较先进阶级为 35.6%，高于前者。

和前面的表列群体一样，落后阶级在不同地区的分布也不平衡。根据 2007 年一项调查显示：泰米尔纳都邦的落后阶级比例最高，达 75%；比哈尔邦次之，为 59%；北方邦第三，为 50%；比例最小的是米佐拉姆邦(1%)和梅加拉亚邦(3%)，但是这两个邦又是表列部落人口比例最高的邦，分别为 95% 和 81%。所以落后阶级比例高并不完全等同于社会经济发展水平低。但是有一点是肯定的，那就是落后阶级人口比例高的地区与表列群体人口比例高的地区一样，其社会发展水平不会在全国处于先进位置。例如果阿和首都德里地区在整体发展水平上都处于全印度前列，其落后阶级人口比例很低，分别为 17% 和 14%；表列人口比例也不高，分别为 10% 和 18%。与此形成对比的是，在这两个地区，较先进阶级的人口比例分别为 70% 和 67%，位于全印度前列。③

与前列表列群体的情况不同的是，随着印度经济发展的推进，其落后阶级在全国人口中所占的比例已经出现了下降的趋势。

---

① Ministry of Minority Affairs, *Report of the National Commission for Religious and Linguistic Minorities*, 2007, p. 59.
② *Other Backward Class*, http://en.wikipedia.org/wiki/Other_Backward_Class.
③ 详细统计数据参看印度政府公布的 *NFHS Survey 2007*, http://www.nfhsindia.org/report.shtml.

印度开国总理尼赫鲁在几十年前也使用"落后阶级"一词来称呼这一处于较低发展水平的群体,① 但是在今天,在一些正式的印度政府文件中已经不再使用,例如印度第十个五年计划文本在使用这一用词的同时,已经更正式地把这类群体称为"社会欠发达群体"(Social Disadvantaged Groups)或"其他特殊群体"(Other Special Groups)。

三、民族发展不平衡的风向标

在法学和社会学研究中有一个弱势群体的概念,"指与另一部分人群相比,在政治、经济、文化、体能、智能、处境等方面处于相对不利地位的一部分人群"。② 观察印度表列种姓、表列部落以及落后阶级的现状,就会发现他们确实处于一种非常不利的社会地位。他们既是社会发展不平衡的产物,又是这种不平衡的风向标。

与表列群体相比,落后阶级的称呼本身就已经说明这个群体在社会中所处的位置。一些印度政府组织的研究报告,也对这一群体的某些量化特征作出了描述。

2007年,印度全国宗教与语言少数族群委员会在经过大量的调查和研究后,发表了一份近200页的报告和大量附录,使用专门的篇幅对落后阶级的标志性特点进行了历史性梳理。

1955年,印度权威部门首次提出了落后阶级的四个特征:1. 在印度教社会传统的种姓等级结构中处于下层地位;2. 无法接受整个社会所能享受的一般教育;3. 在政府公立部门无法享受平等权利,没有自己的代表权;4. 在贸易、经济以及工业领域无平等权利。这四个特征反映出当时落后阶级的实际状况。而在一些邦和地区的调查显示,落后阶级的"落后"主要反映在以下几个方面,即社会地位落后、经济落后、教育落后、居住状况落后和家庭情况落后。

到1979年,曼达尔委员会从社会、教育和经济三个方面提出11条指

---

① M. Shahbag Saeed, "Caste System in India and its Impact on Politics", http://www.issi.org.pk/Journal/2007 - files/no_ 1/article/a4. htm2007 - 12 - 22.

② 朱应平:"论弱势群体权利的宪法司法保护",《云南行政学院学报》2003年第3期,第68页。

标用于描述落后阶级的特征：社会方面四条：1. 被其他种姓或阶级（阶层）认为是落后的；2. 主要依靠体力劳动维持生活；3. 童婚（17岁以前就结婚，这也是全印度婚龄的平均值）率高，在农村女性高于25%，男性高于10%；在城市女性超过10%，男性超过5%；4. 女性就业率超过全国平均值25%。教育方面三条：1. 在5—15岁的适龄少年儿童中，从未接受过学校教育的比例高于全国平均值的25%以上；2. 在5—15岁适龄少年儿童中，辍学率高于全国平均值25%以上；3. 接受高等教育的人口比例比全国平均值至少低25%。经济方面四条：1. 家庭财产至少低于全国平均值25%；2. 居住在贫民窟棚屋中的家庭比例高于全国平均值25%；3. 住房距饮用水源500米以上的家庭超过50%；4. 靠举债度日的家庭比例超过全国平均值25%。

根据1993年印度政府落后阶级全国委员会法案（NCBC Act 1993），这个委员会在调查现状的基础上，将以前的标准进一步细化，仍然从社会、教育和经济三个方面对落后阶级的发展水平进行了描述。社会方面：1. 被社会广泛认为处于落后状态。2.1. 主要依靠农业或其他体力劳动为生，没有任何重要的资源基础；2.2. 从事农业或体力劳动所得工资报酬为生，没有任何重要资源基础；2.3. 妇女都必须靠农业或体力劳动所得工资报酬养家；2.4. 儿童普遍必须参加用于养家的农业或体力劳动，挣取工资报酬；2.5. 依据传统种姓制度，从事手工职业和下贱职业；2.6. 依据种姓制度，从事被认为是"不洁"的或下贱的职业；2.7. 流浪或半流浪的种姓或群体；2.8. 被认为是由罪犯形成的部落或群体（Denotified or Vimukta Jati）。3. 在邦级立法机构或地区政府机构无自己利益的代表或很少代表。教育方面：1. 识字率比所在邦或地区的平均值低8%以上。2. 接受高等教育人口比例比所在邦或地区平均值低20%以上。3. 接受教育毕业比率比所在邦或地区平均值低20%。经济方面：1. 只能居住于贫民窟的棚子中。2. 处于无地或仅有少量土地的状态。3. 在政府公营经济部门上无平等权利。4. 无法享受政府公营部门特别给予的平等权利。①

通过以上扼要的描述，我们可以看到印度落后阶级的整体状况，无论

---

① 以上各种标准参看 Ministry of Minority Affairs, *Report of the National Commission for Religious and Linguistic Minorities*, 2007, pp. 58–61。

是在经济还是其他社会发展指标上，其都处于全国平均水平以下。虽然他们自身的绝对状况在发生变化，也有一定的进步，但与社会整体发展水平的提升相比，总是存在一定的距离，要真正摆脱落后的帽子，并不是一件容易的事情。

表列群体的情况要更加复杂一些，但是和落后阶级一样，他们也是处于整个社会下层的弱势群体。

生活在农村特别是发展落后的农村地区的表列种姓人口比例远高于非表列种姓，表列部落人群生活在农村地区的不仅比列更高，而且其中的大部分都生活在比较落后的农村和边远地区。由于无地人口比例高达69.6%，表列种姓中60%以上的人从事非农业的服务性的或别的种姓不愿从事的工作。如1993—1994年度的统计数据表明，在农村地区的表列种姓中，从事农业生产的自耕农和雇农比例为29.44%，非农业劳动力比例为50.65%，而非表列种姓的这一比例刚好相反，分别为56.32%和22.37%。

在城市中，虽然表列种姓和非表列种姓受雇劳动者的比例相差不大（1993—1994年度二者分别为56.23%和53.68%），但是非表列种姓领取固定工资的人数比例高出表列种姓近四个百分点，而打零工的表列种姓人数比例高出前者6.39个百分点。[1] 需要特别指出的是，单纯的比例数据并不反映就业机会是否平等，77.1%的表列种姓工人和90.03%的表列部落工人所从事的工种都属于最粗放的行业，例如农业工人、季节性短工、矿山工人、采石场工人、伐木工人等，这些工作劳动强度大但报酬很低。还有一些工作如制革、搬运尸体和垃圾等是其他种姓成员所不做的。这两个群体中从事家庭手工业和制造业的劳动者比例分别占9.83%和3.85%；从事服务业行业如贸易、运输、仓储等工种的比例分别是13.06%和6.12%，都远低于其他群体。[2] 即便是这样，他们的工作还不是很稳定，一旦遇到经济不景气，他们的失业率都会远高于其他种姓。根据官方2000年的统

---

[1] NSS (1993-1994) *Employment/Unemployment Survey*, Delhi: CSO, see, Micro Finance and Empowerment of Scheduled Caste Women: An Impact Study of SHGs in Uttar Pradesh and Uttaranchal, sponsored by planning Commission Government of India, p. 39, http://planning commission.nic.in/sereport/ser/stdy-m crofin.pdf.

[2] 参看 *Report of National Commission for Scheduled Castes and Scheduled Tribes*, 1992-1993, p. 45。

计，表列种姓和表列部落的失业率是其他人群的两倍。①

对于许多表列部落成员来说，他们中的很多人仍在原居住地从事非常原始的经济活动，如狩猎、采集、捕鱼和刀耕火种的粗放农业，入城做工特别是成为技术工人的比例非常低。

这种资源占有和劳动技能落后的状况导致表列种姓和表列部落的生活水平也处于落后状况。据统计，1999—2000年度印度全国处于贫困线以下的人口平均比例为农村27.09%、城市23.62%；而表列种姓的这两个比例分别为36.25%和38.47%，比平均水平高出9.16%和14.58%，表列部落的这两个比例分别为45.86%和34.75%，比平均水平高18.77%和11.13%。特别要指出的是，与5年前相比，表列部落的这一比例数据与全国平均水平的差距甚至呈现出逐渐拉大的趋势。②

从受教育指标看，也存在同样的情况。根据1961年人口普查数据，印度全国平均识字率为24%，表列种姓为10.27%，表列部落为8.54%，与全国平均水平的差距都超过10个百分点。到1991年人口普查时，印度全国识字率提升为52.21%，增长了117.54%；表列种姓为37.41%，增长264.26%；而表列部落为29.60%，增长246.60%。从比例数据看，表列群体识字率增长速度要大于全国平均水平。但是从差距看，1991年表列种姓识字率比全国平均值低14.80%，表列部落同期低22.61个百分点，都高于1961年时的差距。到2001年全国平均识字率提高为68.81%，表列人群的识字率也有所提高，但仍低14.11个百分点，其中表列部落识字率与全国平均水平的差距还出现拉大的趋势。③ 如果用非表列人群做比较，这种差距就更加明显，1961年非表列人群的识字率为27.91%，与表列群体的差异为17.64%，1971年差异为19.13%，1981年为19.92%，1991

---

① *Periodic Report of the Republic of India*, quote from India Hidden Apartheid, Caste Discrimination against India's "Untouchables" shadow Report to the UN Committee on the Elimination of Racial Discrimination. Center for Human Rights and Global Justice, School of Law, New York University, Feb. 2007, p. 40.

② National Development Council of India, "Tenth Five years Plan 2002 – 07, chapter 4.1", pp. 422, 455, http://planning commission.nic.in/plans/planrel/fiveyr/10th/volume2/v2 – ch4 – 1.pdf.

③ *Periodic Report of the Republic of India*, quote from India Hidden Apartheid, Caste Discrimination against India's "Untouchables" shadow Report to the UN Committee on the Elimination of Racial Discrimination. Center for Human Rights and Global Justice, School of Law, New York University, Feb. 2007, p. 97.

年更是拉大到 20.28%，总体趋势一目了然。①

同样，表列种姓和表列部落的社会地位也十分低下，集中体现于广泛存在的显性和隐性的社会歧视上。

在印度历史上，以种姓为标志的各个社会等级之间有着严格的社会地位界限，处于社会最下层的贱民与整个主流社会之间横着一条难以跨越的鸿沟。十分遗憾的是，这种"被排斥在种姓制度之外"的社会现象如今仍频繁发生在表列群体身上。② 在农村，许多表列种姓成员仍居住在特定的区域，不能与其他种姓的成员共享饮用水和食物。一项调查表明，约20%的人口无法得到安全的饮用水，只有10%的人可享用公共卫生设施。另一项对483个村庄的调查显示，在47.4%的村庄中表列种姓成员举行婚礼时，如果要通过公共道路会受到限制，有23.8%的村庄禁止表列种姓成员在公共道路上举行庆典活动。③

在城市，明显的社会分割已不是公开和普遍的现象，但对表列群体成员的歧视仍随处可见。特别是他们在职业选择上受到诸多限制，如果想要进入传统上为高种姓成员所主宰的行业（如医学界、法律界等）会遇到更大的阻力，成功者很少。

根据印度政府公布的数据，1982年在325个高等法院任职的法官中，只有四名来自表列集团，占1.23%；1993年高等法院法官总数为547名，具有表列群体身份的有13名，占2.38%；到2002年，625名高等法院法官中，表列种姓和表列部落出生的有25名，占3.2%。这一年最高法院的26名大法官中，只有1名来自表列群体，占3.8%，这些比例都大大低于这一群体在印度总人口中的比例。④ 与此形成鲜明对照的是，占总人口不到10%的婆罗门种姓出生的法官在这一职业集团中所占比

---

① 参看 Report of National Commission for Scheduled Castes and Scheduled Tribes, 1992 – 1993, p.23。

② Melliya Annanmalai, Dalits Rights and Issues, http://www.indiatogether.org/dalit/articles/intro.htm.

③ Shan. et. al., Untouchability in Rural India, see Periodic Report of the Republic of India, quote from India Hidden Apartheid, Caste Discrimination against India's "Untouchables" shadow Report to the UN Committee on the Elimination of Racial Discrimination. Center for Human Rights and Global Justice, School of Law, New York University, Feb. 2007, p.99.

④ "President's NO on Chhattisgarh Judges", The Indian Express, February 3, 2002.

例高达78%。①

印度独立60余年以来，已经获得了很大的发展，表列群体和落后阶级的状况也有了极大的改进，关于印度政府的举措和在这一领域取得的成果，将在后面专门集中论述。

在这里，需要强调的是，与其他社会群体的状况相比，表列群体和落后阶级的经济、文化和社会发展水平并没有和全国的发展完全同步，他们落于国家发展步伐的总态势尚未完全从根本上改变。

正如我们在前面已经提到的那样，造成这种状况的原因是多方面的。从客观上讲，印度的多样性使得整个社会长期被从横向和纵向分割成许多小的单元，表列群体和落后阶级不仅处于最为弱势的地位，而且追赶先进群体的途径并不通畅，存在许多难于逾越的障碍。从主观上讲，无论是社会精英阶层还是大众，也包括这些弱势群体成员本身，对久已存在的社会分层现象早已熟视无睹，改变现状的动力不强，加之这些弱势群体缺少迅速改变落后面貌的物质资源和人力资源，因此印度社会就长期处于一种各个群体之间发展极不平衡的状态。

第三节 文化差异带来的族群发展差异
——以宗教少数族群为例

在印度，少数族群事务管理是处理民族问题中的一个重点，1950年公布的印度宪法中就已经出现少数族群（Minority）这一正式称呼，也就是在这部宪法中，明确规定了划定少数族群的标准有两个，即语言和宗教。②在以后的60多年中，尽管印度宪法有过多次修正，少数族群的数量与分布情况也有了许多变化，但是这一原则并没有改变。也就是说，根据文化差异来划分不同的族群一直是印度民族问题的基本特点，这既与世界上很多国家的情况具有相似性，更反映出印度本国社会发展的特点。

正如大多数学者指出的那样，印度是一个语言和宗教种类极为丰富的

---

① Gospel for Asia, "Facts about Dalits", Undated, http://www.gfa.org/gfa/dalit-facts, caccessed Feburary 7, 2007.

② 郭登皞等译：《印度宪法》第30条等条款，世界知识出版社1951年版，第11页。

国家，而且这种状况自从印度有文字记载的历史以来就已经存在，至今已延续数千年。关于这一点，书中已有多处讨论，这里不再赘述。如果将这两个文化因素进行比较的话，宗教似乎在社会、民族发展中的影响更加广泛、更加细微。梁漱溟先生认为："世界民族盖未有渴望宗教如印度人者，世界宗教之奇盛与最进步未有过于印度之上者。"① 另一位研究印度文化的学者也指出："在印度，可以说人以宗教划群，物以宗教定性。印度圣人都是探讨超自然问题的专家，印度文化的重要经典可以说都是宗教经典。"② 他所说的"人以宗教划群"分层准确地表述了宗教在少数族群划分上所起到的决定性意义。

与印度存在多种宗教的复杂现象相比较，在印度划分宗教少数族群其实很简单，也就是说所有非印度教以外的宗教群体都可以划入到宗教少数族群的范围。印度的印度教徒在全国总人口中占到80%左右的绝对多数，为8亿2757万以上（2001年人口统计数据，后同）。按照人数排列，伊斯兰教拥有1亿3800多万信众，占总人口的13.4%，是最大的宗教少数族群。基督教信徒群体居于次席，人口为240万，占总人口的2.3%。锡克教徒构成第三大宗教少数族群，人口192万，占1.9%。再往后的言语少数族群依次为佛教徒，79万，0.8%；耆那教信众，42万，0.4%；琐罗亚斯德教信众，7万，0.0069%。虽然还有其他一些宗教群体（如犹太教、巴哈伊教和原始宗教等），但正式列入官方文件的只有以上这六个。在全国层面上，其他所有宗教信徒加在一起只有2亿103万，占18%左右，不及印度教徒的1/4，因此也都是确确实实的少数群体。但是从邦一级的层面看，在查谟—克什米尔和拉克沙德维普群岛区（Lakshadweep），穆斯林占据人口多数；在东北部一些邦如梅加拉亚、米佐拉姆和那加兰，信仰基督教的人口占据多数；而在旁遮普，锡克教拥有最多的信徒。因此在这些邦，印度教徒反倒成为宗教少数族群，这与言语少数族群的情况颇为相似。不过与语言情况相比，非印度教群体成为多数族群的情况毕竟只是一种局部现象，在绝大多数地区，印度教群体的多数群体地位是不可动摇的。

---

① 《梁漱溟全集》第一卷，山东人民出版社1987年版，第393页。
② 参看尚会鹏：《印度文化传统研究：比较文化的视野》，北京大学出版社2004年版，第33页。

从人口增减变化状况看,印度教徒在总人口中的比例呈下降趋势,1991年印度教人口的比例为82%,10年后降为80.5%,而非印度教人口上升了约1.5个百分点。不过具体到各个宗教,这种增减的状况又不尽一致,穆斯林10年间增长了1.4个百分点,而其他几个主要宗教基本持平。

表7—2 1991年与2001年宗教群体比例数据(%)

	1991年			2001年		
	合计	农村	城镇	合计	农村	城镇
总计	100.0	100.0	100.0	100.0	100.0	100.0
印度教	82.0	84.0	76.4	80.5	82.3	75.9
伊斯兰教	12.1	10.5	16.7	13.4	12.0	16.9
基督教	2.3	2.2	2.8	2.3	2.1	2.9
锡克教	1.9	2.0	1.8	1.9	1.9	1.8
佛教	0.8	0.7	1.0	0.8	0.7	1.1
耆那教	0.4	0.2	1.1	0.4	0.1	1.1
其他宗教	0.5	0.4	0.2	0.9	0.9	0.3

资料来源:印度政府公布的1991年、2001年两次人口普查数据统计。

根据这个表格提供的数据,我们可以清楚地看到,印度教徒的所有指标都呈下降趋势,穆斯林则呈全面上升趋势,其他主要宗教群体在农村人口中比例下降或持平,而在城镇人口中上升或持平。

造成这种状况的原因是多方面的。首先,近年印度教徒的出生率要明显低于伊斯兰教信徒族群。根据统计,在1961—2001年的40年间,全印度的人口总数净增长率为134%(从4亿3900万增长为10亿290万),其中印度教徒的净增长率为125.7%(从3亿6656万,占总人口的83.5%,增长为8亿2757万,占80.5%,年均约3.1‰),而穆斯林人口的同期净增率为194%,从1961年的4700万增加到2001年的1亿3800万。这一数据不仅远高于全国平均水平60个百分点,更比印度教徒的水平高出近70个百分点。年均增长4.8‰,比印度教信众年平均增长率高出1.7‰。[①] 其

[①] 参看 Prime minister's High Level Committee, *Social, Economic and Educational Status of the Muslim Community of India*, *A Report*, 2006, pp. 28–29。

他一些宗教群体特别是小的宗教也有类似的趋势。

其次，一些原先信仰印度教的社会底层民众大量皈依其他宗教。例如持续数十年的东北部地区居民皈依基督教；20世纪50年代就发生过数十万之众的印度教徒集体皈依佛教的事件；1981年4月，出版于马德拉斯（今清奈）的一份报纸登载了这样的消息，一个村庄里180个原先信仰印度教的家庭一次性皈依伊斯兰教，另外还有50个家庭也准备这样做，他们这样做的唯一原因就是遭受到来自上层种姓的"社会歧视"[1] 等等，这样的报道只算是实际情况冰山中的一个小角。从总趋势看，从印度教转信其他宗教的人数要明显多于从其他宗教改信印度教的人数。

第三，统计数据表明，尽管变化的幅度并不是很大，在城市化浪潮面前，与印度教这个占人口绝对多数的族群相比，其他宗教少数族群的城市人口比例增加大都快于前者，但这也在一定程度上反映出人口变化的趋向。

但是人口比例的增减并不完全等同于相关群体社会状况的强弱升降。印度许多少数族群至今仍然处于比较弱势的地位。不过更为引人关注的是，因文化不同而存在的发展水平方面的差异，既包括不同宗教族群之间的差异，也包括某一族群内部不同支系群体之间的差异。

谈到前者，印度教与伊斯兰教群体之间的差异最有代表性。关于这两个当今印度最大族群之间异同的讨论也是具有最明显分歧的一个话题。主张差异者认为，印度教徒与穆斯林构成了两种不同的、通常是异质的生活方式。[2] 对于大多数印度教民族主义者来说，萨瓦卡尔的观点不可动摇，共同的宗教、文化、历史、种族、语言和其他亲缘关系所结合起来构成一个确定的同质的民族，因此具有另一种宗教的穆斯林不会与印度教徒合成统一的民族。[3] 而持反对意见者如尼赫鲁就认为，"印度穆斯林是印度人，他们在这里生活了多少代，数千年，只有少数穆斯林会说他们很久很久以前从印度之外迁来，但他们也已经变成了印度的一部分。如果现在任何人说穆斯林是外国人，他就是出卖自己的根基和本原，你决不

---

[1] *Sunday Standard*, April 4th, 1981.
[2] Carlo Caldarol, *Religions and Societies: Asia and The Middle East*, Walter de Gruter, 1982.
[3] 参看朱明忠、尚会鹏：《印度教：宗教与社会》，世界知识出版社2003年版，第144页；V. D. Savarkar, *Hindutiva*, New Delhi: Hindi Sahitya, 2003, p.42。

能用宗教来混淆国民和种族"。① 不过下述中庸观点似乎更有说服力，在印度，谁也不能否认穆斯林与印度教徒之间有共同的生活方式、仪礼和风俗，也有不同的仪礼、风俗和基于宗教的行为方式，问题只是强调什么。②

从现象上看，相对于印度教这种已经存在于次大陆数千年的宗教，伊斯兰教是一种从外地传入的宗教，在漫长的历史岁月中，其通过三种不同的方式成为印度的一种宗教、文化和政治力量：贸易、占领和皈依。③ 由于其发源地的生态和人群构成与印度次大陆有很大的不同，伊斯兰教在发源地和印度次大陆的宗教理论、宗教教义、宗教礼仪、宗教组织形式以及对信众行为规范的规定上也存在明显的不同。但这种不同往往只是形式上的局部改变，从许多基本的方面看，印度教与伊斯兰教的差异是巨大的，也是很难调和或同一的。

仅从一些信众日常生活的习俗上，就可以很容易地观察到两个宗教的差异。例如印度教徒崇拜各种神明，供奉神像是表达其宗教情感的最重要形式，而穆斯林则坚决反对任何形式的偶像崇拜；印度教徒十分尊敬牛，视白色的母牛为神牛，而穆斯林虽然也很爱护牛，但可以以牛肉为食等等。有人也因此断言印度教和伊斯兰教是矛盾最为鲜明的两种文化。不过如果考察历史我们会发现，在印度教与伊斯兰教共处于印度次大陆数千年的历史中，在大部分时间里，它们之间的差异并没有导致相互间经常发生剧烈的冲突，更没有出现"你死我活"、"有你无我"的水火难容的局面。相反，在存异基础上的和平和谐相处成为这两个宗教群体关系的主调。信众改宗、文化上相互渗透和融合的情况也经常发生。印度教与伊斯兰教的这种关系成为印度多元文化的一个象征。只是在近代，由于英印当局"分而治之"政策的推行，特别是出于印度独立过程中各派政治力量的利益博弈考量，两个宗教间的差异才被前所未有地放大，不仅导致印巴分裂，也造成了独立后印度内部印度教和穆斯林两大群体之间差异难以消除、矛盾长期存在。

从宏观上讲，印度穆斯林作为一个语言少数族群，一直处于弱势地

---

① "Nehru Denounces Communalism of the Majority as the Great Evil; Treatment of the Minorities on Government Service and Language", *The Times of India*, 12ed May, 1958.
② 参看 Liaquat Ali Khan, *Pakistan: the Heart of Asia*, New Delhi: Thomas Press, 2008。
③ Irfan A. Omar, "Muslims", in Stanley Wolpert, *Encyclopedia of India*, Farmington: Thomson Gale, 2006, p. 198.

位,有研究者认为,英国在印度建立殖民统治使印度穆斯林在次大陆的政治地位失去优势,而1947年的印巴分治导致生活在印度的穆斯林再次受到打击。① 他们是被忽略的和在各个方面都广受歧视的牺牲品。有的时候,他们还是残暴的公共暴行的对象,这将他们与其他族群分离。② 早在20世纪60年代初,有人就指出,"挫败感和不满情绪在这个最大的少数族群群体中持续存在,是'这个国家病态的标志'"。③ 至今这种情况也没有从根本上好转。

在英迪拉·甘地执政时期,印度中央政府组建了一个由专家组成的10人小组,对印度的少数族群、表列人群和其他弱势群体的状况进行调查,其负责人是G.辛格博士。这个小组在提交的报告中指出印度广泛存在着对少数族群的歧视和不公平,包括印度穆斯林在内的少数族群的状况令人担忧。2005年,曼莫汉·辛格政府组建了一个以R.萨卡尔法官(Rajinder Sakar)为首的七人独立高级委员会,负责对印度穆斯林的社会、经济和教育状况进行全面的调查。次年11月,委员会向政府提交了一份长达400多页的报告,得出印度穆斯林在几乎所有指标上都高于表列群体但低于印度教其他落后阶级、其他少数族群和一般印度教群体这一震动印度各界的结论。④

与印度教徒相比,印度穆斯林在社会地位上的变化趋势呈现出相似的特点,即在总人口中,社会低层(包括表列群体、落后阶级,穆斯林属于表列群体的人数很少,只占到1%左右)所占比例呈上升趋势,而社会中上层〔称为一般阶层(General)或其他阶层(Others)〕呈下降趋势,但是穆斯林的变化幅度要大于印度教徒。也就是说,穆斯林下层人口比例的增长比印度教徒快,穆斯林中上层人口比例的降低幅度也大于印度教徒(落后阶级穆斯林五年间上升9%,印度教徒上升4.7%;同期一般阶层穆斯林下降9%,印度教徒下降4.6%),这也意味着印度穆斯林的社会状况

---

① Irfan A. Omar, "Muslims", in Stanley Wolpert, *Encyclopedia of India*, Farmington: Thomson Gale, 2006, pp. 202, 204.

② Javeed Alam, "A Turning Point", *Frontline*, 15th December, 2006, p. 10.

③ "Muslim Convention Highlights Demoralization of Minorities as a Fallout of Communal Disturbances", *The Times of India*, 21st May, 1961.

④ 参看 Venkitesh Ramakrishnan, "Community on the Margins", *Frontline*, 15th December, 2006, p. 7.

格局恶化程度比印度教徒要更加严重。

表7—3 印度教和穆斯林人口在各个阶层中的比例

	总人口（百万）	印度教徒								穆斯林				
		人口比例（%）	表列群体（%）		落后阶级（%）		一般阶层（%）		人口比例（%）	落后阶级（%）		一般阶层（%）	
			99—00	04—05	99—00	04—05	99—00	04—45		99—00	04—05	99—00	04—05
全印	1028.6	80.5	31.3	31.2	38.3	43.0	30.5	25.9	13.4	31.7	40.7	68.3	59.3
城镇	286.1	75.6	20.6	20.5	33.0	36.9	46.5	42.6	17.3	32.6	40.2	67.4	59.8
乡村	742.5	82.3	34.6	34.5	39.9	44.9	25.5	20.6	12.0	31.2	40.9	68.8	59.1

资料来源：印度全国抽样调查机构（NSSO）第55届调查报告表10和第61届调查报告表10。表中99—00表示1999—2000年度，04—05表示2004—2005年度。

印度其他宗教少数族群的情况呈现很大的差异，除了耆那教和琐罗亚斯德教，几个主要少数族群的下层阶层人口都占有很高的比例，而在落后阶级中，穆斯林所占的比例最高。

表7—4 印度各主要宗教少数族群人口在社会阶层中比例状况（单位:%）

	表列种姓	表列部落	落后阶级	其他阶层
穆斯林	0.8	0.5	39.2	59.5
基督教徒	9.0	32.8	24.8	33.3
锡克教徒	30.7	0.9	22.4	46.1
耆那教徒	0	2.6	3.0	94.3
佛教徒	89.5	7.4	0.4	2.7
琐罗亚斯德教徒	0	15.9	13.7	70.4

资料来源：印度全国抽样调查机构（NSSO）第61届调查报告表1和表10。

从就业情况看，与印度教徒相比，穆斯林的就业率各项数据指标都较低，特别是在农村的就业率在所有宗教群体中是最低的，而在城镇，其就业率也排在倒数第二位，甚至低于表列群体和落后阶级。[1] 许多穆斯林劳动力不仅只能从事临时的体力工作，而且收入很低。与印度教徒相比，后者中有25%可以得到比较稳定的工作，而前者的比例仅为13%；在城镇，穆斯林人口中拥有稳定工作的占27%，而印度教徒表列群体、落后阶级和一般阶层的这个比例分别为40%、36%和49%，都大大高于穆斯林劳动者。在公营部门，穆斯林雇员的比例在24%以下，表列群体的比例占到39%，落后阶级为30%，一般阶层为39%，也都高于穆斯林。在一些大型私人企业的情况也一样。[2] 从失业率看，2004—2005年度城镇印度教徒的失业率为8.1%，与穆斯林相同；但是在农村，两者分别为8.0%和8.4%；男性数据分别为7.2%和8.1%，女性分别为9.0%和9.2%，[3] 后者的状况比前者更恶劣一些。

占全国总人口比例13.4%的穆斯林在政府部门工作的人数比例远远低于其人口比例，仅为4.9%；在政府核心部门如外交部等工作的比例更低，仅为3.2%。在人民院的543个议席中，穆斯林议员只有33人，比例为6%。

表7—5 印度穆斯林在国营部门就业率统计（单位:%）

平均	外交	铁路	法律	卫生	交通	政务	教育
4.9	3.2	4.5	7.8	4.4	6.5	7.3	6.5

资料来源：Prime Minister's High Level Committee, *Social, Economic and Educational Status of the Muslim Community of India A Report*, Government of India。

在平均就业率上，穆斯林也排在所有宗教族群之尾。不过这里也有一个文化差异问题，例如耆那教信众的就业状况以及经济状况在各个宗教族群中是比较好的，但是这个宗教并不鼓励女性像男性一样去就业，所以其信众男性就业率居于各族群之首，而女性就业率却居最末。

---

[1] Prime Minister's High Level Committee, *Social, Economic and Educational Status of the Muslim Community of India A Report*, Government of India, November, 2006, p.88.
[2] Ibid., pp.89-94.
[3] 参看 India's *NSSO 61ST Round Survey*, 2006。

表7—6　印度各宗教族群成员就业率（单位：%）

	全印	印度教	伊斯兰教	基督教	佛教	锡克教	耆那教	其他
男性	51.7	52.4	47.5	50.7	49.2	53.3	55.2	52.5
女性	25.6	27.5	14.1	28.7	31.7	20.2	9.2	44.2
平均	39.1	40.4	31.3	39.7	40.6	37.7	32.9	48.4

资料来源：*Census of India*, 2001。

从收入角度看，穆斯林的整体状况也比印度教群体差。就是与其他宗教少数族群相比，他们的状况也不容乐观。

表7—7　印度教群体与穆斯林收入水平分层比较（单位：%）

	印度教徒			穆斯林
	表列群体	落后阶级	一般阶层	
高收入	6.3	1.5	17.2	4.2
中等收入	65.1	72.6	73.9	65.0
低收入	28.6	25.9	8.9	30.8

资料来源：Venkitesh Ramakrishnan, Community on the Margins, *Frontline*, 15th December, 2006, p.7。

表7—8　2004—2005年度印度主要宗教少数族群家庭月收入比较（单位：卢比）

全印平均	穆斯林	基督教徒	锡克教徒	佛教徒	琐罗亚斯德教徒
2103.24	1832.20	1906.50	2285.60	2477.90	3483.80

资料来源：*Social-economic Status of Minorities*' conducted by the Centre for Research Planning & Action, New Delhi, 2006。

根据报道，甚至一些穆斯林业主也不愿意雇佣本族群的成员，这并不是因为他们有意歧视本宗教族群的成员，而是社会环境的不公正迫使他们不得不这样做。很多业主说，如果他们雇佣印度教徒，就可以更容易得到银行的贷款，在与政府部门打交道时也会少许多麻烦。[①]

[①] T. K. Rjalakshni, "Seclusion Inflicted by Insecurity, Interview with Subhasini Ali", *Frontline*, 15th December, 2006, p.18.

反映印度穆斯林社会化状况的另一个指标是教育。根据2001年人口普查的数据，在几个主要宗教少数族群中，穆斯林的识字率最低，为59.1%（基督教徒是80.3%，锡克教徒是69.4%，佛教徒是72.7%，耆那教徒是94.1%），也明显低于印度教徒（65.1%）和全国平均水平（64.8%）。[①] 如果仅就小学基础教育而言，印度穆斯林民众的发展水平并不低，但是观察小学以上的教育，我们就会发现一种逐级地位下降的趋势，即在越是高层次的学生群体中，穆斯林所占的比例越低。与其情况相似的是佛教族群，但其总体状况仍然好于前者。

表7—9 各宗教族群教育状况一览（单位：%）

	小学低年级	小学高年级	初中	高中	大学课程	大学毕业
全部	55.57	16.09	14.13	6.74	0.72	6.72
印度教	54.91	16.18	14.25	6.92	0.71	7.01
伊斯兰教	65.31	15.14	10.96	4.53	0.41	3.60
基督教	45.79	17.13	17.48	8.7	2.19	8.71
锡克教	46.70	16.93	20.94	7.57	0.90	6.94
佛教	54.69	17.52	14.09	7.65	0.35	5.7
耆那教	29.51	12.27	21.87	13.84	1.03	21.47

资料来源：Census 2001. Ministry of Minority Affairs, *Report of the National Commission for Religious and Linguistic Minorities*, 2007. p. 17.

表中小学低年级数据包括未上学但通过其他方式识字的人员。

通过以上事实的陈述，我们可以发现，印度穆斯林陷入这样一个恶性循环中：受教育程度的不尽如人意使得穆斯林族群群体成员很难与其他群体成员公平竞争，从而影响了整个群体在社会中的地位；而社会地位的弱势特别是经济地位的弱势反过来又制约了本族群成员综合教育水平的提升。巴基斯坦学者萨义德针对印度穆斯林的遭遇尖锐指出："印度不是一个和谐社会。对于全体公民来说，在这种被称为和谐的社会中可以公平分配资源和正义，并获得平等的机会，而不受种族、宗教、性别和种姓的影

---

① Government of India, *Census 2001*.

响。"① 很显然，他的判断是有相当说服力的。

之所以会存在这样的状况，与其说是历史原因，不如说是社会文化原因更为准确。虽然伊斯兰教是一种外来宗教，但是其信众中的绝大多数是印度本土居民，尼赫鲁在20世纪50年代的一次讲话中就强调了这一点："印度穆斯林是印度人，他们在这里生活了多少代，数千年，只有少数穆斯林会说他们在很久很久以前从印度之外迁来，但是他们也变成了印度人的一部分。"② 外来宗教在逐渐扎根于印度次大陆的同时，也嬗变为印度社会文化的一个有机组成部分，一些印度观念被填充进印度穆斯林的文化体系中，甚至部分代替了原生的伊斯兰观念，其最重要的标志之一就是种姓等级观取代了伊斯兰教天下信众皆兄弟的信条。

今天的印度穆斯林可以划分为三个分支群体：阿什拉夫（Ashraf），这一群体的成员主要由来自阿拉伯以及其他印度之外伊斯兰国家的人员组成，历史上曾作为印度的统治者或贵族，今天也成为印度穆斯林的上层，位居印度社会的高层等级群体行列；阿吉拉夫（Ajlaf），这一群体的成员过去信仰印度教，但是不满于自己所处的低级种姓的地位，于是皈依了伊斯兰教，成为今天印度穆斯林的重要组成部分；第三个群体是阿扎尔（Arzal），他们中的一部分人也是由印度教徒改信而来，不过与阿吉拉夫不同，阿扎尔被看作印度社会中的最低种姓，基本上由"不可接触者"转变而来，其地位与印度教的表列种姓相同，也有人称他们为"穆斯林达利特"，后两个群体构成了穆斯林人群的大多数。

这种历史渊源导致了两个结果。一方面"基于种姓制的社会制造了一种清晰的社会意识，即对那些处于社会等级最下层成员的深深的蔑视"。③ 这种蔑视不仅来自社会上层，也包含低种姓成员的自卑；不仅为占人口绝大多数的印度教徒奉为圭臬，也被包括印度穆斯林在内的宗教少数族群所遵循。这就在很大程度上使得由穆斯林组成的整个群体处于社会的下层，也使伊斯兰文化不时受到处于社会主流的印度教文化的排挤和歧视。在很多时候这种不平等是隐性的，却又处处存在，从而造成社会发展水平存在

---

① M. Shahbaz Saeed, "Caste System in India and its Impact on Politics", http://www.issi.org.pk/journal/2007-files/no-1/article/a4.htm 2007-12-22.

② "Nehru Denounces Communalism of the Majority as the Greater Evil; Treatment of the Minorities on Government Service and Language", *The Times of India*, 12ed May, 1958.

③ Javeed Alam, "A Turning Point", *Frontline*, Dec. 15, 2006, p. 10.

差异，宗教少数族群处于弱势。有学者总结，"社会化大环境的冷漠、政治领导的失败，以及安全部门的无所作为都导致了那些群体特别是遭受暴力的穆斯林民众感到十分的无助和沮丧"。①

另一方面，就是在某个宗教群体内部，包括印度教和伊斯兰教这两个信众人数最多的宗教，也存在着数量众多的分支，或者可以称为次群体，其发展水平也呈现出千差万异。就穆斯林而言，历史上就有钱权无限的王宫贵族和贫穷卑下的底层信众之分。在今天，在那些呼风唤雨的政治家、经济大亨、影视明星队伍中就有穆斯林家族成员，借助 IT 等新兴产业的兴起而扩大的中产阶级队伍中也有一定数量的伊斯兰教信众，他们的生活水平、生活方式与下层穆斯林成员相比不可同日而语。除了血缘因素之外，文化差异特别是受教育水平的差异往往就决定了每个人以及他所属群体的少数人的命运。

我们注意到，在印度穆斯林教育状况的统计数据中，男性和女性的差异特别明显。与男性相比，女性适龄人群的识字率、升学率、学业完成率等都要低许多，而辍学率则要高出一大截。层次越高的教育，女性所能得到的机会就越少。② 事实上，穆斯林高层群体成员并没有这方面的问题，他们与其他宗教群体中的高等级人员一样，可以很顺利地在设施完善、师资理想的学校里完成从小学直到大学的系统教育，很多人还可以到国外的一流大学接受世界一流的高等教育。但是对那些出身于低等级群体的成员来说，只有极少数幸运者能够得到命运的青睐，依靠知识来改变自己的人生轨迹。而对绝大多数处于社会底层的普通穷人来说，能够彻底脱去文盲的帽子要花费巨大的努力。这种受教育水平的不同也就决定了其在今后社会中地位的高下。知识特别是现代知识技能的匮乏使得下层穆斯林根本没有可能跻身于引领社会的行业，而只能从事简单的、主要依靠苦力的职业。

其实印度穆斯林群体的状况并不是一个孤例，其他宗教少数族群如佛教、基督教群体成员等也有许多相似之处。例如佛教本身是印度本土宗

---

① General Shah Nawaz Khan, Leader of the Mulk-o-Millat Bachao Tehrik Writes to PM Indra Gandhi, Feb. 1983, in *The Muslims of India*, New Delhi: Oxford University Press, p. 203.

② 参看 Prime Minister's High Level Committee, *Social, Economic and Educational Status of the Muslim Community of India A Report*, Government of India, November, 2006, pp. 49 – 86。

教，在历史上也有过上千年的辉煌，甚至"印度教"这个正式称呼的出现还要晚于佛教。① 但是在今天，佛教要么被一些印度教成员看作本宗教的一个分支，处于从属于印度教的地位；要么因为其成员大多由原印度教低级种姓改宗而来，和穆斯林一样处于弱势的地位。又如基督教最早传入的印度西海岸地区，一些西方移民以及他们的后裔仍然保留了原先的文化优势和社会尊贵地位，但是大多数从印度教徒改宗来的信众却依然生活在与过去没有多大区别的状况中。正如在前面一节中讲到的那样，特别是在基督教传播最快的印度东北部地区，那些原先的部落民皈依了源自西方的宗教，却没有能够接受现代西方的科学知识，这一地区的发展水平至今还无法赶上印度的整体发展水平，生活在这里的宗教少数族群的成员也无法与其他地区的民众一样享受发展带来的成果。

从20世纪20年代开始，以"印度非婆罗门大会"成立为标志，印度的其他宗教群体就开始了实现自己政治社会地位诉求的活动，但是客观地讲，其实际效果仍然有限。②

值得强调的是，在印度并不是只存在单向的、占社会主流地位的印度教对其他宗教少数群体的区隔乃至歧视，各个宗教少数族群自己也一方面对因社会文化差异而造成的现状感到不满，另一方面又十分强调自己文化的独立性和差异性，对占据社会主流文化的印度教文化或多或少地采取对立态度以保护自己必要的生存空间。

例如乌尔都语在近代印度曾经是各个阶层、各个宗教集团成员广泛使用的语言，但是由于英印当局的限制、印穆冲突的加剧特别是印巴分治等因素的影响，印度独立以后乌尔都语的地位受到很大的削弱，有些地方甚至废除了这种语言正式官方用语的地位，"如果有人用乌尔都语提交文件，这些文件就会被搁置不理，用乌尔都语提交的申请也无法得到注册"。③ 为此，许多穆斯林政治人物和学者作出大量努力，希望能确认这种语言的应

---

① 参看 K. Jamanadas, *Buddhism: Is it a Caste, a Sect or a Religion?* http://www.ambekar.org/jamanadas/BuddhismIs.htm。

② 参看 Bellwinkel-Schempp, Maren, "Roots of Ambedkar Buddhism in Kanpur", in Jondhale Surendra, Beltz Johaaes, *Reconstructing the World: B. R. Ambekar and Buddhism in India*, New Delhi: Oxford University Press, 2004, pp. 221—244。

③ Translation of Speech in Hindustani by Maulana Hasrat Mohani, *Muslim Member of the Constituent Assembly from UP*, CAD, Vol. IX, Sep. 2, 1949, pp. 881–882.

有地位。但是他们中的不少人并不把乌尔都语单纯看作一种印度的地区或民族语言，而特别强调其与伊斯兰宗教的联系，从而也就使这一语言文化带上了浓厚的政治色彩，甚至在不同的宗教群体之间设置了一道鸿沟。尼赫鲁在分析这一现象时指出："穆斯林联盟和后来的真纳认定乌尔都语是将印度教徒和穆斯林划分为两个民族的一个因素。""我完全同意乌尔都语作为一种语言而不应有宗教含义，因为它是一种印度教徒和穆斯林群体喜欢的交流媒介。不幸的是，印度地区的穆斯林继续将用乌尔都语来定义宗教，这是一种制造麻烦的态度。"[1] 当然，尼赫鲁只指出了问题的一个方面，而对使用乌尔都语的广大民众特别是穆斯林民众所面临的压力很少提及。有人指出，在18世纪和19世纪，乌尔都语在印度教徒和穆斯林中是一种通用的文化语言。在独立后的印度，除了经济上的窘况之外，广大穆斯林面对的一个严重的问题是"在一个使用印地语的国家，乌尔都语不仅被挤出家庭和办公室，而且也被学校所禁用，这就使得他们所面临的文化危机更加严重。……其结果是许多穆斯林不再把孩子送进学校，他们又没有能力自己教育孩子，因此这些人成为文盲"。[2]

同样的情况也发生在佛教信众身上，在经历过数百年的辉煌之后，佛教在诞生地印度整体性衰落，不仅在信众数量上减少到在人口统计时几乎可以不计，而且大多数信众都属于弱势群体的成员，被排斥在社会生活主流之外。从20世纪50年代开始，佛教似乎出现某种复兴的趋势，其中最有轰动效应的是1956年10月14日数十万原印度教低等种姓信众在安倍德卡尔22条誓约的感召下皈依佛教，以复兴佛教为宗旨的重要社团摩诃菩提协会成立，并在印度掀起一场达利特佛教运动（Dalit Buddhist Movement）。但是在有些这一运动的领导人心目中，这场运动就是"反印度教徒"的斗争，然而他们更加强调自己是达利特，与甘地所说的哈里真（Harijans）不是一样的，也不承认穆斯林下层与自己同属一个阶层（事实上，穆斯林的阿扎尔成员也大多从事屠宰、洗涤、理发、清道夫等职业，与印度教中的表列种姓十分相近）。这就使得佛教信众游离于社会主流群体（印度教徒）

---

[1] "Home Minister Charan Singh Thinks Urdu with Muslims and Holds it as One of the Principle Causes of India's Partition", *The Illustrated Weekly of India*, 29 January, 1978.

[2] Abid Husin, The Destiny of Indian Muslims, *Asia*, 1965, p. 132 – 133. in *The Muslims of India*, New Delhi: Oxford University Press, pp. 288 – 289.

和其他群体之外，不仅各个宗教最下层的群体很难走到一起来共同反对社会的不公正，也很难有效改善佛教群体自身的落后状况。

总而言之，客观存在的各个宗教之间的文化差异，在划分不同的宗教族群的同时，也成为印度社会各个群体发展状况各不相同的原因之一；而存在于各个宗教群体内部的不同支系群体之间的发展差异，也与文化发展水平的参差有直接的联系，尽管这不一定是最关键的原因。

第四节　印度的民族矛盾与冲突
——以恐怖主义活动为例

在讨论诸多印度民族问题时，恐怖主义问题是一个难点，这不仅因为造成恐怖主义的原因十分复杂，既有民族问题、宗教问题，又有社会政治、经济因素；也因为许多时候恐怖主义的存在是综合因素在起作用，所以包括民族问题在内的各个学科都会将其纳入到自己的研究范围，这些研究者站在不同学科的角度，对恐怖主义作出不同的解读，而且相互间的观点有时会存在一些差异，甚至对一些基本的定义也会各执己见，无法取得共识。但是无论如何，恐怖主义与民族问题的密切关系是无法否认的，要彻底解决这个社会顽疾，离不开民族研究的视野和配合。本节部分涉及东北部地区的内容与前面第一节会有一定的重复，但是分析的侧重点又不完全一样。

印度深受恐怖主义危害之苦，恐怖主义活动在印度国内的许多地区都有踪迹。自独立以来这些地区就挣扎在种族仇杀和暴力冲突之中，但是有研究者认为，虽然多数发生在印度的暴力事件都带有恐怖的色彩，但是尚不能把所有的暴力事件都划归到恐怖主义行列。一些学者甚至认为，从严格意义上讲，直到1978年印度旁遮普地区才出现了第一个真正意义上的恐怖主义受害者。[1] 这种观点尽管不一定被多数研究者认同，但是它却指出了一些恐怖主义与民族问题的内在联系这一事实。

印度是一个民族成分和民族事项极为多样的国家，各个族群和社会群

---

[1] Yonah Alexander, *Combating Terrorism: Strategies of Ten Countries*, University of Michigan Press, 2002, p. 301.

体的团结与稳定是保证经济社会发展的基本条件,但是印度自独立以来便先后陷入与旁遮普地区锡克教极端主义、查谟—克什米尔地区伊斯兰民族分离主义、东北部地区分离主义以及左翼极端势力的冲突之中,族群、宗教以及政治矛盾引发的冲突造成了大量的人员伤亡,而伴随着这些冲突的加剧,其逐渐带上了一些恐怖主义的色彩。特别是21世纪开始以后,印度国内恐怖主义事件引发的人员伤亡更加触目惊心。

印度拥有比较稳定的民主体制,拥有广大的中产阶级阶层,其主流文化中非暴力的色彩很浓厚,在一般人的心目中,印度是一块祥和的乐土,与伊拉克、巴基斯坦、阿富汗这些饱受恐怖主义之苦的国家是完全不同的。但是根据设在华盛顿的美国国家反恐中心的数据统计,从2004年1月到2007年3月,印度遭受恐怖主义袭击的死亡人数是3674人,仅次于伊拉克,位居世界第二。① 印度国内恐怖主义与查谟—克什米尔的武装军事人员有了明显的上升,东北部地区(特别是曼尼普尔邦)的武装暴力以及左翼极端分子有着密切的相关性。② 近10年来,印度与暴力恐怖主义相关的死亡人数非常巨大,这些恐怖袭击事件引发的安全问题成为印度面临的重要问题,也严重影响了印度社会的稳定和发展。

表7—10 印度恐怖主义袭击造成的死亡人数(1999—2010年)

年度	平民	安全部队	恐怖分子	总计
1999	1377	763	1614	3754
2000	1803	788	2384	4975
2001	1693	721	3425	5839
2002	1174	623	2176	3973
2003	1187	420	2095	3702
2004	886	434	1322	2642
2005	913	287	1319	2519
2006	1104	388	1273	2765
2007	1009	404	1185	2598

---

① Sadanand Dhume, "India's Radical Islam Problem", *Far Eastern Economic Review*, Vol. 171, No. 10, December 2008, p. 6.

② Devyani Srivastava, *Terrorism & Armed Violence in India. An analysis of events in 2008*, p. 1.

续表

年度	平民	安全部队	恐怖分子	总计
2008	1019	372	1220	2611
2009	720	431	1080	2231
2010	759	371	772	1902
2011	429	194	450	1073
2012	252	139	412	803
2013	304	193	388	885
2014	407	161	408	976
2015	85	100	175	360
总计	24568	9634	30144	64346

资料来源：India Fatalities（1999—2015 年数据不包括左翼极端分子造成的伤亡，2015 年数据截止到 6 月）。http：//www.satp.org/satporgtp/countries/india/database/indiafatalities.htm。

印度国内比较活跃的主要有三股恐怖主义势力：西北部地区宗教极端主义势力、东北部分离主义势力、纳萨尔派极左势力，其中前两股势力与民族、宗教直接相关。西北部地区宗教极端主义势力主要发生在查谟—克什米尔和旁遮普，历史上曾十分活跃的旁遮普地区的恐怖主义势力经过政府不断治理已经逐渐退出历史舞台，但是查谟—克什米尔自1989年克什米尔河谷发生叛乱后，穆斯林武装团体逐渐恐怖主义化，此后该地区恐怖主义活动一直处于高位运行状态。[1] 印度东北部地区由于历史上与印度主体的联系并不是十分紧密，自印度独立以来，东北部分离主义运动一直困扰着印度政府。20世纪80年代，武装冲突主要是由于移民与本地居民、部落民之间的矛盾激化，但是进入新世纪之后暴力冲突逐渐呈现出恐怖主义化趋势。[2] 纳萨尔派肇始于纳萨尔·巴里地区反抗印度政府的农民武装，纳萨尔派武装运动在20世纪90年代之后向周边地区不断扩散。尤其是新世纪以来，纳萨尔派武装经过重组之后发动的恐怖袭击更加猛烈，造成了

---

[1] 关于克什米尔地区恐怖主义问题的研究，可参见刘向阳："印控克什米尔的穆斯林武装活动探源"，《南亚研究季刊》2010年第3期；刘向阳、康红梅："克什米尔地区恐怖主义问题综述"，《国际资料信息》2010年第4期。

[2] 吕昭义、余芳琼："印度东北地区的民族分离运动与反政府武装"，《南亚研究》2010年第2期，第59页。

重大人员伤亡。① 印度总理曼莫汉·辛格更是把纳萨尔派定为"国内最大的安全威胁"。②

一、印度西北部地区恐怖主义活动状况

整个20世纪80年代,旁遮普地区被分离主义运动所淹没,并最终演变为一系列恐怖主义活动,这可以更确切地被描述为低烈度战争,对于印度国家来说是一场严重的危机。③ 旁遮普的居民主要是锡克教徒,旁遮普地区的分离主义运动与锡克教政党阿卡利·达尔有直接的关系。

印巴分治是建立在印度教和穆斯林居住区的基础上,像锡克教、基督教、袄教这样较小的宗教团体,并没有被明确列入分治方案之中,分治的结果对于锡克教徒来说是灾难性的。印巴分治造成大约250万锡克教徒被迫从巴基斯坦的西旁遮普地区迁徙到印度的东旁遮普、德里等地,锡克教徒失去了肥沃的土地和英国殖民统治者治下的特权。④ 尽管当时锡克教徒对丧失特权和印巴分治的结果并不满意,但是他们并没有进行大规模的抗争性活动。特别是看到印巴分治日程已定以及旁遮普地区在独立后经济发展和人民生活水平逐步提高,人们的不满情绪暂时得到了缓解。从20世纪60年代中期开始,因对自身发展状况不满,加之政治权利诉求得不到满足,旁遮普地区的锡克教徒开始采取行动维护自身的宗教权利和经济利益。面对旁遮普地区锡克教徒频繁的抗议活动,时任印度总理的英迪拉·甘地最初还是答应了他们的一些要求,但是随着阿卡利·达尔提出要求的升级,中央政府与阿卡利政党的矛盾逐渐发展到不可调和的地步。1980年国大党重新在旁遮普执政成为举世的转折点,6月一些学生在金庙集会宣

---

① 关于纳萨尔派问题的研究可参见:时宏远:"印共(毛)崛起原因探析",《当代世界社会主义问题》2009年第1期;孙培钧:"纳萨尔主义武装斗争",《四川大学学报》2006年第5期;廖坚:"印共(毛)的崛起及发展前景",《当代世界》2010年10期;杰森·米克利安、斯科特·卡尼,丁江伟译:"当代印度的纳萨尔派武装",《国外社会科学文摘》2011年4月号;韩冰:"印度共产党(毛)的历史发展与现状",《当代世界与社会主义》2007年第6期。

② Ramachandra Guha, *Two Indias*, *The National Interest*, July/August 2009, p. 34.

③ Bipan Chandra, Mridula Mukherjee, Aditya Mukherjee, *India Since Independence*, New Delhi: Penguin Book, 2008, p. 423. 关于旁遮普地区的恐怖主义活动状况,前面章节中已经有较为详细的描述,这里尽量不再重复,但是为了本节所要分析的问题,仍然需要勾勒出基本的线索。

④ Yonah Alexander, *Combating Terrorism: Strategies of Ten Countries*, University of Michigan Press, 2002, pp. 304–305.

称要成立独立的锡克共和国。① 由于加纳尔·辛格·宾德拉维尔②的追随者在与警察的冲突中身亡,他决定与在1980年大选中惨败的阿卡利·达尔联手开始发动针对印度联邦的一系列恐怖主义活动。③

在此后一段时间里,锡克教武装组织利用中央政府与邦政府之间的矛盾,进行了一系列恐怖袭击活动,旁遮普邦陷入了政治混乱、暗杀事件频繁的时期。恐怖主义分子宣称,他们实施暗杀等行动时主要对象是印度教徒和"堕落"的锡克教徒,但是在实际执行过程中,为了使旁遮普地区的居民相信他们有能力与中央政府对抗,他们经常随意地选择暗杀目标。鉴于旁遮普邦的混乱局势,1983年10月印度政府决定在旁遮普邦实施"总统治理",但即便是在总统治理之下,印度政府也没有采取任何有效的行动去阻止恐怖行动。在1983年12月,宾德拉威尔领导的武装分子占领了阿卡尔寺这个控制金庙入口的祭祀总部。④ 英迪拉·甘地从1981到1984年并没有对旁遮普地区的民族分离主义给予足够的重视,她认为这仅仅是少数族群的一部分民众对印度政府表示不满情绪,因此并没有对旁遮普地区的暴力事件采取强有力的应对措施。

1984年,锡克教与中央政府之间的矛盾达到白热化,锡克教教徒在旁遮普邦的锡克教圣地金庙升起"卡利斯坦"国旗,锡克教举行大罢工,印度教徒和锡克教教徒的仇杀不断。⑤ 直到此时,中央政府才意识到问题的严重性,开始大量调集军队来镇压盘踞在金庙的锡克教武装分子,军队在采取行动的过程中对涉及到锡克教宗教文化及政治心理方面的问题仍然考虑得很少。1984年6月,印度军队在金庙采取了打击恐怖分子的"蓝星行动"。据官方公布的数字显示,锡克教武装分子有554人被打死,其中包

---

① Ramachandra Guha, *India after Gandhi*, Pan Macmilan Ltd Press, 2008, p. 560.
② 宾德拉威尔是锡克教当地的宗教领袖、锡克武装分子头目、一个原教旨主义者。锡克教徒当时进行的分离主义运动是有宗教背景的,根据《印度宪法》第25条规定,锡克教、佛教、耆那教都是印度教的一部分。在锡克教团体内,某些人认为将锡克教归入印度教的条文,是一个阴谋,该阴谋由占统治地位的印度教多数人有预谋地实施,这些条文影响了锡克教的完整性,否定了锡克人的权利。该部分内容参见邱永辉著:《印度宗教多元文化》,社会科学文献出版社2009年版,第138—139页。
③ Yonah Alexander, *Combating Terrorism: Strategies of Ten Countries*, University of Michigan Press, 2002, p. 305.
④ [德] 库尔克·罗特蒙特著,王立新、周红江译:《印度史》,中国青年出版社2008年版,第399页。
⑤ 郑瑞祥主编:《印度的崛起与中印关系》,当代世界出版社2006年版,第177页。

括宾德拉威尔，121 人受伤；政府军方面 92 人战死，287 人受伤。实际双方伤亡人数据认为还要比这多。①

金庙是锡克教圣地，政府对金庙的鲁莽进攻破坏了金庙的许多圣物，这增加了锡克教教徒对中央政府的不信任感，也加深了印度教徒与锡克教徒的矛盾，此后锡克教与印度教教徒之间的暴力冲突事件不断升级。1984 年 10 月 31 日，英迪拉·甘地被其卫兵中的两个锡克教徒射杀，②把锡克教徒与印度教徒之间的矛盾推向了顶点，在德里及许多印度北部城市，冲突逐渐演化成一场大规模的印度教徒对锡克教徒的恐怖暴力袭击事件。

为了报复印度教徒对锡克教徒的暴力袭击，旁遮普地区的许多锡克教徒加入恐怖主义组织，以攻击印度教徒，使得这一地区治安环境急剧恶化，暴力冲突事件层出不穷。1984 年的骚乱之后，印度政府与锡克教政治团体阿卡利·达尔试图达成旨在和解的协议，1985 年 7 月中央政府与阿卡利·达尔签署了协议。③ 但是协议并没有得到很好执行，旁遮普地区的混乱局势依然严重。为应对动荡的局势，从 1987 年起印度中央政府对旁遮普邦进行了长达五年的总统治理，这导致锡克教徒的对立情绪更加强烈，温和派和极端派携手倡议建立"卡利斯坦国"，极端分子的恐怖活动不断扩大。④ 持续不断的暴力冲突在造成严重的生命财产损失的同时，也使广大民众对恐怖主义产生厌恶和对立。1992 年旁遮普邦进行大选，宾特·辛格成为新首席部长。他充分利用民心思定的时机，坚决进行反恐行动，同时也采取一系列措施改善锡克教民众的社会发展状况，从而促使局势发生逆转。1991 年恐怖主义造成的相关伤亡人数为 2586 人，到 1992 年局势就有所好转，伤亡人数降至 1461 人，在随后几年继续明显好转，1995 年之后恐怖主义事件在该邦逐渐销声匿迹。⑤

---

① 林承节著：《印度史》，人民出版社 2004 年版，第 529 页。
② Bipan Chandra, Mridula Mukherjee, Aditya Mukherjee, *India Since Independence*, New Delhi, Penguin Book, 2008, p. 436.
③ Yonah Alexander, *Combating Terrorism: Strategies of Ten Countries*, University of Michigan Press, 2002, p. 308.
④ 马加力著：《崛起中的巨象——关注印度》，山东大学出版社 2010 年版，第 76 页。
⑤ See: Yonah Alexander, *Combating Terrorism: Strategies of Ten Countries*, University of Michigan Press, 2002, p. 310.

表7—11　旁遮普邦恐怖主义袭击造成的死亡人数（1981—2005年）

年度	平民	恐怖分子	安全部队	总数
1981	13	14	2	29
1982	13	7	2	22
1983	75	13	20	108
1984	359	77	20	456
1985	63	2	8	73
1986	520	78	38	636
1987	910	328	95	1333
1988	1949	373	110	2432
1989	1168	703	201	2072
1990	2467	1320	476	4263
1991	2591	2177	497	5265
1992	1518	2113	252	3883
1993	48	798	25	871
1994	2	76	0	78
1995	0	11	0	11
1996	0	3	0	3
1997	56	1	2	59
1998	0	0	0	0
1999	0	0	0	0
2000	18	0	0	18
2001	1	0	0	1
2002	5	0	0	5
2003	0	0	0	0
2004	0	0	0	0
2005	0	0	0	0

资料来源：印度联合内务部，转引自：http://www.satp.org/satporgtp/countries/india/states/punjab/data_sheets/annual_casualties.htm。

2005年之后印度旁遮普地区只有2007年和2012年分别出现个位数的

伤亡事件，合计 11 人。①

查谟—克什米尔地区恐怖主义问题的出现与该地区的历史地位与民族状况有直接的关系。印巴分治后，印度和巴基斯坦都宣称对该地区拥有主权，两国还因此爆发了数次战争。在经历了一段相对平静的时期之后，1987 年新德里执政当局操纵查谟—克什米尔邦议会选举，以保证亲印派政府上台执政，这激起了当地居民的强烈怨恨，最终爆发了以争取克什米尔独立为目的的叛乱。②

在开始阶段，印度政府对于该地区的恐怖主义活动并不关心也没有高度重视。1986 年阿卜杜拉与国大党政府达成协议后开始主政邦政府，他没有在法律框架下对该邦恐怖主义活动实施严厉打击，相反是对其发展采取放任自流的态度。③ 在这一时期，只有邦警察顶着巨大的风险试图以勇气和决心解决问题，但是它并没有得到邦政府的支持。④ 当时邦政府和中央政府都没有对印控克什米尔地区的恐怖主义活动给予重视，也没有能力处理该邦的混乱局势，邦政府在逐渐失去治理乱局效率的同时，也失去了民众主要是穆斯林民众的支持。

20 世纪 90 年代之前，武装叛乱的主要实施者是本土的查谟—克什米尔解放阵线（Jammu-Kashmir Liberation Front），其目标是争取克什米尔从印度独立。而在此之后，外部势力逐渐渗透到当地，并试图使克什米尔地区成为巴基斯坦的一部分。⑤ 20 世纪 80 年代末 90 年代初，印控克什米尔地区爆发了大规模的穆斯林武装斗争。起初，这场武装斗争主要在当地穆斯林武装组织的领导下，目标是为了实现克什米尔的民族自决和独立。⑥ 在大规模的武装冲突下，邦政府已经失去了对局势的控制能力，也没有能力再制定任何反恐怖的法律以制止暴力事件的发生。面临印控克什米尔日

---

① 参见 http：//www.satp.org/satporgtp/countries/india/states/punjab/data_sheets/annual_casualties.htm。

② [英] 爱德华·卢斯著，张淑芳译：《不顾诸神：现代印度的奇怪崛起》，中信出版社 2007 年版，第 173 页。

③ Yonah Alexander, *Combating Terrorism: Strategies of Ten Countries*, University of Michigan Press, 2002, p.311.

④ Ibid.

⑤ [英] 爱德华·卢斯著，张淑芳译：《不顾诸神：现代印度的奇怪崛起》，中信出版社 2007 年版，第 173 页。

⑥ 刘向阳："印控克什米尔的穆斯林武装活动探源"，《南亚研究季刊》2010 年第 3 期，第 20 页。

益动荡的局面，1990年印度政府任命斯利·贾格莫汉（Shri Jagmohan）为印控克什米尔首席部长，加强了对武装组织的镇压。在镇压武装组织的过程中，邦政府和印度军警逮捕了大量的无辜穆斯林民众，这引起了人们严重的不满。[1] 正如有人明确指出的那样，虚弱的邦政府运用过激反应和无目的的残暴行为，显然疏远了与克什米尔河谷地区民众的感情，政治控制使得局势更加糟糕，[2] 许多当地民众开始举行大规模示威游行抗议政府的军事镇压。直到1991年，局势才出现了转机，[3] 有了一定的好转。但是由于邦政府的政策失误，局势开始重新恶化，恐怖事件逐渐增多，造成的伤亡数字也急剧上升。根据南亚反恐视窗公布的数字，1992年印控克什米尔地区发生的恐怖主义事件为4971件，而1991年的恐怖主义事件仅为3122件，造成的死亡人数也从1991年的1393人上升到1909人（详见表7—12）。

表7—12 查谟—克什米尔邦恐怖主义袭击造成的死亡人数（1988—2011年）

年度	恐怖事件	平民	安全部队	恐怖分子	总计
1988	390	29	1	1	31
1989	2154	79	13	0	92
1990	3905	862	132	183	1177
1991	3122	594	185	614	1393
1992	4971	859	177	873	1909
1993	4457	1023	216	1328	2567
1994	4484	1012	236	1651	2899
1995	4479	1161	297	1338	2796
1996	4224	1333	376	1194	2903
1997	3004	840	355	1177	2372
1998	2993	877	339	1045	2261
1999	2938	799	555	1184	2538

---

[1] 刘向阳："印控克什米尔的穆斯林武装活动探源"，《南亚研究季刊》2010年第3期，第21页。

[2] S. D. Muni, *Responding to Terrorism in South Asia*, New Delhi: Ajay kumar Jain for Manohar Publishers & Distributor, 2006, p. 50.

[3] Yonah Alexander, *Combating Terrorism: Strategies of Ten Countries*, University of Michigan Press, 2002, p. 312.

续表

年度	恐怖事件	平民	安全部队	恐怖分子	总计
2000	2835	842	638	1808	3288
2001	3278	1067	590	2850	4507
2002	无数据	839	469	1714	3022
2003	无数据	658	338	1546	2542
2004	无数据	534	325	951	1810
2005	无数据	521	218	1000	1739
2006	无数据	349	168	599	1116
2007	无数据	164	121	492	777
2008	无数据	69	90	382	541
2009	无数据	55	78	242	375
2010	无数据	36	69	270	375
2011	无数据	34	30	119	183
2012	无数据	16	17	84	117
2013	无数据	20	61	100	181
2014	无数据	32	51	110	193
2015	无数据	10	19	37	66
合计	47234	14714	6164	22892	43770

资料来源：2011 年数据截止到 5 月 22 日数据的采集，来自报纸和新闻媒体。转引自：http：//www.satp.org/satporgtp/countries/india/states/jandk/data_ sheets/annual_ casualties. htm，2015 年数据截止到 6 月。

更为严重的是，1992 年国外恐怖分子开始出现在该地区，一些阿富汗人在巴控克什米尔地区活动，自此之后，越来越多的外国恐怖分子开始介入到印控克什米尔地区的恐怖主义活动中。到 1993 年底，印控查谟—克什米尔地区的恐怖主义分子有 1200 人左右，之后这个数字迅速上升到了 1 万人，许多恐怖主义分子是在阿富汗和巴基斯坦进行训练然后再进入到印控克什米尔地区。[1]

---

[1] 参见 Yonah Alexander，*Combating Terrorism：Strategies of Ten Countries*，University of Michigan Press，2002，pp. 312 - 313。

1994年克什米尔邦的暴力冲突事件进一步恶化,① 国外武装分子也从1994年起大量参与并进而开始主导印控克什米尔地区的恐怖袭击事件。② 这一年共发生了4484起恐怖袭击事件,大约造成了2899人死亡。1995年在马拉那·阿扎德（Maulana Azad）体育场举行共和国阅兵式期间,发生了一系列恐怖袭击事件,邦长克里希那·拉奥也差点丧命于此。1995年恐怖分子开始大量运用远程控制的炸弹来从事恐怖袭击事件,烧毁了一些神庙并绑架了五名外国游客。③

由于印控克什米尔地区的安全局势恶化,1991年的邦级选举无法按期进行,1993年选举的准备工作开始重新恢复,1996年阿卜杜拉率领当地政党重新赢得大选。由于这次选举吸引了大批民众参与,在一定程度上扭转了印控克什米尔地区反恐的形势,"选举从战略的角度考量被认为取得了巨大的成功"。④ 1996年后印控克什米尔地区的恐怖袭击事件逐渐减少,但是由于恐怖分子运用高爆炸性的炸药,造成的死亡人数依然很高。

进入21世纪后,印控克什米尔地区的暴力冲突事件依然没能停止,局势变得更加复杂。2002年邦选举中,阿卜杜拉在选举中失利,人民民主党在穆罕默德·萨义德的领导下与国大党结成联盟赢得了选举。代表克什米尔独立的全党派自由联盟和克什米尔解放阵线逐渐不再受民众支持。⑤

二、印度东北部地区恐怖主义活动状况

自印度独立以来,东北部地区的民族分离主义运动一直困扰着印度政府,而且冷战后随着暴力冲突事件的升级,民族分离主义运动逐渐向恐怖主义方向发展。东北部地区由于历史原因与印度主体文化联系薄弱,此外在地理上东北部地区紧靠狭窄的西里古里走廊与印度主体部分相连,经济

---

① Yonah Alexander, *Combating Terrorism: Strategies of Ten Countries*, University of Michigan Press, 2002, p. 313.

② http://www.satp.org/satporgtp/countries/india/states/jandk/backgrounder/index.html.

③ Yonah Alexander, *Combating Terrorism: Strategies of Ten Countries*, University of Michigan Press, 2002, p. 313.

④ S. D. Muni, *Responding to Terrorism in South Asia*, New Delhi: Ajay kumar Jain for Manohar Publishers & Distributor, 2006, p. 54.

⑤ Bipan Chandra, Mridula Mukherjee, Aditya Mukherjee, *India Since Independence*, New Delhi, Penguin Book, 2008, pp. 420 – 421.

的极端贫困以及与印度主体文化的联系不紧密造成了自印度独立以来东北部地区的分离主义倾向，分离主义组织制造了一系列暴力事件。可以说，自印度独立以来东北部地区的民族分离主义运动与西北部的印控克什米尔问题是一对"难兄难弟"。[1]

印度东北部地区是大面积的多山地区，不丹在西边，中国在北边，缅甸在东面，孟加拉国在南面。

印度独立以来，东北部地区便陷入了战乱和暴力冲突之中，从1947年以来那加兰地区的叛乱武装问题一直没有得到解决。在战事激烈的年份有三个师的印度军队和相当数量的准军事部队到东北部地区的那加兰、米佐拉、曼尼普尔、特里普拉、阿萨姆、梅加拉亚从事战斗。在东北部地区只有米佐邦的反叛武装得到了解决。[2] 迄今为止，那加兰地区还有两个武装军事集团，曼尼普尔邦有39个，阿萨姆邦有37个，特里普拉邦有30个，梅加拉亚邦有四个。[3] 其中不少被印度政府列入恐怖主义组织的名单。

（一）阿萨姆邦

阿萨姆邦在英国统治时期是一个专员辖省，其境内山区和边境地区有大量部落居民，他们有各自的语言、文化，经济发展落后，在相互交往中逐渐结合为几个比较大的部落集团。[4] 阿萨姆邦的武装冲突问题最早由国外（东巴基斯坦，即现在的孟加拉国）涌入的难民演变而来，涌入的非法移民改变了当地民众的人口结构，阿萨姆人强烈要求政府查处这些非法居民，剥夺其选举权，并将其遣返孟加拉。[5] 由于移民的问题越来越严重，印度政府最终同意签署一项驱逐令，认定1971年后涌入的移民应当被驱逐

---

[1] 李金轲、马得汶："印度东北部民族分离主义运动产生与不断发展的原因浅析"，《国际论坛》2008年第4期，第73页。关于印度东北部民族分离主义问题文章亦可见李益波："印度东北分离主义运动与印度政府的对策"，《现代国际关系》2006年第12期；邓兵："印度东北地区国内安全问题"，《南亚研究季刊》2006年第2期；李莉："印度东北地区分离主义活动情况概述"，《国际资料信息》2009年第8期；吕昭义、余芳琼："印度东北地区的民族分离运动与反政府武装"，《南亚研究》2010年第2期。

[2] S. D. Muni, *Responding to Terrorism in South Asia*, New Delhi: Ajay kumar Jain for Manohar Publishers & Distributor, 2006, p. 77.

[3] Ibid.

[4] 林承节著：《印度独立后的政治经济社会发展史》，昆仑出版社2003年版，第189页。

[5] 李莉："印度东北地区分离主义活动情况概述"，《国际资料信息》2009年第8期。

出境，①但是阿萨姆当地人对政府的决定并不满意，1979 年印度政府与阿萨姆反非法移民组织进行谈判，双方就如何认定"外国人"的日期发生了分歧，随后阿萨姆人与中央政府对立情绪激化，反政府行动日益暴力化，出现了阿萨姆联合解放阵线等分离主义组织。② 阿萨姆联合解放阵线自成立后，主张把阿萨姆从印度联邦中分离出去及反对非法移民的涌入，这些活动在初期深受当地民众的欢迎。然而，由于这个组织一直鼓动暴力活动，引起了当地居民的反感，加之中央政府实施打击措施，该组织的活动日趋萎缩。③

1979 年由于害怕外来移民在阿萨姆邦政治中占据主导地位，全阿萨姆学生联合和阿萨姆人民斗争议会结盟掀起了一场大规模的反对非法移民的运动。运动的领导人声称非法外国人已经占到全邦人口的 31%—34%，④要求政府直面阿萨姆邦外来人口问题并抵制 1980 年印度大选，呼吁当地民众开展不合作运动。英迪拉·甘地邀请当地领导人会谈无果后，宣布对示威者进行镇压，并于 1981 年对阿萨姆邦进行总统治理。⑤ 1991 年 6 月阿萨姆立法院进行选举，国大党（英）获胜并建立了阿萨姆邦政府，激进的阿萨姆联合阵线重新进行暴力活动。为了阿萨姆邦的安全与稳定，中央政府动用了国家安全力量打击暴力活动，其间击毁了阿萨姆联合阵线的 15 个训练营地。1992 年邦政府宣布暂停打击行动，接受暴力分子的投降。到 1992 年 3 月，大约有 4000 名阿萨姆联合阵线武装分子向政府投降。⑥ 此后，在政府军的打击下，该组织受到重创开始在边界地带建立训练营地。在阿萨姆地区除了阿萨姆联合阵线之外，波多民族民主阵线也是 20 世纪 90 年代比较活跃的暴力武装组织。

---

① 参见 http://www.satp.org/satporgtp/countries/india/states/assam/backgrounder/index.html。
② 李莉："印度东北地区分离主义活动情况概述"，《国际资料信息》2009 年第 8 期。
③ 马加力著：《崛起中的大象——关注印度》，山东大学出版社 2010 年版，第 77 页。
④ Bipan Chandra, Mridula Mukherjee, Aditya Mukherjee, *India Since Independence*, New Delhi: Penguin Book, 2008, p.404.
⑤ 林承节著：《印度独立后的政治经济社会发展史》，昆仑出版社 2003 年版，第 564—565 页。在实行总统治理后，中央政府宣布了解决外来人问题的办法，中心是 1961 年前进入的将获得印度公民权，1961—1971 年 3 月前进入的，凡在三个月内提供有效证明的，给予公民权，否则将安排他们到其他邦居住；1971 年 3 月后进入的遣返回国。
⑥ http://www.satp.org/satporgtp/countries/india/states/assam/backgrounder/index.html。

表7—13　阿萨姆邦恐怖主义组织概况

目前状况	正式禁止的恐怖主义组织	活跃的恐怖主义组织	非活跃恐怖主义组织
恐怖主义组织名称	波多民族民主阵线（NDFB）、阿萨姆解放联合阵线（ULFA）、巴尔卡谷地联合解放阵线（ULFBV）	阿迪瓦斯·考博拉力量（ACF）、迪马·哈利姆组织（DHD）、哈马尔人民民主大会（HPC-D）、卡姆塔普尔解放组织（KLO）、阿萨姆穆斯林解放猛虎（MULTA）、联合人民民主团结（UPDS）、黑窗（BW）、全阿迪瓦斯民主联合军、北卡恰尔山地解放阵线（KLNLF）	波多解放猛虎（BLT）、穆斯林安全力量（MSF）、人民联合解放阵线（PULF）等26个

资料来源：根据http://www.satp.org/satporgtp/countries/india/states/assam/terrorist_outfits/index.html 自制表格。

表7—14　阿萨姆邦恐怖主义袭击造成的死亡人数（2002—2009年）

年度	事件	平民	安全部队	恐怖分子	总数
2002	412	193	26	308	527
2003	358	182	12	207	401
2004	267	194	17	104	315
2005	398	173	7	74	254
2006	413	164	32	46	242
2007	474	287	27	759*	1073
2008	387	245	18	1237*	1500
2009	424	152	22	1259*	1433

资料来源：印度内政联合部，转引自http://www.satp.org/satporgtp/countries/india/states/assam/data_sheets/annualreport.htm。*从2007年起，印度内政联合部的统计资料不再包括逮捕、被杀、投降的武装分子。

从2009年开始，这类死亡人数明显下降，但是2014年又达到一个高值，值得重视。[1]

---

[1] 参见http://www.satp.org/satporgtp/countries/india/states/assam/data_sheets/insurgency_related_killings.htm 统计数据。

（二）曼尼普尔邦

曼尼普尔曾是一个历史悠久的国家，1826年英缅战争后，该地区沦为了英国殖民地。印巴分治前夕，当地民众认为独立符合地区要求，曼尼普尔王公独立建国。但是最终在印度的干涉下曼尼普尔王公答应并入印度。[①] 事实上，加入印度联邦并没有得到曼尼普尔当地民众的支持，民众认为王公是在印度政府的威胁下才同意合并的。因此，当地人民对印度中央政府对曼尼普尔的主权合法性持有质疑。曼尼普尔拥有8600平方公里，大约有700平方公里的河谷地带，这里生活着38万信仰印度教的梅泰人，更大的部分山区地带则生活着18万那加部落和库奇部落民。[②] "民族联合解放阵线"和"曼尼普尔人民解放军"是梅泰人最主要的分离主义组织。[③] 1964年11月，辛格建立联合民族解放阵线（United National Liberation Front，UNLF），宣告以独立和建立"社会主义社会"为其政治目标。[④] 在民族联合阵线的基础上，一个泛曼尼普尔的青年团正式成立。此后，该组织内部对于战略取向问题产生分歧，辛格（Samarendra Singh）希望在进行武装斗争之前首先应当进行意识形态宣传，但是更为激进的领导人库马尔（Oinam Sudhir Kumar）则建立了曼尼普尔革命政府（RGM），辛格在2001年被不明武装分子杀害。在20世纪七八十年代，联合民族解放阵线主要集中于动员人民和招募成员的行动。1990年，该组织决定发动武装暴力斗争把曼尼普尔从印度独立出去。同年，该组织改组为武装的曼尼普尔人民军（MPA）。[⑤] 曼尼普尔邦除了梅泰人的分离主义运动之外，该邦的那加人和库奇人都在为了各自的政治目的进行武装斗争与暴力活动。

---

① 马得玟、李金轲："印度曼尼普尔邦的民族社会问题探析"，《东南亚南亚研究》2009年第4期。
② Ramachandra Guha, *India after Gandhi*, Pan Macmilan Ltd Press, 2008, p.276.
③ 马得玟、李金轲："印度曼尼普尔邦的民族社会问题探析"，《东南亚南亚研究》2009年第4期。
④ 吕昭义、余芳琼："印度东北地区的民族分离运动与反政府武装"，《南亚研究》2010年第2期。
⑤ 参见 http://www.satp.org/satporgtp/countries/india/states/manipur/terrorist_outfits/Unlf.htm.

表7—15　曼尼普尔邦恐怖主义组织概况

目前状况	正式禁止的恐怖主义组织	活跃的恐怖主义组织	非活跃的恐怖主义组织
恐怖主义组织名称	康雷帕克共产党（KCP）、曼尼普尔人民解放阵线（MPLF）、人民解放军（PLA）、康雷帕克人民革命会议（PREPAK）、联合民族解放阵线（UNLF）	哈马尔人民民主大会（HPC-D）、库奇解放军（KLA）、库奇民族军（KNA）、库奇民族阵线（KNF）、库奇革命军（KRA）、那加民族社会主义会议—伊萨克派（NSCN-IM）、人民联合解放阵线（PULF）、库奇联合解放阵线（UKLF）、佐米革命军（ZRA）	哈马尔人民协定（HPC）、哈马尔革命阵线（HRF）、伊斯兰革命阵线（INF）、伊斯兰民族阵线（INF）等25个组织

资料来源：根据 http://www.satp.org/satporgtp/countries/india/states/manipur/terrorist_outfits/index.html 自制表格。

表7—16　曼尼普尔邦恐怖主义袭击造成的死亡人数（2002—2009年）

年度	事件	平民	安全部队	恐怖分子	总数
2002	268	60	54	125	239
2003	243	50	27	128	205
2004	478	88	36	134	258
2005	554	158	50	202	410
2006	498	96	28	187	311
2007	584	130	39	1443*	1612
2008	740	137	16	2112*	2265
2009	659	81	19	1896*	1996

资料来源：印度内政联合部，转引自 http://www.satp.org/satporgtp/countries/india/states/manipur/data_sheets/annualreport.htm。* 从2007年起，印度内政联合部的统计资料不再包括逮捕、被杀、投降的武装分子。

2009年以后，在曼尼普尔地区的恐怖主义危害造成的人员伤亡数字呈下降态势，但是仍然维持在一个较高的水平上，[1] 这一地区的恐怖主义问

---

[1] 参见 http://www.satp.org/satporgtp/countries/india/states/manipur/data_sheets/insurgency_related_killings.htm 相关统计数据。

题始终没能从根本上解决。近年来，一些恐怖主义分子训练营地转移到国外，给政府打击行动带来更大的难度。

（三）梅加拉亚邦

梅加拉亚邦成为自治邦是在 1970 年 4 月 2 日，此前梅加拉亚是阿萨姆邦的一部分。梅加拉亚邦是一些部落的居住地，该地区自然风光秀美，梅加拉亚被许多人称为"东方的瑞士"。嘎若斯（Garos）占据了西梅加拉亚，哈色斯（Khasis）占据了中梅加拉亚，金哈斯（Jaintia）居住在东梅加拉亚。20 世纪 80 年代后半段，该邦陷入了叛乱武装造成的混乱状态中，在该地区有四个恐怖主义组织经常活动，① 即民族自由委员会（Hynniewtrep National Liberation HNLC）、阿齐克民族志愿委员会（Achik National Volunteer Council ANVC）、梅加拉亚人民自由阵线（People's Liberation Front of Meghalaya PLF-M）、阿齐克精英解放力量（Liberation of Achik Elite Force）。②

根据印度内政部统计，1994 年到 2002 年之间，梅加拉亚邦恐怖主义活动造成的死亡具体数字为 92 名平民、68 个安全人员、44 个恐怖主义分子。恐怖活动升级的标志是政府公布的死亡数字：1998 年为总共 20 人死亡，1999 年 22 人，2000 年 36 人，2001 年 40 人，2002 年 64 人。1997 年到 2001 年，梅加拉亚邦发生的与恐怖活动相联系的事件有 225 件。③ 2002 年之后，这种基本态势没有发生大的变化。

表 7—17　梅加拉亚邦恐怖主义袭击造成的死亡人数（2002—2015 年）

年度	平民	安全部队	恐怖分子	总数
2002	29	18	17	64
2003	26	5	27	58
2004	7	5	23	35
2005	2	1	25	29

---

① 参见 http://www.satp.org/satporgtp/countries/india/states/meghalaya/backgrounder/index.html。

② http://www.satp.org/satporgtp/countries/india/states/Meghalaya/terrorist_outfits/LAEF.HTM。

③ http://www.satp.org/satporgtp/countries/india/states/Meghalaya/backgrounder/index.html。

续表

年度	平民	安全部队	恐怖分子	总数
2006	7	0	17	24
2007	4	1	13	18
2008	0	1	12	13
2009	1	0	4	5
2010	3	0	17	20
2011	11	10	8	29
2012	27	2	19	48
2013	28	9	23	60
2014	23	6	47	76
2015	7	4	21	32
合计	238	112	301	651

资料来源：http：//www.satp.org/satporgtp/countries/india/states/Meghalaya/data_sheets/insurgency_related_killings.htm，2015年数据截止到6月。

（四）米佐拉姆邦

那加兰叛乱的几年后，东北部地区的米佐自治区也面临着与那加兰相似的局势。反叛者要求重新回到1947年英国当局控制下的状态，但是1959年饥荒中对阿萨姆管理当局的救灾措施的不满以及确立阿萨姆语为阿萨姆邦官方的语言，这些最终促使了米佐民族阵线（Mizuo National Front MNF）的形成。[1] 米佐阵线受当时印度东北部地区极端派鼓舞，1966年3月也提出了分裂要求，宣布要建立米佐拉姆国家，开始武装叛乱。中央政府迅速派兵镇压，叛乱分子失败，其后一直在该地区从事游击战。另外一支相对温和的米佐联盟则一直通过非暴力的方式进行斗争。[2] 20世纪80年代中期，该地区再次爆发叛乱。1986年6月30日，中央政府同米佐民族阵线签署协议，规定将于次年正式给予米佐拉姆以邦的地位，紧张局势逐

---

[1] Bipan Chandra, Mridula Mukherjee, Aditya Mukherjee, *India Since Independence*, New Delhi, Penguin Book, 2008, pp. 146–147.

[2] 林承节著：《印度独立后的政治经济社会发展史》，昆仑出版社2003年版，第192页。

渐得到缓和。①

反叛武装与中央政府达成协议后，暴力恐怖事件在该邦逐渐削减下去，从表7—18的数字中，我们可以看出恐怖袭击事件在米佐拉姆邦的影响已经很小。目前米佐拉姆邦有两个有微弱活动能力的恐怖主义组织：布如民族解放阵线（Bru National Liberation Front）、哈马尔人民会议民主派（Hmar People's Convention—Democracy）。② 布如民族解放阵线目前正在与米佐拉姆政府进行谈判，哈马尔人民会议民主派则是哈马尔人民会议的分支机构，他们这些年的目标是在米佐拉姆邦的北部地区和东北部地区建立一个赫马尔人独立邦。根据1991年的调查显示，米佐拉姆邦有12535名哈马尔人，他们不满1986年的《米佐和平协定》，因此希望通过武装斗争的形式来达到他们的目标。③ 与上述几个邦相比，米佐拉姆邦恐怖主义造成的伤亡数字要小得多，这从印度内政部的统计数据上可以看到。

表7—18 米佐拉姆邦恐怖主义袭击造成的死亡人数（2002—2009年）

年度	事件	平民	安全部队	恐怖分子	总数
2002	1	0	0	0	0
2003	3	0	1	0	1
2004	3	0	1	3	4
2005	4	2	0	0	2
2006	5	0	0	0	0
2007	2	2	0	21*	23
2008	1	0	4	13*	17
2009	1	1	0	0*	1

资料来源：印度内政联合部，转引自 http：//www.satp.org/satporgtp/countries/india/states/nagaland/data_sheets/annualreport.htm.* 从2007年起，印度内政联合部的统计资料不再包括逮捕、被杀、投降的武装分子。

---

① 马加力著：《崛起中的巨象——关注印度》，山东大学出版社2010年版，第77页。
② http：//www.satp.org/satporgtp/countries/india/states/mizoram/terrorist_outfits/index.html.
③ http：//www.satp.org/satporgtp/countries/india/states/mizoram/terrorist_outfits/HPC_D.htm.

(五) 那加兰邦

那加兰人居住在印度东北部地区的那加山区地带，靠近阿萨姆—缅甸的边界。1961年那加兰地区可统计的人口接近50万，大约占当时印度人口的不到1%，他们由许多独立部落使用不同语言的人组成。[1] 那加兰邦的叛乱是东北部地区叛乱运动的源头，它激起和煽动，并以不同方式帮助了东北部地区的其他叛乱组织。如果印度政府在20世纪50年代年能有效地解决和预防那加兰地区的叛乱势力，东北部地区的叛乱组织也不会生根发芽。[2] 领导叛乱的那加民族委员会（NNC）是东北部地区最早挑战印度联邦并宣告独立的地区，英国人管理部落民族（尤其是在那加兰地区）的方式，是最小程度地介入当地部落的生活方式，对部落内部的运作保持中立。在印度独立前夕，那加人并没有准备接受任何印度政治力量的统治。1929年，那加俱乐部[3]向西蒙委员会提交了备忘录，要求那加人保持在制宪会议进程之外"从平原地带人民的压榨中拯救出他们"，并要求英国人对于它们的统治继续下去。[4] 印度建国后，那加人进行了更大规模的抗议活动，在民族主义组织那加民族委员会的领导下，成立了自己的军事组织，希望通过暴力斗争的方式把那加兰地区从印度联邦分离出去。在与那加兰军事组织中的温和派进行艰苦的谈判之后，印度中央政府决定建立独立的那加兰邦。1962年议会通过了建邦法案，1963年那加兰邦成立。[5] 但是问题并没有得到根本解决，一些那加兰军事组织中的激进派不满印度政府的决定，依然希望通过暴力手段来达到那加兰地区独立的目的。中央政府与那加民族委员会在1964年和1975年先后两次达成和平协议，但武装冲突一直时停时起。[6] 那加兰民族分离主义运动式微之后，分离主义组织内部不断产生矛盾。20世纪80年代起，民族分离主义分子

---

[1] Bipan Chandra, Mridula Mukherjee, Aditya Mukherjee, *India Since Independence*, New Delhi, Penguin Book, 2008, p. 145.
[2] S. D. Muni, *Responding to Terrorism in South Asia*, New Delhi: Ajay kumar Jain for Manohar Publishers & Distributor, 2006, pp. 77–78.
[3] 那加兰地区是由受过西方教育的那加中产阶级精英组成的第一个现代组织。
[4] Samir Kumar Das, *Conflict and Peace in India's Northeast*: The Role of Civil Society, p. 22.
[5] 林承节著：《印度独立后的政治经济社会发展史》，昆仑出版社2003年版，第191页。
[6] 马加力著：《崛起中的巨象——关注印度》，山东大学出版社2010年版，第77页。

逐渐分为两派，两派之间进行了残酷的斗争。① 此后20世纪90年代中期以来，印度中央政府与当地地方武装力量进行了不断接触，积极稳定当地局势。

表7—19 那加兰邦恐怖主义组织概况

目前活动状况	活跃的恐怖主义组织	非活跃的恐怖主义组织
恐怖组织名称	那加民族社会主义会议—伊萨克派（NSCN—IM）、那加兰民族社会主义会议—哈普朗派（NSCN—K）、那加民族社会主义—统一派（NSCN—U）	那加民族会议—安蒂诺（NNC—Adino）

资料来源：根据http://www.satp.org/satporgtp/countries/india/states/nagaland/terrorist_outfits/index.html自制表格。

表7—20 那加兰邦恐怖主义袭击造成的死亡人数（2002—2015年）

年份	平民	安全人员	恐怖主义分子	合计
2002	5	2	29	36
2003	3	3	31	37
2004	35	1	22	58
2005	9	0	31	40
2006	10	1	81	92
2007	20	0	88	108
2008	42	2	101	145
2009	7	0	11	18
2010	0	0	3	3
2011	7	0	8	15

---

① 吕昭义、余芳琼：“印度东北地区的民族分离运动与反政府武装”，《南亚研究》2010年第2期。

续表

年份	平民	安全人员	恐怖主义分子	合计
2012	6	0	55	61
2013	11	0	21	32
2014	11	0	4	15
2015	4	9	3	16
总计	794	255	1429	2478

资料来源：http：//www.satp.org/satporgtp/countries/india/states/nagaland/data_sheets/insurgency_related_killings.htm，2015年数据截止到6月。

（六）特里普拉邦

特里普拉邦有许多世世代代居住在那里的原住部落民族，特里普拉武装叛乱的主要原因就是，东巴基斯坦从巴基斯坦独立之时，由于当时东巴基斯坦（现在孟加拉国）地区安全局势不稳定，许多孟加拉民众跨过边界逃往印度特里普拉邦。人口结构的迅速变化，引起了原住部落民对外来人口的不满，为了保护原住民的权利，一些部落组成了自己的政治军事力量，并建立了自己的管理委员会。为了缓和部落民的感受，1979年特里普拉邦政府通过《特里普拉部落自治区委会法案》。法案遭到一部分孟加拉人的反对，他们也建立了一个名为"我们是孟加拉人"的军事组织。[①] 1970年双方的紧张局势进一步恶化，双方矛盾的激化使得一些武装组织出现在特里普拉邦，双方就当地的土地和民众纠纷爆发了一系列武装冲突。相较于20世纪80年代末和90年代初期，当地的局势从1996年起开始持续恶化，特里普拉民族解放阵线对暴力事件的发生负有直接责任，该组织开始袭击非部落民和当地官员。[②]

---

① 吕昭义、余芳琼："印度东北地区的民族分离运动与反政府武装"，《南亚研究》2010年第2期。

② Yonah Alexander, *Combating Terrorism: Strategies of Ten Countries*, University of Michigan Press, 2002, p. 322.

表 7—21　特里普拉邦恐怖主义组织概况

目前状况	正式禁止的恐怖主义组织	活跃的恐怖主义组织	非活跃的恐怖主义组织
恐怖主义组织名称	全特里普拉猛虎武装（ATTF）、特里普拉民族解放阵线（NLFT）	特里普拉博罗克民族解放会议（BNCT）	全特里普拉解放组织（ATLO）、全特里普拉民族武装（ATNF）、特里普拉解放组织阵线（TLOF）等 22 个组织

资料来源：根据 http：//www.satp.org/satporgtp/countries/india/states/tripura/terrorist_outfits/index.html 自制表格。

表 7—22　特里普拉邦恐怖主义袭击造成的死亡人数（2001—2010 年）

年度	平民	安全部队	恐怖主义分子	总数
2001	239	31	42	312
2002	94	43	38	175
2003	195	39	61	295
2004	66	38	63	167
2005	34	8	31	73
2006	11	19	30	60
2007	10	5	21	36
2008	7	4	17	28
2009	9	1	1	11
2010	0	2	1	3

资料来源：人数从报纸及新闻报道中得出。转引自：http：//www.satp.org/satporgtp/countries/india/states/tripura/data_sheets/insurgency_related_killings.htm。

从统计数据看，近年来的趋势呈现缓和迹象。

三、恐怖主义与民族关系

通过上面的描述，我们对发生在印度西北部和东北部的、与恐怖主义相关的状况有了一个较为具体的总体认识。但是如果稍微深入一点，就不得不面临以下一些问题：发生在这些地区的暴力行为是依据什么衡量标准被定义为恐怖主义的？其与民族问题的关系是什么？

印度政府曾经多次公布国内的恐怖主义组织名单，特别是21世纪以来，也明显加大了对恐怖主义活动的打压力度，不仅在军事上予以镇压，而且在舆论上也强化声讨以重申这些活动的非法性，唤起普通民众对恐怖主义组织和活动的仇视、反对心理。

在这些工作中，印度政府不得不面对一个十分棘手的问题，这就是如何给一些兼有民族主义色彩和暴力色彩的组织定性的问题。不可否认，印度的许多被称为恐怖主义的组织和活动，在其活动的方式、性质和影响等方面与国际公认的情况存在一致性，而且近些年来一些组织的国际背景也越来越多地显现出来。但是通过前面的分析，我们也看到，印度的恐怖主义与民族问题主要是民族关系状况有着一些无法分割的联系。无论是活跃在西北部的锡克教组织、伊斯兰教组织还是东北部的许多政治组织，都常常将本族群的基本权利（包括政治自治权、经济发展权等）作为争取普通民众特别是本教派或族群成员同情和支持的旗帜，从而很容易造成因标准不统一而出现的定性大相径庭的局面。例如对于克什米尔地区的一些伊斯兰教极端组织，长期以来，印度政府的观点就与本地民众以及相邻的巴基斯坦政府的观点完全相左。透过不断发生的暴力事件，我们可以发现一些更深层次的要素在起着作用。这就是由于历史和现实的原因，一些处于相对落后状态的少数族群无法享受与其他社会群体成员一样的发展机会和发展成果，又看不到改变这种状况的前景，于是一些人就铤而走险，采用极端的手段来震慑执政的政治家。此外，一些原本只是族群文化上的差异被一些别有用心的人无限夸大，使之变形成为无法调和的族群矛盾、社会矛盾，最终演化为社会冲突。

从这个角度说，造成印度恐怖主义难于消除的一个不容忽视的重要原因是，各个族群之间并没有真正形成一种平等和谐发展的族际关系。历史还证明，当印度政府重视这一问题并采取积极的措施时，就可以有效地化解矛盾，进而减弱恐怖主义或者暴力活动的发生，这方面最好的例子就是前面已经叙述过的，在英·甘地被刺身亡，全印许多地区陷入族群暴力冲突绵延之时，拉·甘地采取了明智的措施，并在之后的时间里谨慎处理旁遮普地区的锡克教民众的发展问题，最终使得危机渐渐平息，恐怖主义威胁也逐渐消退。然而遗憾的是，印度的一些政治家并不总是清楚地意识到这些问题的实质，而常常只是强调暴力行动对社会稳定和国家统一的破坏性这个侧面，他们即便是能够在形式上把恐怖活动压下去，也很难从根本上消除一些族群成员中埋藏的不满，也就难以消除产生恐怖主义的国内土壤。

　　印度的事实证明，尽管民族关系如何不必然是恐怖主义产生和猖獗的关键原因，但是一个国家内部民族关系的好坏却能够影响恐怖主义的兴衰，这种内在的逻辑联系是任何人也不能否认也不能忽视的。从这个角度上我们可以说，处理好不同族群之间的关系，特别是促进相对落后地区的经济、社会、文化快速发展以减少其与发达地区的差距，对于削减恐怖主义滋生的土壤，降低恐怖主义事件的发生概率是至关重要的。

第八章
印度民族问题与国际关系

尽管印度的民族问题属于其国内事务，但南亚地区民族分布的跨境特征决定了印度国内民族问题的影响往往溢出国界而产生国际影响，而印度大量的海外移民也扩大了印度与世界各国的多方面联系，本章将就这一方面进行探讨。

第一节 印度的海外移民

印度历史上就有向周边海外移民的情况，但规模不大，直到近代以来才出现较大规模的海外移民。印度国内的民族问题在印度海外移民中表现得不明显，同为印度人，在海外陌生的生存环境中，印度裔移民更需要的是相互帮助和团结，以维护自己共同的利益。海外印度人在移民国外和在外国生活的过程中，自觉不自觉地把印度文化的影响也带到了其所在的国家和地区，产生了重要的国际影响。海外印度人的侨汇和回国投资，对印度国内发展也起着重要的作用。

一、印度海外移民的历史回顾

印度学术界和官方普遍认为，在19世纪30年代以前，印度没有出现较大规模移民海外的现象，也缺乏有关的历史记录。他们几乎都将印度人开始大规模移民海外的历史定在19世纪30—40年代。① 关于印度人移民海外的历史阶段，印度学术界有着不同的解释或划分。

第一种观点认为，可以分为4个阶段：第一次大规模移民海外发生在19世纪30—40年代，是由英国、法国和荷兰等欧洲帝国主义国家的殖民征服者组织的；移民的身份是契约劳工（Indentured Labors），目的地是英国、法国和荷兰等国在西印度群岛、东南亚和印度洋一些岛屿上的殖民地。第二次大规模移民海外发生在20世纪初期，由英国殖民统治者组织；移民的目的地本为英伦三岛（英国本土），但后来却中途转向，滞留非洲并最后在那里落脚。第三次移民高潮出现在1923年之后，持续了10余年，仍由英国殖民当局组织，目的地是波斯湾。第四次移民高潮出现在20世纪60年代之后，无人组织，完全是自发行为，这期间移民的目的地比较分散，但以欧美发达国家、东南亚和海湾国家为主。这批人既包括前往海湾国家从事体力劳动的劳工，也包括前往西欧和北美求学、定居、工作、投资的高科技人才和实业家。② 持这种观点的学者有曼达尔（S. K. Mandal）等。

另外一种观点认为，印度人移民海外有三个不同的阶段。其代表人物是担任第一任海外印度人事务部部长的夏尔玛（J. C. Sharma）。从某种意义上来说，他的观点基本上也可以代表印度政府的观点。主要内容是：第一阶段发生在英国人殖民统治时期，以契约劳工为代表，主要由英印当局组织。第二阶段发生在印度独立后。当时，大量印度专业人士、工匠、商贩和工人纷纷到国外寻求工作机会和从事商业活动，后来也有一些实业家或商人出国寻求发展。这一阶段的移民完全是自发的或自我组织的，主要是在20世纪70年代大量涌入海湾的技术工人。第三阶段当前正在发生，以各类专业人士和受过良好教育的知识精英前往发达国家寻求机会或就业为标志。③

以上介绍基本能够反映历史实况和印度学术界的基本观点。虽然印度人的移民史可以追溯至公元前，但印度人的大规模移民主要发生在19世纪

---

① K. Laxmi Narayan, "Indian Diaspora: A Demographic Perspective".

② http://www.Indiandiaspora.nic.in.

③ J. C. Sharma, *Indian Diaspora: Inaugural Address*, http://www.ngu.ac.in/center/Dias/index.htm.

30 年代后。笔者认为，主要经历了几个阶段和高峰：一是殖民时期的移民，即 19 世纪 30 年代至 20 世纪初期，主要是契约工人和其他劳工、商人、专业人士及英国政府雇员向在亚洲、非洲、拉丁美洲和加勒比海的英属、法属和荷属殖民地的移民，特别是契约劳工向英国在加勒比海、非洲和东南亚殖民地的移民；二是 20 世纪 70—80 年代向中东国家的劳工移民，80 年代最多时曾达到年均 18.8 万人；三是二战后向西方工业化国家的移民，特别是 20 世纪 80 年代中期以来被称为"脑力外流"的印度专业技术人员纷纷向西方发达国家的移民。据报道，20 世纪 90 年代移入美国的印度人年均达到 3 万人。另外，难民作为移民群中特殊的一类，在印度现代历史中亦占有重要的地位。1947 年印度和巴基斯坦分治时，由于印度教徒和穆斯林的对立、冲突，至少有 800 多万居住在印度的穆斯林移居到了巴基斯坦，从巴基斯坦也迁过来大约相同数量的非穆斯林民众。

二、印度的移民政策

印度政府对待海外移民的态度基本上可以分为两个阶段。

第一个阶段是独立后至 20 世纪 70 年代，印度政府不支持、更不鼓励印度人移居海外，对待海外印度人的态度基本上是不理不睬、消极的；而海外印度人对待印度政府的态度也几乎是同样的。

由于印度政府不承认独立以前移居海外的印度人与印度有什么关系，在印度独立之后的半个世纪里，海外印度人与印度政府几乎没有什么联系。海外印度人返回家乡，主要是探亲或是到自己所信奉的宗教圣地朝拜，基本上没有投资或经济合作活动。

在这期间，海外印度人曾经遭受过两次较大规模的迫害和驱逐。1964 年 5 月，缅甸政府大规模驱逐其境内的印度人，共计有 30 万在缅印度人被迫离开缅甸。还有 1972 年发生在非洲乌干达的排印事件，被驱逐的印度人（包括印度裔）达 5 万之众。印度政府没有积极地作为，只是简单地被动应对。虽说这与当时反殖民统治、追求民族独立运动的时代主题有关，但印度政府自身消极的移民政策也是重要原因。

总之，在这一时期，印度政府采取的是"忘掉"海外印度人的政策。

第二阶段是从 20 世纪 70 年代至今，印度政府改变其对待海外印度人的政策，积极加强与海外印度人的联系。1977 年，具有强烈民族主义色彩的印度人民党上台执政,强烈要求改变当时印度政府的侨务政策及海外印度人政策。1977 年 11 月,在一次由印度政府主办的关于海外印度人的研讨会上,时任印度外交部长的瓦杰帕伊在开幕词中表示:"每一个海外印度人血统里都保留了我们的文化传统和文明。他们虽然离开印度到海外工作或生活,但印度永远不会忘记他们,他们对祖国的深厚感情以及对印度文化的热爱,让我们赞赏和尊重。"①

1991 年印度实行了经济改革。海外印度人,特别是新移民的经济和科技实力是印度政府可以依靠的海外力量。为了吸引海外印度人积极回国投资,印度政府对海外印度人政策进行了全面、根本的改革:

第一,设立海外印度人高级委员会(High Level Committee on Indian Diaspora)和海外印度人事务部。2000 年 9 月正式成立由外交部牵头的高级别的海外印度人高级委员会,主要任务是对海外印度人进行调查研究,了解他们在海外生存与发展中存在的问题、对印度的感情和对印度政府的要求,在此基础上为印度政府制定海外印度人政策出谋划策。2004 年 5 月曼莫汉·辛格政府上台执政后,组建了"印度侨民事务部",目的是为海外印度人提供"一站式"服务,以解决在处理海外印度人事务时多部门管理的不便与麻烦。同年 9 月,这一部门更名为"海外印度人事务部"。它标志着印度处理海外移民事务机构的整合和完善,表明了政府对海外印度人的关注,意味着印度海外印度人政策的根本改变。

第二,实行印裔卡(PIO Card)计划和双重国籍政策。为了加强与海外印度人的联系,增强他们对母国的民族感情,1999 年印度政府施行印裔卡(PIO Card)计划。这一计划主要针对老移民,也适用于新移民。居住在世界各国(几个特殊国家除外)的四代以内的印裔及他们的外国配偶都可以获得这种身份卡,只需交纳 1000 美元,就可以获得在 20 年内无限次入境印度的签证。这种身份卡为海外印度人往返印度提供了便利,加强、促进了海外印度人与印度的交往和联系。

另外,2003 年 1 月 9 日,印度政府在首都新德里召开了第一届"海外印度人节暨海外印度人奖颁奖大会"。印度政府宣布,开始实施针对印侨的双重国籍政策,以有利于他们回到印度发展,吸引海外印度人的资金,

---

① High Level Committee on Indian Diaspora, *Report of High Level Committee on Indian Diaspora*, Forword, p. v. in http://www.Indiandiaspora.nic.in/.

利用他们的技术和影响力。但此政策主要是针对在美国、英国等西方发达国家居住的印度人,引起了较大争议。2005年,该项政策又进一步修改,授予除巴基斯坦和孟加拉国以外国家的印度裔外国人以双重国籍。值得一提的是,1月9日是圣雄甘地从南非回到印度领导独立运动的纪念日,选择这样一个日子作为"海外印度人节"的开幕式,用意颇深,表明了海外印度人对印度的重要性和印度政府对他们的重视。

最后,印度政府高度重视海外印度人,对海外印度人的研究也成为印度学术界的显学,不光在印度,甚至在海外也举行过多次关于海外印度人研究的会议。1997年,印度第一个专门研究海外印度人的学术机构"海外印度人研究中心"在安得拉邦的海得拉巴大学正式成立,后来类似的研究机构相继成立。

三、印度海外移民分布与现状

印度向海外移民既与英国殖民的历史有关,也有其自身的客观因素。首先,印度三面环海,其向海外移民拥有独特的地理环境优势。另外,印度是人口大国,有充足的人口资源,可以大量往外移民。现在印度后裔已经遍布全球,成为世界上重要的移民输出国。更主要的是,印度是英国的殖民地,印度人经常作为英国人可以利用的人力资源而移民到英国的其他殖民地。可以说,没有英国,就没有这么多海外印度移民。

印度移民主要分布于南亚诸国和原英国殖民地范围:东南亚、加勒比地区、南太平洋、印度洋岛国和东非、南非,以及西方发达的工业化国家。据统计,尼泊尔和斯里兰卡占印度移民总数的38%,加勒比等5个岛国(特里尼达、圭亚那、苏里南、斐济、毛里求斯)占17.4%;东南亚(包括缅甸)一片,占14.7%;发达地区(英、美、加、欧等)占12%;西亚占8%;南非、东非占4.5%;其余分散到另外20几个国家。

印度移民在许多国家占据重要地位。在印度洋的岛国毛里求斯、塞舌尔有大量的印度移民,这些人主要是英国殖民时代被招募充当甘蔗种植园劳工的后裔。在东非国家也有很多印度后裔,他们的祖先主要是英国殖民时代来此修筑铁路的南印度契约劳工。

在东南亚的前英国殖民地中,有大量的印度后裔。比如,新加坡8%的人口是印度后裔,马来西亚7.4%是印度后裔。20世纪80年代,新加坡、马来西亚经济起飞，从印度输入的劳工迅速增加，遍及建筑、服务、农业等许多领域。

在拉丁美洲的牙买加有大量印度后裔。圣卢西有少量印度后裔。特立尼达和多巴哥人口的 40.3% 是印度后裔，是第一大族群。圭亚那人口的 48% 是印度后裔，是第一大族群。苏里南的印度后裔占苏里南人口的 35%，是第一大族群。印度后裔占重要地位的国家还有太平洋岛国斐济，占人口总数的 44%。①

南亚地区尤其是尼泊尔、斯里兰卡更是印度移民聚集地。伴随着劳工大潮，一批批商人、工匠、农民及各种职业的人从印度各地以自由移民身份到此谋生并相继滞留于当地。长期以来，印度与斯里兰卡人员来往频繁，印裔占斯里兰卡人口总量的 26.7%。印度与尼泊尔国土接壤，印度建国后，据称有 300 余万印度边民涌进尼泊尔。他们开垦尼泊尔最富有潜力的特拉伊坡地，在尼泊尔的建筑业、服装业和旅游、外贸等行业占有重要地位。

印度建国后的移民与英国殖民时代的移民类型大不相同。总体来看，非熟练劳工的比例日渐减少，熟练工人、技术人员和各类专业人员增多，其中包括教师、律师、会计师、医生、科技等人员。前往发展中国家的印度移民的 40%—50% 为工人和服务人员，海外移民重要的一部分是劳务移民，有人估计总数达到 100 万人。印度向中东的劳务输出早已有之。1973 年石油危机后，中东产油国对石油工人、家政服务等的需求剧增，大批印度人尤其是喀拉拉邦的穆斯林抓住这一机遇，使印度在中东的劳务人员规模迅速扩大，最多时曾达到年均 18.8 万人，其中到沙特的劳务人员最多，仅 2001 年就有 23.3 万印度劳工前往海湾国家，遍布当地建筑、服务等各行各业。② 前往西方发达国家的印度移民、专业技术人员的比例则占到 50%—80%。

例如，印度医生在英国医疗机构中无论是数量还是重要性都占重要地位。美国的硅谷汇集了大量的印度软件人才。据统计，早在 1971 年，已经

---

① http://www.chinaqw.com/node2/node116/node119/node162/node470/userobject6ai29655.html.
② 高子平：“印度技术移民与劳务移民的比较研究”，《四川大学学报（哲学社会科学版）》2008 年第 4 期。

有9000名医生和6000名科学家迁出印度，其中80%左右迁往美国，从而构成了第一代在美国的印度裔技术移民。到1980年，高达47%的印度裔移民被归类为"管理者、专业人士、决策者"，比美国白人（24%）和其他亚裔族群的比例都要高。美国移民局1990年的统计数字显示，生活在美国的成年印度人中，58%是大学毕业生。到21世纪初，整个美国的印度裔人口增加了106%，总数达到170万人。其中，受过高等教育、拥有学士学位以上水平的高达58.1%。其中还有30%的人拥有博士和硕士学位。此外，在加拿大、澳大利亚、英国等讲英语的发达国家，印度裔技术移民的数量也非常可观。2004—2005年度，迁往加拿大和澳大利亚的印度裔技术移民分别高达两国技术移民配额的11%和13%，其中IT技术移民分别占印度裔技术移民的37%和34%。[①] 目前，印度移民在美国有36万多，加拿大有25万，英国有75万，还在呈直线增长。此外，印度专业技术人员如教师、医生等还流向中东、非洲等经济、文化相对落后的国家。

四、印度移民与所在国的民族关系

任何移民在迁移海外的过程中总是带着自己的文化传统，其中包括宗教信仰和实践、行为标准和价值观、饮食衣着习惯和语言。印度移民也是如此。事实上，联结海外印度人与故土的纽带主要是文化，包括宗教、语言、艺术等。在印度，与海外印度人联系相对较为密切或海外印度人活动相对比较频繁的邦主要有：位于北方的旁遮普邦、古吉拉特邦，位于南方的喀拉拉邦、泰米尔纳德邦和安得拉邦。[②]

为了在新移居地中营造一个自己熟悉的文化生存环境并保持原有的生活习惯，印度移民将原来固有的宗教和社会制度保留了下来。殖民时代的海外印度移民在移民海外的过程中，不可避免地与当地的民众和社会生活环境产生文化冲突，尤其是在语言和宗教方面。他们通过建立宗教寺庙和学校来保留宗教文化。人们组织起来从事各种宗教活动，从而达到了保存

[①] 高子平："印度技术移民与劳务移民的比较研究"，《四川大学学报（哲学社会科学版）》2008年第4期。

[②] 参见K. Laxmi Narayan, *Indian Diaspora: A Demographic Perspective*, http://www.uohyd.ernet.in/scc/oinddiaspora/center/html。

宗教和文化传承的目的。这些宗教场所还成为各个移民社团的标志和光辉历史象征,为那些远离家乡的印度人提供了一种归属感和安全感。

海外印度人对自己的民族、历史、文明的认同是根深蒂固的。特别是移居欧美取得事业成功的海外印度人,一直为本民族的历史、文明、价值观感到自豪。印度移民高度重视培养、维护自身和后代的种族认同。尽管大多数印度裔移民接受了西方教育,但他们仍然向家庭的守护神焚香祷告、在斋日禁食,并按照教规履行社会责任,仍然坚持以传统的价值观为其生活方式的基础。随着他们经济、社会地位的不断提高,新一代印度移民不仅坚守本民族的文化,而且比其父辈更积极努力地传播印度的特色文化。如今,印度的饮食、音乐、电影、瑜伽等在世界日渐流行,特别是印度香薰、瑜伽等独特的医疗方法风靡全球。

除了宗教之外,语言在促进印度海外人民族认同上也发挥了重要作用。印度各地区自古以来民族众多,地区封闭,各民族有各自的语言,印度海外移民在民族语言不通的情况下,通过英语更加深了对自己同是印度人的沟通和了解,从另一角度上说更利于不同民族的印度人作为一个整体加强联系,增强凝聚力,在文化认同过程中,起到了更好的调适作用。而英国在统治过程中通过英语教育文化手段,使这些接受其教育的印度人不仅学会了欧洲人的思想观念,同时也看到了自己文明的价值,他们因此更加深了与同胞的联系,民族意识得到加强,进一步促进了海外印度移民对本民族文化的认同,继而推动着他们对自己的饮食习惯及婚姻习俗的坚持。①

正是这种对本国宗教传统文化的坚持,使得大批的印度人对故土保留着感情,可以说宗教和文化是紧密维系海外印度人和印度联系的文化纽带。

随着印度移民的广泛分布,加之印度移民保持着对祖籍国宗教文化的忠诚,印度移民与所在国的其他民众产生了一些矛盾和冲突,其中往往夹杂着民族、宗教的因素。

(一) 斯里兰卡

斯里兰卡的僧伽罗族和泰米尔族的冲突就与印度的移民有关。斯里兰

---

① 王倩:"论近代印度海外移民的文化冲突和文化认同",《知识经济》2010年第8期。

卡僧伽罗人占74%；而斯里兰卡的第二大民族是泰米尔人，占总人口的18%，约300多万。其实，泰米尔人最多的国家是印度，约有8000万人，主要分布在印度南部泰米尔纳杜邦。斯里兰卡泰米尔人是不同时期从印度南部移民而来的，因为地理上接近，加上两岸泰米尔人同宗同种同文，因而彼此之间的联系十分密切，这种状况使得一方政治社会的变化往往会影响到另一方，可以说印度向斯里兰卡的移民与斯里兰卡国内的民族冲突关系密切。

斯里兰卡的僧泰冲突由来已久。在英国殖民地时期，人口占少数的泰米尔族居统治地位，斯里兰卡独立后，僧伽罗人出于大民族主义的思想，采取了许多对泰米尔人有失公平的政策，引起泰米尔人的不满和反抗，以激进的猛虎组织为代表的泰米尔人武装力量与僧伽罗人长期对抗，造成社会混乱、经济下滑、民生凋敝。而印度南部的泰米尔人与斯里兰卡泰米尔人联系紧密，斯里兰卡国内民族矛盾激化后，泰米尔人自然会寻求对岸同族的支持和帮助。印度的泰米尔人出于共同的民族感情，要求印度中央政府积极干预斯里兰卡的民族冲突，从而使斯里兰卡的民族冲突具有特殊性。

其实，从历史上来讲，僧伽罗人和泰米尔人都来自印度次大陆，但有着不同的宗教文化，双方的价值观念也有很大差别。僧伽罗人多信奉佛教，而泰米尔人信奉印度教。建立在自给自足自然经济基础之上的村社制度也使双方几乎没有交往，所以可以说印度向斯里兰卡的移民把印度国内的宗教矛盾——印度教与佛教的矛盾也带到了斯里兰卡。

（二）尼泊尔

尼泊尔也是印度移民的主要目的地之一。其民族可分三个部分：一是土著民族，二是中国西藏的移民，三是来自印度的移民。由于印度移民的进入，印度教与藏传佛教、土著与移民、中央与地方、印度与尼泊尔之间的矛盾凸显。印度的大量移民加剧了尼泊尔的民族问题，也成为印度与尼泊尔之间控制与自主斗争的一个方面。1950年印度利用尼泊尔国内危机，与尼泊尔政府签署《和平友好条约》。条约规定，尼泊尔只有通过印度才可以进口武器，还需得到印度的同意。对印度控制的反感使得尼泊尔首都加德满都多次发生反印示威游行和骚乱。

（三）不丹

不丹也接纳了大量的印度移民。不丹地处印度和中国西藏之间，但 1949 年的《印度不丹友好条约》使不丹实际上成为印度的被保护国。中不两国虽因印度的反对至今未建交，但关系一直友好，两国边境地区总体保持和平与安宁。

不丹人包括四个部分：① 阿洛族（亦称不丹族），系 9 世纪前到不丹的西藏移民的后裔，是现代不丹政治和文化的主导力量，正是他们将藏传佛教引入不丹；沙绰族，族源可溯至北缅甸和印度东北部的部族；散居在小村落里的土著居民，其在文化和语言上与印度的阿萨姆邦、西孟邦相似（上述三部分人约占总人口的 70%）；剩下的 30% 是尼泊尔族，信奉印度教，讲尼泊尔语，长期被排除在不丹政治核心之外。从民族层面来看，不丹的民族问题主要表现为占主导地位的阿洛人和尼泊尔族人之间的冲突，同时也夹杂着藏传佛教（噶举派）和印度教的地位之争。

尽管不丹曾多次表示要废除 1949 年条约，但终究因国力有限，面临印度的强大压力，至今仍受制于印度，致力于追求国家的主权和独立。

（四）南非

在英印殖民时期，大量的印度人以劳工或自由民的身份来到南非，主要原因是政府的鼓励和对印度移民的需要。19 世纪末，南非已形成初具规模的印度人社区，他们在纳塔尔的人数超过了白人。但移民到南非的印度人遇到很多困难，主要表现在种族歧视、经济限制、政治权利等方面。

南非联邦成立之前，各殖民地针对亚洲人采取了歧视的政策。在纳塔尔，对印度人的歧视政策从 19 世纪末开始日益加强，这主要体现在三个方面：对印度契约劳工及其家庭征收 3 英镑的税；禁止印度人在省际之间自由移动；对他们的地产和贸易权进行限制。② 在德兰士瓦，对"印度商人入侵"的恐惧导致了 1885 年第三号"苦力、阿拉伯人及亚洲人法"的出台，法令禁止任何亚洲人获得公民身份，并限制亚洲人的权利。据不完全统计，从 1885 年到 1908 年，在开普敦、德兰士瓦和纳塔尔，政府共签署、

---

① U. S. library of Congress, http://countrystudies.Us/bhutan/19.htm.
② Davenport, *South Africa: A Modern History*, p. 239.

修正和增补了至少 26 部法律来限制亚洲人在移民、居住和贸易活动等方面的权利。① 到 19 世纪末 20 世纪初,在南非的印度移民增加到 10 万人,这引起南非白人定居者的不安与紧张。在反对歧视性政策的斗争中,作为"英国公民"的印度人举行了一系列群众运动,宣传非暴力抵抗的意义。

根据南非 2000 年的人口普查显示,印度教徒为 5811 万人,大约占南非总人口的 1.35%,信奉伊斯兰教的约有 58.9 万人。全部印度教徒和绝大多数的穆斯林都是印度人,还有一些印度人是基督教徒。这也是一种历史的积淀。1860 年来到纳塔尔的第一批印度人绝大多数是印度教教徒,还有 12% 的人是穆斯林,5% 的人是基督教徒。1936 年,在这里的印度人中,有 79.64% 是印度教教徒,14.74% 是穆斯林,还有很少一部分是基督教徒。② 作为一种宗教文化,印度教是印度民族传统的一部分,影响着印度移民在南非生活的各个方面。

除了这些国家之外,在圭亚那、苏里南、斐济等国,印度移民都占绝大比重,由此引起当地土著民族的警觉,甚至造成民族宗教的冲突。

五、海外移民与印度的经济联系

印度政府长期实行计划经济,行政效率低下,再加上对海外印度人采取不闻不问的政策,海外印度人在印度的投资力度一直不大。但随着印度转变对海外印度人的政策,并实行经济改革,海外印度人与印度的经济联系也越来越大。

(一) 侨汇成为印度外汇收入的重要来源

海外印度人与印度经济联系的重要部分就是侨汇,它也成为印度经济发展的重要推动力,特别是地方政府,如北方的旁遮普邦和南方的喀拉拉邦、泰米尔纳杜邦和安得拉邦等,它们与海外印度人的经济联系最为紧密。1990 年印度的侨汇为 23.84 亿美元,2002 年侨汇突破了 150 亿美元,达 157.54 亿美元,2007 年更是高达 270 亿美元,1990—2007 年的 18 年

---

① 李安山:《非洲华侨华人史》,中国华侨出版社 2000 年版,第 188—189 页,表 4.2。
② 李安山:"论南非早期华人与印度移民之异同",《华侨华人历史研究》2006 年第 3 期。

间,侨汇收入年平均增长率达 15.35%。[1]

侨汇收入始终是外汇收入的重要来源。20 世纪末期,印度的侨汇曾占外汇储备的 30%—45%。但侨汇最主要的用途就是赡养家属,用于投资的部分很少,能够实际利用的更少。

(二) 海外印度人为印度发展提供资金和技术支持

海外印度人对印度的投资力度很大,投资额在印度引进外资的总额中占很大比重。1991—2000 年,海外印度人对印度投资的协议金额为 953.42 亿卢比,实际利用金额为 865.57 亿卢比,实际利用额占投资总额的比重达 90.79%。

印度在积极引进外资的同时,加大吸引海外印度人回国投资创业的力度。据统计,从 2000 年 4 月到 2008 年 9 月,印度共获得海外印度人投资 33.82 亿美元,占印度收入 FDI 总数的 4.42%。

海外印度人在高端技术产业领域里取得了举世瞩目的非凡成就,他们的贡献主要在于引进先进的技术和管理经验,促进了印度高新技术产业的发展。尤其是海外印度高新技术移民对印度建立起世界一流的 IT 产业、推动印度 IT 和软件外包业务的发展贡献巨大。目前在印度排名靠前的几个跨国软件企业都是由海外印度人创办的。进入国际大型跨国公司管理层的海外印度人,更倾向于选择同印度的 IT 公司做合作伙伴。另外,一些在海外学习了尖端 IT 技术的印度移民回到印度从事教学研究工作,培养了大量的印度软件技术人才,同时还带来先进的企业管理理念和知识,这些都促进了印度软件行业的发展。据资料显示,印度软件业自 1993 年以来的年均增长速度为 50% 左右,印度也成为仅次于美国的世界第二大软件生产和出口国。

第二节 印度民族问题及其与邻国的关系

印度的民族问题给印度与邻国的关系带来了不利影响。印度几乎与其

---

[1] http://www.worldbank.org/prospects/migrationandremittances.

所有邻国都有着民族问题纠葛,这也为印度的对外关系带来变数和矛盾。研究印度与巴基斯坦、孟加拉国、斯里兰卡、尼泊尔、不丹等邻国的外交关系时,不可避免地要注意到双方之间的民族问题。民族问题也可以帮助我们更好地理解印度与其邻国的双边外交关系的曲折历程。

一、印度民族问题与印度—尼泊尔关系

许多个世纪以来,尼泊尔与印度之间有着密切的文化、历史和经济联系。佛教和印度教的相互传播把尼泊尔与印度紧密联系在一起。

印度的民族问题影响印度与尼泊尔关系发展,主要表现为以下两个方面。一是印度北部地区的分离势力和极端组织经常与尼泊尔境内的某些组织有联系,利用尼泊尔境内的设施开展反政府活动,对印度边界地区安全及国内稳定构成威胁。为了加强防范,印度在印—尼边境建立检查站。1950年8月,"印度情报局"起草了有关尼泊尔、不丹和锡金的防务备忘录。随后,根据备忘录精神,印度政府的"北部与北部边疆防务委员会"(North and Northern Border Defence Committee)制订了详细方案。该委员会建议印度政府建立军事检查站,监控印度与不丹、尼泊尔之间的通道。[①]

二是大量移民穿越印—尼边界而产生与本地居民的矛盾问题,移民问题成为印度与尼泊尔关系发展的一大难题。从尼泊尔方面看,历史上不断有从印度进入尼泊尔的印度斯坦族移民,其人数之多,逐渐超过了某些地方的本地居民,印度移民人多势众,逐步控制了当地的经济和政治事务,成为当地的实际统治者。尽管大部分尼泊尔人与印度人同为印度教徒,但在历史上,他们之间的矛盾与问题就颇多,尤其是控制与反控制的斗争更为突出。[②] 例如,在尼泊尔的特莱平原地区就有很强的印度人势力。同样,大量尼泊尔人也源源不断进入印度境内。尼泊尔境内的廓尔喀族英勇善战,从英国殖民时期开始,大量廓尔喀族人被招募为士兵,形成廓尔喀部队。目前,印度陆军的廓尔喀联队仍大部分由尼泊尔兵组成,而廓尔喀兵的津贴汇回国内,在某种程度上成为支撑尼泊尔经济的重要资金来源。此外,如今还有近百万的廓尔喀人在印度的各个邦参加就业。

---

① 王艳芬:"1950年尼泊尔印度《和平与友好条约》的后果",《学海》2009年第5期。
② 傅超:《印度东北地区的安全威胁》,军事谊文出版社2006年版,第3页。

从印度方面看，印度认为，双方移民在边境上的自由进出，为巴基斯坦三军情报局在尼泊尔进行反印活动提供了客观条件，巴基斯坦利用这种便利，向印度的北方邦、比哈尔邦、西孟加拉邦北部地区派遣经过恐怖活动训练的代理人，走私武器和弹药以及输送原教旨主义宗教教师等，印度政府还非常关注尼泊尔接受来自印度的流亡者，这一问题曾是 2000 年 8 月尼泊尔首相访印时讨论的主要议题。①

二、印度民族问题与印度—斯里兰卡关系

印度民族问题影响印度与斯里兰卡的关系，主要表现为印度国内泰米尔人的民族意识高涨，主张建立"泰米尔民族国家"的思潮根深蒂固，成为印度南部的一股政治暗流，这些势力积极支持斯里兰卡国内的泰米尔分离势力，导致印斯关系出现问题。

斯里兰卡的主体民族僧伽罗族与少数民族泰米尔族之间的宗教民族争斗由来已久。泰米尔人本是印度南部民族，早在公元前 2 世纪初，南印度的泰米尔人就曾占据斯里兰卡的北部、东部和中部的大片地区，并在那里建立了一个强大的泰米尔王国。公元 8 世纪，南印度珠罗国的势力强盛起来后，泰米尔人对斯里兰卡的入侵更加频繁。

随着泰米尔人进入的增多，越来越多的泰米尔人担任军政要职，从而使当地行政机构的民族构成发生了重大变化，本地主体民族僧伽罗人的政治优势受到削弱并引起僧伽罗人的强烈不满。泰米尔人在斯里兰卡宣扬印度教，排挤佛教，还曾发生迫害佛教僧团的事件，由此触犯了僧伽罗人的宗教感情。不甘心受外来民族统治的僧伽罗世俗力量和宗教界不止一次起来反抗泰米尔征服者，但都没有成功。最后，在民族英雄维杰亚巴忽的率领下，僧伽罗军队才于 1070 年收复了古城阿努拉特普拉，把泰米尔征服者从半岛上赶出。1215 年，羯陵伽王朝泰米尔统治者摩伽的军队登陆斯里兰卡北部。后经过激烈征战，泰米尔人被赶到贾夫纳半岛以及临近地区，并最终造成僧伽罗人聚居在中部高原和西南潮湿地带，而泰米尔人生活在东北部地区的格局。②

---

① 傅超：《印度东北地区的安全威胁》，军事谊文出版社 2006 年版，第 3 页。
② 何道隆：《当代斯里兰卡》，四川人民出版社 2000 年版，第 197—198 页。

19世纪20年代英国南亚殖民时期，大量的泰米尔族人被英国殖民者从南印度的泰米尔纳德邦带到锡兰（今斯里兰卡）境内开辟种植园。这类泰米尔人被称为印度泰米尔人。如今，斯里兰卡东北部和中部山区是泰米尔民族集聚区，占斯里兰卡总人口的12%。

由于印度泰米尔人中的绝大多数都没有取得斯里兰卡国籍，所以也被称为"无国籍泰米尔人"。目前他们大部分居住在种植园经济较发达的中部山区，生活较为贫困，受教育程度相对较低。1964年和1974年，斯里兰卡和印度两国政府曾先后两次就解决上述无国籍泰米尔人问题达成协议。根据协议，斯印两国政府同意以一半对一半为基础，处理遗留在斯里兰卡的"无国籍泰米尔人"的国籍问题。但是，由于种种原因，实际工作进展非常缓慢。[①] 泰米尔民族与僧伽罗民族长期的种族矛盾和冲突，催生了反政府的"泰米尔猛虎组织"。为了建立独立的泰米尔王国，自1983年成立以来，猛虎组织逐步控制了北部和东部的泰米尔人聚集区。

猛虎组织成立初期，受到印度南部泰米尔人的大力支持，印度南部泰米尔族的地方实力派还向中央政府施加压力，促使印度政府支持斯里兰卡泰米尔猛虎组织。为了不激化印度国内的民族矛盾，印度中央政府置印斯关系于不顾，支持泰米尔猛虎组织，对斯里兰卡政府打击泰米尔猛虎组织的军事行动进行牵制，甚至出动军舰和军用飞机向斯里兰卡泰米尔猛虎组织提供给养，公然干涉斯里兰卡的内政。后来印度又成为斯里兰卡停止内战的"调停者"，直接派军队进入斯里兰卡"维和"并卷入武装行动，招致泰米尔猛虎组织的不满。

直到1991年泰米尔猛虎组织刺杀了印度总理拉·甘地，印度政府才完全停止对泰米尔猛虎组织的支持，从而为印斯关系恢复正常提供必要的基础。

2009年5月18日，猛虎组织最高领导人普拉巴卡兰在斯北部被政府军击毙，第二天斯里兰卡总统宣布彻底击败了猛虎组织，亚洲历史最长的内战才终于结束。需要注意的是，印度国内的泰米尔民族问题并没有完全解决，今后如处置不当，难免还会影响印斯两国关系。

---

① 吴永年："印度的民族问题及与南亚诸国的关系"，《东南亚南亚研究》2009年第3期。

三、印度民族问题与印度—孟加拉国关系

孟加拉国是在印度军队的帮助下于 1971 年脱离巴基斯坦而建国的。因此，建国初期，其与印度的关系极为密切。随后两国之间潜在的问题与矛盾层出不穷，两国关系出现波折。

印度民族问题影响印度与孟加拉国的关系，主要表现为印度指责孟加拉国庇护反印的"阿萨姆联合解放阵线"、"那加兰邦全国社会主义组织"，容许伊斯兰原教旨主义恐怖组织把孟加拉国作为基地，威胁印度东部地区安全和社会秩序的稳定。[①]

印度东北部地区民族问题长期尖锐，"阿萨姆联合解放阵线"、"那加兰全国社会主义组织"等不断开展武装斗争，反对印度中央政府，也经常遭到政府军事镇压。在形势不利时，这些势力就越过印孟边界进入孟加拉国，以躲避印度政府军的追剿。

印孟边界本来就难以严格管理，20 世纪 80 年代至今，孟加拉国向印度非法移民问题和查克玛难民问题就是影响两国之间关系的主要问题。孟加拉国边界管理当局既无力阻止本国人穿越边界进入印度，也难以阻止印度东北部地区的反政府力量进入孟加拉国，故其对印度政府的指责不予接受，两国关系因此受到影响。

四、印度民族问题与印度—巴基斯坦关系

印巴两国关系紧张的根源在于迄今尚未得到解决的克什米尔争端，除此之外，印度的民族问题也在某种程度上对两国关系产生负面影响，使两国间的敌意和防范之心更重。

印度民族问题影响印巴关系主要表现在，印度国内的民族矛盾与冲突，经常导致巴基斯坦国内某些政治势力的强烈反应。例如 20 世纪 90 年代印度国内发生"寺庙之争"，巴基斯坦民众反应强烈，认为印度国内的穆斯林兄弟受到大印度教主义的压制和侵犯，要求本国政府予以关切。迫于政治压力，巴基斯坦政府在对印外交上不得不有所表示，印度政府则反

---

① 吴永年："印度的民族问题及与南亚诸国的关系"，《东南亚南亚研究》2009 年第 3 期。

对巴基斯坦干涉其内政,印巴关系因此受到影响。

此外,印度国内一度尖锐的锡克人问题,也曾引起印度对巴基斯坦的指责,从而对印巴关系产生负面影响。

印巴之间还存在旁遮普跨界民族问题。印巴分治后,旁遮普一分为二,西部归巴基斯坦,东部归印度。由于巴基斯坦的旁遮普族与印度的旁遮普人在语言上相同,因此分治后双方交往仍然频繁。印度独立后,国大党政府废除了英印时期殖民当局给予旁遮普锡克族的一些优惠,导致锡克人产生不满情绪,因此部分激进的锡克族派别要求建立以锡克族为主体的邦。这些锡克族领导者认为,只有在一个锡克族占领导地位的邦里,锡克族的文化语言权利和政治权利才能得到维护。

国大党政府坚决反对锡克族单独建邦的要求,并逮捕了其领导人。1950年10月,国大党组织的全印国大党锡克会议作出决议:"在教派的基础上建立新邦,一定会在国家政治中导致分裂的倾向,所有那些希望为国家的统一与强大而工作的人都必须予以反对。"[①] 此举激起了锡克族的强烈反对,语言邦问题也愈演愈烈。迫于压力,印度政府于1966年6月宣布成立锡克族略占优势的旁遮普邦,但是锡克族在政治上并不占据优势,因此锡克族又提出要求建立"独立的锡克实体",[②] 即"卡利斯坦共和国"。这一要求遭到印度政府的拒绝。于是一些锡克极端分子成立敢死队来捍卫他们的利益,并多次与中央政府派来的警察发生冲突。最后,印度政府不得不派军队来攻打盘踞在锡克金庙的极端分子,即"蓝星行动"。这一行动造成了大量锡克教徒的伤亡,并最终引发了锡克教徒与印度教徒的流血冲突。

面对政府军的强力镇压,大量无力抵抗的锡克极端分子为躲避印度政府的追捕,通过印巴边界进入巴基斯坦避难,受到其巴基斯坦亲戚好友的庇护。印度方面对此大加指责,称巴基斯坦为锡克极端分子提供武器,支持锡克极端分子分裂印度。例如,B. K. 特瓦里和 A. K. 辛格在其所著的《印度的邻居:过去和未来》一书中称,巴基斯坦自1984年就已经支持和传播在印度的武装暴力斗争。证据就是在1986—1992年期间,超过26%

---

① 凯拉斯·钱德·古尔拉提:《旁遮普的过去和现在》,新德里,1974年,第156页。转引自刘立涛:《当代旁遮普锡克人问题研究》,华文出版社2001年版,第77页。

② 雷启淮主编:《当代印度》,四川人民出版社2000年版,第443页。

的卡拉什尼科夫 AK 系列突击步枪在旁遮普边界被印度截获，为此印度在沿旁遮普的印巴边界印度一侧建造了长达 433 千米的铁丝网来阻止印度境内极端分子的跨境活动。① 印度媒体甚至公布了锡克极端分子在巴基斯坦受训的营地和基地。

面对印度的指责，巴基斯坦坚决予以否认，并指责印度镇压国内少数民族。两国因这些民族问题长期争吵不休，反映了双方的相互不信任与极度猜疑。鉴于锡克独立运动也涉及对巴基斯坦的不利影响，巴基斯坦并未支持，因此此问题对印巴关系的影响有限。

五、印度民族问题与印度—不丹关系

印度与不丹的关系十分特殊。对不丹来说，与印度的关系一直是其的外交基础。印度自独立以来就一直把不丹视为自己的势力范围。1949 年，印度与不丹签署《永久和平与友好条约》，规定不丹的外交受印度的指导。1961 年 1 月，不丹国王表示："不丹是一个独立自主的国家，有权处理自己的外交事务。"② 不丹开始表现出要摆脱印度控制的意向。虽然两国关系时有矛盾，但总体上是和平而密切的。

印度民族问题影响印度与不丹关系的主要表现是，印度不满其国内的分裂势力在不丹活动的问题。印度东北部一直活跃着数支反政府的分裂武装，使印度的东北部地区长期处于分裂的边缘。其中，毗邻不丹的阿萨姆邦的阿萨姆联合阵线（ULFA）、波德兰民族民主阵线（NDFB）和卡马塔普尔解放组织（KLO）等三大反政府武装组织在印不边境地区的不丹一侧建立营地，以此为基地从事跨境的反政府活动。20 世纪 90 年代初，印度政府在东北部的阿萨姆邦开展了两次针对分裂组织的清剿攻势，大批分裂分子从阿萨姆逃散到不丹和尼泊尔等周边国家，阿萨姆联合阵线在不丹南部建立活动基地。不丹政府对此未予以强力阻止，印度政府极为不满。

但十多年后，由于印度长期施加外交压力，更由于外来的印度分裂组织在当地培植支持自己的势力，不丹的社会稳定和安全面临威胁，由此促

---

① B. K. Tewari, Awadhesh Kumar Singh, *India's Neighbors: Past and Future*, Spellbound Publications Rohtak, 1997, p. 62.

② 雷启淮主编：《当代印度》，四川人民出版社 2000 年版，第 380 页。

成不丹政府下决心与印度政府合作，以清剿这些印度分裂组织。

2003年12月，不丹和印度在边境展开协调行动，对盘踞在不丹境内的印度分裂组织进行围剿。据不丹公布的消息，这次行动摧毁了不丹境内包括阿萨姆联合阵线、波德兰民族民主阵线和卡马塔普尔解放组织在内的多个组织的30个营地，还俘获并向印度移交了阿萨姆联合阵线的首领。[①]

综上所述，印度民族问题根深蒂固、纷繁复杂，国内民族问题与宗教掺杂在一起，难以找到解决的办法。历史上形成的印度与邻国之间跨国界的民族流动源源不断，使印度与其邻国之间的民族关系复杂。南亚地区宗教势力盛强，民族势力与宗教势力相互作用，催生了一系列分离势力。这些分离势力往往在边界地区寻求庇护所和落脚之地。因此，印度与其邻国的边界地区就成了民族与宗教矛盾激化的集中地，其与邻国的关系也因这些矛盾而受到严重影响。在未来，印度的民族问题还将继续存在，并将影响其与邻国的外交关系。

第三节　印度民族问题对地区国际关系的影响

如本书前面章节所述，印度是一个具有多种民族成分、宗教文化的国家，同时也是民族冲突最为严重的国家之一。自1947年以来，印度国内的民族冲突就未曾中断过。这不仅对印度国内的安全局势产生了极为不利的影响，还直接威胁到印度国家的统一。

然而，印度民族问题的影响远不及此。由于地理上的相互依存及民族的跨境分布，一国的民族问题很难局限在边界内。而印度的民族问题很多都具有跨界性和"溢出效应"，这不可避免地会对印度与其邻国以及整个南亚地区产生影响。印度国内民族问题对印度与周边国家双边关系的影响已在上节做了分析，本节主要分析该问题对地区国际关系的影响。

从南亚地区层面看，印度民族问题对南亚地区国际关系的影响主要表现在以下方面：一是印度民族问题对其与邻国的关系产生不利影响，从而制约了南亚区域合作的发展；二是印度的民族冲突造就了一批民族极端主

---

① 郭慧彦："印度与尼泊尔、不丹和伊斯兰堡的关系"，http://www.south-asia.org/Article/ShowArticle.asp?ArticleID=17。

义分子，对整个南亚地区的安全局势产生了不利影响，同时也为外部势力介入南亚事务提供了机会；三是印度的民族问题反映了印度以及整个南亚地区文化认同的缺失。而文化认同又是地区主义的基础，因此文化认同的缺失制约了南亚区域合作的可持续发展。

一、印度民族问题对南亚区域合作的影响

由于历史的原因，印度的很多民族问题都具有跨界性和"溢出效应"，比如印巴之间的克什米尔争端以及旁遮普问题、印孟之间的阿萨姆移民问题以及吉大港少数民族问题、印斯之间泰米尔民族问题，还有印度与尼泊尔、不丹之间关于印度移民的问题。这些问题对印度与其邻国关系的影响已在本章第二节进行了分析，印度与其邻国的不和谐关系自然会影响到整个南亚地区的合作，因为印度作为南亚地区的大国，其对南亚区域合作的态度决定了南亚区域合作事业的发展。

第一，印度民族问题影响印巴关系，从而对南亚区域合作产生不利影响。

如本章第二节所述，印巴两国作为南亚地区的两个最大国家，它们之间关系的好坏对整个南亚地区的和平与稳定以及合作都具有举足轻重的作用。影响印巴关系的因素有很多，印度民族问题也是影响两国关系的原因之一。

相互信任乃是地区合作的一个最重要的先决条件，也是地区合作得以持续发展的基础。印巴两国作为南亚最大的两个国家，对南亚区域合作事业的推进具有不可推卸的责任，两国对南亚区域合作的态度将决定合作能否持续发展下去。然而，两国之间长期的互不信任和猜疑，使两国难以找到共同利益，如果没有共同利益，就没有必要建立区域合作组织。因此，印度民族问题加剧了印巴间的互不信任与猜疑，严重制约了南亚区域合作事业的发展。

第二，印度民族问题影响印孟关系，从而对南亚区域合作产生不利影响。

印度与孟加拉国之间因阿萨姆移民问题、吉大港少数民族问题而关系不和。B. K. 特瓦里和 A. K. 辛格认为，印孟关系面临的最敏感问题包括：印度米佐拉姆邦的叛军进入孟加拉国的问题，从孟加拉国进入印度阿萨姆邦、西孟加拉邦等地区的非法移民问题，孟加拉国吉大港山区的恰克马叛军逃往印度特里普拉邦和米佐拉姆邦问题。①

从孟加拉地区向阿萨姆移民的现象在分治之前就已经存在，1971 年孟加拉国成立后，这一现象仍在继续。孟加拉人源源不断地进入阿萨姆，使阿萨姆人产生了民族危机感，他们担心有朝一日自己将成为少数民族。于是在 1979 年底，阿萨姆人在全阿萨姆学生会和全阿萨姆群众斗争委员会的领导下，掀起了驱赶"外籍移民"的运动。② 该运动致使阿萨姆邦的许多地方发生了种族冲突，大量孟加拉人被杀害。

孟加拉国断然否认其国民进入印度，并明确要求让被印度驱逐的"外国人"返回其原居住地。③ 印度不理会孟加拉国的辩解，于 1983 年决定在印孟边界修建铁丝网，并于 1984 年动工。印度的这一行动被认为是对孟加拉国的羞辱和不必要的挑衅。④ 孟加拉国向印度提出强烈抗议，两国边境地区的交火事件时有发生，两国关系甚为紧张，给整个南亚东北部地区的安全局势带来严重影响。

孟加拉国吉大港的恰克马难民问题也严重影响了印孟关系。恰克马人是孟加拉国境内居住在吉大港山区信仰印度教的少数民族。由于教派冲突，不少恰克马人越过孟印边境到印度特里普拉邦等地寻求庇护。同时，一些居住在孟加拉国境内的恰克马极端分子向政府提出吉大港山区自治的要求，遭到孟政府的拒绝，于是极端分子开始制造暴力事件。孟加拉国政府指责印度为恰克马极端分子提供帮助，两国关系因此紧张。

孟加拉国作为南盟的创始国，为南盟的建立作出了积极的贡献。但由于印度与孟加拉国及其他邻国关系紧张，相互间缺乏信任，印度怀疑孟加拉国建立南盟的动机。印度认为，孟加拉国提议建立南盟，是想联合其他南亚国家来对付印度，逼迫印度在诸如民族问题上让步。因此，印度对南亚区域合作事业并不热心，这也使得南亚区域合作事业的发展受到严重制约。

---

① B. K. Tewari, Awadhesh Kumar Singh, *India's Neighbors: Past and Future*, Spellbound Publications Rohtak, 1997, pp. 85 – 86.
② 王宏玮：《南亚区域合作的现状与未来》，四川大学出版社 1993 年版，第 289 页。
③ S. R. Chakravarty, *Foreign Policy of Bangladesh*, New Delhi: Har-Anand Publications, 1994, p. 82.
④ Ibid.

第三，印度民族问题影响印斯关系，从而对南亚区域合作产生不利影响。

印度与斯里兰卡之间因泰米尔问题而不和。斯里兰卡政府指责印度泰米尔拉杜邦的泰米尔人支持斯里兰卡境内的泰米尔军事组织，并训练了这些武装分子。例如，A.J.布林在其所著的《印度、斯里兰卡和泰米尔危机1976—1994：一个国际化的视角》一书中称："很显然，泰米尔拉杜邦政党的支持，包括德拉维达进步联盟和全印阿南德拉维达进步联盟，是武装分子成长和成功的一个重要因素。这些政党和斯里兰卡主要的泰米尔军事组织有重要联系，他们为这些组织提供资金并游说印度政府支持斯里兰卡的泰米尔'兄弟'。"①

虽然印度政府拒绝对斯里兰卡的民族冲突进行干预，但却对斯里兰卡泰米尔武装分子在印度建立训练基地视而不见，任由他们从印度将武器运往贾夫纳，并利用印度作为宣传基地。1987年5月，斯里兰卡政府军围剿泰米尔反政府武装，印度对此发出警告，并于6月2日派出19艘船向贾夫纳运送救济物资，受阻后又改派运输机，在战斗机的护卫下向贾夫纳空投救济物资。

面对强大的印军，斯里兰卡感到无能为力，于是决定抵制于6月18日在新德里召开的南盟常设委员会会议。② 虽然后来斯里兰卡从大局着想，派遣外长哈米德出席会议，但此次则开了因双边关系问题而抵制南盟会议的先河，对南亚区域合作发展产生不利影响。这说明，印度与邻国的跨界民族问题影响双边关系，从而对南亚区域合作事业产生不利影响，使南盟作为一个促进地区各国发展的功能性组织的作用大打折扣。

1987年7月29日，印斯签订和平协议，第二天印度就向斯里兰卡派驻维持和平部队。1989年6月1日，斯里兰卡政府提出，印度须于7月29日全部撤离斯里兰卡，但遭印方拒绝，两国关系日趋紧张。9月18日两国达成协议，规定印军于12月31日全部撤离斯里兰卡，但印度又以后勤问题为由未执行协议。此举激起了斯里兰卡政府的强烈不满。

这一年，印度与其他邻国的关系也发生逆转。印度与尼泊尔因贸易条

---

① Alan J. Bullion, *India, Sri Lanka and the Tamil Crisis, 1976 – 1994: An International Perspective*, London, New York, 1995, p. 93.

② 王宏玮：《南亚区域合作的现状与未来》，四川大学出版社1993年版，第287页。

约和过境条约续签问题，关系急剧恶化。印度与巴基斯坦因双方军队在有争议的锡亚琴冰川交火事件以及印控克什米尔地区穆斯林骚乱问题而相互指责，两国关系甚为紧张。

在这一形势下，斯里兰卡抵制了原定于 1989 年 7 月在伊斯兰堡举行的为首脑会议做准备的南盟外长会议。随后，在 11 月 8 日的南盟外长会议上，斯里兰卡坚持，在印军撤出之前，斯里兰卡无法承担举行南盟第五次首脑会议东道主的责任，使这一年的首脑会议未能召开，从而打破了南盟章程关于每年举行一次首脑会议的规定，使南亚区域合作事业受到重大挫折。①

第四，印度的"寺""庙"之争影响南盟会议的召开。

1992 年，印度发生印度教徒拆毁阿约提亚巴布里清真寺事件，造成印度教徒与穆斯林教徒的暴力冲突，死亡人数接近 1000 人。这一事件引起了巴基斯坦、孟加拉国等穆斯林国家的强烈抗议，一些穆斯林还袭击了印度驻外机构，整个南亚笼罩在一片恐怖氛围之中。在这种紧张的氛围下，原定于 1992 年 12 月 12 日举行的第七次南盟首脑会议被迫两次延期，到 1993 年 4 月才举行，使得南亚区域合作事业又遭挫折。

二、印度民族问题与南亚地区安全

印度自古以来就遭受外族的不断入侵，因此本地人与外来入侵者一直存在着矛盾和冲突。英国殖民者占领次大陆后，为了维护自己的统治，实行"分而治之"的政策，这再次加深了印度国内各民族之间的冲突。

在当时反抗英国殖民统治的大环境下，各民族尚能联合起来参加反殖斗争，争取民族独立，然而一旦反殖斗争胜利后，各民族间的矛盾与冲突就凸显出来了，并最终导致了印巴分治。

印度自独立后，便面临严重的民族分裂问题。一些少数民族为了保护自己的民族文化、经济、政治地位不受威胁，纷纷提出自治甚至建立独立国家的政治诉求，印度政府对此严加拒绝，采取了抑制地方民族主义的态度。但是政府的抑制政策却导致问题越发严重，一些少数民族见自己的政治诉求被政府拒绝，甚至其地位还有所削弱，于是决定采取暴力破坏行动

---

① 雷启淮：《当代印度》，四川人民出版社 2000 年版，第 382 页。

来造成社会恐慌，向政府施压，试图使政府满足其政治诉求。

印度政府为了维护国家的统一，坚决镇压此类破坏行动。双方的激烈对抗为民族极端分子的产生创造了适宜的环境。一些民族极端分子借此机会大肆宣传民族差异，扩大民族矛盾，煽动民众与政府对立。由于印度的很多民族都是跨界民族，一国的民族问题往往会引起邻国的连锁效应，因此对整个南亚地区的安全局势造成了影响。

由于克什米尔问题产生的一些民族极端分子所采取的暴力恐怖主义活动，时常影响印巴两国关系，也给南亚北部地区的安全形势造成了严重影响。仅在1990—1993年，极端分子就对印度军队发起了6312起袭击，造成694名安全部队士兵死亡，2455人受伤。[①]

南印度达罗毗荼人的民族运动也给印度乃至整个南亚地区造成不利影响。达罗毗荼人主要居住在印度南部的泰米尔拉杜邦、安德拉邦等地，是人口仅次于印度斯坦族的民族，在历史上长期处于独立和半独立的状态，并形成了共同的文化、语言。

印度独立后，将印地语定为国语并在印度南部推广，遭到印度南部属达罗毗荼人的各民族的反对。他们认为，把印地语定为唯一国语，象征着北印度雅利安人对南印度达罗毗荼人的统治。因此，南印度地区不断爆发骚乱，反抗政府的语言政策。虽然印度政府最后作出了一些微小让步，但还是遭到广泛的反对。一些政党、大学生组织不断举行示威游行、组织集会，并发展成群众性骚乱，政府出动军队进行镇压，骚乱才平息下去。

但是，在这一过程中，一方面南方各民族大大强化了其民族意识，另一方面双方的不断对立为民族极端分子的产生创造了条件。这些民族极端分子采取暴力行动，给印度的安全局势造成了不利影响，同时其狭隘的民族主义思想，也给邻国的安全形势造成了严重影响，例如斯里兰卡泰米尔问题。

斯里兰卡北部地区的泰米尔人一部分是斯里兰卡泰米尔人，一部分是从印度过来的泰米尔人，他们与印度泰米尔人有共同的文化，联系密切。斯里兰卡的泰米尔人一直寻求自治和建立"泰米尔国"。一些民族极端分子还建立了军事组织，开展暴力活动，向政府施压。印度的泰米尔人基于

[①] B. K. Tewari, Awadhesh Kumar Singh, *India's Neighbors: Past and Future*, Spellbound Publications Rohtak, 1997, p. 63.

狭隘的民族主义思想，认为他们有义务帮助斯里兰卡泰米尔"兄弟"反抗异族的统治。印度泰米尔拉杜邦的一些民族极端分子支持斯里兰卡的极端分子，不断向他们提供武器弹药和后勤供应，并在印度训练这些极端分子。从1983年至1986年就有2000多名斯里兰卡泰米尔人在印度南部的基地受过训练。[①] 这些受训的极端分子一旦完成训练，就返回斯里兰卡，在斯国境内制造暴力恐怖事件，给斯里兰卡国内的安全局势带来了严峻的挑战。同时，由于这些极端分子在印度接受训练，印斯关系恶化。

虽然后来印斯两国通过协议解决了泰米尔问题，但是一些民族极端分子仍然在印、斯两国境内制造暴力事件。A. J. 布林就说道，"泰米尔伊拉姆猛虎解放组织已经成为印度和斯里兰卡的一个不受管理的敌人"。[②] 由此可见，这些民族极端分子给印、斯两国的和平与稳定造成了重大影响，也影响着整个南亚南部地区的安全局势。

印度旁遮普的锡克分离主义问题也给印度国内以及印巴边境地区的安全局势带来严重影响。1984年，印度出动军队镇压锡克极端分子，造成印度教徒与锡克教徒的流血冲突，印度国内动荡不安。此后，锡克极端分子越过印巴边界，进入巴基斯坦避难。印度指责巴基斯坦支持这些极端分子在印从事恐怖活动，巴基斯坦则予以否认，两国在边境地区冲突不断。印度媒体甚至公布了克什米尔军事分子、锡克极端分子及阿富汗圣战者组织受训的基地，其中有大约60个在巴基斯坦。[③]

这些锡克极端分子一旦完成训练，就潜回印度从事暴力恐怖活动。据统计，在印度积极活动的恐怖组织曾达176个，比较激进和具有恐怖色彩的有"锡克宗教委员会"、"卡利斯坦突击队"、"全印锡克学生联合会"和"锡克宗教委员会"等。[④] 这些极端分子在印度国内制造了多起飞机、火车和公交车爆炸案。2006—2008年，共有2713人死于恐怖活动。[⑤] 而且，这些锡克极端分子还与克什米尔武装分子有来往，他们联手在南亚西北部地区制造了多起暴力恐怖事件。这严重影响了印巴边境地区的安全局

[①] 何道隆：《当代斯里兰卡》，四川人民出版社2000年版，第177页。
[②] Alan J. Bullion, *India, Sri Lanka and the Tamil crisis, 1976 - 1994: An International Perspective*, London, New York, 1995, p. 98.
[③] Ibid., p. 63.
[④] http://www.chinanews.com.cn/gj/fxpl/news/2008/11-29/1467437.shtml.
[⑤] 张家栋："当代南亚恐怖活动状况"，《南亚研究》2009年第2期。

势，也给南亚西北地区的安全局势带来了严重威胁。

印度东北部地区的民族问题也给印度国内的安全局势带来影响，同时由于这些问题还涉及到邻国，因而对整个南亚东北部的安全局势也造成了严重影响。印度东北部的分离主义武装组织主要有阿萨姆团结解放阵线、博多民族民主阵线和坎塔普尔解放组织。印度军队在20世纪80年代对其进行了军事围剿，之后这些组织逃到不丹南部，并在那里建立基地、训练武装人员、储存弹药、从事反印活动。印度为此不断向不丹政府施压，要求不丹政府将这些组织驱逐出不丹。不丹政府一方面迫于印度压力，另一方面也担心自己的内部安全，于2003年展开军事围剿。之后，有报道称，一些极端分子潜伏在了不丹，另一些武装分子逃往了孟加拉国，并与斯里兰卡泰米尔伊拉姆猛虎解放组织有联系。

面对武装分子的暴力袭击，印度命令边境保安部队保卫印不边境道路的安全，并在印不边境部署了5个营的兵力。①

此外，印度还有一些民族分离主义组织，也对印度以及南亚地区的和平与稳定造成影响。事实上，由于印度国内民族分离分子把越来越多的武装训练基地放在邻国，这种消极的影响也向缅甸等东南亚国家蔓延，限于篇幅，不再赘述。

值得注意的是，近些年来，这些极端组织之间的交往越来越频繁，并与"基地"组织有关联。2008年发生在印度的孟买袭击案，不仅给印度国内的安全局势造成恶劣影响，还使印巴关系降到冰点，给南亚的安全局势造成了严重影响。据媒体报道，策划此次袭击案的就是圣战组织"虔诚军"，该组织与克什米尔武装分子有联系，并曾在克什米尔制造暴力事件。这对南亚地区的安全局势来说，是一个严重的威胁。同时，极端分子的暴力活动也为外部势力介入南亚事务提供了机会。例如，美国一直呼吁印巴解决克什米尔问题，消除南亚的"定时炸弹"。美国还积极与巴基斯坦联合反恐，寻求介入南亚事务。

三、印度民族问题与地区文化认同

印度的民族问题反映了印度文化认同的缺失。印度自古以来就遭受外

---

① 傅超：《印度东北地区的安全威胁》，军事谊文出版社2006年版，第6页。

族的不断入侵，从而造成不同种族和民族的分化与融合，使其民族状况和文化特征呈现出多样性和复杂性。英国殖民者到来之后，在次大陆实行了"分而治之"的政策。这一政策进一步促进了印度次大陆民族矛盾的加深，使各种文化之间的隔阂更为深化。独立后，印度又实行压制地方民族主义的政策，而且印度的民族沙文主义也逐渐显现出来，这些都影响了其他少数民族对于印度国家的认同。

在印度，有相当一部分人热衷于提倡和宣传所谓的"大印度文化"理论。他们认为，佛教、印度教等都源自印度，因此其他信奉这些宗教的国家和民族的文化自然就是"大印度文化"的延伸。这种看法显然忽视了其他民族的文化特点，也抹杀了文化的差异性。而地理上的隔离，也使得印度一些少数民族缺乏对国家的认同。N.S. 纳拉哈里就说道，"居住在那里的居民还没有建立起对印度的忠诚和热爱"。[1]

文化认同的缺失不仅给印度的统一带来了影响，也制约了区域合作的发展。区域合作之所以能进行，很重要的一点就是参与合作的各国有共同的利益。共同利益长期存在，区域合作才能持续发展下去。持久的共同利益显然最容易从共有文化中产生。这种共有文化并非某一国的文化，而是一种地区主义文化认同。

目前在南亚，不仅国内文化认同感不强，地区文化认同感更是遥不可及。塞缪尔·亨廷顿就说道："只有在地理与文化一致时，区域才可能作为国家之间合作的基础。离开了文化，地理上的邻近不会产生共同性，而可能出现相反的情况……合作有赖于信任，信任最容易从共同的价值观和文化中产生。"[2] 他据此指出："与此类似，成立于1985年的包括7个由印度教徒、穆斯林教徒和佛教徒构成的国家的南亚区域合作联盟几乎完全失效，甚至连会议都无法召开。"[3] 韦民博士在其《民族主义与地区主义的互动：东盟研究新视角》中对此有深刻的分析。他认为，没有建立在共同利益基础上的合作过程具有本质上的虚弱性。在绝对关注民族—国家利益的民族主义诉求基础上的地区主义尝试，是难以持久的，在国家间利益冲突

---

[1] 傅超：《印度东北地区的安全威胁》，军事谊文出版社2006年版，第5页。

[2] [美] 塞缪尔·亨廷顿，周琪等译：《文明的冲突与世界秩序的重建》，新华出版社2002年版，第136页。

[3] 同上书，第136—137页。

不断引发争端和对抗的情况下,任何地区合作都没有存在的可能性。①

由此可见,印度民族问题引发的印度与其邻国的纷争与冲突,以及文化认同缺失所导致的共同利益分歧,是南亚区域合作事业持续发展所面临的严峻挑战。

---

① 韦民:《民族主义与地区主义的互动:东盟研究新视角》,北京大学出版社2005年版,第141页。

下篇

印度民族问题的启示

第九章
建设民族国家的成果与经验

在人类历史上，一个国家的分分合合并不少见，现代强国如英、法、美实际上也不是由单一的种族、民族成分和宗教、语言等社会文化成分构成的，这些国家在其形成过程中，曾经历过一个较为艰难的民族融合阶段，例如美国的白人与有色人种的冲突就延续了相当长的时期。在国家建成之后，从总趋势上看，这些国家也一直在不断努力消弭各个族群或社会群体之间的隔阂或区隔，国家认同逐渐强化，很少发生足以危害社会稳定的大规模的族群冲突，从而有效地避免了国家的分裂。不过不同背景的族群之间的差异并不会随着社会经济的发展而自然消失，有的时候在一些局部还会发生新的矛盾和冲突。

对于发展中国家来说，情况要更加复杂一些，除了为数不多的单一民族成分国家外，大多数国家都处于多种民族文化因素共存的状况。西方民族理论随着殖民主义扩张进入这些地区以后，一方面唤醒了这些地区民众的民族主体意识，促使其在与外来统治者的斗争中争取民族国家的独立，但是另一方面也使得其内部不同社会群体之间的差异性凸显，加之在独立过程中经常出现的权益分配失衡，不少新兴的民族独立国家会遇到一个艰难的族群磨合期。在这个问题上既有成功例子也有失败的例子，包括宗教、民族在内的社会文化因素导致一个国家分裂的例子并不少见。

第一节　印度民族工作取得的成果

印度是世界上多元化特征最为明显的国家之一,"人种博物馆"、"宗教博物馆"、"语言博物馆"等称谓明白地反映出其在民族问题上的复杂性。在历史上,印度分多合少,长期处于小国(邦)林立、虽然文化连接密切但是行政治理各自为政的状况。英国殖民统治唤起了印度民众的民族意识,同时也在不同的宗教或语言群体之间制造了一些人为的藩篱,最严重的后果就是使已经共同相处于一块土地上数千年的印度教民众和穆斯林矛盾公开化、尖锐化以致难以调和,最终在次大陆造成历史上规模最大的民众分离,形成了两个主要以宗教文化标准划分的国家——印度、巴基斯坦。印度独立以后,原先存在的主要矛盾,即印度民族与殖民统治者之间的矛盾已经由于英国势力的退出而得到解决,国家内部不同族群之间在经济、社会、文化等方面的差异和矛盾就上升为社会的主要矛盾之一:印度教徒和穆斯林这两个大的不同宗教群体依然存在,分治的后遗症并没有完全消失,同时还有数个其他宗教少数族群与表列群体一起长期处于发展水平滞后于其他群体的不平衡状态。如何消除这些矛盾,如何使各个社会群体一起走上共同发展的道路,以维护国家的稳定和发展,就成为印度民族工作的主要任务。

应该说,在独立后的印度应该建设一个什么样的族群关系的国家这一点上,印度的政治家们在认识上还是比较清晰的,这从印度宪法以及主要领导人和政治家的讲话中可以看出,而且尼赫鲁之后的历届领导人也基本上延续了同样的思路。

1947年8月14日,印度正式宣布独立的前夜,尼赫鲁在他那著名的"自由之觉醒"(Awake to Freedom)的演讲中号召"我们呼吁我们所代表的印度人民满怀信心地在这一伟大的创业过程中加入我们的行列"。几天前,另一位印度的穆斯林政治活动家也道出了同样的心声:"每一个自认为是印度公民的人——无论是穆斯林、印度教徒还是基督徒——将为高举和保持对印度国旗的忠诚而奉献一切。我不希望历史的错误重演,而希望全体人民忘记过去,将其从我们的记忆中去除。我希望多数族群的成员也应该忘记过去。我们大家都要创造一个全新的历史,大家携起手来,在重建国家和民族的过程中获得真诚、尊严和利益。"①

半个世纪后的1997年8月14日,在庆祝印度独立50周年的讲话中,时任总理的古杰拉尔表达了同样的思想:"让我们大家走到一起来,宣誓建立一个统一的国家,尽管存在着众多的差异。我们操不同的语言,但我们仍将是一个统一的国家。我们遵从我们各自的宗教,但我们仍将是一个整体。我们将消除阶级差异,我们将建立一个没有上等阶级和下等阶级的国家,一个妇女得到尊重的国家。"②

在印度独立后的60多年里,平等的观念成为印度国家的一项最基本的价值观。它源于西方近代政治思想体系,也是印度数千年历史传统的精粹所在。正如著名的《梅农报告》中的一段话所说,"平等的观念并不只是立法专家宣称的一个原则,仅仅在法庭上受到尊重,而且也在国家公众生活中产生更加广泛的共鸣"。③ 我们发现,几乎所有关于民族问题的文件都将平等作为基点,这也成为印度解决民族问题的基本原则。

在具体行动上,印度政府以及社会各界为维护社会稳定和各族群的团结,消除社会差异,扶持弱势群体付出了巨大的努力,限于篇幅的限制,我们无法详细列举所有的具体措施,只就几项具有全局影响的大动作进行讨论。

一、保留制度(Reservation)

在印度,如何消除社会各个群体之间在婚姻、就业、社会参与等各个方面的差异,一直是近代以来许多政治家的重要任务。已经存在数千年的种姓制度从理论和实践两个层面把社会民众划分为许多个不同的小群体,在职业、婚姻、社会地位等各个领域为这些小群体划定了难以逾越的界限。社会经济发展水平的不平衡又使得这些群体之间的界限愈加牢固。许

---

① Speech delivered by Chaudhary Khaliquzzman, on 22 July, 1947, in A. G. Noorani, ed., *The Muslims of India*, *A Documentary Record*, New Delhi: Oxford University Press, 2003, p. 34.

② 参看印度驻华大使馆:《今日印度》"印度独立五十周年"特刊,1997年8月,第17页,第30页。

③ Report by the Expert Group, *Equal Opportunity Commission: What, Why and How?*, New Delhi: 2008, p. 9.

多社会改革家认识到在印度古代的思想和社会制度中是很难找到可以借鉴的方法来解决这一社会难题的。

当西方近代社会思想和制度随着殖民者的东来而进入印度以来，一些扶持弱势群体的方式也被引入，特别是英国在打败自己的竞争对手，逐渐确立在印度的控制权之后，他们利用建立起来的行政制度进行了一些社会建设，保留制度就是其中一个重要的内容。

保留制度也被称为预留制度，首先推行于一些西方国家，例如美国建国之后，就为印第安人设立了保留地，使其传统文化不至于因绝对强势的现代文化扩张而完全丧失生存空间。在印度则指政府部门利用行政资源和行政手段，在特定的领域为特定的社会群体成员保留一定比例的席位，借此调整弱势群体与强势人群在社会竞争中的不平衡地位，以实现一定意义上的社会平等。这些保留的席位所惠及的群体主要包括表列群体和落后阶级以及部分宗教少数族群，其领域主要涉及政府行政管理部门、公营经济部门以及高等教育部门等。

19世纪末，在延续某些莫卧儿帝国就已经实施的照顾社会弱势群体做法的基础上，英印政府设立了一些专门机构负责调查社会弱势群体的生存状况并提出解决的方案。1882年，一个名为杭特尔委员会（Hunter Commission）的组织在其提交的报告中指出，由于社会不同阶层的成员无法享受到同等的教育机会，在政府部门的工作人员大部分为社会上层或富有阶层人员，为了消除这种不公平状况，就应该为那些弱势群体成员在教育上保留必要的席位。[①] 几年后，为弱势群体预留工作席位的设想也被正式提出。1902年，在马哈拉施特拉地区首先试行了专为落后阶层成员设立预留的工作席位的政策，之后这一政策又逐渐被推行到更多的地区。例如1927年在孟买地区就推行了为非婆罗门种姓成员保留席位的制度；而在东部的马德拉斯省政府部门也实行了席位比例分配制度，每12个工作岗位中有两个给婆罗门种姓成员，五个给非婆罗门印度教徒，两个给基督徒，两个给穆斯林，剩下一个给其他群体的成员。[②] 很显然，最初这项措施是针对婆

[①] 实际上，英印时期要想成为一个政府文职人员，首先就得通过英文考试，这对那些连启蒙教育都难以享受的社会底层民众来说，只能是一个难以实现的梦想。

[②] 参看 Ministry of Minority Affairs：*Report of the National Commission for Religious and Linguistic Minorities*，2007，p. 114。

罗门的,主要为了限制这个最高种姓成员对政府行政部门工作的控制。在1935年的《印度政府法案》中也对预留制度进行了表述并规定了相关的细节,1943年一个由社会底层代表推动的保留制度的雏形形成,规定在政府部门中为表列种姓成员保留8.33%的席位,但由于英印政府的主要关注点并不在解决印度国内的社会不平等问题上,因此直到印度独立前夕,这个制度也没有发挥太大的实际效应。

印度独立之后,对社会弱势群体的政策受到了政治家们的高度重视。消除社会的不公平,建立一个社会、经济和政治平等的国家是国大党领导人为刚刚取得独立的印度未来发展预设的目标。要建立一个真正平等的社会就必须解决以下4个问题:消除取得平等机会的限制、扩大公民共享社会管理领域的机会、消除长期存在的无本族群权利代表现象、启动和实现重大的宪法或行政管理目标。[1] 独立前夕的1946年,出身表列种姓的安倍德卡尔受命为宪法起草委员会主席,他所主张的全体印度人都享有同样的平等权利的思想也贯穿于宪法制定的整个过程。[2] 1951年公布生效的印度宪法在强调这一宏大目标的同时,特别对保留制度进行了明确的规定。

宪法第29条第二款:由国家维持或由国库补助之教育机关,不得仅根据宗教、人种、世袭阶级(种姓)、语言或其中任何一项理由而拒绝任何公民入学。

第330条第一款:人民院内应为下列各种人保留议席:(甲)"表列阶级(种姓)";(乙)除阿萨密(姆)邦区域内之"表列部落"外之一般"表列部落";(丙)阿萨密(姆)邦各自治县内之"表列部落"。第二款:依第一款各邦应为"表列阶级(种姓)"或"表列部落"保留议席之数目,与分配该邦在人民院中议席总数间之比例,应尽量与该邦"表列阶级(种姓)"或"表列部落"在该邦或邦之一部所占之人口,与该邦全体人口之比例相同。

第332条第一款:除阿萨密(姆)邦部落区域之"表列部落"外,在第一表(甲)部及(乙)部所列本帮立法院内,应保留各"表列阶级

---

[1] 参看 Ministry of Minority Affairs: *Report of the National Commission for Religious and Linguistic Minorities*, 2007, p. 114。

[2] 参看 Mahwish Hafeez, *Political Struggle of the Untouchable and the Rise of Bahujan Samaj Party*, http://www.issi.org.pk/journal/2007 - files/no - 3/article/a2.htm2001 - 12 - 22。

（种姓）"及"表列部落"之议席。第三款：依第一款邦立法院应为"表列阶级（种姓）"或"表列部落"保留议席之数目，与分配该邦在立法院中议席总数间之比例，应尽量与该邦"表列阶级（种姓）"或"表列部落"在该邦或邦之一部之人口与该邦全体人口之比例相同。①

这些条文确立了这样的原则：1. 表列种姓和表列部落这两个群体的成员在人民院和立法院中应该有自己的代表，如果通过选举无法保证这一点的话，就必须实施预留席位，以保证他们的政治诉求渠道畅通；2. 在两院中的表列群体席位应该尽量与他们在该地区总人口中的比例相同；3. 在包括教育机构在内的其他部门，不得将弱势群体成员拒之门外。此外需要补充的是，在最初的设想中，保留制度只是一项权宜举措，有效期为10年，之后由于弱势群体的状况没有从根本上改善，又通过宪法修正的方式延长了10年。1997年11月，根据1992年宪法修正案，印度政府颁布了一个法令，将保留制度延长到相关阶层所拥有的席位达到他们在人口中所占比例时为止。

在保留制度实施过程中一直伴随着争议，首先是哪些群体是这一制度的合法受惠者。在宪法中最初明确规定为表列群体，但是一些宗教少数族群虽然也属于表列群体的行列，却并没有被包括在保留制度涵盖的范围内。1956年宪法修正案将锡克教徒纳入表列种姓的范围，1990年修正案将佛教徒纳入，使得传统意义上的表列种姓群体有了扩大。1953年，落后阶级被纳入到保留制度惠及的范围，这个群体虽然与前面已经提到的表列群体有很多重叠，但涉及的范围更广，例如一些宗教少数族群（穆斯林除外）也被囊括进来。1979年曼达尔委员会建立，在其1980年提交的报告中，落后阶级的人数占到全体印度人数的52%，之后甚至增加到60%的比例。② 穆斯林群体在很长时间里被排除在这一制度之外，这引起了很大的不满，但是由于涉及的人数实在是太大，所以有关当局这方面的政策一直处在摇摆不定的状态之中。

与上述情况密切相关的是，印度政府为了更好地实施保留制度，曾建

---

① 参看郭登皞等译：《印度宪法》，世界知识出版社1951年版，第116—117页。引文中括号里的是现在的通行译名。

② Ramaiah A., "Identifying Other Backward Classes", *Economic and Political Weekly*, June 1992; Bhattacharya Amit, "Who Are the OBCs?", *Times of India*, 8 April, 2006.

立了一些专门的委员会或各种机构，对不同的人群进行统计，但是由于时间、标准不同，这些统计所提供的数据也出现了明显的差异，给制度的实施带来了一些麻烦。

表8—1　与保留制度相关的不同数据对照（单位：%）

	曼达尔委员会报告（1980年）	全国抽样调查报告（1999—2000年）	全国家庭健康统计（1998年）	保留制度席位比例
落后阶级	52	36	33.5	27
表列群体	22.5	28.3	27.9	22.5

资料来源：根据印度政府公布的相关报告数据制作。

保留制度涉及的领域。按照英印当局的说法，保留制度就是在公职部门为社会弱势群体预留一定比例的职位，包括政府文职人员、政府经营的经济部门以及政府资助的高等教育部门等。印度独立之后基本上延续了这些政策。不过印度政府根据实际情况还逐渐扩大了保留制度覆盖的范围，例如一些私立高等学校也被纳入到实施保留制度的体制中，其具体比例也发生了一些变化。

印度独立之初，给予表列群体的保留比例明显低于其在全体人口中所占据的比例。在相当长的时间里，统计数据表明表列种姓在总人口中的比例为12.5%，表列部落为5%，二者相加达到17.5%。实际上，给予表列群体的保留席位比例只达到16.66%。到了1970年，给予表列种姓和表列部落的保留比例分别上调为15%和7.5%，二者相加为22.5%。与此同时，表列种姓的构成也进行了调整，锡克教和佛教信众都被包括在其中；表列部落也包括了符合界定标准的全部少数族群群体。1990年，印度政府发布编号为36012/31/90－Estt的文件，再次将这个比例上调到27%。[①]

由于各邦的具体情况千差万别，所以印度联邦政府规定各地可以根据自己的实际规定不同的比例。在一些弱势群体比例较高的地区，保留制度席位的比例也相应提高，例如卡尔纳塔克邦在1975年时保留席位在教育领

---

① 参看 National Commission for Backward Classes, *Annual Report 2007 - 2008*, 9th July, 2008。

域的比例达到48%，在政府部门的比例更是高达50%。查谟—克什米尔地区在1977年这两个比例是42%，马哈拉施特拉邦1964年时的比例是34%，都超过了全印度的平均水平。而弱势群体较少或地方政府不重视保留制度实施的一些地区则呈现完全不同的局面，如古吉拉特邦1976年时的这两个比例仅为10%，旁遮普邦在1965年时更低到5%，都远远低于全国平均水平。从全国水平看，多数邦的指标都低于全国平均水平。①

尽管存在一些问题（关于对保留制度的争议和矛盾，我们将在后面进行讨论），但印度所坚持实施的保留制度无论是在时间还是覆盖的范围上都是绝无仅有的，堪称世界上规模最大的"扶持行动计划"，② 也在改善社会弱势群体状况方面发挥了很好的作用。

二、语言建邦政策

印度的语言数量巨大，种类复杂。英国殖民统治将英语引入次大陆，并使之成为通行全印度的官方行政用语和学术用语，但是并没有改变印度本土语言多样化的局面。事实上，语言在印度近代史上并不仅仅是一种民众间的交往工具，在一些关键的历史时刻，往往发挥极为重要的政治动员作用。例如印度穆斯林在要求自己的政治权利的时候，乌尔都语就被当作印度穆斯林的通用语言，他们的政治组织穆盟及其领导人真纳都认定乌尔都语是将印度教徒和伊斯兰教徒划分为两个民族的重要因素。③

印度独立之后，出于国家统一的考虑，政治家们十分重视语言在国家社会政治生活中的作用。印度宪法在第343条第一款中明确规定，联邦之官用文字，应为梵文字体之印度文（即印地语文字）。第344条第一款规定由总统任命一个专门委员会，第二款规定了这个委员会的职责：（甲）逐渐使联邦官方用途上采用印度文；（乙）限制联邦为一切目的与为任何官方目的使用英文。作为补充，在第345条和346条中，对地方语言作出

---

① 参看 Ministry of Minority Affairs: *Report of the National Commission for Religious and Linguistic Minorities*, 2007, p.116。
② http://news.sohu.com/20080704/n257930958.shtm。
③ "Home Minister Charan Singh Links Urdu with Muslims and Holds it as One of Principle Causes of India's Partition", *The Illustrated Weekly of India*, 29th January, 1978.

规定，赋予邦议会作出该地区语言的权利。①

很显然，印度政府在尊重各地方语言的前提下，有意将使用者最多的语言印地语提升为国家语言，但是实际上在历史上，印地语只是印度北部和中部的一种地方性语言，在印度独立之时，这种状况也没有改变，独立后的印度领导人这样做的政治目的是显而易见的。要了解这一问题的深层次原因还必须涉及一些印度独立运动的历史，为了将全印度各种力量整合在一起，早在1905年国大党就提出了以语言为基础来重新划分印度的行政区域，但此要求未得到英印殖民政府的认可。在1920年的那格浦尔会议上，按照语言划界建邦更成为国大党明晰的政治目标，并确立了国大党的邦组织按语言地区建立的原则。1922年开始，国大党不再按照英国人划定的印度行政区域建下层分支，而是按照语言来建立自己的支部。此后，在1937年和1945年的选举宣言中，国大党又曾重申过这一政治原则。② 在20世纪20年代，南方的泰卢固人、泰米尔人以及卡尔纳塔克人政治领袖也都明确提出要充分照顾各个语言群体权益的要求，当时的领导人甘地理解他们的要求，也将这种诉求写入国大党的纲领之中。但是到了独立实现之后，尼赫鲁等领导人认为国家分裂是当时所面临的更大危险，维护国家统一、树立政府权威成为刚成立的国家政权的首要任务，他们不再强调不同语言群体的利益，而更加注重用一种语言来加强全印度的联系。他就认为"我们国家还处于形成的阶段，它（指以语言建邦）肯定会延缓我们巩固已有成果的过程，并释放出瓦解和分裂的力量来"。③

印度独立之初的另一项重要任务是行政区划的确定，这个问题又与语言问题交织在一起。如前所述，独立前夕，英国殖民者留给印度的是一个直接统治地区和大量土邦并存的行政区划体制，由11个省督管辖的省、五个专员管辖的省和500多个土邦组成。在独立过程中，原先的土邦全部归并于联邦政府直接管辖之下，形成了三级邦的行政建制，即原先的省督管辖省成为一级邦，土邦合并后成为二级邦，专员管辖省或小的土邦成为三级邦。这种行政划分受到了广泛的批评和反对，许多地方的政治领导人再

---

① 参看郭登皞等译：《印度宪法》，世界知识出版社1951年版，第120—121、122页。
② 万颖："印度以语族为阈建邦实践的宪政意蕴分析"，http://www.pacilution.com/ShowArticle.asp?ArticleID=2862。
③ 转引自万颖："印度以语族为阈建邦实践的宪政意蕴分析"，http://www.pacilution.com/ShowArticle.asp?ArticleID=2862。

次提出按照语言建邦的要求。例如原先的马德拉斯省不仅辖区疆域广袤，而且语言构成成分非常复杂，四种属于达罗毗荼语族的语言都被囊括其中。

在这个问题上首先发难的是讲泰卢固语的安得拉地区族群，他们坚决反对强行推行印地语，并明确要求按照语言重新划分行政区域。尼赫鲁等人开头并不同意这样做，从而导致安得拉地区著名政治家婆提·希拉姆鲁（Potti Siramulu）进行绝食并最后死亡。为了平息由此引起的地区性动荡，印度政府在统一成立安得拉邦的同时，任命了一个"邦重组委员会"（State Reorganization Commission），1955年这个委员会提交了报告，提出按照传统的语言地区划分邦以及行政区划的思路。次年，联邦政府通过了邦重组法案（the State Reorganization Act），按照主要语言将印度划分为14个邦和六个中央直辖区。在这一原则的指导下，原先的马德拉斯省、孟买省、旁遮普省等行政区划被拆分，安得拉邦、泰米尔纳都邦、喀拉拉邦、卡纳塔克邦、马哈拉施塔拉邦、古吉拉特邦、旁遮普邦、阿里亚纳邦、喜马偕尔邦等相继建立。20世纪60—70年代，印度东北部原先的阿萨姆省和两个中央直辖区也依据同样原则被划分为六个新的邦。这个语言建邦的过程一直持续到20世纪80年代。[①] 与此相匹配的是，宪法列表8所规定的官方语言从开始的15种增加到22种。各个地区的语言（包括非表列的官方语言）也成为学校教育的合法用语得到使用和延续。

语言建邦的实际意义已经远远超出了单纯的行政区划和语言使用的范围，从民族问题的角度看，它反映出各个族群在社会地位和权力上要求平等的诉求，而印度政府的举措也反映出对这种诉求的尊重，这一措施和其他关于语言问题的政策措施一起，[②] 使得已经延续了数千年的印度文化多元和谐共存的传统得以发扬，有效地缓和了中央与地方在权力分配上的矛盾和戒备心理，通过给予地方更多的文化权利以及自我管理权利的方式，缓解以至平息了各地区和族群间存在的分离倾向。有学者指出，语言建邦"防止国家陷入大规模的无休止的争执，维护了国家的安全和秩序，同时

[①] 参看 Paul R. Brass, *The Politics of India since Independence*, Cambridge: Cambridge University Press, 1990, p. 169。

[②] 事实上印度政府还有许多保护和发展民族语言的举措，例如1957年7月建立了国家民族语言委员会。

对行政管理和民主政治的发展起到了积极作用;地方语言的使用使邦政治更靠近人民,提高了人民参与政治的积极性和可行性;使地方权力由少数说英语的精英阶层掌握转变为向更多的说地方语言的人开放,扩大了民主政治的基础,提高行政效率"。① 从民族生存和发展的意义上看,语言的保留使得各主要族群消除了被同化、被边缘化的担忧,也为民族文化繁荣留下了足够的空间。

三、印度总理新十五点项目

1983 年,英迪拉·甘地为总理的印度政府启动了名为"少数族群福利增长十五点项目"(the 15 - Points Programm for the Welfare of Minorities),优先关注这样一些领域:应对日趋严重的族群骚乱并防止更大的此类骚乱发生,确保少数族群在中央、地方以及公营部门有相适应的代表;确保通过一些发展项目的实施,少数族群能够有更多的受益等。这些项目的重点是加强针对少数族群成员的教育以及技能培训,以增强这些弱势群体在社会发展中的竞争能力。在此后公布的 1986 年国家教育政策、1992 年出台的行动项目等文件中,也再次强调了教育对少数族群的重要性并设计实施了配套的具体项目,其中就包括针对穆斯林宗教少数族群的教育提高计划。② 2006 年 6 月,印度政府又启动了一个新的项目,为了保持与之前相关项目的延续性有所区别,这个新项目的题目就称为"印度总理新十五点少数族群福利增长项目"(Prime Minister's New 15 - Points Programm for the Welfare of Minorities)。与前面的项目相比,这个新项目有两个特点比较引人注目。一是级别高,过去此类项目的直接策划和实施都有某个政府部门来完成,而新项目直接在政府总理的领导下,整合各个相关部门的资源,是一个真正意义上的国家项目,直接参与的就有少数族群事务部、妇女儿童发展部、人力资源发展部、农村发展部、住房与城市发展部、劳动就业部、住房与城市贫困消除部(Ministry of Housing & Urban Poverty Allevia-

---

① 转引自万颖:"印度以语族为阈建邦实践的宪政意蕴分析",http://www.pacilution.com/ShowArticle.asp? ArticleID = 2862。

② 参看 Ministry of Minority Affairs: *Report of the National Commission for Religious and Linguistic Minorities*, 2007, pp. 76 - 77。

tion）和金融服务局等多个政府部门。二是目标任务非常具体明确，即：1. 提升教育机会；2. 确保少数族群成员公平分享经济事务和就业的机会；3. 通过基础设施建设等一系列措施改善少数族群成员的生活环境；4. 防止和严控族群暴力的发生。

在这些目标之下，制定了一批保障性项目，例如在教育领域就包括增加基础教育小学和高年级小学的数量以保证各地少数族群的孩童可以更加便捷地就近上学，扩充乌尔都语教学资源及提升一些宗教少数族群传统教育的现代化水平，设立专门针对少数族群成员的奖学金，改善教学基础设施等。在经济发展与就业领域包括改进自谋职业和就业的环境，如提高少数族群成员招收就业比例、强化技能培训、加大对少数族群成员经济活动的资金支持等。

这些项目自启动以来，印度中央政府给予了大量投入，主要牵头部门印度少数族群事务部也进行了大量的宣传，并且已经取得了一些积极的成果。

四、消除贫困项目

虽然独立后的印度在经济和社会发展领域已经有了很大的进步，但是贫困问题一直困扰着这个世界第二人口大国，按照国际通用的标准，印度有着数量巨大的绝对贫困人口。据世界银行的统计，直到20世纪末，印度仍然有占总人口约1/3、总数约三亿的人口处于绝对贫困线以下，其人口总数约为非洲撒哈拉地区的贫困人口的1.5倍。① 历届印度政府都认识到能否解决这个问题关乎国家的稳定、民众的人心向背，因此从第一个五年计划起，就将消除贫困作为自己的重要任务并一直延续到今天。从贫困人口所占的比例看，截至20世纪末，其总的趋势是在缓慢持续下降。实际上，印度贫困人口的下降态势并不平稳，在20世纪50年代中期和后期、60年代后期曾出现三次明显的上抬。在印度实施全面经济改革，发展速度加快以后，贫困人口的下降也相应呈平稳的下降趋势。② 但是正如大量研

---

① 参看 The World Bank, *India Reducing Poverty, Accelerating Development*, New Delhi: Oxford University Press, 2000, p. 10。

② 参看印度政府公布的 NSSO（国家抽样调查机构）历年统计数据。

究成果所揭示的，印度的贫困问题尚未从根本上解决，一些制度性、结构性的问题仍然困扰着这个国家，例如城市化程度较低，73%的人口生活在农村，约3/4的贫困人口生活在农村，其贫困率高于全国平均贫困人口比例约两个百分点、高于城市贫困人口比例约6个百分点。民众购买力有限导致国内贸易在GDP中所占比例偏低。基础设施落后影响了民众生活质量，也使得社会发展指数长期处于一个较低的水平。

相比于一般社会群体，落后阶级、表列群体和宗教少数族群构成了印度贫困群体的主体，他们的发展水平也低于整个社会的平均值，正如一位印度经济学家指出的，包括表列群体、落后阶级和穆斯林在内的"被剥夺的少数族群"的社会、经济、教育提升是印度民主政治必须消除的一个压力。[1] 因此，这一部分人群也就成为印度消除贫困任务的难点和重点。从这个角度也可以说，印度民族问题的一个重点就是如何消除贫困。

通观印度政府部门的民族发展计划和项目，都包含了消除贫困，促使弱势族群缩小与其他族群差距，赶上全国发展步伐的内容。以1992—1993年度印度全国表列种姓和表列部落委员会的报告为例，在第四章"表列种姓和表列部落的经济发展"之中，就专门有消除贫困项目部分，不仅对项目的目标任务、经费支持等做了详细阐述，还分别列举了提高识字率、农村青年职业技能训练、提高就业率、进行土地制度改革等等内容并提出了实施的路径。[2]

经过多年的探索，印度已经形成了一套较为完整的消除贫困问题的体制，这就是政府政策引导、项目实施和机制保证。关于政府政策引导，前面已经多有涉及，这里不再赘述。

关于项目，主要包括两类：一是反映在五年计划中的常规项目和一些特别项目。在印度的每一个五年计划中都有相应的专门项目，例如从第五个五年计划开始的部落辅助计划（Tribal Sub-Plan），特别是从1992年开始的第八个五年计划期，每个计划都将扶持社会弱势群体，消除贫困当作重要的内容，在具体项目安排、资金资助等方面给予保证，而且每个五年计划都会安排一个或数个重点项目。例如第八个五年计划（1992—1997年）

---

[1] Meghnad Desai, "Our Economic Growth: 1947-2007", in Ira Pande, ed., *India 60 Towards a New Paradigm*, New Delhi: HaeperCollins Publishers, 2007, p.44.

[2] 参看 National Commission for SCs and STs, *Annual Report 1992–1993*, pp.52–56.

即建立了三个专门支持弱势群体的机构：全国落后阶级财经与发展组织（the National Backward Classes Finance and Development Corporation）、全国少数族群发展与财经组织（the National Minorities Development and Finance Corporation）和全国萨法伊·卡拉恰里财经与发展组织（National Safai Karamchari Finance and Development Corporation）。第九个五年计划（1997—2002年）启动了改善全国健康与教育基础设施的建设，其中包括为表列群体和女性学生提供奖学金、针对农村和城市下层儿童的特别发展计划等。第十个五年计划（2002—2007年）特别强调了改善生活条件、增加就业和发展农业的重要性，开始实施一些专门针对少数族群成员教育、健康和参政的项目，如职业培训、扶持穆斯林传统教育机构马达萨斯（Madarsas）等。第十一个五年计划（2007—2012年）提出了"促进平等：表列种姓、表列部落、少数族群以及落后群体"的目标任务，全面提升这些群体成员的发展指标，推进社会弱势群体的进步。

除了这些五年计划中的项目，印度政府还根据发展的需要实施了一些专门项目，例如前面提到的两个15点提高福利项目等。此外还有1979年启动的部落综合发展项目（Integrated Tribal Development Projects，ITDP），1980年启动并一直延续到2004年的表列群体发展特别项目，1983年启动的帮助新佛教徒和穆斯林进步的项目，依据国家教育政策开展的初等教育发展项目（包括黑板计划、免费中餐项目、开放学校项目、假期教育项目等等），帮助少数族群特别是妇女教育发展项目（AEDP），1999年启动的支持小型工业发展项目，2000年启动的农村道路项目（Rural Road Program，RRP），2004年启动的全国食品工作项目（National Food for Work Programme，NFWP），2005年启动的全国城镇就业保障项目（National Rural Employment Guarantee，NREG），2005年启动的对印度穆斯林状况全面调查评估项目（萨卡尔委员会）等等。除了中央政府实施的这些项目，各邦政府甚至基层政府也都有自己的项目，以有针对性地解决面临的问题。

关于机制也主要包括以下几个方面：一是财政保证。印度的资金来源呈现多样化，一是政府支持，由中央政府立项的项目，每个项目都有必要的经费预算，由中央政府纳入年度预算并经议会批准，对各种专项经费的管理比较严格，各负责实施的部门要根据计划支出，定期作出开支报表上报并接受审查。例如中央政府就设立了专门针对表列群体成员的教育投资项目，其力度之大在世界上也不多见，几乎占到年度计划总额的一半左右。① 一些主管政府部门下设经费预算部门，对本部门实施的项目给予经费支持。如少数族群事务部下设的全国少数族群发展与财经集团就专门关注扶持弱势特殊群体的发展项目，每年预算经费中有相当部分都用于支持这些项目。各邦的情况也大致相同。根据项目需要还设立了一些总理专项经费，如1993年设立的支持失业青年培训的专项经费（Prime Minister's Rozgar Yojana）、1999年实施的支持资助就业的专项经费（Swainjayanti Gram Swarozgar Yojana）、2001年启动的旨在资助农村就业的专项经费（Sampoorna Grameen Rozgar Yojina）等等。一些商业银行也开展特别的业务以支持消除贫困的工作，其中比较有影响的如提升农业潜在就业项目（Enhancing Employment Potential in Agricultural Sector）、提升工业潜在就业项目（Enhancing Employment Potential in Industrial Sector）。银行经过评估，向一些有潜力的行业提供贷款，以带动这些行业的就业率提升，最终达到减少贫困人口的目标。为了支持小规模工业的发展，印度还专门在1990年建立了印度小型工业发展银行（Small Industrial Development Bank of India）。除此之外还设立了一些基金会如阿扎德基金会等，负责筹集社会资金支持项目的开支。二是机构保证，印度政府根据项目需要设立了许多机构，有些是常设的，如少数族群事务部、表列部落事务部、落后阶级委员会等都设有相应的机构。此外还有许多非常设的机构，如各种委员会、协会，以及专门帮助家庭妇女的RMK等。这些组织再加上一些NGO为消除贫困提供了必要的专业人才保证。

消除贫困在一般意义上并不完全等同于民族问题，所涉及的面要大得多。但是这项工作最大的受益者是处于社会下层的一些特殊群体，他们状况的改善对于印度民族整体状况的进步具有决定性意义。

五、主要成果和经验

经过不懈的努力，印度政府和各界的努力在民族工作领域取得了明显的成果，主要反映在以下几个方面：

首先，多次经受住了宗教族群间、社会群体间冲突的考验，挫败了一

---

① 参见田建明："印度是怎样帮扶少数民族发展的"，《中国民族报》2006年12月8日。

些势力分裂国家的企图，增强了国家的凝聚力，维护了国家的统一，有利保证了国家经济建设特别是1991年起步的全面改革战略的推行，使国家综合实力快速提升，反过来又强化了印度民众的民族自豪感，形成一种良性循环。

正如许多印度问题研究学者所强调的那样，印度历史的特征并不是统一性。

在文化领域，虽然印度教一直在占人口总数80%以上的民众精神生活中发挥着支配性作用，但是其他宗教同样具有不可低估的影响，尤其是在印度历史上出现的几个控制疆域最为广阔的王朝，印度教并不总是处于受最高统治者支持的正统地位，如孔雀帝国时期佛教最受推崇，莫卧儿帝国时期伊斯兰教被奉为国家精神的代表。另外，自古以来就没有一种全印百姓统一使用的语言，不同地区内部的交往和外部相互间交往不得不进行不同语言的翻译；英国在印度实施殖民统治以后，英语成为官方语言，但是普通民众并没有掌握这种外来的交往工具。

在政治制度领域，印度本土并没有真正建立起一个统一有效的、覆盖全印度的政治制度，即便是在莫卧儿王朝这样的、疆域一度涵盖除南部以外小片地区之外的整个次大陆的大帝国，位于阿格拉的中央政府也没有能力对所有臣服地区实施有效的管理，那些拥兵自立的地方性印度教王国基本上保持了独立王国的地位，各自为政是一种常态。甚至强大的英印帝国面对多达500个以上的土邦国，也只能采取间接管理的方式。

在经济领域，由于自然环境和社会环境的千差万异，各个地区的经济结构、制度多呈现巨大的差异。

难怪有人这样描述印度："从来没有一个印度的存在……没有一个印度国家，也没有一个印度人民。"[1] 尼赫鲁也看到了这种现象，在《印度的发现》一书中，他指出了存在着将印度"描述为一个或两个或再多一些的国家"这种观点上的分歧，并设想印度将成为一个超民族的国家（Supra-National State）。[2] 正因为如此，独立印度的开国领导人都非常重视新的民族国家的建设。印度独立以后，曾不止一次发生过地区性、族群性矛盾和

---

[1] Sir Jhon Strachey, *India: Its Administration and Progress*, London: MacMillan, 1988, p. 5.
[2] 参看 Jawaharlal Nehru, *The Discovery of India*, New Delhi: Oxford University Press, 1994, pp. 524–535。

冲突，克什米尔地区、泰米尔地区、旁遮普地区以及印度东北部都出现过较大规模的族群骚乱，一些政治组织也提出过独立的主张。印度国父甘地以及两位总理英迪拉·甘地和拉吉夫·甘地都死于民族极端分子之手，这在世界上都是罕见的。特别是长期存在的印穆冲突不仅造成了大量人员伤亡和财产损失，也使印度的国家形象受到损害，成为"印度国家脸上的污痕"（前总理瓦杰帕伊语）。面对这些矛盾和冲突，印度政府一方面态度明确，坚决反对国家分裂，"不可分裂的印度"（Undivided India）成为印度官方的正式法律用语，[①] 其在危难时刻毫不手软，甚至不惜采取极端的军事措施坚决镇压武装分裂活动；另一方面又针对这些地区存在的发展问题给予政策上的倾斜和特殊的扶持，逐步改善社会弱势群体状况，以此来缓和社会矛盾，平息各少数族群成员因社会不公而产生的不满、愤怒乃至离心心理。在文化领域，在尊重各个社会群体多元文化的同时，则注意构建"印度民族意识"。由于这些政策具有稳定性和持续性特点，其成效随着时间的推移逐渐显现出来。与独立之初相比，印度民众的国家意识和公民意识大大增强，多个族群在保留自己文化特色的前提下共处共发展已经成为全社会的主导观念。在扶助弱势群体的实践中，印度政府经过不断摸索，开始改变起初惯用的"输血式"方式，更多地实施"造血式"方式。例如近些年在印度东北部就不再简单地给钱补助，而在加大基础设施建设、加强教育投入、加快产业体系构建上下功夫，同时吸引更多的当地人士参政，密切与印度内地的文化联系等等，这些办法有效地缓和了处于落后状态的地区和族群成员对政府的不满，对社会发展的更多参与也使他们能够更多地享受发展带来的成果，也对未来更加乐观。

2010年8月15日，印度总理曼莫汉·辛格在庆祝独立日的讲话中讲道："我们正在努力建设一个崭新的印度，一个让每一位公民都与之休戚相关的印度；我们正在致力于建设一个繁荣的印度，一个让所有公民都能尊严并自豪地生活在和平与友好环境中的印度；一个所有问题都诉诸民主方式解决的印度；一个切实保障每一位公民基本权利的印度。"[②] 他所讲到的崭新、繁荣和民主都离不开各个社会群体的平等、友好相处。客观地

[①] http://www.indialawinfo.com
[②] 引自"曼莫汉·辛格总理在印度第64个独立日的讲话"，印度驻华大使馆：《今日印度》2010年8月，总第106期，第7页。

说，印度独立之后，特别是在20世纪90年代开始全面经济改革之后，随着国家综合势力的加强以及国际影响力的提升，印度曾长期存在的社会群体分隔特别是不同族群之间的分隔呈现削弱的趋势，分离势力越来越不得人心。印度民族的凝聚力和自尊心都有了更大的强化，不仅国内的各个社会阶层、文化宗教群体更加认同自己的祖国，都认为自己是这个大家庭中的一员，就是海外印度人也在为国家发展感到振奋的同时，更加热情地加入到国家的发展事业中。这就从一个方面反映出印度民族政策和工作的积极成果。印度能够在如此复杂的条件下维护国家的统一和稳定，是一个了不起的成就，其经验也引起了世界许多国家的重视。

其次，印度政府建立了一整套从中央到地方的比较完整的民族工作管理机构，以及相关的附属设置、组织，形成了较为规范的工作机制，同时也通过对复杂事务的处理在这一领域积累了丰富的经验。例如在席卷全球的恐怖主义活动面前，印度政府一方面宣称自己为最大的受害者，争取世界各国的同情；另一方面也尽量避免将极端分子与广大穆斯林群众混为一谈，并在一些重大场合主张与巴基斯坦合作打击恐怖主义活动，使之获得极大的主动。

第三，通过一系列的保护和鼓励措施，已经延绵数千年的印度多元文化传统得到了较好的传承，各种不同的宗教、艺术、语言、生活习俗都有了自己生存和发展的空间。特别是印度政府对处于濒危状况的少数族群和部落的文化采取了多种抢救性保护措施，使一大批宝贵的文化遗产起死回生。关于这方面的具体情况，在前面的民族状况中已经有过描述。一些源于印度次大陆的文化又重新现出生机，例如佛教就产生于印度，历史上也曾作为主流文化辉煌了数百年，但是由于历史原因，佛教的中心向其他地区转移，世界性宗教佛教在印度本土反倒变得微不足道，只剩下一些遗迹供人凭吊。从20世纪末开始，佛教在印度出现复苏迹象，不但教徒的数量有了明显的增加，而且吸引了大批世界各地的朝圣者和进修者前来，佛教文化的一些原初教义被人们重新认识、评估，一些佛教礼仪得到恢复，印度也因此成为当今世界佛教徒越来越向往的圣地之一。

又如印度政府充分尊重各个族群的风俗习惯，在军队基层编成时，按照族群组建基层单位，既保证了军队的战斗力不受大的影响，又能使多元文化不受人为的阻碍。在每年共和日阅兵时，由各个穿着各自民族服装的连队参加分列式，就体现出多元文化和谐共处的风格。

第四，原先处于社会下层的弱势群体整体状况有所改善，一批代表他们的政治力量迅速壮大，有的已经取得邦级执政权，在印度政治舞台上发挥着日益重要的作用。一批出生于社会底层群体的人士在国家的各个领域发挥出越来越大的影响力。

在评述20世纪末21世纪初印度政治发展状况时，学者们使用了"政治力量趋于多元化"的表述。在注意到传统的执政党国大党衰落、带有民族主义倾向的印度人民党崛起的同时，各个地方性政党力量的增强和和低种姓政治力量的觉醒也被看作这种政治力量多元化的重要标志。[①] 印度的地方性政党只有在"地方性"这一点上是相同的，而在政治理念、政治主张、社会基础等方面千差万异。例如在北方各邦有着重要影响的大众社会党就具有一定的典型意义。

大众社会党是北方邦最重要的政党，这个邦是印度人口第一大邦，由于长期的经济支柱是农业，贫困人口比例比较高，其表列种姓等社会下层人口也较为集中。印度独立以后，代表弱势群体的政治力量一直比较活跃。1984年，在K. 拉姆（Kanshi Ram）的主导下，成立了代表达利特的政党。值得一提的是，大众社会党的建党时间是4月3日，这一天也是印度不可接触者政治领导人安倍德卡尔的生日。拉姆本人也是达利特民众争取政治权利运动的先驱者和重要领导人。这个党成立之初，就明确提出代表社会下层的利益，目标是利用选举制度夺取政权。大众社会党是在达利特大众要求平等权利意识日益觉醒和高涨的背景下建立的，北方邦众多的下层民众也就成为大众社会党的"选票箱"，从1993年起其开始在北方邦的政治舞台上崭露头角。2002年，党的领导人玛雅瓦蒂成为轮流执政的邦首席部长［另一位部长是社会党的党首亚达夫（M. S. Yadav）］，她也是出身不可接触者种姓最终成为邦一级首席部长的第一位女性。她在担任这一职位期间，采取了许多措施扩大达利特的权利。除了北方邦之外，大众社会党在旁遮普邦和中央邦也有较大的影响，在2004年举行的第14届大选中获得了14个席位，因此也被确认为全国性政党。

在达利特阶层中也出现了一批在群体内乃至全印度都具有重要影响力的人物。在政治上，出身于社会底层"不可接触者"种姓的安倍德卡尔最为有名，他幼年备受歧视，当时冲破重重困难，获得美国哥伦比亚大学授

---

① 参看孙士海、葛维钧主编：《印度》，社会科学文献出版社2003年版，第137—142页。

予的博士学位，在争取印度独立的斗争中成为杰出的领导人之一，后担任宪法起草委员会主席，主持制定了印度第一部宪法，被称为"印度宪法之父"，并担任共和国第一任法律部长。他的一生都在不懈地为提升社会底层成员的地位而努力，在很多达利特民众心中，他的威望与神明齐名，而在印度政治发展史上，其也与甘地、尼赫鲁等一样永载史册。1997年K. R. 纳拉亚南成为印度历史上第一位达利特出身的总统。而早在1960年，出身于表列种姓的D. 桑吉瓦伊亚（Damodaram Sanjivayya）就成为中央邦的首席部长。另一位担任邦首席部长的是前面提到的玛雅瓦蒂。此外还有很多政府部长、国会议员也来自达利特。印度文化界也有不少出身于表列群体的名人，例如第一位担任大学（安得拉大学）副校长的表列种姓兰卡帕里·布拉亚（Lankapalli Bullayya）、①曾任普那大学副校长的著名经济学家N. 贾达夫（Narendra Jadhav）、宝莱坞影星蒂夫雅·巴尔迪（Divya Bharti）、板球明星温诺德·卡姆波利（Vinod Kambli）等。

大众社会党的影响日盛和出身达利特（或社会下层群体）者名人辈出只是这方面情况的一个侧面。事实上，印度各个族群和社会群体在国家政治、经济和文化生活中的作用都呈现一种上升趋势，来自各个不同社会、宗教、文化群体的成员在社会各个方面正发挥着越来越积极的影响。

就仅以印度国家元首为例，从1950年开始，印度共有12届、14位总统〔包括代总统，其中V. 文卡塔吉里（Varahagiri Venkatagiri）曾担任过两个月的代总统，后在1969—1974年任过一届年总统〕。其中有三位是穆斯林，他们分别是Z. 侯赛因（Zakir Husain，1967—1969年任印度总统）、F. 阿里·阿赫迈德（Fakhruddin Ali Ahmed，1974—1977年任印度总统）和阿卜杜拉·卡拉姆（Adul Kalam，2002—2007年任印度总统）；一位是锡克教徒，他就是来自旁遮普的G. 宰尔·辛格（Giani Zail Singh，1982—1987年任第7届印度总统）；一位出身于达利特，即K. R. 纳拉亚南（1997—2002年任第10届印度总统）；以及一位女性总统，也是现任总统P. D. 帕蒂尔（Pratibha Devisingh Patil，自2007年就任第12届印度总统）。就是担任总统的印度教徒也来自各地，出身于不同的种姓阶层。此外，印

---

① 在印度，国立大学校长一般由总统或社会名流担任，大多只有名义上的意义，副校长才是学校真正的主政者。

度历届总理大多由印度教徒承担，不过现任总理曼莫汉·辛格是一位锡克教徒。①

在社会发展的其他领域，出身于宗教少数族群的杰出人物也很多，例如经济界巨头塔塔家族就是琐罗亚斯德教信徒，其创始人 J. 塔塔（Jamshetji Tata）有"印度近代工业之父"之称，他在 19 世纪后半叶创建企业之后，其家族一直为印度民族工业之翘楚，成为印度经济发展的一张名片。又如 M. A. K. 阿扎德（Maulana Abul Kalam Azad）是一个穆斯林，也是一位印度独立运动活动家，1947 年印度独立后，他成为首任教育部长，现在印度少数族群事务部的教育基金会就以他的名字命名。在宝莱坞，许多著名的影星也是穆斯林。例如沙鲁克·汗（Shahrukh Khan）被称为宝莱坞的领军人物，他一共获得 14 个电影大奖，其中八次获得最佳男演员的称号，还获得印度政府颁发给他的"卓越贡献奖"。美国《新闻周刊》在 2008 年评选他入围 50 位"世界最有影响力的人"，他也是唯一入围的电影明星。沙鲁克·汗是一位穆斯林，但他的妻子却是一位印度教徒，两种宗教信仰在他的家里同时并存。另一位巨星阿米尔·汗（Aamir Khan）的情况也与沙鲁克·汗有几分相似，阿米尔出生于穆斯林家庭，21 岁的时候爱上了邻居家的女孩，但由于宗教原因（女孩家是印度教徒，他是一个正统的穆斯林），两方家长都坚决反对这桩婚事，两个年轻人决定私奔。这一段婚姻常常被印度政府和印度政党拿来当作印度教和穆斯林和睦相处的典范。

总之，印度独立后的民族工作确实取得了明显的成就，这也为印度国家的独立与稳定，保证经济建设的顺利进行提供了必要的保障。印度多元民族文化的兴旺繁荣正成为印度软实力发展的一面招牌，成为印度崛起和扩大全球影响力的坚实基础。

第二节　印度民族工作任重而道远

印度的民族工作虽然取得了很多成绩，但是依然存在许多问题，一些

---

① 参看 Publications Division, Ministry of Information and Broadcasting, Government of India, *India 2010. A Reference Annual*, New Delhi, 2010。

问题还会长期存在，解决起来难度极大。一些问题不仅涉及国内相关群体，而且与国际因素密切结合，使之更加复杂和敏感。

首先，印度各个族群之间并尚未达到理想的程度，离实现政治家设想的真正意义上的民族国家这一目标还有很长的路要走。

印度极为丰富的多元民族文化在体现出其包容性的同时，也在客观上为各个社会群体之间划出了可以界定的界限。尼赫鲁曾经多次指出，在印度国家中，民族的基础并不是单一的印度人（Indianness），诸如他们拥有相同的宗教、共同的语言等，而是一个复合的定义，是一个"民族集团"（a National Group），当他们彼此比较时会发现分歧，而当他们与其他民族集团比较时，就会表现出一致性。① 历史证明尼赫鲁的论断是相当正确的。在与英国殖民当局交涉，争取国家独立的斗争中，印度大多数族群团体、政治力量和政治家都会团结在一起，因为这时的"我们"和"非我们"的界限是以整个印度民族和英国民族来划分的。但是当印度内部各个族群、政治派别面对利益的划分时，彼此间的一致性似乎就失去了意义。印度独立以后，特别是当外来的压力不那么大的时候，国家内部各个社会群体（包括各个族群）之间的矛盾往往就会突出起来。

从横向角度看，印度各个族群以及大的社会群体之间的界限仍然十分分明，彼此间的差异、隔阂乃至矛盾难以避免，在所谓"多数族群"与"少数族群"之间尤为明显。印度划分多数族群和少数族群的标准虽然具有很大的相对性，但是印度教在全国范围内的绝对优势又是一个事实，不仅信教人口占据了绝对优势，而且产生于这一群体的政治、经济、文化精英也在印度社会各个领域充当了主角并且是利益的主要受益者。这样一来，印度国内的族群矛盾常常会与宗教联系在一起，表现为印度教徒与非印度教徒之间的矛盾。

1954年4月，尼赫鲁在一封信中这样写道："印度的少数族群问题一直在极大地困扰着我并持续让我深思……我们的宪法非常好，其他的法规也不错，但是事实却是少数族群事务特别是穆斯林一直深陷失败和无可奈何的感觉之中。他们认为一切都将他们排斥在外，例如军队、警察、国家

---

① 参看 Jawaharlal Nehru, *The Discovery of India*, New Delhi: Oxford University Press, 1994, p. 62。

管理等。"① 半个世纪以后,一项调查表明情况基本上没有任何改变,许多穆斯林感觉相比于一般人群,他们的经济和社会状况都倒退了。在经济上,穆斯林群体的各项发展指标都落后于国家平均指标,也落后于多数群体宗教族群;在政治上,他们的平等权利也没有很好地实现。以在关键部门的就业为例,根据印度官方的统计,除了安得拉邦外,印度其他各地的穆斯林警察都低于其在这些地区人口的比例,其中在几个邦的反差特别强烈:阿萨姆穆斯林占地区总人口比例为30.92%,而穆斯林警察占警察总数比例仅为 10.55%,在泰米尔纳德都邦的这两个数据为 5.56% 和 0.11%,在德里为 11.72% 和 2.26%,就是在穆斯林占总人口多数的查谟—克什米尔地区,这两个数据为 66.97% 和 56.36%。② 而在实际控制线另一侧的巴控克什米尔地区,当地穆斯林就可以享受大得多的政治权利。这种巨大的反差使得印度穆斯林民众感到被排斥在社会主流之外,正如一位穆斯林政治领导人所说,政府很少采取实际措施来帮助少数族群成员摆脱困境,因此他们普遍存在着一种"恐惧感和不安全感",认为自己面对暴力和歧视时,不仅遭遇不公正而且还得不到伸张。③ 这种情况不仅发生在穆斯林群体身上,印度基督教徒的遭遇也有类似之处,1956 年和 1990 年印度锡克教徒和佛教徒先后被纳入到保留制度照顾的范围,但是同样处于社会弱势群体的基督教信众却被排斥在外,一个表列种姓群体是可以得到保留制度的照顾的,但是一旦这个群体成员皈依了基督教(这在印度东北部地区并不罕见,事实上,印度基督教徒中大约有70%的人,其祖先是达利特或属于部落民④),他们也就丧失了以前的权利,导致他们丧失权利的原因并不是他们的社会地位得到改善,而仅仅是宗教信仰的变化。⑤ 曼莫汉·辛格总理在 2007 年 10 月的一次讲话中就提到:"我们必须努力让越

---

① "Extract from Nehru's Letter to Chief Ministers on 26 April 1954", in General Edition, G. Parthasarathi, *Jawaharal Nehru*, *Letter to Chief Ministers 1947 – 65*, Jawaharal Nehru Memorial Fund, New Delhi, distributed by Oxford University Press, 1987, Vol. III, p. 535.

② India Census 2001, National Crime Records Bureau, 2004.

③ T. K. Rajalakshmi, Seclusion Inflicted by Insecurity, Interview with Subhashini Ali, President, All India Democratic Women's Association, *Frontline*, Doc. 15, 2006, p. 18.

④ 引自[英]爱德华·卢斯,张淑芳译:《不顾诸神:现代印度的奇怪崛起》,中信出版社 2007 年版,第 229 页。

⑤ Emanual Nahar, *Minority Rights in India*: *Christian Experiences and Apprehensions*, http://www.mainstreamweekly.net/article98.html.

来越多的少数族群成员进入到安全和情报部门。"① 这也从一个侧面反映出宗教少数族群还没有享受到真正平等的政治待遇。

这些多年持续和普遍存在的问题很容易在少数族群中产生一种心理上的不满，使他们感觉自己并不是印度社会中一个平等的成员，从而就有着抹不去的离心倾向。

仅注意宗教少数族群和社会弱势群体的不满心理是不够的，占人口绝大多数的印度教信众特别是其中的极端人物也一直在维护甚至强化不同宗教族群之间的差异，被称为印度教民族主义教父的萨瓦卡尔就明确地说："我们印度教徒，内部有许许多多的差异，但是当我们与其他非印度教民族——说英语、日语的民族以及穆斯林相比较时，我们是靠共同的宗教、文化、历史、种族、语言和其他亲缘关系所结合起来的，并构成一个确定的民族。"② 在他心目中，印度民族之根就在印度教，从而也就把伊斯兰教、基督教等其他宗教信众排斥在印度民族之外。这种思想一直到今天仍然发挥着影响，例如在国大党取得大选胜利之后，一些印度教人士就把是否由索尼娅·甘地出任总理的问题表述为"由罗摩统治还是由罗马统治"的宗教差异问题，坚称："印度教徒占了印度人口的80%以上，印度是他们的家乡，他们有权利捍卫自己的利益并确保这个国家本质上的印度教性质。"③ 相比其他群体的观念，来自印度教的这种思潮对印度民族的认同所造成的危害更大。早在1958年，尼赫鲁就在国大党的一次全国性会议的讲话中指出："多数族群的民族主义要比少数族群的族群主义危险得多。""要回答在少数族群问题上是否正义这个问题，答案并不在多数族群而应来自少数族群。如果多数族群说，我们已经尽到职责且十分满意，但少数族群不同意这种观点，就是绝对不够的。我们要真正赢得少数族群的心。"④ 可惜的是，他的这种思想在实践中遭遇了太多的障碍，多数族群与少数族群的心还远没有连在一起。

---

① Sumit Pande, *Muslims become a Force, Thanks to Sachar*, http://ibnlive.in.com/news/muslims-become-a-force-thanks-to-sachar/51191-3.html.

② 转引自朱明忠、尚会鹏：《印度教：宗教与社会》，世界知识出版社2003年版，第144页。

③ B. Raman, "The Hindu-Christian Divide", *Outlook*, 3rd September, 2008.

④ "Nehru Denounces Communalism of the Majority as the Greater Evil: Treatment of the Minorities on Government Sevice and Language", *The Times of India*, 12ed May, 1958.

从纵向角度看,每一个族群中的各个阶层(支系)之间也存在着很大的不同,特别是在一些大的族群中,被专家称为"破碎化"的现象仍然非常严重。在占人口80%左右的印度教徒中,这种现象就具有典型性。许多印度学者和政治家特别是印度教民族主义者总喜欢强调印度教的一致性,认为这是印度国家的立国之本,但事实上印度教的多元性特征体现在方方面面。我们且不说印度教的教义在不同的地区和支系存在较大的差异,其传播的语言也五花八门,仅就其人口构成来说,被称为"再生种姓"的婆罗门、刹帝利和吠舍这三个社会地位较高的群体(再生理论被另一位印度教理论家戈尔瓦卡尔称为印度教徒的特质之一)人数只占印度总人口的15%左右,首陀罗种姓人口占35%—40%,"贱民"、部落民和群体社会底层群体占到20%,而穆斯林和基督教徒等宗教少数族群人口约占20%。难怪有研究者说,印度教高种性群体其实只是一个少数族群,只有其和低种姓如首陀罗(以及信仰印度教的达利特和部落)合在一起,才可真正算是多数。[1] 印度教徒中的这些不同群体之间不但经济发展水平、社会地位相差巨大,政治目标也往往各不相同,甚至连命运也大相径庭,印度"强盗王后"普兰·戴薇(Phoolan Devi)的遭遇就是一个典型例子。这位出身"表列种姓"中的最低阶层马拉(Mallah)的女性幼年时的经历非常悲惨,11岁成为一个成年男人的童妻,受到各种凌辱,后又被掠为一个土匪群首领的压寨夫人,但是她仍然摆脱不了受侮辱的命运。得于一个机会,她成为这个群体的女首领,从此杀人越货,震惊印度。1983年她向政府投降,坐牢11年后于1994年获得自由,从此投身政治,参加了社会主义党(Eklavya Aena)并当选国会议员,变成下层民众的代言人。在接受采访的时候,她强烈评击了社会对底层群体成员的歧视和迫害,甚至说出下辈子宁可做牲畜也不再做马拉种姓的心愿,由此可见她对自己的出身和遭遇是多么不堪回首。2001年,她死于枪杀。发生在普兰·戴薇身上的悲喜剧是印度底层民众的一个缩影,相比大多数普通百姓而言,普兰·戴薇还算是幸运的,她至少在一段时间里摆脱了悲惨,成为受人尊敬的国会议员,也能够向全社会发出自己不平的呼声,并不断努力以实现"让迄今为止只能

---

[1] Omar Khalidi, Hindu by Default: Inflating Hindu Majority in India, *Journal of South Asian and Middle Eastern Studies*, Vol. XXXII, No. 3, Spring 2009, p. 3.

让富人和特权阶层享受到的东西也能惠及穷人"这一目标,[①] 但她最终还是没能改变固有的一切,自己也只得到一个令人伤感的归宿。

另外,就印度教群体而言,其也时时处于不断的变化之中。近年来的人口调查数据显示,在印度总人口中,信仰印度教的人口比重呈现缓慢但却明显的下降趋势,除去印度教信众人口增长率低于其他一些宗教群体的人口增长率因素外,一些原先的印度教信徒改信别的宗教也是一个原因。而许多人改宗又是因为这些人不满自己在印度教社会结构中长期处于下层且没有改善的希望,追求平等(至少是享受平等的权利)成为一个直接的动因。真正极端的印度教民族主义者大多出自高等种姓,他们所代表的政治主张也更多地反映出这些占人口少数的高等群体的利益。从这个角度我们可以说,印度教内部各阶层之间的差异性已经开始动摇其稳定性,尽管在现在这种趋势仅仅是一种端倪。其实,上述现象并不是印度教群体独有的,在印度的其他群体中也普遍存在,消除这些差异,让每一个印度公民都能享受到公平,享受到社会经济进步带来的福利不仅是国家持续发展的必要条件,也成为印度民族国家发展的必要保障。

与各个族群之间、某一大的族群中间的不同阶层存在差异相同,少数族群聚居地区也与群体地区在发展水平上存在明显的差距。例如部落、宗教少数族群聚居的印度东北部地区,虽然自然资源非常丰富,特别是印度较为缺乏的森林资源、石油资源以及水利资源在这一地区都有较大的蕴藏量,但这一地区却又是印度经济最不发达的地区。这一地区土地面积占全印度的8%左右,2001年人口普查时的人口总数占全印度的3.78%,但是这一地区的GDP从未超过全印总量的3.10%,在2005年之后下降到3%以下;经济增长率除2002—2003年度高出全国平均增长率3.5个百分点以外,其余年度都比全国低;人均收入在21世纪初仅为全国平均水平的约72%,在这之后除了少数地区有一定改善外,多数地区的差距进一步拉大了。[②] 在降低贫困人口、提高识字率、城市化、工业化等领域,这一地区的发展也远远落后于其他地区。很显然,这种情况是与东北部地区在印度所占土地比例和人口比例以及应有的地位不相符合的。少数族群以及落后

---

① 参看 Anuja Pande, *Phoolan Power*, http://people.virginia.edu/~pm9k/gifs/ZoForth/Phoolan/power.html。

② 参看 Government of India, *Economic Survey* (2007 - 2008), A - 12。

群体聚居地区的这种相对落后状态,在很大程度上引起当地民众的不满,影响了这些地区的社会稳定。

其次,印度政府的一些政策由于种种原因很难得到彻底的实施,甚至还起到负面作用,增加了不同社会群体间的矛盾。

这方面最典型的例子之一就是保留制度。如前所述,印度政府的保留制度直接源于英印时期的预留席位措施,之后覆盖的人群范围逐渐扩大,比例也呈现增加的趋势。1990年,根据曼达尔委员会的建议,印度政府决定将为落后阶级保留27%的席位,加上之前规定的为表列群体和达利特群体保留的席位,这一项保留制度涉及的席位占到总席位的50%左右,而在一些邦如拉贾斯坦邦和泰米尔纳都邦,此项比例占到几乎2/3。有人对政府的此项决定大声叫好,认为充分体现了印度宪法提出的人人平等的原则,也是实现政府宣布的将弱势群体在公共部分的席位与其在人口所占比例持平的一项具体措施。但是也有一些人认为此项政策损害了其他社会群体成员的利益,也不符合人人享有同样权利的原则。在德里等中心城市,一些出身于较高种姓的大学生举行了各种示威活动,甚至有人自焚以反对这项被他们认为是"不公平"的政策。这也成为V. P. 辛格政府下台的直接原因之一。有趣的是,一些基督教和伊斯兰教的政治组织和社会活动家也抨击这项政策,只不过他们是站在另一个角度上,认为这一政策并没有将所有的弱势群体纳入照顾的体系,并没有真正体现人人平等的原则。更为重要的是,在一些地方保留制度成为某些政治家培植亲信、捞取钱财的工具,使之背上了"民主世界中最猖獗的任人唯亲的体系"的恶名。[①]

另一个问题就是语言,印度现行的语言政策照顾到了各地区居民因自然和历史原因形成的文化传统,保留了印度多元文化的丰富因子,但是却又使得印度民族(国族)的最终形成困难重重。从世界历史看,语言问题从来就不仅仅是文化问题而是一个政治问题,在南亚尤为如此。例如在巴基斯坦独立建国的过程中,乌尔都语就被赋予了太多的政治色彩,成为穆斯林民众自我认同为一个民族的重要标志,独立之后成为巴基斯坦的官方语言。而坚持印度教民族主义立场的一些印度政治家也在主张印地语是全体印度人的语言的同时,有意无意地排斥包括乌尔都语在内的一些地方性

[①] [英]爱德华·卢斯,张淑芳译:《不顾诸神:现代印度的奇怪崛起》,中信出版社2007年版,第90页。

语言。正如一位研究者所说的那样:"印度独立以来,未能使统一变为现实,印度教徒和穆斯林制造了印地语和乌尔都语之间的差别。"① 20 世纪 60 年代在东部巴基斯坦(后来的孟加拉国)爆发了规模广泛的语言运动,其核心就是反对采用行政的手段强行推行官方的乌尔都语,斗争的结果是在这一地区仍然使用孟加拉语,这也就保住了孟加拉人的文化根基。很显然,在印度(以及南亚)语言被看作某一个人群群体文化的重要象征。

印度独立之后,也曾在宪法中规定印地语将成为全印度人们的统一官方语言,政府也为达到此目的不断努力,可是至今距离这个设定的目标依然路途遥远,各地区、各族群的语言仍然是一个不能触动的雷区。在一个拥有超过 10 亿人口的国家,缺乏一种全国人民都认可的、可以用来交流信息的通用语言,从中央政府到地方政府不得不使用一种外来的语言——英语作为工作语言,这不能不说是一种民族国家构建中的大缺陷,也为国家的稳定和统一埋下一些难以彻底消除的隐患。

与上述情况同时存在的是,印度至今缺乏一种可以用来解释本国民族现象、指导民族工作的完整系统理论。正如本研究多次指出的,从古至今,印度给人的最深印象不是它的一致性而是多样性。当其终于摆脱殖民统治,成为一个在疆域、政治经济制度上达到一体化的现代国家并将发展目标锁定为一流的大国时,就无法回避这个问题,即生活在这块土地上的人们是否也在心理上适应这样的统一国家,是否具有了成为一流大国所应该具有的统一民族意志。有学者评价印度开国总理尼赫鲁的民族主义思想时总结道,他的"基本主张是民族独立、人民民主和自由平等。独立之后,他的这种民族主义、爱国主义在他的治国理念中首先激发的是一种'大印度'的理想和目标。它包含两个方面:第一,印度是一个多民族、宗教的统一体,是一个领土完整和具有独立主权的国家;第二,印度不仅是独立的、完整的,而且要走到世界前列"。② 在印度独立之前撰写的《印度的发现》一书被认为是尼赫鲁思想理论体系的最完整的阐述,在书中他

---

① Even-Zohar, Itamar, "Language Conflict and National Identity: A Semiotic Approach", in Joseph Alpher, ed., *Nationalism and Modernity: A Mediterranean Perspective*, New York: University of Haifa, 1986, pp. 130 – 131.

② 薛克翘:"印度独立后思想文化的发展特点",《当代亚太》2004 年第 4 期。

写道，"虽然我们的人民在表面上有分歧和无数的类型，但是在每个地方都有那种伟大的一致性的印痕……这个本质上的一致性的力量是如此强大，所以任何政治分歧、任何灾难或惨祸都没有能够摧毁过它"。① 在谈到民族国家的设想时，他认为"统一必须是思想上和情感上的统一，有同属一家、共御外辱的精神"。只不过他认为这种统一性还处于隐藏的状态。② 按照尼赫鲁的逻辑，真正的统一不能只停留在疆域等外在的形式上，思想和精神的统一才是最根本的，也是实现伟大国家目标的必要保障。要实现这种统一需要经过一个构建的过程，印度的民族理论也是这个构建过程的一个部分。从实际情况看，印度的民族理论一部分来自西方，在英殖民统治时期进入，也对印度民族意识的觉醒起到了积极的作用。但是西方的民族理论又无法被全部照搬到这里，从而就产生了一种看上去混乱的局面，在诸如印度是单一民族国家还是多民族国家，少数族群是否只具有数量上的含义等这些基本概念性问题上也很难有一致的、权威性的解释，相关的学术著作特别是理论探讨的高水平学术成果十分缺乏，一些基本的情况描述和分析还需要借助国外学者的研究成果。这并不仅仅是学理上的不足，印度政府中相关部门和职能的重叠，一些政策执行过程中的低效等等都与理论的准备不足直接相关。从某种意义上我们可以说，印度这个民族事象极为丰富的大国，目前其民族理论只处在一种起步的阶段。印度自称为世界上最大的民主国家，但是如果她连自己民族现象的家底都难以厘清，少数族群的许多基本权利都无法保障，一些基本政策的理论基础都不牢固，又怎能实现所谓的人人平等目标呢？

印度与多个国家在陆上接壤，也有很多人口属于跨境族群，在这些族群中，有的是邻国的主体族群（如尼泊尔人、孟加拉人等），有的在邻国也是少数族群（如泰米尔人、东北部各个族群等），但在印度都可以划入少数族群的行列。由于文化上的一致性，这些生活在印度的少数族群往往与边界另一则的同宗保持着较为密切的联系。印度政府出于安全和稳定的考虑，往往对这种交往持谨慎的防范态度，甚至采取一些措施限制此类交往，从而给相关的双边关系带来直接或间接的影响。

---

① ［印］贾瓦哈拉尔·尼赫鲁著，齐文译：《印度的发现》，世界知识出版社 1956 年版，第 60 页。

② 同上书，第 699 页。

第十章
简短的总结：印度民族问题的启示

作为一个拥有悠久历史文明和丰富民族文化的大国，印度的民族现象具有相当的代表性和典型意义，其在这一问题上的得与失，对世界各国和地区都具有启发和借鉴意义。

第一，印度所反映出来的与民族问题相关的情况，在全世界范围内具有一定的普遍性。当今世界，在某一个国家或地区，其居民只包含单一民族成分的只占少数，大多数国家和地区都会有不同种族、宗教、语言、习俗群体相交汇的情况。如何界定生存于同一地区的各个民族群体，划定不同社会群体之间的界线，往往取决于这一地区的历史以及经长期积淀而成的社会观念，在现代国家形成的过程中，强调统一性和强调多样性这两种迥异的理论倾向导致了不同类型民族国家的建立，也决定了不同类型国家民族发展的道路。但无论是何种类型的民族国家，主体族群与少数族群之间的关系往往会成为决定社会关系格局和变化的一个最重要的影响因素，而这种关系往往又是由他们之间的差异所决定了的。这些差异又主要表现在政治权利享受（包括参政权利、立法参与权利、安全权利保障等等）、经济发展水平（包括资源占有、经济生活方式、经济发展成果分配等等）、文化发展状况（包括传统文化的保留、教育环境等等）和社会发展状况（包括生活环境、妇女儿童发展等等）各个方面。

一般来说，少数族群由于其先天的弱小，例如人口数量小、聚居地区发展条件差、社会影响力弱等等，在很多时候无法享受到与主体族群平等的权利，从而处于一种相对落后的境地。大多数现代国家在面对这种事实上的不平等状况时，总是力图（至少在表面上）消除不同族群之间的不平等，所以扶助社会弱势群体和弱势族群就成为全世界普遍实施的一项基本民族政策。但是，自从工业化和城市化进程开始以来，民族发展就陷入了一种十分棘手的困境。一方面，各国政府都在努力消除本国特别是弱势族群中存在的落后现象，主要是经济落后造成的社会、文化发展落后现象，力图实现全国家和地区的同步发展；另一方面，这种同步发展的代价常常会使得一些已经延续了上千年甚至数千年的传统文化（包括少数族群的传统文化）受到冲击，面临消亡的威胁，而文化多样性的消失又绝不是发展所追求的结果。特别是像印度、中国这样具有几千年文明并一直延绵至今的国家，牺牲传统的现代化是不可取的。究竟应该怎么办是许多国家无法回避的问题。

在解决这个带有两难的问题时，一方面不能单纯地突出普遍性、共同性，为了所谓的共同繁荣、共同进步而去刻意抹杀不同群体之间已经存在久远的文化差异，特别要警惕借着消除"落后"的旗号去冲击甚至消除弱势群体的文化。另一方面在注意和尊重各个群体的文化差异性的同时，必须尊重这些族群成员的发展要求，警惕将保护传统偷换概念而成为维持落后。历史经验证明，处理这一问题并不存在一种"放之四海而皆准"的模式，即便是对表面上十分相近的问题的解决，在不同的国度里也会呈现出巨大的不同，印度的情况充分证实了这一点。

一些西方学者和政治家出于对本国发展的偏执型自信，总喜欢用自己的标准去衡量他们遇到的一切，将那些不符合他们标准的现象和行为说成是异类。但是印度的事实证明，无论是在民族构成、民族发展模式、民族理论等宏观层面，在民族政策、民族工作、民族文化传承等中观层面，还是在某一具体事象的描述和处理的微观层面，印度更多反映出来的是一种自己独有的特点。不是产生于本土实际的理论或标准，也当然不可能完全适用于印度。如果硬要用外来的东西去套本土的实际，最终只能是水土不服。

印度独立以后，一些原先处于蛰伏状态的民族矛盾和问题凸显。在英印时期，英国殖民统治者和印度人之间的民族矛盾是首位的，反殖民主义统治，争取国家独立是大多数印度族群的一致目标。就是那些处于落后状态的少数族群也往往把自身的落后归因于殖民统治。但是独立之后，英国殖民统治时期的许多问题，包括民族问题也一并留给了新建立的独立国家，其中最典型的例子就是"分而治之"政策造成的不同族群之间的心理认同危机恶性膨胀发酵，独立的印度国家本身就是在惨烈的教派冲突与仇杀、民族分裂的状况下诞生的，因此独立后的印度必须要解决因印巴分治而激化的民族矛盾。[1] 一方面，印度政府采取平稳的方式，沿用了英印时期使用的一些概念；但是另一方面，以尼赫鲁为首的印度政治家并没有毫不改变地照搬英国殖民遗产，虽然印度现在尚没有一整套完整的、完善的民族理论，其民族政策也还有很多待检验和完善之处，但是从独立并建立共和国以后，印度政府一直在努力探索构建自己的民族体系，在界定印度民族时，他们明确地将发生在印穆两大宗教文化群体之间的矛盾定义为印度民族内部的矛盾，这无疑是非常智慧和正确的。针对实际情况，印度政府在国家层面上有意识淡化各个不同种族、语言、宗教、种姓群体的界限，强调全体印度公民都具有一个共同的身份即印度人，这既是一种法律身份（法律面前人人平等），又是一种民族（国族）身份，以此将印度人和其他国家（民族）的人划分清楚。尼赫鲁曾经说过，"一个印度人在印度的任何地方会多多少少觉得自由自在，而他在别国总会觉得他是一个陌生人或异国人"。"一个印度的基督教徒无论到什么地方都被看作一个印度人，一个印度的伊斯兰教徒在土耳其、阿拉伯或其他伊斯兰教最有势力的地方也被看作一个印度人。"[2] 也就是说，在印度人这个层面上，每个个体、当然也包括群体都是没有区别的，这与印度国家的认同完全一致。而在国家之下的层面上，印度政府高度重视和承认各个群体之间的差异，按照历史、语言、宗教等文化因素，政治、经济等社会发展水平因素将印度人划分为不同的群体，包括族群、阶层等，并制定了与之相配套的相关政策，以此来保护印度民族的多样性并力图实现社会平等的目标。如前所述，虽然这些兼有借助西方模式和照顾自身特点的做法本身并不完善，但是在从印度实际出发这一点上是很有借鉴意义的。

中国的独特性与印度一样突出，在多样性特征明显的同时，中国历史表现出来的是一种世界罕见的统一性。虽然从远古以来中国各族群之间的

---

[1] 历史上的一个印度在1947年分裂为两个国家具有民族分裂的含义，对于分治后居住于印度的穆斯林和居住于巴基斯坦的印度教徒来说，他们都无法像过去一样同属一个国家的同一文化群体，而只能被看作少数族群。

[2] ［印］贾瓦哈拉尔·尼赫鲁著，齐文译：《印度的发现》，世界知识出版社1956年版，第64—65页。

交往和融合就没有停止过，但是今日的汉族在数千年前就已经基本形成为一个稳定的社会文化群体，并始终在中国的历史发展中占据主导地位，就是在少数族群成为政治上的统治者时期，汉文化的主导地位也基本上没有动摇过。与此相适应的是，中国在历史长河中尽管经历过许多分分合合，但是国家的统一（包括疆域的统一、政治体制的统一以及主流文化的统一等）构成了一条主线。历史上中国文化也曾受到外来文化的深刻影响，例如公元之交时佛教的传入等，但是这些外来文化很快便与本土文化融合形成新的、占据主导地位的大一统文化。近代以来，出于改变虚弱态势、推动民族复兴的政治需求，一些中国的革命先驱接触和介绍了一些西方的民族理论和观念，但是中国的传统并没有消失。孙中山先生提出的"五族共和"思想就既体现出西方观念中的平等民主因素，又包含着中国传统的大一统的"大同"理念。外族的入侵和长期的内乱使孙中山的蓝图无法实现，中华人民共和国建立后，国家的分裂状态得以终结。中央政府在民族问题上的一系列大手笔，如大规模的民族识别和56个民族的确认、民族区域自治的施行、对边疆民族地区的大规模开发等等，都显示出这样一种抱负，即尽快消除实际存在的社会极大差异，建设一个多民族统一的、富强的国家。在这里，消除差异占有特殊的意义，中国的大多数研究者和政治家都认为，中国历史上的各个社会群体之间的差异实质上是社会制度不平等、不合理的产物，多数少数民族的落后状态是黑暗制度造成的，要改变这一切就必须进行制度层面的变革，包括法律上确立他们的平等地位、改变对这些群体的歧视性称谓、在政治上给他们发言权和应有的特殊照顾、在经济生活发展上给予必要的扶持等等。在这些行动中，政府占据了绝对的主导地位，从某种意义上可以说，统一意志、统一行动构成了新中国民族发展的最基本特征。

很显然，与印度一样，中国的民族工作也是从自身的实际出发展开的。尽管印度与中国的实际状况很不一样，但是在从实际出发，寻找适合自己国情的民族工作理论和途径这一点上，两国可以说是殊途同归。

第二，印度的民族工作与现代国家建设的目标紧紧联系在一起，特别是突出了法律制度在民族工作中的基础保障作用。正如我们前面多次强调的一样，印度在进行民族工作的整个过程中，一直强调合法性，开始阶段要寻找到法律依据特别是宪法准则，实施过程中要合乎法律规定，在检验环节也努力遵循法律的准绳。这样做的结果常常是决策迟缓，实施拖沓，最终给人以效率低下的感觉。印度很多人特别是少数族群中的人士一直在抱怨说，由于效率低下，虽然在绝对发展水平上有明显的进步，但是与那些原先就处于先进境况的群体相比，这些弱势群体进步的速度慢，差距并没有全面缩小，他们的落后状况并没有实质性的改观。但是另一方面这种做法却具有稳定性和持续性的优点，印度在第一部宪法中就规定了给予落后群体特殊照顾的保留制度，而且对各种比例都进行了明确的规定，之后的历次修改也大多以宪法修正案或议会（政府）法案的形式加以确定。虽然在具体实施过程中遇到很大的阻力，但是任何人和任何组织都不可能随心所欲地改变这项基本政策或阻止它的实施。更为重要的是，与其他各项政策一样，这种做法本身培养了一种法制的意识，民族工作的开展需要法律来保障逐渐成为民众的共同意识，这与国家的现代化发展形成了相辅相成的一致性趋向。近年来，在印度的政治舞台上，代表社会下层以及各个族群群体的政治力量更加活跃，尽管他们所能发挥的实际效能非常有限，也常常被批评为"政治作秀"，但是这毕竟开辟了一个反映和表达社会各个阶层包括少数族群和弱势群体政治诉求的管道，对于缓和社会矛盾，寻找解决矛盾的路径，无疑是有益的。

相比中国，各个少数民族在参政议政及管理国家等事务中发挥着重要的作用，其在人民代表大会中的代表比例超过了其在总人口中的比例，[①]但是国家法律并没有对这一基本性的问题作出明确的、可以量化的规定，显示出一定的随意性和变化性。从长远看，保障少数民族参政议政权利的法律化之路是一定要走的。另外，正如前面已经提到的，中国少数民族工作是在统一的前提下进行的，各民族利益的一致、局部利益与国家整体利益的一致、具体政策实施与国家大政方针的一致等等，都是民族工作的基本前提。客观说，中国民族地区的发展成就举世瞩目，很多基本政策和举措也为包括印度少数族群在内的印度民众所赞扬和羡慕。但是大多数少数民族聚居地区的发展仍然落后于汉族聚居区，民族传统文化保护和弘扬也一直是困扰人们的一个难题。在如何真正实现各社会群体的平等、和谐和同步发展这一世界性课题上，中国还需作出更多的努力。印度的模式提供了这样一种启示，如何健全民族工作中的法制体系，拓宽各个族群诉求表

[①] 参看中华人民共和国国务院新闻办公室："中国的民族区域自治"，《中国民族报》2005年3月1日。

达的渠道，发挥他们在改变落后面貌中的主观能动性等，都是可以探讨的领域。

第三，在各种权利中，发展权占据着最为重要的位置。观察印度民族问题的演变，我们可以看到这样一种大趋势：包括少数族群和弱势群体在内的各社会群体以及少数族群和弱势群体聚居地区的社会经济发展状况如何，直接影响这些群体和地区的稳定与团结，也直接影响这些群体和地区与其他群体和地区的关系，进而影响全国的稳定与发展大局。印度之所以能够基本上维持国家的稳定并逐渐强化各族群的统一，其根本原因就在于处于落后状态的群体和地区的民众受到了一贯的照顾，基本的政治权利得到尊重和保障，其发展受到一贯的重视。而之所以出现过国家的局部动荡，民族分离情绪没有彻底消除，其根本原因也在于少数族群和落后群体的发展还没有与先进群体和地区完全同步，落后感引发失落感和不满，甚至导致分裂倾向的教训是非常深刻的。

另一个十分敏感的问题是民族文化的保护和发展，虽然语言、宗教、传统习俗等可以被归到精神领域，对具体的个体来说不会像物质发展水平那样产生直接影响，但这些要素是每一个群体和群体成员社会身份认同的出发点，因此就会出现这样的现象——与物质地位相比，人们更加看重自己的文化归属，特别是对一个具体的群体（族群、社会集团等等）来说，文化属性是本族群赖以存在的标志，无论是本群体的成员还是其他群体的成员，往往都依据这一点来进行确认。因此，在印度，几乎每一个社会群体都不会容忍对自己文化特性的轻视和损害，一些大的族群冲突往往与文化的碰撞相关。

从历史来看，印度具有各种文化相互尊重、和平相处的传统，印度前总统 S. 拉达克里希南在讨论印度教时，认为其最为重要的特征就是宽容，"是一种责任，并不仅仅是一种让步"。[①] 他的这一观点是很重要的，印度教以及它的前身吠陀宗教和婆罗门教长期在印度处于主导地位，对群体文化体系持有的宽容态度使印度次大陆成为多种文化兴盛的土地。伊斯兰教进入这一地区以后，在大多数时间里也没有压缩包括印度教在内的各种宗教文化的生存和发展空间，保证了印度文化多样化传统的延续。印度独立以后，民主的政治制度为保护和弘扬民族文化的多样化提供了制度保障。

---

① 参看 A. L. 巴沙姆主编，闵光沛等译：《印度文化史》，商务印书馆1999年版，第102页。

在物质环境改善进程缓慢的情况下，文化上的各项政策发挥了积极的作用，为各社会群体的和平相处、国家的基本稳定营造了一种有利的社会氛围。

印度政治制度研究学者保尔·布拉斯在分析独立后的印度政治问题时指出，不断发生的印穆冲突对印度现代历史产生了深刻的影响，但是就具体情况来看，有一种现象值得注意和解释，就是在印度两大宗教族群发生剧烈冲突，惨剧连连发生的时候，也有一些地区十分平静，两个群体教派成员和谐相处。在大规模的教派血拼过去后，印度教和伊斯兰教的信徒仍然可以平静地共同生活在一个地方。[1] 这种情况也发生在其他不同的族群之间。这种情况本身就说明，在印度不同的文化族群之间，并不存在无法调和的矛盾，即便是在外在形式上表现很不相同的印度教和伊斯兰教之间也是如此。印度的政治家在处理此类问题时非常谨慎，尽量避免伤害各个族群和社会群体成员的感情。当然在一些时间里也出现过例外，例如当锡克教激进分子打出独立的旗号时，时任总理的英迪拉·甘地不惜动用军队武装镇压，但是实际效果并不好，她本人也因此付出了生命的代价。

印度的实践为中国等国家提供了宝贵的经验和教训。在涉及到民族发展特别是少数族群或弱势社会群体发展问题时，一定要防止两种倾向。一是对他们的发展要求重视不够，长期处于落后状态的弱势群体是很难与其他群体同心同德的，当这些群体看到自己与社会平均发展水平差距拉大以后，很容易产生一种受到歧视和不平等待遇的感觉，也会去寻找摆脱的途径，其最极端的选择就是要求分离出去。从这个角度上可以说，改变少数族群的落后状况，就可以有效地消除这些族群分裂的内在原因。另一方面，仅有物质的发展是不够的，历史的经验证明，当一个群体处于艰难时刻时，民族文化可以起到凝聚人心、共渡难关的作用；而当他们的经济地位发生大的变化，社会地位有了显著提高以后，民族自豪心理也会高涨，也会更加强烈地要求自己的传统受到尊重，自己的各个诉求得以实现。所以，维护一个国家的稳定和发展，就必须照顾到国家内部各个族群和社会群体的物质发展和精神文化上的需求，缺一不可。

第四，在全球化迅速推进的大趋势下，一个国家的民族问题绝不仅仅

---

[1] Paul R. Brass, *The Politics of India since Independence*, Cambridge：Cambridge University Press 1990, reprinted in 2008, p.151.

是国内事务，国际因素正在发挥日益增强的作用。本书用了专门的章节来讨论印度海外移民和民族关系对国际关系的影响，就是要强调国家和国际在民族问题上会发生并正在越来越大地发生双向影响。中国也拥有数量巨大的海外侨民，他们与自己祖国的关系同样十分密切。中国也有许多跨境族群，这些群体的状况不仅关系他们所处地区的社会稳定以及国家的统一，还影响着中国与相关国家的关系，进而影响中国的国际形象。印度在这一问题上的得失和经验教训对中国来说都有着极为宝贵的借鉴意义。

主要参考文献

一、中文部分

林承节主编：《殖民主义史·南亚卷》，北京大学出版社1999年版。

林承节：《印度史》，人民出版社2004年版。

林承节：《印度独立后的政治经济社会发展史》，昆仑出版社2003年版。

［印］贾瓦哈拉尔·尼赫鲁著，齐文译：《印度的发现》，世界知识出版社1956年版。

薛克翘：《象步凌空：我看印度》，世界知识出版社2010年版。

尚会鹏：《印度文化传统研究：比较文化的视野》，北京大学出版社2004年版。

尚会鹏：《种姓与印度社会》，北京大学出版社2001年版。

邱永辉：《印度宗教多元文化》，社会科学文献出版社2009年版。

A. L. 巴沙姆主编，闵光沛等译：《印度文化史》，商务印书馆1999年版。

季羡林：《中印文化交流史》，中国社会科学出版社2008年版。

林语堂著，杨彩霞译：《印度的智慧》，陕西师范大学出版社2008年版。

陈峰君主编：《印度社会论述》，中国社会科学出版社1991年版。

孙士海、葛维钧主编：《印度》，社会科学文献出版社2003年版。

吴晓黎：《社群、组织与大众民主》，北京大学出版社2009年版。

［美］爱德华·麦克诺尔·伯恩斯、菲利普·李·拉尔夫，罗经国等

译：《世界文明史》，商务印书馆1987年版。

糜文开：《印度三大圣典》，中国文化大学出版部1980年版。

［法］迭朗善译，马香雪转译：《摩奴法典》，商务印书馆1982年版。

《民族百科全书》，中国大百科全书出版社1993年版。

周平：《民族政治学导论》，中国社会科学出版社2001年版。

［德］赫尔曼·库尔克、迪特玛尔·罗特蒙特，王立新、周红江译：《印度史》，中国青年出版社2008年版。

［印］恩·克·辛哈、阿·克·班纳吉，张若达、冯金辛等译：《印度通史》，商务印书馆1973年版。

毕来译：《走向自由——尼赫鲁自传》，远方书店1942年版。

［美］本尼迪克特·安德森，吴叡人译：《想象的共同体——民族主义的起源与散布》，上海世纪出版集团、上海人民出版社2005年版。

［印］R.C.马宗达等著，张澍霖等译：《高级印度史》，商务印书馆1986年版。

［英］埃里·凯杜里，张明明译：《民族主义》，中央编译出版社2000年版。

孟德馨：《中国民族主义的理论与实践》，海峡学术出版社2002年版。

郭登皞等译：《印度宪法》，世界知识出版社1951年版。

徐杰舜主编：《族群与族群文化》，黑龙江人民出版社2006年版。

印度驻华使馆编：《今日印度》。

［印］阿马蒂亚·森，刘建译：《惯于争鸣的印度人》，上海三联书店2005年版。

［英］爱德华·卢斯，张淑芳译：《不顾诸神：现代印度的奇怪崛起》，中信出版社2007年版。

贾春增：《外国社会学史》，中国人民大学出版社2000年版。

ChrisBarkar，罗世宏译：《文化研究——理论与实践》，五南图书出版公司2004年版。

［印］拉斐奇·多萨尼，张美霞、薛露然译：《印度来了》，东方出版社2009年版。

［美］约翰逊著，展明辉、张金玺译：《电视与乡村社会变迁：对印度两村庄的民族志调查/传播与社会变迁译丛》，中国人民大学出版社2005年版。

［英］厄内斯特·盖尔纳，韩红译：《民主与民族主义》，中央编译出版社 2002 年版。

［美］罗伯特·A. 达尔，顾昕、朱丹译：《民族理论前沿》，生活·读者·新知三联书店 1999 年版。

［美］霍华德·威亚尔达主编，榕远译：《民主与民主化比较研究》，北京大学出版社 2004 年版。

孙士海主编：《印度的发展及其对外战略》，中国社会科学出版社 2000 年版。

［英］查尔斯·埃利特奥，李荣熙译：《印度教与佛教史纲》，商务印书馆 1982 年版。

［印］沙尔玛著，张志强译：《印度教》，上海古籍出版社 2008 年版。

［印］摩柯提瓦，林煌州译：《印度教导论》，东大图书公司 2002 年版。

［英］韦罗尼卡·艾恩斯，孙士海、王金庸译：《印度神话》，经济日报出版社 2001 年版。

唐孟生：《印度苏菲派及其历史作用》，经济日报出版社 2002 年版。

袁南生：《感受印度》，中国社会科学出版社 2006 年版。

王树英：《印度文化与民俗》，中国社会科学出版社 2007 年版。

［巴］G. 阿拉纳，袁维学译：《伟大领袖——真纳》，商务印书馆 1983 年版。

［英］赫克托·博来索，李荣熙译：《巴基斯坦的缔造者——真纳传》，商务印书馆 1977 年版。

谌焕义：《英国工党与印巴分治》，社会科学文献出版社 2004 年版。

王红生：《论印度的民主》，社会科学文献出版社 2011 年版。

金宜久：《当代伊斯兰教》，东方出版社 1995 年版。

陈麟书主编：《宗教观的历史·理论·现实》，四川大学出版社 1996 年版。

余建华：《民族主义——历史遗产与时代风云的交汇》，学林出版社 1999 年版。

［美］路易斯·亨金、阿尔伯特·罗森塔尔编，郑戈等译：《宪法与权利：美国宪法的域外影响》，生活·读书·新知三联书店 1996 年版。

［德］德特马尔·罗德蒙德，贾宏亮译：《印度真相》，中国铁道出版

社 2010 年版。

王铁志、沙伯力编:《国际视野中的少数民族区域自治》,民族出版社 2002 年版。

《梁漱溟全集》第一卷,山东人民出版社 1987 年版。

朱明忠、尚会鹏:《印度教:宗教与社会》,世界知识出版社 2003 年版。

郑瑞祥主编:《印度的崛起与中印关系》,当代世界出版社 2006 年版。

马加力著:《崛起中的巨象——关注印度》,山东大学出版社 2010 年版。

傅超:《印度东北地区的安全威胁》,军事谊文出版社 2006 年版。

何道隆:《当代斯里兰卡》,四川人民出版社 2000 年版。

刘立涛:《当代旁遮普锡克人问题研究》,华文出版社 2001 年版。

雷启淮主编:《当代印度》,四川人民出版社 2000 年版。

王宏玮:《南亚区域合作的现状与未来》,四川大学出版社 1993 年版。

[美]塞缪尔·亨廷顿,周琪等译:《文明的冲突与世界秩序的重建》,新华出版社 2002 年版。

韦民:《民族主义与地区主义的互动:东盟研究新视角》,北京大学出版社 2005 年版。

二、英文部分

Simpson, John Andrew & Weiner & Edmund, ed., *Oxford English Dictionary*, Oxford: Oxford University Press, 1989.

Robert L. Hardgrave, Jr., Stanley A. Kochanek, *India: Government and Politics in a Developing Nation*, San Diego: Harcourt College Publishers, 2000.

Sarvepalli Gopal, *Jawaharlal Nehru: A Biography*, Vol. 3, 1956 – 1964, Massachusetts: Harvard University Press, 1984.

John Strachey, *India, Its Administration and Progress*, London: Macmillan, 1988.

Francine R. Frankel and Harry Harding, ed., *The India-China Relationship Rivalry and Engagement*, New Delhi: Oxford University Press, 2004.

J. H. Hutton, *Caste in India*, Delhi: Oxford University Press, 1983.

M. N. Srinivas, ed., *Caste, Its Twentieth Century Avatar*, New Delhi: Penguin Books India (P) Ltd, 1996.

Hermann Kulke & Dietmar Rothermund, *A History of India*, New York: Routledge, 2004.

Pringle Kennedy, *A History of the Great Moghuls*, Delhi: Anmol Publications, 1987.

Sisir K. Bose & Sugata Bose, ed., *The Essential Writings of Netaji Subhas Chandra Bose*, Delhi: Oxford Univesity Preess, 1997.

Smith, W. C., *Islam in Modern History*, Princeton, 1957.

Parsons and Shils Etal, ed., *Theories of Society*, Vol. 1, Gleerol Illinois: The Free Press, 1961.

Stanley Wolpert, ed., *Encyclopedia of India*, Farmington: Thomson Gale, 2006.

S. L. Sharma and T. K. Oommem, ed., *Nation and National Identity in South Asia*, New Delhi: Orient Longman, 2000.

National Council of Educational Research and Training, *Social Science, India and the Contemporary World – II*, 2007.

Sarvepalli Gopal, *Jawaharlal Nehru, A Biography*, New Delhi: Oxford University Press, 1989.

Namita Bhandare, ed., *Imagine the India That Can Be*, New Delhi: HT Media Ltd, 2008.

Kumar, Jayant, Census of India, 2001, http://www.en.wikipedia.org/wiki/Demographics-of-India.

K. S. Singh, *The Scheduled Castes*, New Delhi: Oxford Uniuersity Press, 1993.

David Ludden, ed., *Making India Hindu*, New Delhi: Oxford University Press, 2007.

Chatterjee, Asim Kuwar, Calcutta: Indian Publicity Society, 1980.

Raymond Brady Williams, *Williams on South Asian Religions and Immigration*, Ashgate Publishing Ltd, 2004.

K. A. N. Sastri, *A History of South India*.

Cardona, Georgei; Jain Danesh, *The indo-Aryan Languages*, London: Routledhe2003.

K. S. Singh, B. K. Lavanta, D. K. Sanmanta, S. K. Manda, *People of India*, *Raiasthan*, New Delhi: Anthroplogical Survey of India, 1998.

R. C. Majumdar, *Ancient India*, New Delhi: Motilal Banarsidass Pubication, 1994.

Malayalam Literary Survey, Vol. 15, Kerala Sahitya Arradani, 1993.

"*About Hindi-Urdu*", North Carolina State University. Sarvepalli. Gopal, *Jawahrlal Nehru*, Massachusetts: Harvard Uniwersity Press, 1984.

H. A. Rose, *A Glossary of the Tribes and Castes of the Punjab and North-West Frontier Province*, New Delhi: Nirmal Pulishers and Distributors, 1978.

Suresh Kant Sharma &Usha Sharma, *Discovery of North-east India*, New Delhi: Mittal Publication, 2005.

Ashikho Daili Mao, *Nagas: Problems and Politics*, New Delli: Ashish Publishing House, 1992.

Department of Planning & Coordination Government of Nagaland, *Nagaland State Human Development Report*, New Delhi: New Concept Information System Pvt. Ltd, 2004.

Bowers, A. C. *Under Headhunters' Eyes*, Philadelphia: Judson Press, 1929.

T. Raatan, Encyclo paedia of North-East India, Delhi: Kalpaz Publications, 2004.

Government of Ttipura, *Tripura Human Development Report 2007*, http://tripura. nic. in/hdr/tripura%20 hdr. pdf.

J. B. Hoffman (ed), *Encyclopaedia Mundarica*, Delhi: Gian Publishing House, 1990.

K. S. Singh, *The Scheduled Tribes*, New Delhi: Oxford University Press, 1994.

K. P. Bahadur, *Caste, Tribes & Culture of India*, New Delhi: Ess Ess Publications, 1978.

Khan, Gulam Ahmed, *Report: Census of India*, 1931, Hyderabad-Deccan: Government Central Press, 1933.

N. B. Dirks, *Castes of Mind: Colonialism and the Making of Modern India*, Princeton: Princeton University Press, 2001.

G. S. Ghurye, *Caste and Race in India*, Bombay: Popular Prakashan 1979.

Lemercinier, Genevieve, *Religion and Ideology in Kerala*, Translated by Yolanda Rendel, New Delhi: D. K. Agencies Ltd, 1984.

D. N. Majumdar, T. N. Madan, *An Introduction to Social Anthropology*, Delhi: Mayor Paperbacks, 1995.

The New Encyclopaedia Britannica, Micropaedia, Reference and Index, 15 th Edition, 1980.

J. Nehru, *The Discovery of India*, Delhi: Oxford University Press, 1985.

George Mathew, ed. , *Status of Panchayati Raj in the States and Union Territories of India*, Dehli: Concept for Institute of Social Sciences, 2000.

Mahoj Roi, ed. , *The State of Panchayats: A Participatory Pespective*, New Delhi: Smscriti, 2001.

Pringle Kennedy, *History of the Great Moghuls*, Delhi: Anmot Publications, 1987.

Jagannath Patnaik, *British Rule in India*, New Delhi: S. Chand & Company Ltd, 1980.

Achin Vanaik, "Is There a Natiouatity Question in India?" *Economic and Political Weekcy*, October 29, 1988, Vol. 23, No. 44.

John Hutchinson and Anthony D. Smith, ed. , *Nationalism*, New York: Oxford University Press, 1994.

Wilhelm Von Pochhammer, *India's Road to Nationhood*, New Delhi: Allied Publishers Pvt. Ltd, 1981.

Oliver Mendelsohn, Marika Vicziany, *The Untouchables: Subordination, Poverty and the State in Modern India*, Cambridge: Cambridge University Press, 1998.

Census of India, http://www.cesusiudia.gov.in/2008-04-04.

P. J. Cherian, ed. , *Perspectives on Kerala History: The Second Millennium*, Vol. II, Part II, Thiruvanthapuram: Government of Kerala, 1999.

P. M. Mammen, *Communalism V S. Communism: A Study of the Socio-Reli-*

gious Communities and Political Parties in Kerala, 1892 – 1970, Columbia: South Asia Books, 1981.

L. S. Gassah, ed, *Garo Hills: Land and the People*, New Delhi: Omson Publishers, 1984.

Y. Malik & Singh, *Hindu Nationalists in India*, Bouldor, Co: Westview, 1996.

J. L. Brockington, *The Sacred Thread: Hinduism in Its Continuity and Diversity*, Edinburgh: Edinburge University Press, 1981.

Kingsley Davis, *The Population of India and Pakistan*, New York: Russell & Russell, 1951.

Wendy Doniger, ed., *Purana Perennis: Reciprocity and Transformation in Hindu and Jaina Texts*, Delhi: Sri Satguru Publications, 1993.

Kama Sutra of Vatsyayana, Translated by S. C. Vpadhyaya, Bombay: D. B. Taraporevala Son & Co. Private Ltd, 1990.

P. R. T. Gurdon, *The Khasis*, London: Macmiuau & Company, 1975.

A. P. Sinha, *Religious Life in Tribal India: A Case Study of Dubh Kharia*, New Delhi: Classical Publications, 1989.

Monier Williams, *A Sanskrit-English Dictionary*, Delhi: Motital Banarsidass, 1995.

R. Parathasarathy, *The Tale of an Anklet: An Epic of South India*, New York: Columbia University Press, 1993.

Boulanger, Chantal, *Saris: An Illustrated Guide to the Indian Art of Draping*, New York: Shakti Press Intenational, 1997.

Amartya Sen, *The Argumentative Indian: Writings on Indian Culture, History and Identity*, London: Penguin Books, 2005.

Satu P. Limaye, Mohan Malik, Robert G. Wirsing, ed., *Religious Radicalism and Security in South Asia*, Hawaii: Asia-Pacific Center for Security Studies, 2004.

Taya Zinriu, *Caste Today*, London: Oxford University Press, 1963, p. 2.

A. Smith, *The Oxford History of India*, New Delhi: Oxford University Press, 1958.

Liaquat Ali Khan, *Pakistan: The Heart of Asia*, London: Thomas Press,

2008.

Bipan Chandra, *Essays on Contemporary India*, New Delhi: Har-Anand Publications, 1993.

Rafiq Zakaria, *Indian Muslims: Where Have They Gone Wrong*? Delhi: Popular Prakashan, 2004.

Carlo Caldarlo, *Religions and Societies: Asia and the Middle East*, Walter de Guyter, 1982.

M. M. Sankhdher, *Secularism in India, Dilemmas and Challenges*, New Delhi: Deep & Deep Publication, 1992.

Ministry of Minority Affairs, *Report of the National Commission for Religious and Linguistic Minorities*.

Sudipta Kaviraj, Writing, Speaking, Bing Language and Historical Formation of Ideatities in India, in Asha Sarangi ed. , *Language and Politics in India*, New Delhi: Oxford University Press, 2009.

V. D. Savarkar, *Hindutva*, New Delhi: Hindi Sahitya Sadan, 2003.

Wihelm Von Pochhammer, *India's Road to Nationhood*, New Delhi: Allied Publishers Pvt, 1981.

Ministry of Minority Affaira Government of India, *Annual Report 2008 – 2009*.

G. K. Lieten, *Power, Politics and Rural Dsvelopment: Essays on India*, New Delhi: Manorhar, 2003.

Hiroichi Yamaguchi, *Nation-Building and Fragmentation in India-Implications of the General Elections*, 18th European Conference on Modern South Asian Studies, Lund Univesity, Sweden, 2004.

Inder Malhotra, Nehru's Luminons Legacy, in Ira Pande, *India 60 Towards a New Paradigm*, New Delhi: Harpercouins Publishers, 2007.

Paul R. Brass, *The Politics of India Since Independence*, Cambridge: Cambridge University Press, 1990.

Asha Sarangi, *Language and Politics in India*, New Delhi, Oxford Univeresity Press, 2009.

Lal Bahadur, *Struggle for Pakistan: Tragedy of the Triumph of Muslim Communalism in India 1906 – 1947*, New Delhi: Sterling Publishers, 1988.

J. S. Grewal, *The Sikhs of the Punjab*, Cambridge: Cambridge University Press, 1990.

Kumar Pramod, *Punjab Crisis: Context and Trends*, Chandigarh, 1984.

Chandrika Singh, *North-East India: Politics and Insurgency*, Manas Publications, 2004.

Chandra Bhushan: *Terrorism and Separation in North-East India*, Kalpaz Publication, 2004.

B. B. Kumar (ed.), *Problems of Ethnicity in the North-East India*, Concept Publishing Company, 2007.

Col Ved Prakash, *Terrorism in India's North-East: A Gathering Storm*, Kalpaz Publication, 2008.

Sajal Nag, *Contesting Marginality: Ethnicity, Insurgency and Subnationalism in North-East India*, Technical Publications, 2002.

B. B Kumar, *Tension and Conflict in North East India*, New Dehi: Cosmo Publication, 1995.

K. Yhone, "India-Myanmar Relations (1998 – 2008)", Report of Observer Research Foundation, New Delhi, January 2009.

Jan Cartwright, "India's Regional and International Support for Democracy", *Asia Survey*, Vol. XLIX, No. 3, May-June 2009.

India Hidden Apartheid, Caste Discrimination against India's "Untouchables" shadow Report to the UN Committee on the Elimination of Racial Discrimination, Center for Human Rights and Global Justice, School of Law, New York University, Feb. 2007.

Horatio Bickertaffe Rowney, *The Wild Tribes of India*, First Published 1882, Reprinted 1990, Delhi: Law Price Publications.

Ministry of Minority Affairs, *Report of the National Commission for Religious and Linguistic Minorities*, 2007.

K. S. Singh, *The Scheduled Tribes*, New Delhi: Oxford University Press, 1994.

List of Scheduled Tribes, National Commission for Scheduled Tribes, 2011.

P. K. Mohanty, *Encyclopaedia of Castes and Tribes in India*, Delhi: Indian Publishers Distributors, 2000.

M. Shahbag Saeed, "*Caste System in India and its Impact on Politics*".

Prime Minister's High Level Committee, Social, Economic and Educational Status of the Muslim Community of India, A Report, *Government of India*, November, 2006.

Jondhale Surendra, Beltz Johaaes, Reconstructing the World: B. R. Ambekar and Buddhism in India, *New Delhi*: *Oxford University Press*, 2004.

The Muslims of India, *New Delhi*: *Oxford University Press*.

Bipan Chandra, Mridula Mukherjee, Aditya Mukherjee, India Since Independence, *New Delhi*: *Penguin Book*, 2008.

Yonah Alexander, Combating Terrorism: Strategies of Ten Countries, *University of Michigan Press*, 2002.

Ramachandra Guha, India after Gandhi, *Pan Macmilan Ltd Press*, 2008.

S. D. Muni, Responding to Terrorism in South Asia, *New Delhi*: *Ajay kumar Jain for Manohar Publishers & Distributor*, 2006.

B. K. Tewari, Awadhesh Kumar Singh, India's Neighbors: Past and Future, *Spellbound Publications Rohtak*, 1997.

S. R. Chakravarty, Foreign Policy of Bangladesh, *New Delhi*: *Har-Anand Publications*, 1994.

Alan J. Bullion, India, Sri Lanka and the Tamil crisis, *1976 – 1994*: An International Perspective, *London, New York*, 1995.

The World Bank, India Reducing Poverty, Accelerating Development, *New Delhi*: *Oxford University Press*, 2000.

Meghnad Desai, Our Economic Growth: 1947 – 2007, *in Ira Pande ed.*, India 60 Towards a New Paradigm, *New Delhi*: *Haeper Collins Publishers*, 2007.

Publications Division, Ministry of Information and Broadcasting, Government of India, India 2010, A Reference Annual, *New Delhi*, 2010.

General Edition, G. Parthasarathi, Jawaharal Nehru, Letter to Chief Ministers *1947 – 1965*, *Jawaharal Nehru Memorial Fund, New Delhi, distributed by Oxford University Press*, 1987.

后 记

本书是教育部人文社会科学重点研究基地四川大学南亚研究所的重大项目"印度民族问题研究"的最终成果。正如本书绪论中所说，关于印度民族问题的研究虽然已经有很多成果，然而由于其本身的复杂性，研究的难度依然是非常大的。经过课题组成员的努力，我们最终拿出了这样一个文本，算是交出了一份答卷。我们都很清楚，这份研究结果还存在许多的不足和缺陷，但它毕竟是一个开端，是中国学者对素有"世界人种博物馆"之称的印度的民族问题进行系统研究的一次大胆尝试。我们希望有更多的人关注印度民族问题，深入研究这一课题，在不久的将来推出更多的研究成果。

由于本研究正式结题已过去几年，因此尽管我们也做了一些修订，但书中涉及到的材料绝大多数都截至2010年前后。特别是书中大量采用了2001年印度人口普查的统计资料，而2011年印度已经进行了新的一次人口普查，并公布了主要统计数据，遗憾的是这次普查的详细数据并没有公布，我们只能沿用2001年普查的很多数据，如果将来有机会再加以修正。

本书的写作分工是：

第二章、第六章：四川大学欧东明；

第八章：四川大学陈继东等；

第七章第一节：云南大学刘军；

第七章第四节：中央党校孙现扑；

其余各章节：云南大学赵伯乐；

赵伯乐对全书进行统稿并做了必要的修改和补充。需要特别说明的是，本书是集体努力的成果，但由于某种原因，在封面上只能署一个人的名字，在此表示歉意，也对他们表示感谢。

  在此，我们要感谢四川大学南亚研究所为本研究提供了资源和条件，感谢中国现代国际关系研究院胡仕胜先生审看了书稿并提出许多宝贵的意见，特别感谢时事出版社编辑谢琳，没有他们的支持，本研究的面世是不可能的。

  我们也要衷心感谢本研究所引用的资料的研究者和作者们，是他们的成果为本研究提供了极为宝贵的基础。

  我们期待广大读者对本研究提出批评指正。

赵伯乐

2015 年 7 月